GLEITSCHIRMFLIEGEN

ONYX

Carsten Peter / Toni Schlager

Gleitschirm-fliegen

Vom Anfänger zum Profi

Ein Lehrbuch für Theorie und Praxis des Gleitschirmfliegens

BRUCKMANN

1 Einleitung 9
1.1 Was ist Gleitschirmfliegen? 9
1.2 Wer kann Gleitschirm fliegen? . . 9
1.3 Geschichte und Entwicklung des Gleitschirms 10
1.3.1 Vom Fallschirm zum Gleitschirm 11
1.3.2 Wettlauf der Rekorde 12
1.3.3 Neuere Tendenzen 13
1.3.4 Ausblick 13
1.4 Gleitschirmfliegen und Umwelt 14
1.4.1 Dezentralisierung 15
1.4.2 Einfluss auf Tiere 15
1.4.3 Auswirkung auf die Pflanzen . . . 16
1.4.4 Bauern 16

2 Gerätekunde 18
2.1 Die Bestandteile des Gleitschirms 18
2.1.1 Segel 18
2.1.2 Fangleinen/Leinensystem 19
2.1.3 Haupttragegurte 20
2.2 Flächensteuerung und Trimmsystem 20
2.2.1 Trimm- und Speedsystem 21
2.3 Gurtzeug 22
2.4 Materialien 23
2.4.1 Kunststoffe 23
2.4.2 Tuch 24
2.4.3 Fangleinen 24
2.4.4 Gurte (Flachbänder) 24
2.4.5 Nähte 25
2.4.6 Beschläge/Karabiner 25
2.5 Persönliche Ausrüstung 25
2.5.1 Helm 25
2.5.2 Schuhe 25
2.5.3 Kleidung 26
2.5.4 Packsack/Gleitschirmrucksack . . . 26
2.5.5 Trinksystem 26
2.5.6 Notfallausrüstung 26
2.6 Fluginstrumente 27
2.6.1 Variometer 27
2.6.2 Höhenmesser 27
2.6.3 Kombigerät (Cockpit) 27
2.6.4 Windmesser (Anemometer)/ Fahrtmesser (Speedsensor) 28
2.6.5 Barograph 28
2.6.6 GPS (Global Positioning System) . . 28
2.6.7 Multifunktionsuhr 28
2.6.8 Sprechfunk/Flugfunk 29
2.7 Rettungsschirm 29
2.7.1 Aufbau und Befestigung des Rettungsschirms 29
2.7.2 Integrierter Rettungsschirm 30
2.7.3 Cut-away-Systeme 30
2.7.4 Öffnung des Rettungssystems in Notsituationen 31
2.8 Pflege und Wartung von Gleitschirmen 32
2.8.1 Zwei-Jahres-Check 32
2.8.2 Pflegemaßnahmen 32
2.8.3 Segelkomplettcheck 33
2.8.4 Gleitschirmcheck bei neuen Segeln 33
2.8.5 Steuerleineneinstellung 33

3 Aerodynamik 35
3.1 Grundlagen 35
3.1.1 Die Erdanziehung 35
3.1.2 Luftwiderstand 35
3.1.3 Das Profil 36
3.1.4 Der Auftrieb 38
3.1.5 Der Flügel 38
3.1.6 Widerstandsarten 39
3.1.7 Gleitwinkel, Gleitzahl 39

3.2 Flugmechanik ... 41
3.2.1 Der stationäre Geradeausflug ... 41
3.2.2 Kurvenflug ... 42
3.3 Geschwindigkeitspolare ... 42
3.4 Flugverhalten ... 44
3.4.1 Bremsen bis zum Strömungsabriss (Stall) ... 44
3.4.2 Pendelstabilität ... 45

4 Meteorologie ... 46
4.1 Die Atmosphäre ... 46
4.2 Physikalische Parameter ... 47
4.2.1 Der Luftdruck ... 47
4.2.2 Die Temperatur ... 47
4.2.3 Die Dichte ... 48
4.2.4 Die Luftfeuchtigkeit ... 48
4.2.5 Adiabatik ... 49
4.2.6 Gleichgewichtszustand der Atmosphäre ... 49
4.2.7 Standardatmosphäre ... 50
4.3 Die Winde ... 50
4.3.1 Globale Luftströmungen ... 50
Dynamische Winde/Druckwinde 50
Klimazonen der Erde ... 52
4.3.2 Lokale Luftzirkulation ... 53
Dynamische Winde ... 55
Thermische Winde ... 56
4.4 Hoch–Tief ... 59
4.4.1 Das Tief ... 60
Die Warmfront ... 60
Die Kaltfront ... 61
Die Okklusionsfront ... 62
4.5 Thermik ... 62
4.5.1 Entstehung einer Thermikblase (Konvektion) ... 63
4.5.2 Thermikbart ... 64
4.5.3 Thermik-Special ... 65
Boden/Untergrund ... 65
Orographie (Geländeform) ... 66
Windeinfluss ... 67
Auslösung ... 68
Bewölkung ... 68
4.6 Gewitter ... 71
4.6.1 Gewitterarten ... 73
4.7 Föhn ... 74
4.8 Wolkenformen ... 75
4.8.1 Oberes Stockwerk ... 76
4.8.2 Mittleres Stockwerk ... 76
4.8.3 Unteres Stockwerk ... 77
4.8.4 Stockwerkübergreifend ... 77
4.9 Wetterkarte ... 77
4.10 Wetterlagen ... 78
4.10.1 Hochdrucklage ... 78
4.10.2 Föhnlage (Südföhn) ... 78
4.10.3 Staulage (Nordföhn) ... 79
4.10.4 Westwindlage ... 79
4.10.5 Bisenlage ... 79
4.10.6 Flachdrucklage ... 79

5 Flugpraxis ... 81
5.1 Flugpraxis für Anfänger ... 81
5.1.1 Startvorbereitungen ... 81
5.1.2 Aufstellen und Starten des Gleitsegels ... 83
5.1.3 Landung ... 86
5.1.4 Landefall ... 86
Landefalltechnik ... 87
Der Rückwärtsfall ... 87
5.1.5 Packen des Gleitschirms ... 88
5.2 Flugpraxis für Fortgeschrittene 88
5.2.1 Der Höhenflug ... 88
5.2.2 Gleitflüge und deren Geschwindigkeitssteuerung ... 89
Ungebremster Gleitflug ... 89
Geschwindigkeit des besten Gleitens ... 89

Geschwindigkeit des geringsten Sinkens 89
Minimalgeschwindigkeit 89
Stall (Strömungsabriss) 89
5.2.3 Kurven 90
Kurven aus voller Fahrt 90
Kurven aus leicht angebremstem Zustand 90
Kurven aus stark angebremstem Zustand 90
Kurven mit Gewichtsverlagerung (Körpersteuerung) 90
5.2.4 Landevolte (Landeanflugeinteilung) 91
5.2.5 Gefahrensituationen während des Fluges 94
Verknotete Fangleinen 94
Fangleinenriss 94
Tuchriss 94
Blockierte Steuerleinen 94
Stabiler Sackflug 95
Möglichkeiten, aus dem Sackflug in den Normalflug zu kommen . . 95
Segeleinklappen 96
Leinenverhänger 96
Frontstall 97
Segelkollaps/Stall 97
Stabile Steilspirale 97
Trudeln 97
Wolkenberührung/ Orientierungsverlust 98
5.2.6 Außenlandung/Notlandung 98
Hanglandung 99
Notlandung auf Bäumen 99
Notlandung im Steilgelände . . . 99
Notlandung in Gewässern 100
Landung in Leitungen und Kabeln 100
Notlandung auf Gletschern 101
5.2.7 Entwirren der Fangleinen 101
5.3 Flug- und Vorfahrtsregeln 102
5.3.1 Ausweichregeln im freien Luftraum ohne Hindernisse 102
5.3.2 Hangflugregeln 103
5.3.3 Thermikflugregeln 103
5.4 Flugpraxis für Könner 103
5.4.1 Rückwärtsstart 103
5.4.2 Dynamischer Start/ Dynamische Beschleunigung . . . 104
5.4.3 Klippenstart 105
5.4.4 Fliegen bei stärkerem Wind 105
Kurvenformen bei Starkwind . . . 106
Starkwindlandung 106
5.4.5 Toplanding 106
5.5 Flugmanöver für Piloten mit Flugpraxis 108
5.5.1 Schnellabstieg 108
5.5.2 Steilspirale 108
5.5.3 B-Leinen-Stall 109
5.5.4 Ohren anlegen/Flächenreduktion 110

5.5.5 Minimalgeschwindigkeit erfliegen 110
5.5.6 Stall (Fullstall) 111
5.6 Aktives Fliegen für Könner 112
5.6.1 Hangsoaring 112
5.6.2 Startplatzüberhöhung durch Hangaufwind 113
5.6.3 Thermikfliegen 114
Thermiksuchen 114
Zentrieren eines Thermikbartes 114
Fliegen in der Thermik 115
Fliegen im Hangaufwind mit Thermik 116
5.7 Biplacefliegen (Tandemfliegen) 116
5.8 Fliegen mit Ski und Snowboard 117
5.8.1 Skistart/Snowboardstart 117
5.8.2 Landung mit Ski oder Snowboard 118
5.9 Motorisierter Gleitschirm 118

6 Groundhandling/ Boden-Performance-Training . . . 119
6.1 Voraussetzungen 120
6.2 Performance-Technik 120
6.3 Performance-Training 121
6.4 Erweitertes Performance-Training 122

7 Windenschlepp 123
7.1 Die Ausrüstung 123
Abrollwinde 123
Stationäre Winde 123
Schleppseil 124
Schleppklinke 124
Ausrüstung des Piloten 125
7.2 Die Schleppmannschaft 125
Windenführer 125
Startleiter 125
Seilrückholer 125
7.3 Der Schleppbetrieb 126
Startvorbereitung 126
Start des Schleppvorgangs 127
Schleppflug 128
Ausklinken 129
Freier Flug 130
Landevolte 130
Landung 130
7.4 Schlepp für Fortgeschrittene . . . 130
Schlepp bei stärkerem Wind . . . 130
Schlepp bei Seitenwind 131
Schlepp bei Thermik 131
7.5 Gefahrensituationen 131
Seilriss 131
Lockout 132

8 Selbstständiges Fliegen im Gebirge 133
8.1 Alpines Gleitschirmfliegen 133
8.2 Expeditionen 134
8.2.1 Große Höhen, Expeditionsberge 134
8.2.2 Fliegen in Wüsten 137
8.2.3 Fliegen in den Tropen 138
8.2.4 Fliegen von Vulkanen 139

9 Streckenfliegen/Wettkampf/ Acro 140
9.1 Streckenfliegen 140
9.1.1 Kartenkunde 141
Die topographische Karte 142
9.1.2 Horizontale Navigation 142
Berechnung einer Talquerung . . 143
Einbeziehen von Wind 143
Geometrisches Einbeziehen von Wind 144
9.1.3 Vertikale Navigation 145
9.1.4 Terrestrische Navigation 145
9.1.5 Streckenflug mit Instrumenten . 145
9.2 Streckenflug nach FAI-Regeln 146
9.2.1 Fotodokumentation von FAI-Streckenflügen 146
9.2.2 FAI-Streckendefinitionen 147
Freie Strecke (Cross-Fliegen) . . . 147
Zielflug 148
Ziel-Rückkehrflug 148
Dreiecksflug 148

Flaches Dreieck 148
FAI-Dreieck 149
9.2.3 Die Bewertung von Streckenflügen nach FAI-Regeln 149
9.3. Online Contest (OLC) 150
Wertung im OLC-Streckenflugwettbewerb 151
Dokumentation im OLC-Steckenflugwettbewerb 151
9.4. Gleitschirmwettbewerbe 152
Briefing 152
Open Window 152
Schätzflug 152
Bojenflug 152
Touch and Go 153
Maximalzeit/Minimalzeit 153
Punktlandung 153
9.5. Acrobatikfliegen (Acro) 153

10 Verhalten bei Gleitschirmunfällen 154
10.1 Alpines Notsignal und Verständigung mit den Rettern 154
10.2 Hubschrauberbergung 155
10.3 Rucksackapotheke 156

11 Luftrecht 159
11.1 Luftrecht Deutschland 159
11.2 Luftrecht Österreich 169
11.3 Luftrecht Schweiz 171

12 Fluggebiete nach Ländern von A – Z 174

Offiziell zugelassene Gleitsegelschulen 184
Infos 188
Verbände 188
Adressen und Betriebszeiten von Seilbahnen 188
Wetterinfos 188
Allgemeine Gleitschirminformationen, Internet-Portale und -Links 189
Lesenswertes im Internet 189
Fachmagazine 189
Register 190
Impressum 192

1 Einleitung

1.1 Was ist Gleitschirmfliegen?

Der Gleitschirm (Gleitsegel, Paragleiter) ist das kleinste, leichteste und billigste Fluggerät. Die Handhabung ist sehr einfach und leicht zu erlernen. Im Gebirge wie auch im Flachland ist Fliegen ohne viel Aufwand möglich geworden. Dank des kleinen Packmaßes und des geringen Gewichts von 3,7 bis etwa 25 kg lässt sich Gleitschirmfliegen mit vielen anderen Freizeitaktivitäten, wie Motorradfahren oder Berg- und Skitouren, verbinden. Der Gleitschirm ist universell einsetzbar und ein lohnender Reisebegleiter. Besonders die Naturbegeisterten werden sich angesprochen fühlen. Die Vogelperspektive liefert Natureindrücke ganz besonderer Art und lässt die Faszination für Natur und Fliegen nicht mehr abreißen. Gleitschirmfliegen ist auch eine Form der direkten Auseinandersetzung mit unserem Wettergeschehen. Man lernt meteorologische Phänomene begreifen, »erfährt sie am eigenen Leib«, entwickelt Respekt und zugleich begieriges Interesse für deren Hintergründe. Zielsetzung dieses Buches ist es, das Verlangen nach umfassender Information zu stillen.

Der Sprung vom Fußgänger zum Piloten vollzieht sich beim Gleitschirmfliegen dank der unkomplizierten Technik denkbar einfach. Genauso leicht unterschätzt man aber auch Gefahren, die mit dem Fliegen verbunden sind. Dieses Buch weist auf Risiken und Gefahren hin, denn besonders beim Flugsport ist Unwissenheit verfänglich.

Gleitschirmfliegen ist faszinierend, sei es als Pilot oder auch als Zuschauer. Dank einfacher Handhabung und sicherer Technik ist Gleitschirmfliegen bei guter Ausbildung ein Sport für fast jeden.

1.2 Wer kann Gleitschirm fliegen?

Gleitschirmfliegen ist ein Sport für alle, die einigermaßen sportlich und begeisterungsfähig sind, sich mit Theorie und Praxis des Gleitschirmfliegens ernsthaft auseinander zu setzen.

Für das Erlernen sind keine herausragenden sportlichen Begabungen nötig, aber Bewegungstalent und eine gute körperliche Verfassung von Vorteil. Wichtig ist die psychische Konstitution des Piloten. Ausgeglichenheit und eine innere Ruhe kommen dem Piloten sehr zugute. Gleitschirmfliegen ist weniger eine Sportart für wagemutige Draufgänger. Eine gesunde Portion Eigenverantwortung und Selbstdisziplin sind gefordert – man neigt beim

Geschichte: 1985 begann der Gleitschirmboom. Großzellige Schirme, Hängegurtzeug, meist ohne Helm und Rettungsschirm. GS-Fliegen galt als super einfach und sicher und war in allen Kreisen absolut »in«.

Gleitschirmfliegen schnell dazu, seine eigenen Fähigkeiten zu überschätzen, die Risiken aber zu unterschätzen.

Auf eine Schulung darf keinesfalls verzichtet werden!

Dieses Buch kann und will die Schulung nicht ersetzen. Wird man unter fachlicher Anleitung an das Gleitschirmfliegen herangeführt, wird das Risiko klar erkennbar. Gleitschirme an sich sind sehr sicher, die Gefahr geht mehr vom Piloten aus. Das Verletzungsrisiko ist bei vernünftigem Flugverhalten nicht höher als bei anderen Freizeitsportarten. Nur unter ungünstigen Bedingungen oder wenn man seinen Erfahrungsstand mit Hochleistungsschirmen überfordert, steigt das Risiko. Je größer die Begeisterung, desto leichter werden die grundlegenden Vorsichtsmaßnahmen vernachlässigt. Einige der beschriebenen Techniken sind nur erfahrenen Piloten vorbehalten. Wird nicht nur bei Idealbedingungen geflogen, können unvorhergesehene Situationen auftreten, die extreme Flugmanöver verlangen.

Der Vollständigkeit halber werden viele fliegbare Manöver vorgestellt, die aber nicht zu Kunstflugzwecken missbraucht werden sollen. (Regelungen und persönliches Können beachten!)

Die Autoren sind sich der Risiken dieser Sportart bewusst und haben deshalb das Buch mit großer Sorgfalt und nach bestem Wissen und Gewissen zusammengestellt.

Jeder, der diese Sportart praktiziert, tut dies auf eigene Verantwortung.

1.3 Geschichte und Entwicklung des Gleitschirms

Kaum einer hielt es für möglich, dass sich in unserem modernen, hochtechnisierten Zeitalter noch eine grundlegend neue Flugsportart entwickeln könnte, die den Traum vom selbständigen Fliegen für fast jedermann möglich macht.

Der Wunsch des Menschen, aus größerer Höhe zu springen und sich nicht gleich zu Tode zu stürzen, ist schon sehr alt. Die erste geschichtliche Erwähnung geht sogar bis in das Jahr 100 n. Chr. zurück.

Wagemutige Chinesen sollen mit stoffüberspannten Gestellen, ähnlich unseren Regenschirmen, von hohen Türmen gesprungen sein. Von **Leonardo da Vinci** existieren Zeichnungen aus dem Jahr 1495, die eine fallschirmähnliche Konstruktion darstellen. Den ersten bekundeten Absprung mit einem Fallschirm, der aus einem mit Tuch bespannten hölzernen Rahmen bestand, soll **Fausto Veranzio** 1620 von einem Turm in Venedig gemacht haben.

Mit der Erfindung des Heißluftballons wurde auch der Fallschirm wiederentdeckt. Im Jahr 1793 sprang der Franzose **Lelandes** mit einem nur aus Tuch bestehenden Fallschirm von einem Ballon ab. Der Fallschirm wurde nun als Rettungsgerät weiterentwickelt. Hauptsächlich das Militär begann sich dafür zu interessieren.

1.3.1 Vom Fallschirm zum Gleitschirm

Erst nach dem Zweiten Weltkrieg wurde der Fallschirm zum Sportgerät. Die Steuerbarkeit war schlecht, die Sinkgeschwindigkeit sehr hoch. Das änderte sich erst, als der Kanadier **Domina Jalbert** 1964 auf die Idee kam, aus Segeltuch einen Flugzeugflügel mit Profil nachzubilden. Der Flächenschirm war erfunden, wurde aber nur für Flugzeugabsprünge eingesetzt. 1974 beschrieb der Amerikaner **Dan Poynter** erstmals die Möglichkeit, mit einem Flächenschirm vom Berg zu starten. Er bezeichnete dies als **Parasailing**. In den nächsten Jahren waren es vor allem Fallschirmspringer, die vom Berg starteten und das Landen übten. Auf diese Weise sparten sie sich das Geld für das Flugzeug. Bergsteiger, die sie beobachteten, sahen darin eine Möglichkeit, den mühsamen Abstieg zu vermeiden. Der Bergschirm als Abstiegshilfe war entdeckt und fand begeisterte Anhänger unter den Extrembergsteigern. Bereits 1977 flogen Piloten mit Flächenschirmen vom Säntis (2502 m), Ostschweiz, nach Wildhaus (1100 m).

1983 gab es in Mieussy/Frankreich bereits die ersten kleinen Wettkämpfe im Gleitschirmfliegen, das damals noch als »Bergfliegen« bezeichnet wurde. 1985 kam der große Durchbruch. Das Gleitschirmfliegen wurde in Frankreich populär. Die ersten Gleitschirme aus luftdichtem, steifem Segeltuch entstanden. Flugleistungen mit Gleitzahl 3 (zurückgelegte Strecke : Höhenunterschied) und einem minimalen Sinken um 2,5 m/sec wurden erreicht. Das große Interesse führte zu einem starken Entwicklungsschub. In Deutschland und Österreich setzte das Interesse Anfang 1987 schlagartig ein. Das Gleitschirmfliegen ist seit April 1987 in Deutschland gesetzlich erlaubt. Die Entwicklung der Gleitschirme ging jetzt sehr schnell. Ende 1987 war man bereits bei einer Gleitzahl von 4 und einem minimalen Sinken von 2 m/sec angelangt.

Die längste Flugzeit betrug über 6 Stunden. 1988 gab es einen erneuten Leistungsschub. Neue Ideen führen zu phantastischen Flugleistungen. Gleitzahl 5 ist erreicht, das minimale Sinken liegt zwischen 1,8 und 1,6 m/sec. Außerdem werden die Gleitschirme schneller. Mit 35 km/h Fluggeschwindigkeit überschritt im April 1988 Pierre Bouilloux erstmals die 40-km-Marke bei einem Dreiecksflug.

Neben den Rekordmeldungen häuften sich auch die Unfallmeldungen. Die Gründe dafür sind zum einen die wachsende Zahl der Piloten, zum anderen gehen zeitweise die Leistungssteigerungen der Segel sehr zu Lasten ihrer Sicherheit. Hohe Streckung bei gleichzeitiger Verschmälerung des Profils verschlechtert das Handling und setzt gute Flugerfahrung voraus. Im September 1988 wird in Deutschland aufgrund der erhöhten Unfallzahlen der Flugschein in zwei Teilabschnitte aufgeteilt. Auch Österreich und die Schweiz setzen die Anforderungen an die Schüler herauf. Anfang 1989 wird eine Gleitschirmliga gegründet, die Wettbewerbe werden zunehmend anspruchsvoller. Elliptische Schirmformen setzen sich durch, so dass sich Hochleistung besser mit Sicherheit vereinbaren lässt.

1.3.2 Wettlauf der Rekorde

Die Jagd nach möglichst langen Streckenflügen treibt einige Gleitschirmpiloten in die Rekordgebiete von Segelfliegern. So wurde gegen Ende 1989 in Namibia von Uli Wiesmeier erstmals die 100-km-Marke überflogen. Xavier Remond übertrifft ihn wenig später mit 127 km und 3700 m Höhengewinn. Im Ziel-Rückflug erreicht Sepp Gschwendtner immerhin 56 km. Inspiriert von diesen Leistungen führt der DHV den Überlandschein ein. Mit der Ausschreibung eines Streckenflugpokals wird vor allem dem Individualpiloten außerhalb von Wettkampfveranstaltungen eine klar definierte Vergleichsmöglichkeit gegeben. Ende 1990 verfehlt Xavier Remond dann mit 149,963 km nur knapp die 150-km-Marke. Spätestens als Dominik Müller mit über 100 km Strecke den Alpenhauptkamm überquert, wird massiv versucht, Namibia-Leistungen auch in den Alpen umzusetzen. Nicht ohne Erfolg. 1991 werden schon einige 100-km-Flüge in den Alpen gemacht, von Christoph Kirsch sogar 107 km im Ziel-Rückkehrflug. Die Schirmleistungen nähern sich der Gleitzahl sieben. Aber um die Streckenleistungen weiter zu erhöhen, müssen die Schirme bei guter Leistung schneller werden. Die Kalotten werden mit vielen, sehr feinen Fangleinen sauber ausgetrimmt und über ausgeklügelte Trimmsysteme das Profil verflacht. Bei der Leistungssteigerung verlangsamt sich die Entwicklung, in Sicherheitsfragen werden aber immer größere Fortschritte erzielt.

Ende 1991 überrascht Andrew Smith die Gleitschirmszene mit seinem 231-km-Flug in Namibia. Wenig später gelingt auch Urs Haari ein ähnlicher Rekord. 1992 nehmen die 100-km-Flüge im Alpenraum sprunghaft zu. Mehr und mehr finden sich darunter auch geschlossene Aufgaben, etwa ein Ziel-Rückkehrflug von Xavier Remond und ein Zielflug von Chris Müller, beide um 150 km. Olivier Perez schafft sogar ein FAI-Dreieck über 90 km. In der Schirmentwicklung ändert sich weniger an der maximalen Gleitzahl, vielmehr arbeitet man daran, die Maximalgeschwindigkeit zu erhöhen und möglichst die Geschwindigkeitspolare (siehe Kapitel 3.3) zu verflachen. Niedriges Sinken bei hoher Geschwindigkeit ist die Maxime. Vor allem am Handling wird gefeilt – die längeren Flüge sollen kraftschonender werden, exaktes Zentrierverhalten und eine hohe Bandbreite in der Leistung sind gefragt. Clubs und Windengemeinschaften bilden sich im Flachland, und dank guter Schirme werden respektable Strecken geflogen.

Eine sehr naturverbundene Art des Gleitschirmfliegens kommt auf: das Biwakfliegen. Es erinnert an die Wurzeln des »Bergfliegens« – Strecken werden nur fliegend und zu Fuß zurückgelegt. Im Cup 444 setzte sich Pierre Bouilloux 444 km und übertraf 1993 mit 508 km seine Vorgaben – 468 km fliegend und 40 km zu Fuß.

In der Schirmentwicklung stößt die Minimierung zu Gunsten eines geringen Widerstandes an ihre Grenzen. Das »Ausleinen« hält die Szene in Atem: Plötzliche Massenrisse von inzwischen extrem dünn gewordenen Leinen machen das Gleitschirmfliegen wieder gefährlich – Erfahrungen, die letztlich der Sicherheit zugute kommen. Die Intermediate-Geräte erobern sich nähere Plätze zu den Hochleistern, bei einem sehr hohen Sicherheitspotenzial. Sie tauchen auch in den Wettbewerbslisten des Streckenpokals auf. 1993 verdoppeln sich die anerkannten 100-km-Flüge abermals, auf 48. Im Zielflug gelingen den Japanern Masahiro Minegishi und Etsushi Matsup 182,5 km. Pierre Bouilloux durchbricht die 100-km-Marke für Dreiecksflüge viermal kurz hintereinander und endet bei 132 km!

Wie hoch inzwischen die Messlatte bei Weltmeisterschaften angesetzt wird, zeigt der Weltcup von Avoriaz, bei dem von 100 Piloten in 5 Durchgängen 21000 km erflogen werden.

1.3.3 Neuere Tendenzen

1995 werden auch in nordischen Ländern beachtliche Rekorde geflogen, etwa ein britischer Rekord von Steve Han über 175 km, ein schwedischer Rekord von Per Arne Soldal über 123,6 km. Selbst im deutschen Flachland werden 166 km geflogen, von Armin Harich. Im Gleitschirmbau vollzieht sich die Revolution im Detail. Computergestützte Konstruktion optimiert die Profilierung, Segelspannung und das Aufhängesystem. Intelligente Verleinung mit Reduktion durch Gabelbaumstruktur und Diagonalrippen perfektionieren die Schirme vor allem im oberen Geschwindigkeitsbereich. Die Schallmauer von 50 km/h wird bei guten Leistungen erst im Wettbewerbsbereich durchbrochen, und später ziehen sogar Einsteigerschirme nach.

Acro (Extremflug): spektakulär anzusehen, aber selbst für Vollprofis nicht ohne Risiko

Pierre Bouilloux nähert sich den Weltbestleistungen der Drachenflieger an: Er fliegt ein FAI-Dreieck mit 166 km, 30 km weniger als der Drachenrekord. 1997 übertreffen mehrere Franzosen mit 281 Kilometern endgültig die regionalen Drachenrekorde. Ein Jahr später knackt Godfrey Wenness in Australien mit 335 km die 300er-Marke. Im Sommer 2001 fällt diese Marke in Texas sogar im Zielflug (Josh Cohn), und Klaus Heimhofer sprengt die 200er-Marke im Dreiecksflug. 2002 werden in Zapata, Texas, von Will Gadd 423 km in 10 h 38 min geflogen. Die hohen Geschwindigkeitsoptionen – moderne Schirme erreichen bis über 60 km/h, verleiten einige wenige Profis zum Akrobatikflug, und was 1992 mit dem ersten Looping von André Bucher aus der Wiege gehoben wird, entwickelt sich zur Jahrtausendwende vor allem durch die spanischen Rodriguez-Brüder und den Österreicher Mike Küng zu einer neuen Ära, dem Acro-Flug. Figuren wie der SAT, Rückwärtsloops in Folge, Helikopter oder Tumbling stoßen auf immenses Publikumsinteresse. Allerdings ist diese Form des Fliegens so anspruchsvoll, dass sie den Profis vorbehalten bleibt, die mit immensem Trainingaufwand die Risiken zu beherrschen versuchen.Seit 2002 wird eine neue Spielart, die auch als »Groundhandling« bezeichnet wird, immer beliebter. Das spielerische Beherrschen des Gleitschirms am Boden auch bei stärkerem Wind.

1.3.4 Ausblick

Das Niveau der Rekorde ist bereits so hoch, dass die Tageslänge meist natürliche Grenzen setzt und sich Chancen, diese zu brechen, fast nur über weitere Geschwindigkeitserhöhungen der Geräte oder über sehr ungewöhnliche Wetterkonstellationen ergeben. Es könnte mitunter

Jahre dauern, gewisse Rekorde zu überbieten. Vermutlich wird sich die jetzige Tendenz der Dynamisierung des Flugverhaltens fortsetzen und die höhere aerodynamische Effizienz auch das Pilotenverhalten beeinflussen. Trotz aller Höchstleistungen wird Gleitschirmfliegen in erster Linie vor allem ein Freizeitsport bleiben, der überwiegend von Genussfliegern betrieben wird, die sich gerne ohne großes Risiko im begrenzten Luftraum eines bekannten Fluggebietes bewegen. Der Spaß am Fliegen, das Natur- und Gruppenerlebnis in vertrauter Umgebung stehen hier im Vordergrund.

1.4 Gleitschirmfliegen und Umwelt

Mit dem Gleitschirmfliegen ist eine der umweltverträglichsten Flugsportarten entstanden. Weder Abgase noch Lärm wirken belastend. Gleitschirmfliegen lässt Massenentwicklungen wie etwa beim Surfen kaum zu, weil das Fliegen zweifellos mehr Selbstüberwindung abverlangt und größere Risiken birgt.

Wie in jeder Outdoor-Sportart kommt es auch zu Kollisionen mit Naturschutz- und Umweltinteressen. Dieses Problem ist ernst zu nehmen, nicht zuletzt deshalb, weil auch der Reiz des Gleitschirmfliegens ganz wesentlich im Naturerlebnis liegt.

Gleitschirmfliegen in Peru an der Panamericana

Durch unsere Lebensweise und das damit verbundene Wirtschaftssystem ist unsere Umwelt generell einem so hohen Stress ausgesetzt und teilweise gravierend vorgeschädigt, dass ihr Schutz auch oder gerade für den Gleitschirmflieger selbstverständlich sein sollte. Für uns »Zivilisationsmenschen« ist der Stellenwert der Natur leider allzu sehr auf Freizeit- und Tourismuswerte fixiert, ihre eigentliche Bedeutung als unsere mehr und mehr bedrohte Lebensgrundlage wird meist verdrängt. Es ist verständlich, wenn sich mittlerweile mächtige Interessengruppen um die Belange der Natur kümmern, sich aber auch Kommunalpolitiker gerne unter dem Deckmäntelchen »Umweltschutz« profilieren wollen. Effektiven Maßnahmen werden allzu häufig Verbote vorgezogen, bei denen nur geringer Widerstand kleiner Interessengruppen zu erwarten ist. Vor allem die Jagdlobby ist sehr einflussreich und kann schnell Beschränkungen für den Gleitschirmsport bewirken.

Mittlerweile gibt es wissenschaftliche Untersuchungen, wie sich das Gleitschirmfliegen konkret auf die Umwelt auswirkt. Das Resümee: Tiere gewöhnen sich weitgehend an Gleitschirmpiloten in stark frequentierten Gebieten. Störungen in Rückzugsgebieten sind gravierender, aber nur, weil sie auch seltener sind. Trotzdem sollte man gegenteilige Schlüsse aus Einzelbeobachtungen auch ohne wissenschaftliche Beweiskraft akzeptieren, hinterfragen und den Dialog mit Naturschützern und Jägern suchen. Artspezifische Besonderheiten lassen sich oft nur so klären.

Das Fehlverhalten eines einzelnen Piloten kann Restriktionen für die gesamte Sportart bewirken!

1.4.1 Dezentralisierung

Das leicht zu transportierende und einfach zu startende Fluggerät Gleitschirm ist fast überall einsetzbar. Zwar eignen sich nicht alle Berge zum Gleitschirmstart, aber der Einsatzbereich ist ungleich vielfältiger. Durch die Seilwinde sind auch im Flachland optimale Flugmöglichkeiten gegeben. Damit liegt die Wahl des Start- und Landeplatzes weitgehend in der Verantwortung des Piloten und dessen Sensibilität für die Natur:

MASSNAHMEN:

- Keine Starts und Landungen in empfindlichen Bereichen, etwa Streuwiesen oder Moorflächen.
- Keine Landungen in Wiesen mit hochstehendem Gras.
- Der Gleitschirmflieger darf keine »Starthindernisse« wie Bäume, Latschen oder Äste entfernen.
- Nicht mit Autos in Wiesen oder Feldwege einfahren, um Piloten oder Schirme abzuholen.
- Ausgewiesene Landegebiete unbedingt einhalten.
- Naturschutzgebiete möglichst meiden.

Das Gelände muss so verlassen werden, wie es betreten wurde, eventuelle Trittschäden sind möglichst gering zu halten!

In Naturschutzgebieten ist zumindest besondere Rücksicht zu nehmen; über Flugeinschränkungen oder -verbote muss man sich vorab informieren. Beispielsweise ist im Naturschutzgebiet Ammergebirge mit einer Fläche von 290 Quadratkilometern das Gleitschirmfliegen verboten. Vorsätzliche oder fahrlässige Verstöße werden mit Geldbußen belegt.

Der **Tiefflug** ist eine der Hauptsorgen der Umweltschützer. Mit dem Gleitschirm sind Regionen erreichbar, die bislang als Rückzugsgebiete für Wild und Vögel verschont blieben. Deshalb sollte man es vermeiden, unnötig tief über entlegenes Gelände zu fliegen.

1.4.2 Einfluss auf Tiere

Wild: *Rehe, Rothirsche, Gemsen* und eventuell *Steinböcke* können durch Gleitschirmflieger beunruhigt werden, wenn im Tiefflug über die Tiere hinweggeflogen wird oder der Anmarsch zu Fuß oder mit Tourenski abseits der üblichen Aufstiegsrouten erfolgt. Die kritische Periode für das Wild liegt im Winter. Die Nahrungsqualität und auch die verfügbare Menge nehmen drastisch ab. Die Tiere haben sich deshalb durch eine äußerst energiesparende Lebensweise an die Umstände angepasst. Einerseits haben sie sich in der Vegetationsperiode Fettreserven angefressen, andererseits **verringern sie ihren Energieverbrauch durch Einschränkung ihrer Aktivität**. Werden die Tiere aufgeschreckt und Flucht ausgelöst, verbrauchen sie mindestens das Zehnfache ihrer Ruheenergie, je nach Schneehöhe auch mehr. Zu viele Störungen kosten die Tiere viel Energie. Darum verbeißen sie Knospen und Rinden von Bäumen. Vorwiegend weil zu hohe Wildbestände gehalten werden, wirken sich Verbiss- und Schälschäden nachhaltig auf die kränkelnden Bergwälder aus. Wild wird aber nur im Ausnahmefall und im unmittelbaren Tiefflug über Tiere aufgeschreckt; häufiger eher beim Aufstieg.

MASSNAHMEN:

- Wege nicht verlassen.
- Wird Wild gesichtet, nicht absichtlich anfliegen.
- Tiefflüge vermeiden.
- Möglichst gleichbleibende Flugrouten einhalten (→ Gewöhnungseffekt).

MASSNAHMEN:

- Meidung von Naturschutz- und Rückzugsgebieten.

MASSNAHMEN:

- In der Zeit von März bis Mai möglichst den Vorbeiflug an potentiellen Nistwänden vermeiden oder in großem Abstand fliegen.
- Bemerkt man aufgescheuchte Tiere, Wandbereich sofort verlassen.

MASSNAHMEN:

- Beim Anmarsch Wege nicht verlassen.
- Ausgewiesene Start- und Landegelände einhalten.
- Keine Sträucher, Latschen, Bäume für freien Startraum entfernen.
- Nach der Schneeschmelze oder Regenfällen sind Humusschichten besonders empfindlich, nicht an exponierten Stellen starten.

Vögel: Insbesondere *Birkhuhn, Schneehuhn, Auerhuhn* und diverse Wiesenbrüter können durch ein Feindbild, das einem Raubvogel gleicht, irritiert werden. Der Kritiker mag einwenden, dass ein Gleitsegel reichlich wenig Ähnlichkeit mit einer Raubvogelsilhouette aufzuweisen hat. Das ist richtig, für die Vögel ist das Bewegungssehen aber viel entscheidender, und das Feindbild besteht in einer bestimmten Bewegungsrelation zur Größe. Ob Gleitsegel dazugehören und wie sie auf Vögel wirken, ist noch weitgehend ungeklärt.

Die Tiere sind gewöhnlich so scheu, dass es dem Piloten kaum auffallen wird, wenn er sie gestört hat. Normalerweise gewöhnen sie sich wie die Auerhühner nicht an die Nähe des Menschen (Kulturflüchter).

Felsenbrüter wie *Kolkrabe, Wanderfalke, Uhu* und *Steinadler* können beim Brüten (März bis Mai) durch zu eng an der Wand soarende Flieger gestört werden. Wenn Tiere aufgescheucht wurden (Fluchtdistanz bis über 100 m), dürfen sie am Rückkehren nicht gehindert werden.

Vermutlich sind hier die Gleitschirmflieger aufgrund ihrer Mobilität weniger störend als Kletterer. Trotzdem können Gelege in kurzer Zeit auskühlen.

1.4.3 Auswirkung auf die Pflanzen

An Startplätzen, die gut frequentiert sind, kann die Trittbelastung so groß sein, dass die Vegetation geschädigt oder ganz zurückgedrängt wird. Sind die Grasmatten und der Alpenrasen erst einmal verdrängt, setzt die Bodenerosion ein, die hangabwärts fortschreitet. Eine Wiederansiedlung von Pflanzen gelingt fast nur mit Matten oder Rosten, die eine direkte Trittbelastung verhindern.

Solche Maßnahmen sind teuer, und man sollte Verständnis für Landegelder zeigen, die auch solchen Zwecken dienen. Die Trittschädigungen sind örtlich auf Start- und Landeplätze beschränkt, so dass man, vorausgesetzt, es werden stets die gleichen Plätze genutzt, vor Ort für Abhilfe sorgen kann.

1.4.4 Bauern

Wenn »Freizeitpiloten aus der Großstadt mit teuren Fluggeräten« kurz vor der Mahd in ihren Wiesen landen, können leicht Konflikte erwachsen. Der Bauer kann umgetretenes Gras nicht mähen und muss Ernteausfälle hinnehmen. Freilich kann einmal eine Notlandung in einer hochstehenden Wiese enden, dann ist aber unbedingt das Gespräch mit dem Bauern zu suchen, der Flurschaden ernst zu nehmen und sich dafür erkenntlich zu zeigen. Erfahrungs-

Abbildung rechte Seite: Küstensoaren in Maitencillo, Südamerika

gemäß stehen die Bauern der Flugsportart sehr aufgeschlossen gegenüber, und in vielen Fluggebieten sind bereits Kompromisse in Form von Landegebühren ausgehandelt.

Appell an Tierfreunde, Naturschützer und Jäger:
Meist sind die Auswirkungen von Gleitschirmfliegern auf die Umwelt selbst bei kritischer Betrachtungsweise minimal, insbesondere verglichen mit anderen Freizeitaktivitäten, etwa dem Bergwandern. Es ist der Natur und unserem leisen Flugsport jedoch dienlich, wenn von Seiten der Gleitschirmflieger freiwillige Initiativen erfolgen, denen meist praktikable Kompromisslösungen folgen.

MASSNAHMEN:

- Das Gespräch mit Bauern suchen. (Am Land sind Begrüßung und ein kurzes Gespräch auch mit Fremden noch selbstverständlich).
- Sofern es keine Regelungen gibt, Start-/Landegenehmigung vorab einholen.
- Eventuell freiwillige Landegebühr anbieten.
- Gleitschirmflieger ziehen oft Zuschauer an. Sie sind weit weniger sensibilisiert und richten mitunter größeren Schaden an. (→ Verhaltensanweisung geben!)

2 Gerätekunde

2.1 Die Bestandteile des Gleitschirms

- Segel (Schirmkappe)
- Fangleinen (Leinensystem)
- Haupttragegurte
- Gurtzeug

Der Gleitschirm ist auf den ersten Blick sehr einfach gebaut. Er besteht im Wesentlichen aus dem Segel, das in Form und Profil eine vorne geöffnete Tragfläche darstellt und den Gleitflug möglich macht. Das Leinensystem mit den Fangleinen und die Haupttragegurte stellen die Verbindung zwischen Pilot und Segel dar. Das Pilotengewicht wird durch die Vielzahl der Leinen gleichmäßig auf das Segel übertragen, es erhält auf diese Weise eine stabile Fluglage. Das Gurtzeug ist über die Haupttragegurte mit den Fangleinen verbunden und ermöglicht dem Piloten ein bequemes Sitzen auch bei längeren Flügen.

2.1.1 Segel

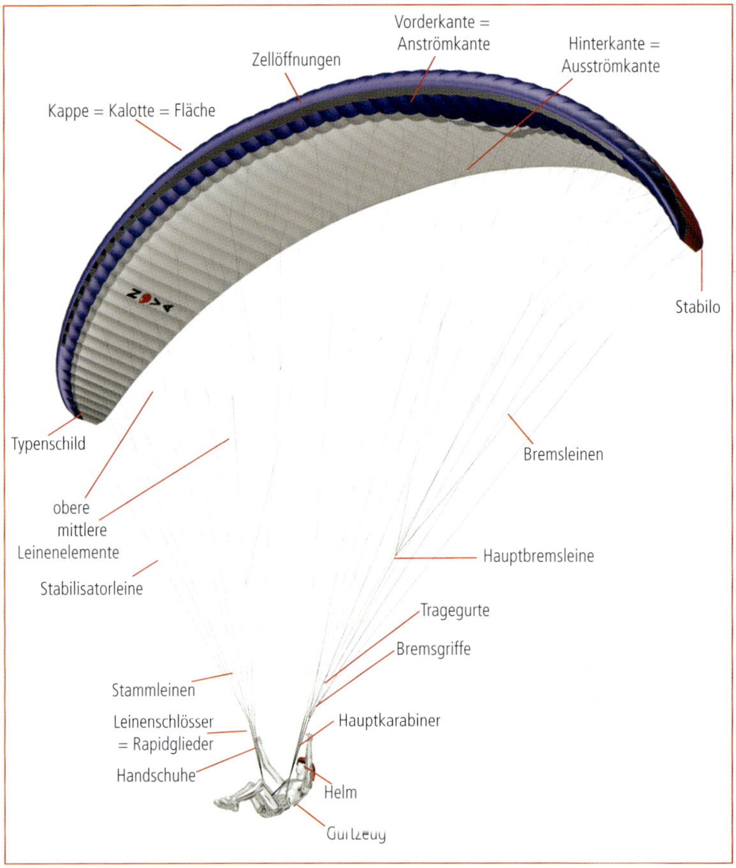

Das Segel ist eine halbstarre Tragfläche, die sich durch die anströmende Luft, die im Inneren des Segels den **Staudruck** erzeugt, prall füllt. Das Segel besteht aus Ober- und Untersegel, die durch Wände miteinander verbunden sind.

Die senkrecht stehenden Wände werden als **Zellwände** bezeichnet. Durch den Zuschnitt der Wände erhält das Segel sein Profil. An ihnen sind die **Fangleinen** aufgehängt. Die Zelle untergliedert sich in **Kammern**, die durch senkrechte oder diagonale **Zellzwischenwände (Rippen)** getrennt sind, die das Profil stabilisieren.

Damit im gesamten Segel der gleiche Staudruck herrscht, gibt es in den Wänden **Druckausgleichsöffnungen (Crossports)**. Durch die Druckausgleichsöffnungen können Kammern, die eingefallen sind, von innen wieder gefüllt werden. **Stabilisatoren (Stabilos)** geben dem Segel im Flug Richtungsstabilität, verringern den induzierten Widerstand (siehe Kapitel 3, Abschnitt 3.1.6) und verbessern den Auftrieb.

Die Ellipse ist die meistverwendete Segelform. Die Eintrittskanten sind mehr oder weniger tief heruntergezogen, teilweise sind auch Zellen vorne geschlossen. Die geschlossenen Zellen, die sich meist im Flügelrandbereich befinden, werden über die Crossports der Nachbarzellen befüllt. Bei vielen Segeln sind Teile der Zellzwischenwände mit Versteifungen, z.B. Mylar, einem besonders steifen Tuch, versehen, um das Füllverhalten beim Start zu verbessern oder auch die Profiltreue zu verbessern. Selbst im Computer können die wenigsten Flugsituationen simuliert und berechnet werden, so dass nach wie vor unzählige Testflüge bei allen nur erdenklichen Wind- und Thermikbedingungen notwendig sind, um Konstruktionsänderungen beurteilen zu können. CAD (computer aided design) ist aber für die Schnittmuster einer immer anspruchsvoller gestalteten Segeloberfläche unverzichtbar.

Eintrittskante eines Gleitschirms mit Einblick in das Innenleben

2.1.2 Fangleinen/Leinensystem

Das Pilotengewicht wird mittels mehrerer hundert Meter **Fangleinen**, die in einem systematischen **Leinensystem** angeordnet sind, gleichmäßig auf das Segel verteilt. Die Symmetrie des Leinensystems bestimmt Kappenkrümmung, Anstellwinkel und Trimmung des Gleitschirms. Jede tragende Zellwand ist an je vier bis fünf Fangleinen aufgehängt, wobei die Fangleine direkt an der Eintrittskante als **A-Leine**, die darauffolgenden als **B-**, **C- D- und E-Leinen** bezeichnet werden. So entstehen durch die Vielzahl der Leinen die **Leinenebenen** A, B, C, D und eventuell E. Der Luftwiderstand ist selbst bei dünnen Leinen nicht zu vernachlässigen. Deshalb werden die Leinen in bis zu drei verschiedenen **Leinenstockwerken** immer weiter zusammengefasst, bis nur noch einige wenige Leinen übrig bleiben, die am Haupttragegurt befestigt sind. Das oberste Stockwerk (**Galerieleinen**), mündet in das mittlere Stockwerk (**Gabelleinen**) und bündelt sich im unteren Stockwerk (**Stammleinen**). Die Stammleinen laufen, nach rechter und linker Flügelhälfte getrennt, in den Leinenschlössern der Tragegurte übersichtlich zusammen.

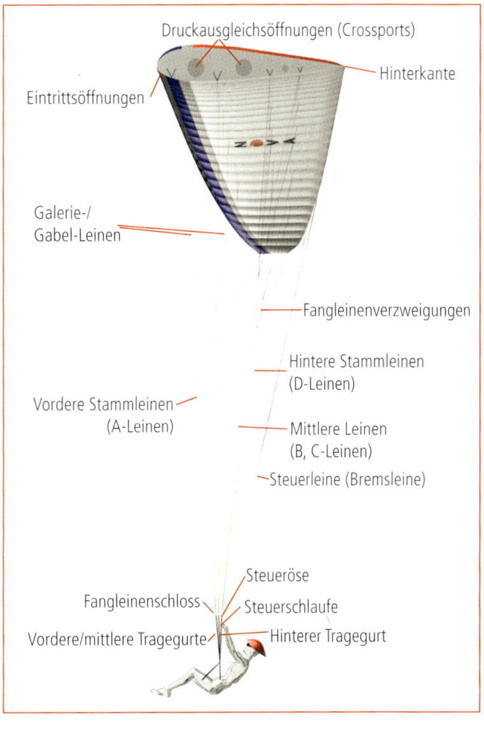

Entscheidend für die Flugtauglichkeit eines Schirmes ist die Fangleineneinstellung (Trimmung). Schon geringste Veränderungen an den Leinenlängen haben gefährliche Auswirkungen. Im Flug zeigt die Segelvorderkante immer leicht nach unten.

Diese Schirmneigung zum anströmenden Fahrtwind wird als **Anstellwinkel** bezeichnet. In der Regel beträgt der Anstellwinkel zwischen 10° und 20°.

Gesteuert wird das Segel mit den **Steuerleinen (Bremsleinen)**, die durch die Steueröse an den hinteren Tragegurten nach oben gehen. Ca. 1 bis 2 m unter dem Segel fächert sich die **Steuerleine** auf die Hinterkanten der äußeren Zellen. Durch Zug an den Steuerleinen kann man das Profil verändern bzw. es steiler anstellen. Der Widerstand wächst auf der angebremsten Seite. Der Schirm lenkt auf die angebremste Seite und wird dadurch steuerbar.

Oben: Haupttragegurt mit einfachem Trimmsystem

Unten: Haupttragegurt mit effektivem Trimmsystem über Umlenkungen

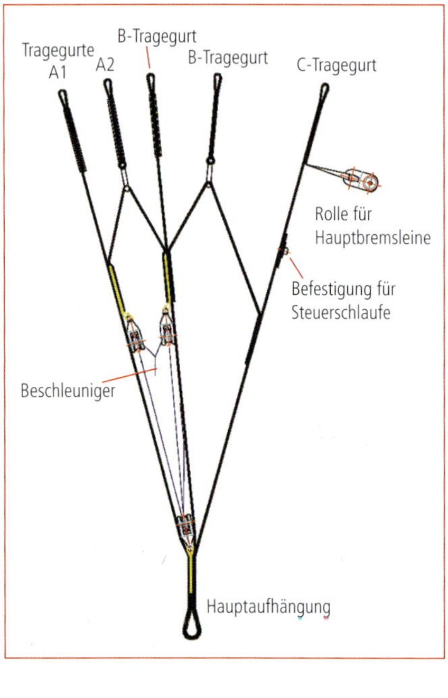

2.1.3. Haupttragegurte

Alle Leinen sind an den Haupttragegurten in Gruppen zusammengefasst. Die rechten und linken Haupttragegurte sind meist in ein bis zwei vordere, ein bis drei mittlere und den hinteren Haupttragegurt unterteilt, die in einer Karabinerschlaufe, dem Einhängepunkt, zusammenlaufen. Dort wird das Gurtzeug eingehängt. Am hinteren Haupttragegurt befindet sich die **Steueröse** oder **Rolle**, in der die Steuerleine fixiert ist. Sie ist so eng gehalten, dass sich die Steuerschlaufe nicht durchziehen und blockieren kann. Die Steuerschlaufe bleibt damit immer greifbar. Kurz unterhalb der **Steueröse** kann die Steuerschlaufe mit Klettband, Magnet oder Druckknopf fixiert werden, damit sich die Steuerleine beim Packen nicht verheddern kann.

2.2 Flächensteuerung und Trimmsystem

Jeder Gleitschirm ist **getrimmt**, d.h. der Anstellwinkel des Segels und die Position des Piloten sind vorgegeben. Die Trimmung muss dabei so angelegt sein, dass das Segel bei guter Flugleistung sicher zu fliegen ist. Es gibt jedoch Situationen, in denen **Trimmer** durchaus berechtigt sind. Bei den meisten Segeln sind Trimmsysteme schon integriert. Trimmer können auch gezielt nur bestimmte Leinengruppen in ihrer Länge verändern. Der Ort und die Länge der Verkürzung hängen von der Gesamtabstimmung des jeweiligen Segels und dem Verwendungszweck ab. Trimmer verändern nicht nur die Anstellung des Segels, sondern können auch so ausgelegt sein, dass sie die Wölbung des Profils verflachen, um dem Segel einen größeren Geschwindigkeitsbereich zu verleihen. Der Einbau eines Trimmsystems muss den Zulassungs-Richtlinien entsprechen!

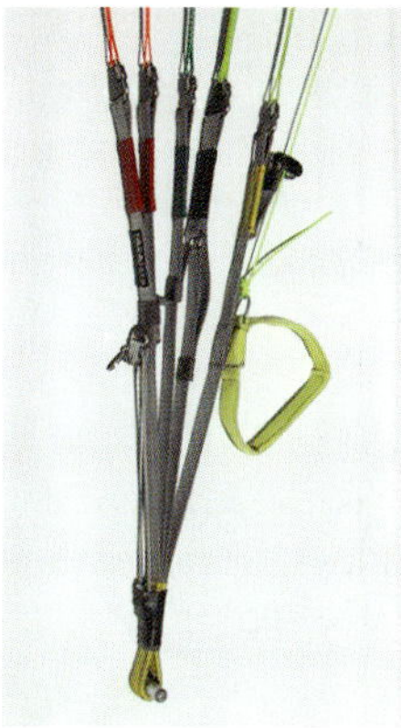

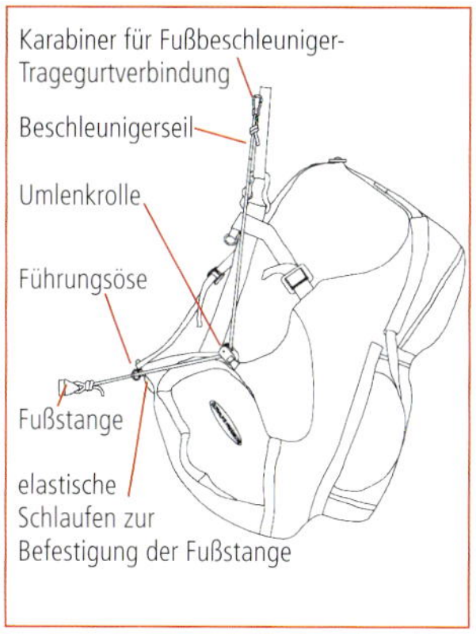

Links: Haupttragegurt in Normalstellung
Mitte: Haupttragegurt in beschleunigter Stellung
Rechts: Bestandteile des Speedsystems

2.2.1 Trimm- und Speedsystem

- Beinstreckertrimmsystem (Fußbeschleuniger):

Beinstreckertrimmsysteme verkürzen Fangleinengruppen derart, dass sich insgesamt das Profil verflacht, wenn der Pilot die Beine durchdrückt. Mit dieser Wölbungsreduktion erreicht man mitunter erheblichen Geschwindigkeitszuwachs, der für Streckenflüge immer wichtiger wird. Die technische Umsetzung erfolgt über eine Rollenumlenkung am Sitz, die in den Beinstrecker übergeht. Steigt der Pilot in den Beinstrecker, verkürzen sich zunächst meist die B-Leinen, um dann in der Folge die A-Leinen, manchmal auch die C-Leinen nachzuziehen. Die Art der Trimmung ist eng mit dem Schirmtyp und den Anforderungen an die Trimmung verbunden.

Die folgenden Systeme können auch die Kurvensteuerung unterstützen und bewirken eine **Flächenverwindung**. Flächenverwindung bedeutet, dass der Anstellwinkel der linken und rechten Segelhälfte einzeln, aber auch gemeinsam gesteuert werden kann. So kann das Segel schneller oder langsamer, aber auch rechts oder links gekurvt werden.

- Von Hand zu bedienendes Trimmsystem:

Dieses Trimmsystem gleicht vom Aufbau und der Funktion dem Fußbeschleuniger. Handschlaufen ersetzen bzw. ergänzen den Fußbeschleuniger. Dadurch können die Trimmer auch einzeln bedient werden und somit zum weiten Kurven mit eingesetzt werden. Dieses Trimmsystem wird zum Teil auch zusätzlich zum Beinstreckersystem eingesetzt. Da der Kraftaufwand zur Trimmung sehr hoch ist, ist das System für den ständigen Einsatz anstrengend. Es wird mehr als arretierbares Trimmsystem mit Klemmschnallen verwendet. Ohne Kraftaufwand kann im getrimmten Zustand geflogen werden, ein Vorteil bei langen Talquerungen und Gegenwindflügen. Von Nachteil ist, dass in kritischen Situationen die Trimmer erst mühsam von Hand geöffnet werden müssen, um in der stabileren Grundtrimmung zu fliegen. Vor jeder Landung ist darauf zu achten, dass die Trimmer wieder gelöst sind.

Multiples Speedsystem. Hier kann der Fußbeschleuniger in zwei Positionen eingehängt werden.

Unsachgemäße Trimmung kann zum Stall, Sackflug oder Frontstall führen! Bei turbulenten Bedingungen ist es meist sicherer, ohne Trimmer zu fliegen.

- Speedbar:

Unter Speedbar versteht man einen zweiseitig gelochten Träger aus Metall, über den individuell eine Trimmung einzelner Leinen, Leinenebenen und auch der Gurtaufhängungen vorgenommen werden kann. Dieses System ist vor allem Wettbewerbsprofis und Testfliegern vorbehalten, die darin eine schirmbezogene Trimmung vornehmen können.

2.3 Gurtzeug

Sollte der Pilot doch einmal vergessen, die Beinschlaufen zu schließen, ist er durch den zusätzlichen Gurt vor dem Herausfallen aus dem Gurtzeug gesichert.

Gurtzeug und Gleitsegel müssen zusammenpassen, da das Gurtzeug Einfluss auf Flugverhalten und Flugsicherheit hat (Zulassungsbestimmungen beachten!)

Das Gurtzeug soll für längere Flüge bequem und auf die Körpergröße abgestimmt sein und ein gutes, sicheres Fluggefühl vermitteln. Dabei ist die Aufhängehöhe von entscheidender Bedeutung. **Hohe Aufhängung** hält den Gleitschirm ruhiger, vermittelt sicheres Fliegen, verschlechtert jedoch das Fluggefühl und unterbindet die Gewichtssteuerung beim Kurven. Die **tiefe Aufhängung** eignet sich eher für das aktive Fliegen durch Gewichtsverlagerung. Je geringer der Abstand vom Aufhängepunkt zur Sitzebene wird, umso sensibler wird das Fluggefühl. Jedoch wird die Einheit Gleitschirm – Gurtzeug kippeliger, ermöglicht und erfordert aktives Fliegen.

Vor dem ersten Flug Gurtzeug in einer Aufhängevorrichtung einstellen (Sitzgurt-Grundeinstellung)!

- Gurtzeug (Supiner Sitzgurt):

Gleitsegel-Gurtzeuge sind voll verstellbar, erlauben verschiedene bequeme Sitz- und Liegepositionen und sind für lange Streckenflüge ausgerichtet. Manche Partien sind versteift durch ein Sitzbrett, eine variable Sitzbrettkante, Rücken-, Seiten- und Schulterpolsterungen und einen obligatorischen Rückenprotektor. Wenn das Gurtzeug die richtige Größe hat und optimal angepasst ist, sollte das Sitzen nicht weniger komfortabel sein als auf der Wohnzimmercouch, wenn man die Beine hochlegt. Moderne Gurte integrieren einen Wasserballastsack mit Trinksystem für Streckenflüge. Das Wasser kann während des Fluges abgelassen werden. Viele Gurte besitzen Halterungen und Einschubmöglichkeiten für Rückenprotektoren, Seitentaschen für die **Erste-Hilfe-Ausrüstung** und die **Rettungsschnur**. Brust- und Beingurte sollen leicht bedienbar sein und mit sicher schließenden Verschlüssen ausgestattet sein. Zusätzliche Sicherungen, die das Herausfallen des Piloten bei nicht geschlossenen Bein- und Brustgurten verhindern, sind zu empfehlen. Für einen eventuellen Fußbeschleuniger sollten Umlenkrollen am Gurtzeug angebracht sein.

- Das **Rettungsgerät** lässt sich ebenfalls integrieren oder aber auch außen seitlich oder vor dem Piloten anbringen. Dabei ist zwingend darauf zu achten, dass Rettungsgerät und Gurtzeug in allen Bauteilen kompatibel sind (**Kompatibilitätsprüfung**). Es gilt zu prüfen und zu üben, ob die schnelle Auslösung des Rettungssystems in allen Fluglagen sichergestellt ist. So kann ein **Rettungsgerätehandgriff**, der im Ernstfall nur schwer zu finden ist, den Tod bedeuten. Zusätzlich sind viele Gurtzeuge mit einer kreuzförmigen Diagonalverspannung (**Kreuzverspannung**) ausgestattet. Die Diagonalverspannung wirkt stabilisierend auf das Segel und verhindert ein Aufschaukeln des Gleitsegels durch Lastwechsel an den Verbindungspunkten vom Gurtzeug zu den Haupttragegurten. Gurtzeuge mit niedrigem Aufhängepunkt können so stabilisiert werden.

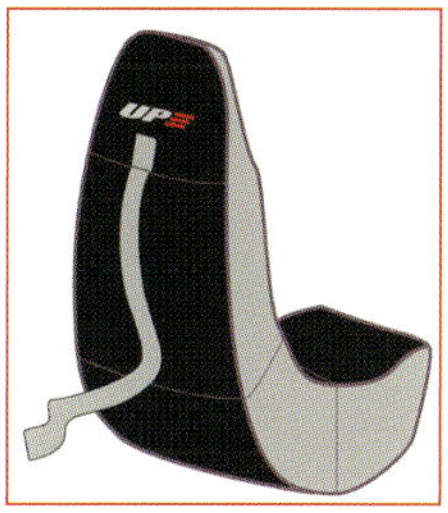

Airbag

- **Rückenprotektor/Seitenprotektor**:

Im Notfall schützen Rückenprotektoren mehr oder weniger vor Verletzungen bei einem Aufprall auf den Rücken. Es gibt Hartschaumprotektoren, Permanent Airbags in Kammernbauweise, Staudruck-Airbags und Pressluft-Airbags die entweder fest im Gurtzeug eingebaut sind oder als Zubehör dem Gurtzeug angebaut werden können. Protektoren müssen regelmäßig auf ihre Funktion hin überprüft werden. Die genauen Bestimmungen sind wie bei den Gleitsegeln, Rettungsschirmen, Helmen und Gurtzeugen bei den jeweiligen Verbänden oder den Herstellern zu erfragen. Seitenprotektoren bieten zusätzlichen Schutz bei unkontrollierten Abstürzen.

- **Integralgurte** sind Gurtzeuge mit einem aerodynamisch günstigen Fußsack, der zugleich den Piloten auf langen Streckenflügen wärmt. Das Fliegen damit ist gewöhnungsbedürftig. Bei Gefahrensituationen und vor der Landung muss der Pilot rechtzeitig die Füße aus dem Fußsack nehmen.

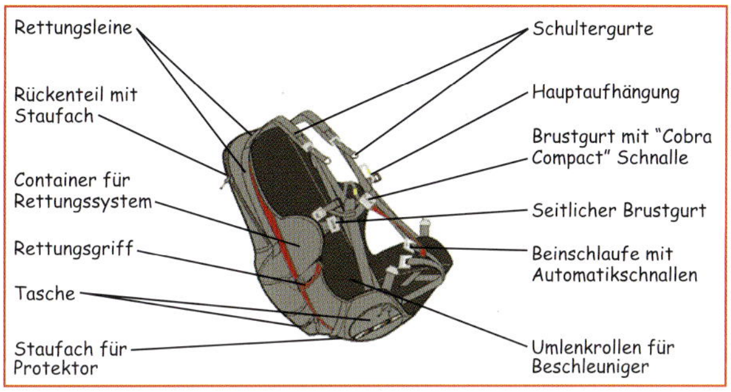

Gurtzeug

- **Leichtgurtzeuge** sind gewichtsoptimierte Sitzgurtzeuge für Bergsteiger oder Fernreisende, die auf geringstes Gewicht und kleinstes Packmaß Wert legen. Ausreichend bequem und extrem klein packbar. Die Gurtzeuge entsprechen jedoch nur mit Protektor den üblichen Sicherheitsnormen.

Das Gurtzeug so einstellen, dass man sich auch aus der Liegeposition leicht in die aufrechte Sitzposition begeben kann, um sicher landen zu können.

2.4 Materialien

2.4.1 Kunststoffe

Alle flexiblen Materialien im Gleitschirmbau bestehen aus Kunststofffasern. Die Eigenschaften der verschiedenen Fasern und ihr Einsatz im Gleitschirmbau werden im Folgenden kurz besprochen:

- **Polyamid** (z.B. Nylon):

Polyamid ist ein sehr elastisches Material, das seine Eigenschaften lange behält. Polyamid ist besonders für Gleitschirmtücher geeignet. Da Polyamid hygroskopisch ist, d.h. die Faser nimmt Wasser auf, werden die Tücher spezialbehandelt. Ein großer Nachteil von Polyamid ist die UV-Strahlungsempfindlichkeit. Die Faser verliert durch Sonnenlicht an Festigkeit. Unnötige UV-Strahlung ist deshalb zu vermeiden.

- **Polyester** (z.B. Dralon):

Die Faser ist im Gegensatz zu Polyamid nicht hygroskopisch und sehr dimensionsstabil. Polyester ist unempfindlicher gegen UV-Strahlungen. Leider ist Polyesterfaser nicht sehr elastisch. Wird Polyester stark beansprucht und überdehnt, wird die Faser geschwächt (über 50 % Festigkeitsverlust) und bleibt deformiert.

- **Aramid** (z.B. Kevlar, Twaron):

Aramid besitzt hohe Festigkeit, ist sehr leicht und dehnt sich nicht. Aramid ist nicht UV-strahlungsanfällig, nicht elektrisch leitfähig und nimmt keine Feuchtigkeit auf. Da Aramid relativ starr ist, kann es bei häufigem Knicken brechen. Aramid wird überwiegend als Kraftfaser für Fangleinen verwendet.

- **HPPE** (z.B. Dyneema, Spectra):

HPPE ist die Abkürzung für Hochmodulpolyethylen. Das Material wird für Leinen verwendet, da es hohe Festigkeit aufweist und sich kaum dehnt. Die Knickfestigkeit ist hoch.
Aus den genannten Kunststofffasern werden das Tuch, die Fangleinen und Gurte gefertigt.

2.4.2 Tuch

Das Tuch besteht aus Polyester- oder Polyamidfasern und wird aus Längsfäden (Kette) und Querfäden (Schuss) gewoben. Bei Ripstop-Tüchern werden in gewissen Abständen dickere Fäden eingewoben, die ein Weiterreißen der Tücher bei Beschädigungen verhindern sollen. Beim Double-Ripstop sind zwei solcher Verstärkungsfäden eingewoben.

Das Gleitschirmtuch soll UV-geschützt, formstabil, reißfest, wasser- und winddicht sowie robust sein. Deswegen werden die Tücher noch ausgerüstet. Unter **Ausrüsten** versteht man die zusätzliche Behandlung des Tuches mit *Silikon* oder *Kunstharz*. Das Tuch wird dabei besprüht, getaucht oder gewalzt (*kalandriert*) und erhält so eine dauerhafte Beschichtung. Die Tücher haben ein Gewicht von 30 bis 60 g/m^2.

Beschädigte Leinen gehören sofort ersetzt.

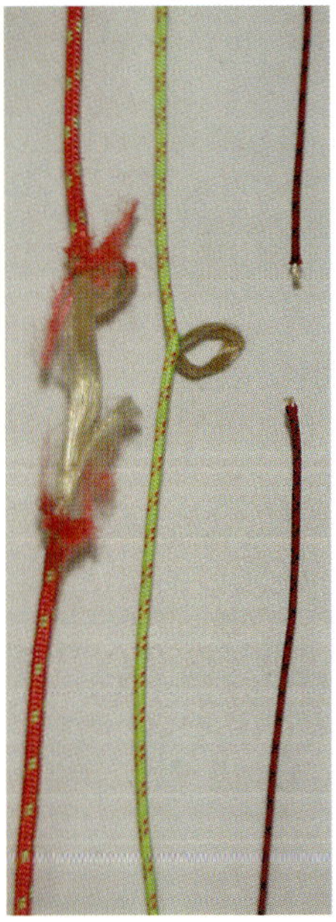

2.4.3 Fangleinen

Die Fangleinen bestehen aus HPPE, Aramid oder Polyester. Die Fangleine muss sehr stabil sein und darf sich nicht dehnen oder verkürzen, auch dann nicht, wenn sie feucht wird. HPPE- oder Polyesterleinen werden im Werk vorgereckt (gestreckt). Dünne Fangleinen haben zwar weniger Luftwiderstand, besitzen jedoch geringere Festigkeit und haben geringere Lebensdauer. So werden 1 mm dünne Leinen mit ca. 90 kp Festigkeit als Galerieleinen und 3 mm starke Leinen mit bis zu 220 kp Festigkeit als Stammleinen verwendet.

2.4.4 Gurte (Flachbänder)

Für die Sitzgurte und die Haupttragegurte werden Flachbänder verwendet, die aus Polyester oder Polyamid bestehen. Gurte haben eine große Festigkeit. Eine Schwachstelle bilden die Nähte, die Kontrastfarben haben sollen, um Scheuerstellen gleich zu entdecken.

2.4.5 Nähte

Der Faden für die Nähte besteht aus elastischem Polyamid. Die Nähte sind dadurch dauerhafter und fester. Die Nähte am Gleitschirm werden mit geradem Stich in Doppelnaht oder in Zickzackstich genäht.

Beim geraden, sehr engen Stich wird das Tuch durch Perforation geschwächt und reißt leicht ein. Deswegen wird nur der weite gerade Stich oder die Zickzackvernähung, bei der die Festigkeit sehr hoch ist, in der Segelherstellung verwendet.

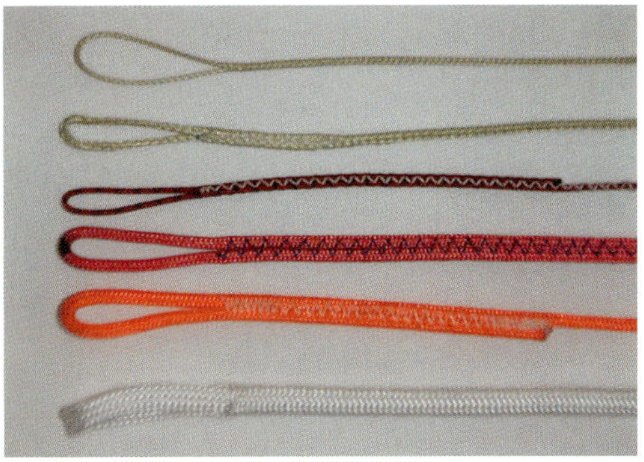

Dicke gespleiste Rettungschirmleine, Bremsleine, Fangleine, Galerieleine genäht, dicke und dünne Wettkampfleine gespleist

2.4.6 Beschläge/Karabiner

Die Beschläge sollten aus rostfreiem Material und ausreichend dimensioniert sein. Fangleinenschlösser (*maillons rapides*) müssen wie die Deltaschäkel und die Karabiner einen Prüfstempel besitzen, der die Bruchlast angibt. Die Bruchlast darf aus Sicherheitsgründen 250 kg nicht unterschreiten. Die Hauptkarabiner (**Aufhängekarabiner**), die Gurtzeug und Gleitschirm verbinden, müssen gegen ungewolltes Öffnen gesichert sein. Die Bruchlast soll bei 2000 kg liegen. Entsprechende Zulassungsbestimmungen sind zu beachten.

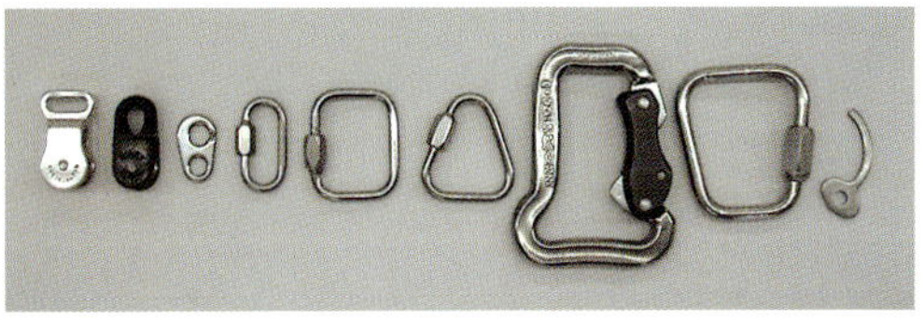

V.l.n.r.: Umlenkrollen aus Metall und Kunststoff, Beschleunigerhaken (Brummelhook), Schraubschäkel oval, eckig und delta für Fangleinen, Karabiner für Gurtzeugbefestigung, Schraubschäkel und Splint für Rettungsschirm

2.5 Persönliche Ausrüstung

2.5.1 Helm

Der Gleitschirmhelm muss aus zähem, schlagbeständigem Material bestehen, Kopf, Schläfe und Kinn ausreichend schützen. Die Zulassungsnormen sind zu beachten. Wichtig ist, dass der Helm mit einem Kinnriemen gesichert ist. Öffnungen an den Ohren sind gut für Wind- und Variogeräusche.

2.5.2 Schuhe

Der Gleitschirmschuh muss zwei Anforderungen gerecht werden:

- Gute Dämpfung und Stützung des Fußes für die Landung.
- Eignung für den Auf- und eventuell Abstieg im Gebirge.

Ösen sind für die Schnürung des Schuhs besser, da sich an Schnürhaken die Fangleinen verhängen. Eine griffige Sohle verhindert ein Ausrutschen beim Aufstieg und beim Startlauf.

2.5.3 Kleidung

Lange, körperbedeckende Kleidung schützt bei Fehlstarts oder Baumlandungen vor Verletzungen. Für längere Flüge ist wärmere Kleidung nötig. Im Winter sind Handschuhe und Mütze unentbehrlich. Leichte Lederhandschuhe sind auch für den Sommer empfehlenswert.

2.5.4 Packsack/Gleitschirmrucksack

Der Packsack sollte einen Rundum-Reißverschluss besitzen, damit das Segel gut verstaut werden kann. In dem Packsack sollten außer dem Segel noch der Gurt, etwas Kleidung und der Helm Platz haben. Praktisch ist eine zusätzliche Außentasche für Kleinutensilien und das Verbandszeug.

Für längere Aufstiege sind breite Schultertragegurte und ein atmungsaktiver, gepolsterter Rücken angenehm. Bergsteiger verwenden gerne Hochtourenrucksäcke mit großer Öffnung.

2.5.5 Trinksystem

Für lange Flüge ist ein Getränkesystem mit Trinkschlauch nützlich. Es verhindert die Dehydration und steigert somit die Leistungsfähigkeit für die Flugaufgabe.

2.5.6 Notfallausrüstung

- **Rettungsleine:** Ein Muss für jeden Piloten ist die Rettungsleine. Dies ist eine ca. 2 mm starke und mindestens 30 m lange Leine, an deren Anfang ein Bleigewicht befestigt ist.
Die Rettungsleine ermöglicht bei Baumlandungen oder Notlandungen im absturzgefährdeten Gelände das Heraufziehen eines Bergungsseiles. Sie darf keinesfalls als Abseilleine benutzt werden. Die Rettungsleine sollte jederzeit erreichbar im Overall oder in den seitlichen Gurtzeugtaschen verstaut werden.
- **Signalpfeife:** Die Signalpfeife ermöglicht nach Notlandungen, ausdauernd und weithin hörbar das alpine Notsignal (siehe Kapitel 10) zu blasen. Rufen ist nicht sehr weit hörbar, und man wäre außerdem sehr schnell erschöpft dabei.
- **Signalgeber:** Der Signalgeber ermöglicht nach Notlandungen, bei denen Hilfe notwendig ist, eine rote Signalrakete abzuschießen. Da wir als Gleitschirmflieger von vielen Leuten, wie z.B. Wanderern, beobachtet werden, ist es eine faire Sache, wenn der notgelandete Pilot durch Abschuss einer grünen Signalrakete signalisiert, dass keine Hilfe notwendig ist. So werden unnötige Suchaktionen verhindert.
- **Erste-Hilfe-Set:** Jeder Pilot sollte für die Soforthilfe am Unfallort ein Erste-Hilfe-Set mitführen (siehe Kapitel 10).

2.6 Fluginstrumente

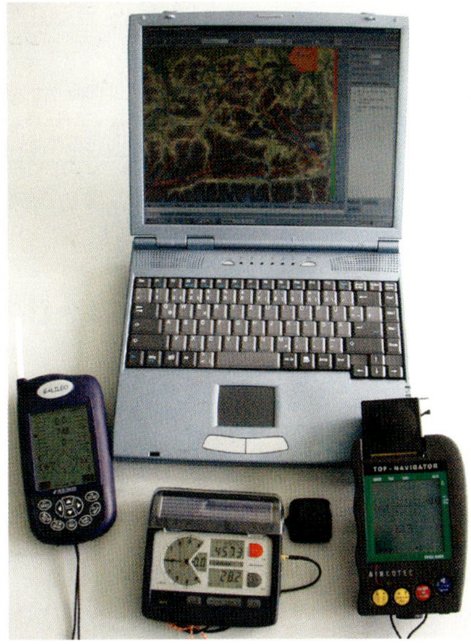

Was mit einem **Variometer** anfing, hat sich mittlerweile zu einem multifunktionalen Cockpit ausgebaut. Gerade Streckenpiloten profitieren enorm von der neuen Fluginstrumentenentwicklung.

2.6.1 Variometer

Ein Vario(meter) zeigt akustisch und optisch an, mit welcher Vertikalgeschwindigkeit man pro Sekunde sinkt bzw. steigt. Mit Hilfe einer hochempfindlichen Messdose misst das Gerät laufend den Luftdruck und vergleicht ihn mit den vorhergehenden Werten. Über die Differenz errechnet das Gerät die momentane Vertikalgeschwindigkeit. Die Anzeige erfolgt analog oder digital und akustisch. Da in der Luft weitgehend die Anhaltspunkte für die eigene Höhe oder Höhenänderungen fehlen, machen Tonschwankungen Steigen oder Sinken hörbar. Der Steigton ist ein unterbrochener Piepston, der bei zunehmenden Steigwerten schneller und höher piepst. Der Sinkton ist ein Dauerton, er tönt bei stärkerem Sinken tiefer.

Fluggeräte dokumentieren den Flug. Am PC lassen sich die gespeicherten Daten visualisieren und analysieren. Ideal für Training, Wettkampf oder nur zum Spaß.

2.6.2 Höhenmesser

Der Höhenmesser ist im Prinzip ein Barometer, wobei die Druckunterschiede nicht in Hectopascal (neue Bezeichnung für die Einheit Millibar), sondern gleich in Metern angezeigt werden. Die Messung erfolgt mit einer Druckmessdose, die Anzeige mechanisch mit einem Zeiger oder elektronisch mit Digitalanzeige. Da sich der Luftdruck laufend ändert (siehe Kapitel 4, Abschnitt 4.2.1), muss man den Höhenmesser vor jedem Flug neu abgleichen.

2.6.3 Kombigerät (Cockpit)

Heute werden größtenteils Kombigeräte genutzt. Sie enthalten Variometer und Höhenmesser in einem und beinhalten Zusatzfunktionen wie Maximalspeicher, Echtzeituhr und Stoppuhr. Über eine Zusatzbuchse oder auch drahtlos sind Fahrtmesser (2.6.4) zu koppeln, und Streckenpiloten legen Wert auf einen eingebauten Barographen (2.6.5). Auch die Kombinierbarkeit mit dem GPS (2.6.6) wird immer wichtiger, und der Trend geht ganz klar zu Geräten, die alle Funktionen enthalten und kombinieren. All die Daten verhelfen zu faszinierenden Informationen – aus der Eigenfahrt gegenüber der Geschwindigkeit über Grund kann das Gerät beispielsweise Windgeschwindigkeit und Richtung ermitteln (9 Streckenfliegen). Kennt man die GPS-Koordinaten des Zielpunkts, zeigt das Gerät in einem Balkendiagramm den notwendigen Gleitwinkel an und zum Vergleich den gerade erflogenen. Auf einen Blick sieht der Pilot, ob er seinen Zielpunkt sicher erreicht – sogar die Ankunftshöhe wird ihm im

Display mitgeteilt. Selbstverständlich wird man auch darüber informiert, ob die jeweilige Höhe für eine etwaige Querung zum Koordinatenpunkt ausreicht.

2.6.4 Windmesser (Anemometer)/ Fahrtmesser (Speedsensor)

Der Windmesser besteht aus einem Flügelrad und einem elektronischen Anzeigeinstrument. Die Drehgeschwindigkeit des Flügelrades wird mit einem Kabel oder auch drahtlos durch ein rotierendes Magnetfeld induktiv von der Auswerteelektronik erfasst. Wird der Windmesser als Fahrtmesser benutzt, muss das Flügelrad genau in Flugrichtung an einem der vorderen Haupttragegurte befestigt werden. Einige Windmesser sind mit einem Stallalarm ausgerüstet: Wird eine selbst einstellbare Minimalgeschwindigkeit unterschritten, gibt das Gerät einen akustischen Alarm.

2.6.5 Barograph

Der Barograph zeichnet Luftdruckunterschiede in einem Messprotokoll auf. Das Messprotokoll, auch Barogramm genannt, gibt an, zu welcher Zeit welcher Luftdruck herrschte. Da die Höhe indirekt über den Luftdruck ermittelt wird, erhält man dadurch den Höhenverlauf eines Fluges. Der Barograph wird vor allem für die Dokumentation von Rekordflügen benutzt und vor jedem Rekordversuch verplombt (FAI-Richtlinien).

2.6.6 GPS (Global Positioning System)

Das GPS hat die Orientierung und Navigation revolutioniert, es beruht auf einem Netzwerk von 24 amerikanischen Satelliten. Ein integrierter Rechner ermittelt aus den extraterrestrischen Sendesignalen die Position, Geschwindigkeit und Bewegungsrichtung. In manche Geräte lassen sich sogar Karten einlesen, die sich im Display automatisch auf die Position einstellen. Trotzdem sollte man für Streckenflüge den jeweiligen Kartenausschnitt in einer durchsichtigen Kartentasche mitführen. Ein GPS läßt sich vor dem Flug programmieren. Für den Flug wichtige geographische Punkte werden in ihren Koordinaten aus der Karte ausgemessen und eingegeben. Wichtig ist, dass das Kartenbezugssystem (etwa WGS 84) mit dem in der Karte übereinstimmt, sonst können sich erhebliche Fehler einschleichen. Über ein NMEA-Interface lassen sich GPS-Geräte mit dem Kombigerät verbinden und erweitern es um entsprechende Kombinationsfunktionen.

2.6.7 Multifunktionsuhr

Nützlich sind Uhren mit Stopp- und Count-Down-Funktion, z.B. für Wettbewerbsaufgaben mit Maximalzeitbegrenzung. Zusätzliche Funktionen sind Temperatur, Höhenmesser und

Barometer. Interessant für Rekordjäger sind die Funktionen wie erflogene Gesamthöhe, Anzahl der Gesamtflüge oder Tageshöhenmeter. Diese Funktionen sind zwar weitgehend in Kombinationsinstrumenten enthalten, aber vor allem für alpin orientierte Piloten kann es eine sinnvolle Ergänzung sein.

2.6.8 Sprechfunk/Flugfunk

Sprechfunkgeräte sind eine nützliche Hilfe für Schulung, Wettkampf und auch für Notfälle. Auf lizenzfreien Kanälen gibt es mittlerweile gute Alternativen zum CB-Funk. Gut durchgesetzt haben sich die LPD's (Low Power Device, 70-cm-ISM-Band, max. 10 mW, 69 Kanäle), die vor allem in der Luft und bei Sicht ausreichend Reichweite (ca. 4 km) besitzen. Außerdem gibt es PMR's (70-cm-Band, max. 500 mW, 8 Kanäle, 1–4 km) und FreeNet-Geräte (2-m-Band, max. 500 mW, 2 Kanäle, 4 km).

Flugfunk und Amateurfunk sind weiterhin lizenzpflichtig. Die Benutzung ist nur mit einem Handsprechfunkzeugnis und einem von der Post zugelassenen Gerät erlaubt. Das Handsprechfunkzeugnis ist an einem Wochenende zu erlangen. Der Erwerb ist unbedingt anzuraten, da die unerlaubte Benutzung von Sprechfunkgeräten mit ausreichender Reichweite strafbar ist.

2.7 Rettungsschirm

Rettungsschirme sind meist Rundkappenfallschirme, die als Einfach- und Doppelkappe mit oder ohne Mittelleine ausgestattet sind. Das steuerfähige Rogallo-Rettungssystem ist ebenfalls sehr sicher, hat geringe Sinkgeschwindigkeit und ist zudem gut steuerbar. Jedoch sind Rogallo-Systeme durch die aufwendige Bauweise relativ teuer. Wird der Rettungsschirm geworfen, trägt er unter normalen Bedingungen bereits nach ca. 30 Höhenmetern. Der Pilot bleibt jedoch zusätzlich mit dem Gleitschirm verbunden. Die Sinkwerte liegen je nach Anhängelast bei maximal 6,8 m/sec. Damit verhindert der Rettungsschirm schwerwiegende Verletzungen. Rundkappenschirme sind nicht oder nur kaum steuerbar (slipfähig). Entscheidend ist jedoch bei Rettungsschirmen, dass sie einfach zu bedienen sind und sich sicher öffnen. Deswegen gelten einfachste Systeme in der Praxis als die sichersten, da der Rettungsschirm bei Gleitschirmfliegern nur als Notsystem und damit äußerst selten zum Einsatz kommt.

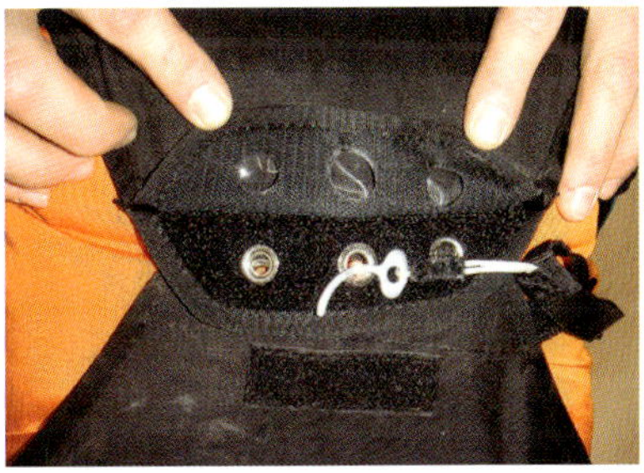

Der richtige Sitz des Auslösesplintes ist regelmäßig zu prüfen, um eine ungewollte Rettungsschirmöffnung zu verhindern.

2.7.1 Aufbau und Befestigung des Rettungsschirms

Die gebräuchlichen Rettungsschirme sind in Handhabung und Funktion gleich dem hier beschriebenen **Rundkappenrettungsschirm mit Mittelleine**. Der Rettungsschirm besteht aus einer Rundkappe, die in der Kappenmitte (Scheitel) durch die Domleine nach innen gezogen

Im Notfall hilft der Rettungsschirm, hier eine Rundkappe.

wird. Dadurch wird die Bremswirkung des Rettungsschirmes erhöht. Die Fangleinen laufen zu einem Punkt zusammen, an dem die **Verbindungsleine** befestigt ist. Die Verbindungsleine ist an einem oder geteilt an beiden Aufhängepunkten des Gurtzeugs befestigt.

Der Rettungsschirm ist klein und komprimiert *nach Packvorschrift* in einem so genannten Innencontainer (**Wurfsack**) verpackt. Dieser befindet sich in einem leicht zu öffnenden Außencontainer (**Verpackungssack**), der am Gurtzeug mit Klettbändern befestigt wird. Aus dem verschlossenen Außencontainer steht eine gut greifbare Handschlaufe heraus, die am Innencontainer befestigt ist. Außerdem steht noch das Ende der Mittelleine heraus, das in den Aufhängekarabiner des Gurtzeugs eingehängt wird. Mittels eines Verbindungsbandes kann es auch in die beiden Gurtaufhängungskarabiner eingehängt werden, in denen schon die Haupttragegurte hängen.

Das Rettungsgerät wird so am Gurtzeug befestigt, dass es auch in der supinen Lage gut gezogen werden kann. Rechtshänder befestigen das Rettungsgerät rechts, Linkshänder links. Das Rettungssystem kann auch leicht erreichbar vor der Brust oder auf dem Rücken montiert werden.

Die Rückenlage erfordert eine Griffverlängerung auf die Seite und ein Rettungsgerät im Flachcontainer. Viele Gurtzeuge sind bereits auf derartige Rettungssysteme ausgelegt, manche führen sogar Verlängerungen der Mittelleine in Klettsicherungen zur Schulterregion. Eine Befestigung dort hat den Vorteil einer aufrechten Landeposition, die den Landefall bzw. die Landung (Kapitel 5, Abschnitt 5.1.4) unterstützt.

2.7.2 Integrierter Rettungsschirm

Wenn der Außencontainer des Rettungsgerätes fest in das Gurtzeug eingebaut ist, spricht man von einem integrierten Rettungsgerät. Der Aufhängepunkt wird im stabilen Außencontainer mit der zuverlässig am Gurtzeug befestigten Aufhängeschlaufe verbunden. Der Auslösegriff sitzt meist seitlich links oder rechts.

Der Vorteil ist, dass das Gurtzeug dadurch kompakter wird und das Rettungsgerät besser fixiert ist. Nachteilig ist, dass der Auslösegriff meist schlechter erreichbar ist und dadurch das Rettungsgerät oft nicht beherzt genug geworfen werden kann. Deshalb ist es gut, z.B. in einer Turnhalle die Auslösung zu üben.

Der Rettungsschirm darf nur in absoluten Notsituationen gezogen werden. Zum Beispiel:

- bei Zusammenstoß mit anderen Luftfahrzeugen;
- bei Defekten am Segel, die ein sicheres Landen unmöglich machen;
- in Flugsituationen, bei denen der Gleitschirm nicht mehr unter Kontrolle gebracht werden kann;
- bei gefährlichen Rotationen (Steilspiralen, Trudeln) unmittelbar über Grund.

2.7.3 Cut-away-Systeme

Die Auslösung dieser Systeme trennt den Piloten von seinem Gleitschirm und zieht einen voll steuerungsfähigen Matratzen-Rettungsschirm aus dem Container. Da die vollständige Trennung vom Gleitschirm in Bodennähe und bei Fehlauslösungen erhebliche Gefahren für den Piloten birgt, haben sich Cut-away-Systeme für den normalen Piloten nicht durchgesetzt. Cut-away-Systeme erfordern eine zusätzliche Ausbildung und regelmäßige Übung. Rogallo-Systeme können, aber müssen nicht zwangsläufig getrennt werden. Der Pilot entscheidet hier selbst.

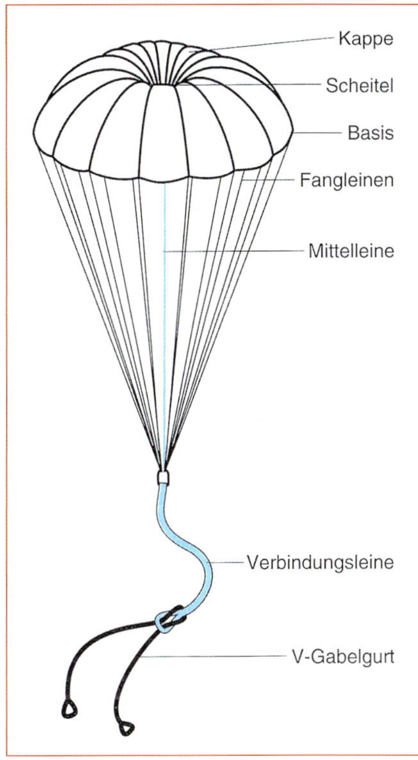

2.7.4 Öffnung des Rettungssystems in Notsituationen

Entscheidend für die einwandfreie Öffnung des Rettungssystems ist, dass der Schirm möglichst weit vom Piloten weggeschleudert wird, damit der Notschirm nicht mit der Gleitschirmkappe in Konflikt kommt. Dazu wird der Handgriff gefasst und mit voller Kraft nach außen gezogen. Sobald der Wurfcontainer frei ist, wird der Schirm schräg nach außen weggeworfen.

Ist noch ausreichend Höhe vorhanden, sollte auf alle Fälle versucht werden, den Gleitschirm zu stabilisieren (Kapitel 5, Abschnitt 5.2.5) und in die normale Fluglage zu bringen, da die Landung mit Rettungsschirm unkontrolliert und mit großer Sinkgeschwindigkeit abläuft, die zwar das Schlimmste verhindern, aber dennoch Verletzungen hervorrufen kann. Der **Landefall** (siehe Kapitel 5, Abschnitt 5.1.4) ist unbedingt zu beherrschen und muss für den Ernstfall geübt werden. Der Rettungsschirm muss von Zeit zu Zeit, mindestens jedoch jährlich einmal, neu von einem qualifizierten Fallschirmpacker gepackt werden, da im Laufe der Zeit, z.B. durch Feuchtigkeit, das Tuch verkleben kann und sich dadurch der Rettungsschirm nicht öffnet. Besitzt die Verpackungshülle Klettverschlüsse, müssen diese mindestens einmal im Monat aufgezogen und wieder locker geschlossen werden, da sich im Laufe der Zeit das Klettband so fest verklettet, dass die Verpackungsteile nur noch durch mehrmaliges starkes Ziehen geöffnet werden können.

Rogallo-Rettungsschirme sind gut steuerbar, öffnen schnell und haben geringe Sinkwerte. Man kann, muss sich aber nicht vom Gleitschirm trennen.

In letzter Zeit wird vermehrt Sicherheitstraining für Gleitschirmpiloten angeboten. In der Regel dient es einem sicheren Umgang in Extremsituationen. Trainiert wird gewöhnlich über Seen, wobei auch Rettungsgeräte getestet werden können. Es wurde festgestellt, dass sich manche Container schwer öffnen lassen und die Öffnungstechnik entscheidend sein kann. Deshalb ist auch ein »Trockentraining« sinnvoll, etwa in einer Turnhalle. Man hänge sich im Sitzgurt fix auf und versuche, den Innencontainer aus dem Außencontainer herauszuziehen wie in einem Gefahrenfall, ohne dann aber das Rettungsgerät wegzuschleudern. Solange der Splint den Innencontainer sichert, muss der Schirm nicht mehr neu gepackt werden und kann wieder in den Außencontainer aufgenommen werden.

2.8 Pflege und Wartung von Gleitschirmen

2.8.1 Zwei-Jahres-Check

Gleitsegel altern, und Flugeigenschaften können sich im Laufe der Zeit verändern. Deshalb ist im Interesse der Piloten eine regelmäßige Überprüfung sinnvoll. Gleitsegel müssen alle zwei Jahre vom Hersteller, einer autorisierten Fachwerkstatt oder in Deutschland auch durch den Piloten (Gerätehalter dürfen nach Anweisung des Herstellers oder Importeurs Nachprüfungen am eigenen Gerät durchführen) auf Flugtüchtigkeit geprüft werden (Nachprüfung). Geprüft werden hierbei die Beschaffenheit des Tuches, der Leinen, der Nähte, der Haupttragegurte und der Schäkel. Das Gleitsegel wird neu vermessen und der Anstellwinkel überprüft. Erfüllt der Gleitschirm die Bedingungen des **Zwei-Jahres-Checks** nicht, erlischt die Zulassung.

2.8.2 Pflegemaßnahmen

Sorgfalt des Piloten beim Segelauslegen und nach der Landung sind die wichtigsten Pflegemaßnahmen bei einem Gleitsegel.

Wird der Schirm schmutzig, kann grober Schmutz mit einer lauwarmen Seifenlauge und nur im Extremfall mit Feinwaschmittel gereinigt werden. Gut ausspülen. Unnötiges Reinigen sollte vermieden werden. Leichte Erdspuren verschwinden meist bei weiterem Gebrauch von selbst. Salzwasser ist extrem schädlich für die Schirmmaterialien. Nach Salzwasserkontakt ist der Schirm mit reichlich Süßwasser (50 l/m^2) zu wässern.

Von Zeit zu Zeit sollen die Nähte an Segel und Leinen durchkontrolliert werden. Hervorstehende Fadenenden werden mit einem Feuerzeug abgebrannt. Dadurch entsteht ein dickes aufgeschmolzenes Ende, das ein weiteres Aufziehen der Naht verhindert. Kleine Risse können, wenn sie nicht gerade in tragenden Teilen vorkommen, mit selbstklebendem Reparaturtuch (Ripstoptape) geklebt werden. Dabei muss der Flicken mindestens 2 cm über den Riss überstehen.

Sind Leinen beschädigt oder größere Risse im Segel, muss der Schirm von einer **Fachwerkstätte** repariert werden. Zeigt das Segel ein eigenartiges Flugverhalten oder fühlt es sich vertrimmt an, müssen unbedingt die Fangleinen nachgemessen und anhand der Angaben im Gerätekennblatt, das jedem Segel beiliegt, überprüft werden. Im Zweifelsfall ist Rat beim Hersteller einzuholen.

- Das Segel und die Leinen nicht über den Boden schleifen; vor allem die Nähte sind schnell durchgescheuert; auch Schnee kann wie Schmirgelpapier wirken.
- Fast alle Materialien sind UV-anfällig. Das Segel deswegen nicht unnötig in der Sonne liegen lassen oder gar in der Sonne trocknen.
- Ist der Gleitschirm nass geworden, wird das Segel ein bis zwei Tage in einen trockenen Raum gebracht, bis die Feuchtigkeit auch aus dem Gewebe des Tuches und den Leinen verschwunden ist.
- Den Gleitschirm bei normaler Luftfeuchte lagern. Zu große Trockenheit und Feuchtigkeit schaden den Materialien.
- Benzin- und Lösemitteldämpfe greifen die Materialien des Gleitschirms an.

2.8.3 Segelkomplettcheck

- Alle Nähte überprüfen.
- Segel innen und außen nach Rissen und Deformationen absuchen.
- Leinen auf Beschädigungen überprüfen und nachmessen.
- Leinenaufhängungen überprüfen und Knoten an den Handschlaufen festziehen.
- Nähte der Haupttragegurte prüfen.
- Gurtzeugnähte nachsehen und Karabiner und Beschlagteile auf Haarrisse überprüfen.

2.8.4 Gleitschirmcheck bei neuen Segeln

Wer sich einen neuen Gleitschirm kauft, ist verpflichtet, das Segel und die Steuerleineneinstellung nochmals selbst vor dem ersten Flug zu prüfen. Dies erfolgt am besten am leicht geneigten Übungshang. Details sind dem jeweiligen Handbuch zu entnehmen.

Nun sollten einige kleine Flüge am Übungshang folgen. Hierbei wird nochmals kontrolliert, ob der Schirm bei 0 % Steuerleinenzug ungebremst fliegt.

- Segel auslegen und alle Nähte überprüfen.
- Fangleinen überprüfen und nachsehen, ob die Fangleinen in die richtigen Fangleinenschlösser eingehängt sind.
- Überprüfen, ob die Bremsleinen frei laufen und die Handschlaufe fest verknotet ist.
- Segel aufziehen und dabei die Steuerleinen überprüfen. Die Hinterkante des Segels darf dabei nicht angebremst sein. Die Steuerleinen müssen leicht durchhängen.
- Steuerleinen durchziehen. Das Segel muss stark angebremst sein und nach hinten abkippen. Als Grobeinstellung sollen die Steuerleinen in Brusthöhe etwa 50 % Bremse bewirken.

2.8.5 Steuerleineneinstellung

Die Steuerleinen des Gleitschirms sind von den Herstellern so eingestellt, dass der Schirm flugtauglich ist. Ist der Pilot jedoch sehr groß oder klein oder hat er kurze bzw. lange Arme, kann in den vom Hersteller angegebenen Grenzen die Steuerleine verlängert bzw. verkürzt werden. Dazu wird der Knoten an den Handschlaufen leicht gelöst und nach oben bzw. unten verschoben.

Vorsicht: Änderungen dürfen maximal im Bereich von ± 5 cm sein.

Generell gilt hierbei:
Steuerleine verkürzt: Der Einsatzpunkt der Bremse kommt früher. Der Schirm muss feinfühliger gesteuert werden.

Gefahr: Schirm fliegt angebremst. Starker Zug an den Steuerleinen bewirkt schnellere Reaktion des Segels, Sackflug- und Stallgefahr.

Steuerleine verlängert: Der Einsatzpunkt der Bremse kommt später.

Spierenstich

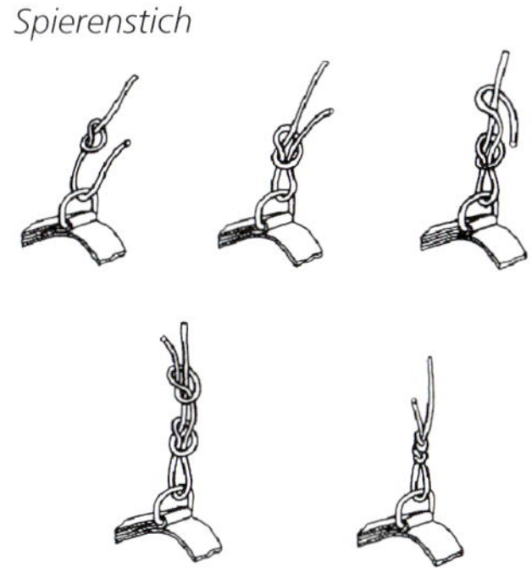

Der richtige Knoten ist lebenswichtig.

Palsteck

Gefahr: Der Schirm reagiert träger und kann bei starker Verlängerung nur noch durch zusätzliches Aufwickeln der Steuerleinen rechtzeitig genug zum Landen angebremst werden.

Die Einstellung ist ideal, wenn zur Landung die Steuerleine noch 10 cm über 100 % Bremse durchgezogen werden kann. Die Steuerleineneinstellung sollte von einem erfahrenen Piloten oder besser **von einem Fluglehrer** überprüft werden. Weitere Einstellungen am Segel sind nicht vorgesehen. Werden Fangleinen verändert, ändert sich der Anstellwinkel und damit das Flugverhalten. Solche Veränderungen sind gefährlich. Der Gleitschirm verliert damit die Zulassung.

Start im Hochgebirge bei Idealbedingungen

3 Aerodynamik

3.1 Grundlagen

»*Aero-*« bedeutet Luft und »*Dynamik*« Bewegung. Aerodynamik behandelt die Kräfte, die sich aus der Umströmung eines Körpers durch Luft bzw. Gas ergeben. Geht man der Frage nach, warum ein Gleitsegel überhaupt fliegt, kommt man an physikalischen Gesetzen nicht vorbei.

3.1.1 Die Erdanziehung

Verdeutlichen wir uns die Erdanziehung am Beispiel eines Fallschirmspringers. Er springt aus dem Flugzeug und fällt aufgrund der Erdanziehung zurück zur Erdoberfläche. Zunächst wird seine Fallgeschwindigkeit immer größer, bis sie ein gewisses Maximum erreicht. Neben der **Erdanziehungskraft** F_G wirkt nämlich noch eine zweite Kraft in entgegengesetzter Richtung, der **Luftwiderstand** F_W. Der Springer spürt ihn als starken Wind. Zugleich verhindert er, dass der Springer ständig weiter beschleunigt. Solange die Erdanziehungskraft größer als der Luftwiderstand bleibt, beschleunigt der Fallschirmspringer nach unten. Würde der Luftwiderstand ganz ausbleiben, erreichte der Springer aus einer Höhe von 3000 m eine Geschwindigkeit von knapp 900 km/h! Bei maximal 200 km/h kompensieren sich Erdanziehung und Luftwiderstand aber, und er fällt mit konstanter Geschwindigkeit weiter. Die Erdanziehung (bzw. die Gravitation) selbst lässt alle Körper unabhängig von ihrem Gewicht gleich schnell fallen, allein der Luftwiderstand bewirkt Unterschiede.

$$\mathbf{F_G = m \cdot g}$$

F_G = Gewichtskraft [N, veraltet: kp]
m = Masse [kg]
g = Erdbeschleunigung [9,81 m/s²]

3.1.2 Luftwiderstand

$$\mathbf{F_W = c_W \cdot [\tfrac{\rho}{2} \cdot v^2] \cdot A}$$

F_W = Kraftausübung durch den Luftwiderstand [N, veraltet: kp]
c_W = Widerstandsbeiwert. Er hängt von der Körperform bzw. dem Anstellwinkel ab.
ρ = Luftdichte [kg/m³]
v = relative Geschwindigkeit des Gleitsegels gegenüber Luft [m/s²]
$(\frac{\rho}{2} \cdot v^2)$ = Staudruck [N/m² bzw. kp/m²]
A = projizierte Fläche (in Richtung der Bewegung unter Berücksichtigung des Anstellwinkels) [m²]

Aus der Formel lässt sich folgendes ablesen:

- Der Widerstand steigt linear mit der Fläche.
- Der Widerstand sinkt linear mit dem Luftdichteabfall, z.B. bei zunehmender Höhe (nicht direkt linear dem Luftdruckabfall!).
- Der Widerstand steigt quadratisch zur Geschwindigkeit.
- Der Widerstand hängt von der Form ab.

Um das Fallen eines Menschen zu verlangsamen, nutzte man zunächst die Möglichkeit, den Luftwiderstand zu vergrößern. Die einfachste Weise war, die Angriffsfläche für die Luft zu erweitern, etwa in Form eines Fallschirms. Bei einem Rundkappenfallschirm gleicht sich die Erdanziehung mit der Kraft des Luftwiderstandes schon bei einer Sinkgeschwindigkeit von 5 bis 7 m/s aus. Eine sichere Landung ist also allein unter Ausnutzung des Luftwiderstandes möglich. Entscheidend dafür ist auch die Form (hier die des Fallschirms) bzw. ihr **c_W-Wert (Widerstandsbeiwert)**, der aus dem Automobilbau geläufig ist. Den höchsten Widerstandsbeiwert mit 1,35 besitzt eine halbierte Hohlkugel auf ihrer Öffnungsseite. Bei einer geschlossenen Kugel senkt sich der c_W-Wert schon auf 0,45 und erreicht bei einer Tropfen- bis Profilform Werte bis 0,06! Wassertropfen bilden eine Art Idealform, weil sie durch Selbstverformung den Luftwiderstand auf ein Minimum reduzieren. Bei der Profiloptimierung (Hochleistungsschirme) minimiert man den Widerstandsbeiwert, um eine höhere Horizontalgeschwindigkeit und mehr Leistung zu erhalten. So werden die Profile immer schlanker, und die Eintrittskanten nähern sich denen von Flügeln an. Beim Gleitschirm sind dieser Optimierung Grenzen gesetzt, weil der Pilot und die vielen Leinen eine erhebliche Angriffsfläche bieten, die nicht so leicht wie die der Kappe minimiert werden kann.

Angeströmtes Profil: Auf dem Obersegel haben Luftteilchen einen längeren Weg zurückzulegen, sie bewegen sich schneller, dünnen sich aus und verursachen einen Sog. Durch den Anstellwinkel verdichten sich die Teilchen am Untersegel, sie verursachen Druck von unten.

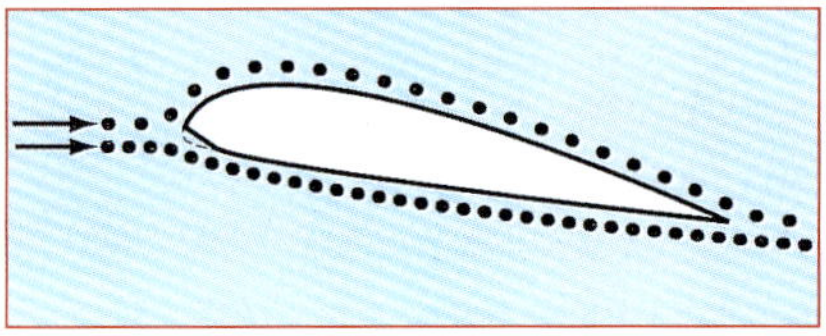

3.1.3 Das Profil

Das Profil ist eine trickreiche Körperform, mit der sich die Situation überlisten lässt, allein über den Luftwiderstand das Fallen zu kompensieren. Durch **Auftriebserzeugung** wirkt ein Profil viel effektiver der Erdanziehung entgegen. Allerdings muss es sich horizontal gegenüber der Luft bewegen. Das Profil erzeugt den Auftrieb durch seine Form bei der Vorwärtsbewegung.

Luft ist genauso wie Wasser ein *Fluid*, ein strömfähiges Medium, auf dem es sich quasi »schwimmen« lässt, nur dass seine Dichte (siehe Kap. 4.2.3) erheblich unter der des Wassers liegt. Die Dichte bezeichnet die Masse pro Volumeneinheit. Je größer sie ist, umso größer ist ihre Widerstandswirkung auf den fallenden Körper, desto langsamer fällt er. Man kann sich das Profil in umströmter Luft wie einen Wasserski vorstellen, der nur durch seine Geschwindigkeit nicht untergeht, die Fläche würde ihn nicht tragen.

Die Kappe eines Gleitschirms stellt ein **asymmetrisches** Profil dar. Lässt man ein solches Profil von einer **laminaren**, das heißt nichtverwirbelten Strömung umfließen, beschreibt der Luftstrom an der Oberseite einen längeren Weg als der an der Unterseite. Da die Luftteilchen, die sich oben und unten am Profil vorbeibewegen, gleichzeitig am Profilende ankommen, erreichen die oberen zwangsläufig eine höhere Geschwindigkeit als die unteren. Nach der **Gesetzmäßigkeit von Bernoulli** (**p · v = konstant**, *Druck x Geschwindigkeit = konstant*)

*Links: **Ideale Druckverteilung** am Flügel: Die Sogwirkung am Obersegel ist ungefähr doppelt so stark wie die Druckwirkung am Untersegel.*

*Rechts: **Reale Druckverteilung** am Flügel: Die Profilteile mit der größten Auftriebswirkung befinden sich knapp hinter der Eintrittskante (ca. 5 % der Profiltiefe). Das Untersegel ist teilweise so schlecht optimiert, dass sogar Sogbereiche Auftrieb verhindern.*

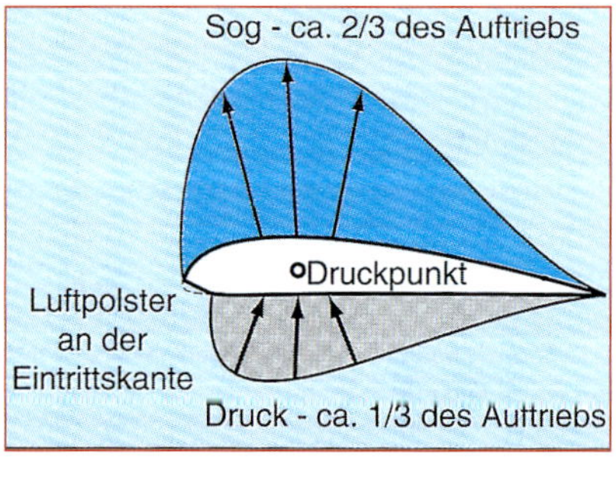

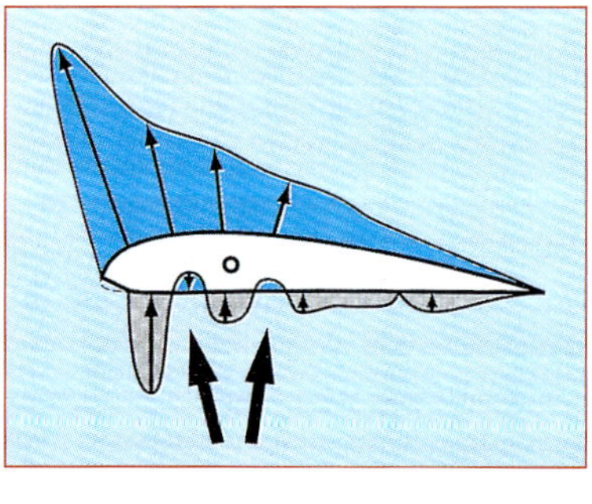

müssen sich entsprechend der Geschwindigkeitsänderung Konsequenzen für die Druckwerte ergeben:

- Nimmt die Geschwindigkeit zu, reduziert sich der Druck, also Sogwirkung am Obersegel.
- Nimmt die Geschwindigkeit ab, vergrößert sich der Druck, also Druckwirkung am Untersegel. Die Sogwirkung am Obersegel ist gewöhnlich doppelt so groß wie die Druckwirkung auf der Unterseite. Zusammen ergeben sie den Auftrieb.
- Zwei Drittel des Auftriebs werden am Obersegel, ein Drittel am Untersegel erzeugt.

Die Grafik unten links zeigt die idealisierte Auftriebsverteilung am Gleitsegel. Real hat sie jedoch niemals so gleichmäßigen Charakter (Grafik daneben). Segel der ersten und zweiten Generation besitzen noch Profile mit gerade zugeschnittenen Unterseiten. Neuere Untersuchungen am Gleitschirmprofil zeigen erhebliche aerodynamische Mängel solcher Schnittmuster: Am Untersegel liegen neben Druckbereichen auch Bereiche ohne Druck, ja sogar Sogzonen! Dies wird durch zu starke Ablenkung des laminaren Luftstroms von der unteren Eintrittskante verursacht und kostet erhebliche Leistung. Eine Gegenmaßnahme besteht darin, das Profil im vorderen Bereich seiner Unterseite schwach auszubauchen, damit die Strömung möglichst über das ganze Profil anliegt. Eine weitere Erkenntnis ist, dass das Maximum des Auftriebs am Obersegel bereits bei 5 % der Profiltiefe erreicht ist.

Darum bemühen sich auch viele Hersteller, über extrem glatte Mylareintrittskanten (ähnlich der Entwicklung bei Drachen) oder mit stangenverstärkten Eintrittskanten die Leistung ihrer Segel zu erhöhen. Die konsequente Fortentwicklung läuft auf die partielle Schließung oder Verkleinerung der Eintrittsöffnungen hinaus, um dem Profil eine optimale Nasenform zu geben.

Bei Gleitschirmen der ersten und zweiten Generation öffnen sich die Eintrittsöffnungen noch fast über die gesamte Profilhöhe, und die Luft bildet ein **Staudruckpolster** vor den Zellöffnungen. Dieses Staudruckpolster übernimmt die Aufgabe der *Profilnase* (*ramair* = Staudruckluft) und teilt den Luftstrom in zwei Ströme. Auf diese unsichtbare Profilnase lässt sich kaum Einfluss nehmen, und so erklärt sich der Trend zum geschlossenen Schirm, wenn sich auch vielerlei Folgeprobleme daraus ergeben. Für den Staudruck ($\frac{\rho}{2} \cdot v^2$), der dem Profil die nötige Stabilität verleiht, ist nicht die Größe der Eintrittsöffnung maßgeblich, sondern die Fluggeschwindigkeit. Bewegt sich das Gleitsegel mit 30 km/h, ist der aufgebaute Staudruck mit ca. 4 kp/m [N/m²] sehr klein. Es entspricht einer Druckdifferenz von gerade 0,4 mbar oder einer Wassersäule von 4 mm. Ein Höhenunterschied von nur 10 m kann schon eine solche Druckdifferenz mit sich bringen. Die Isobarenabstände und Druckunterschiede auf Wetterkarten sind dagegen wahre Druckgiganten, die unseren Staudruck um das Fünfzigfache übertreffen können. Trotzdem reicht der geringe Überdruck aus, um der Tragfläche die nötige Steifheit zu verleihen, ja sogar Auftrieb für einen (oder zwei) Menschen zu erzeugen und ein Fliegen zu ermöglichen.

Der ***Staudruck*** *formt das Profil des Gleitschirms. In der laminaren Strömung wird er annähernd wie ein starrer Flügel umströmt.*

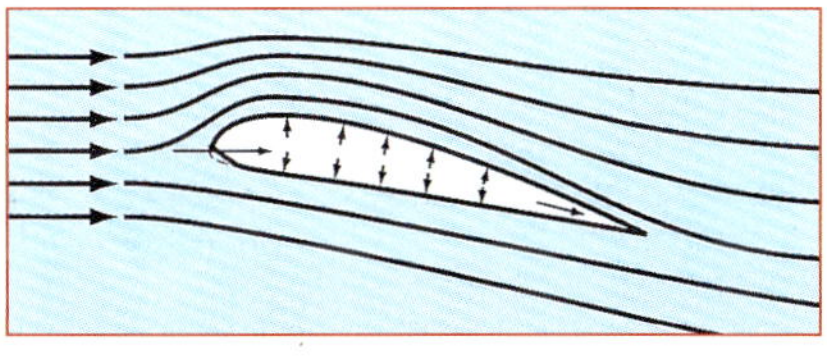

Auftrieb $F_A = C_A \cdot (\frac{\rho}{2} \cdot v^2) \cdot A$

F_A = Kraftausübung durch Auftrieb [N, veraltet: kp]

C_A = Auftriebsbeiwert. Er hängt von der Profilform bzw. dem Anstellwinkel ab.

ρ = Luftdichte [kg/m³]

v = relative Geschwindigkeit des Gleitsegels gegenüber Luft [m/s²]

$(\frac{\rho}{2} \cdot v^2)$ = Staudruck [N/m² bzw. kp/m²]

A = projizierte Fläche (in Richtung der Bewegung unter Berücksichtigung des Anstellwinkels) [m²]

3.1.4 Der Auftrieb

Die Auftriebsformel ist praktisch dieselbe Formel wie für den Widerstand. Auch der Auftrieb vergrößert sich linear zur Flächenzunahme, zur Dichteerhöhung und quadratisch zur Geschwindigkeit. Aus der Formel lässt sich z.B. der **Bodeneffekt** mit seiner auftriebsvergrößernden Wirkung in Bodennähe erklären: Die Luft wird zwischen dem Segel und dem Boden komprimiert, die Luftdichte steigt und damit der Auftrieb.

Stellen wir den Schirm steiler an, wird die projizierte Fläche nach vorne größer und damit auch der Auftrieb, allerdings wird die projizierte Fläche auch für den Widerstand größer. Das Gleitsegel wird langsamer, was sich wiederum negativ auf den Auftrieb auswirkt. Mit Erhöhung des Anstellwinkels vergrößert sich zunächst der Auftrieb bis zum Maximum (geringstes Sinken, siehe Abschnitt 3.4.1), um dann wieder bis auf Null abzufallen. Für die Leistungsfähigkeit eines Profils ist deshalb immer das Verhältnis von Auftrieb zu Widerstand ausschlaggebend (= Gleitzahl), d.h. eine Maximierung des Auftriebs bei einer Minimierung des Widerstands.

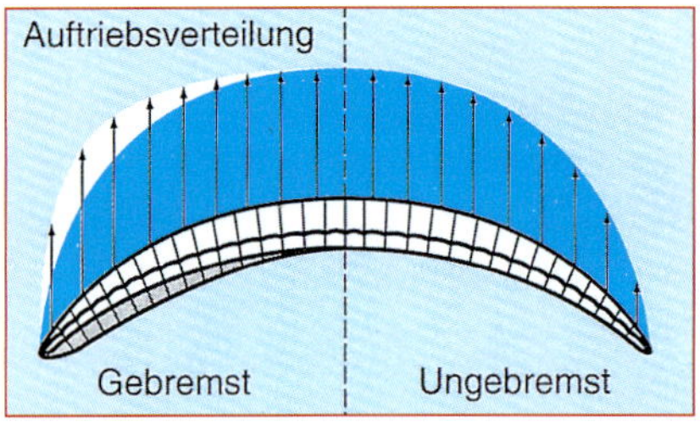

*Die **Auftriebsverteilung** über dem Schirm ist bestenfalls ellipsoid. In angebremstem Zustand wird vorzugsweise in den Außenbereichen der Auftrieb erhöht.*

3.1.5 Der Flügel

Betrachten wir den dreidimensionalen Flügel, werden wir unvermeidlich mit weiteren Problemen konfrontiert. Der Überdruck unter der Gleitschirmkappe hat das Bestreben, den Unterdruck auf der Oberseite auszugleichen. Am intensivsten findet dieser Ausgleich an den Flügelseiten statt. Die Stabilos versuchen diese Ausgleichsströmung abzuschwächen. Die Auftriebsverteilung nimmt aber zu den Flügelseiten immer ab und erreicht im Idealfall eine halbelliptische Verteilung über der Flügelbreite. Es gibt jedoch ein wirksames Mittel, den effektivsten Auftriebsbereich in der Mitte zu verbreitern, nämlich durch eine große **Streckung**. Die Streckung bezeichnet das Verhältnis der Flügelspannweite zur durchschnittlichen Profiltiefe.

Die Streckung ist auch ein Maß für die aerodynamische Güte einer Tragfläche: **je höher, desto leistungsfähiger**. Sie ist neben der Profilierung der wichtigste Parameter für eine gute Gleitzahl. Schirme der ersten Generation brachten es auf eine Streckung von 2,1. Die Hochleistungsschirme von 1987 lagen um 3, die von 1996 weisen schon Werte bis 5 auf! Doch die Streckung immer weiter heraufzusetzen, wird nun zunehmend schwieriger. Es kommen Probleme beim Startverhalten oder überhaupt bei der Stabilisierung einer so extrem gestreckten Fläche auf. Inzwischen helfen ausgefeilte Schirmgeometrien einen Kompromiss zwischen Streckung und Handling zu finden.

Streckung = (Spannweite)²/Fläche

Der Auftrieb kann nur an den Rändern wesentlich vergrößert werden. Das Anbremsen ist z.B. mit einer fünfzigprozentigen Krümmungsverstärkung des Segels verbunden, die Krümmungsverstärkung aber erhöht den Auftrieb an den Segelaußenseiten.

3.1.6 Widerstandsarten

Induzierter Widerstand (Randwiderstand): An den Flügelrändern gleichen sich Sog und Druck aus und bilden kreisförmige Ausgleichsströmungen. Nach hinten pflanzen sie sich in Wirbelzöpfen fort.

Der Gesamtwiderstand, den es bei der Optimierung von Gleitsegeln so niedrig wie möglich zu halten gilt, setzt sich aus zahlreichen Einzelgrößen zusammen.

- **Formwiderstand:** Wird verursacht durch auftrieberzeugende Teile, beim Gleitschirm die Kappe. Ausschlaggebend ist die projizierte Fläche in Strömungsrichtung und die Profilform.
- **Induzierter Widerstand (= Randwiderstand):** Der Druckausgleich vom Untersegel zum Obersegel verursacht nach der Hinterkante kreisförmige Luftbewegungen, so genannte **Wirbelzöpfe**. Diese Turbulenzen sind außerordentlich energiereich – nachfliegende Piloten sollten sie tunlichst meiden. Ein Durchsacken bis zu 8 m kann vor allem im Landeanflug gefährlich werden. Für das Fluggerät bedeutet dies Energieverlust und damit Widerstand.
- **Reibungswiderstand:** Energiezehrende Reibung tritt speziell an den Grenzflächen Gleitsegel – Luft auf.
- **Interferenzwiderstand:** Widerstandserscheinungen können sich überlagern und dadurch Widerstandswirkungen verstärken. Eine solche Überlagerung nennt man Interferenz.
- **Restwiderstand:** Alle Teile, die nicht an der Auftriebswirkung beteiligt sind, etwa der Pilot und die Fangleinen, erzeugen diesen Widerstand.

3.1.7 Gleitwinkel, Gleitzahl

Die **Gleitzahl** ist bauartspezifisch und gibt die Distanz an, die man bei einem bestimmten Höhenunterschied zurücklegen kann:

Gleitzahl ε = Höhenunterschied/zurückgelegte Distanz

Streng genommen hat danach ein Segel zum Beispiel die Gleitzahl 1:7. Trotzdem spricht man häufig von der GZ 7. Die Messung der Gleitzahl ist problembehaftet, weil man jegliche vertikale Luftbewegung ausschließen müsste. Darum kann man sich nicht immer auf Herstellerdaten verlassen!

Wie bereits erwähnt, bestimmt das Verhältnis von Auftrieb zu Widerstand die Güte bzw. Gleitfähigkeit eines Gleitschirms, wobei die Streckung eine maßgebliche Rolle spielt.

Gleitzahl ε = F_A/F_W, Auftrieb/Widerstand

Die Gleitzahl lässt sich also auch aus dem Widerstand und dem Auftrieb berechnen. Umgekehrt kann man das Widerstands-/Auftriebsverhältnis aus einer bekannten Gleitzahl herleiten!

Nach gutem Höhengewinn über Andelsbuch, Österreich, versuchen die Piloten im Gleitflug ein Tal zu queren.

Eine Gleitzahl von 3 ergibt eine Reichweite von 3 km bei einem Höhenunterschied von 1000 m. Sie entspricht der von Bergsteigerschirmen von 1987. Die Hochleistungsschirme von damals erreichten GZ 4, ein Jahr später GZ 5.

Der Gleitschirm fliegt idealisiert auf einer schräg nach unten weisenden Flugbahn. Den Winkel, den diese Flugbahn gegenüber dem Boden einnimmt, nennt man **Gleitwinkel**.

Er beträgt für eine Gleitzahl von 4 ca. 14°, für eine Gleitzahl von 7 hat man einen Winkel von ca. 8°.

> Gleitwinkel (α) = Tangens der Gleitzahl (ε), $\tan \alpha = \varepsilon$

FLUGPRAXIS:

- Profil:

– Dick, stark gekrümmt: gutmütige Flugeigenschaften, geringe Leistung, langsame Geschwindigkeit, leichter Start, selbst bei schwachem (!) Rückenwind.

– Schlank, flache Krümmung: schnelleres Ansprechverhalten in Kurven bis zu nervöser Reaktion, bessere Leistung, abrupte Stallgrenze (Strömungsabriss, siehe Kapitel 5, Abschnitt 5.5.6), schnellere Geschwindigkeit, leichterer Start bei Gegenwind, jedoch Gefahr, dass die Kappe den Piloten beim Start überholt: leicht anbremsen! Schwierigere Landung. Rückenwindlandungen kritischer!

- **Streckung:**

– Klein. Bei schnellen Schirmen ist der Staudruck bis in die äußeren Zellen höher. Besseres Verhalten in Turbulenzen. Geringe Leistung.

– Groß: Staudruckdifferenz zu den Enden hin größer, einklappgefährdeter, hohe Leistung.

- **Flächenbelastung:**

– Hoch: ein stabileres Flugverhalten, schnellere Vorwärts- und Sinkgeschwindigkeit.

– Gering: Vorsicht beim Unterschreiten gewisser typenabhängiger Mindestbelastungen: geringe Geschwindigkeit, geringerer Staudruck, geringere Stabilität und Einklappgefahr. Größere Sackflugneigung.

3.2 Flugmechanik

Wie die verschiedenen Kräfte im Flug zusammenwirken, damit unser Gleitschirm überhaupt fliegt, davon handelt die Flugmechanik.

3.2.1 Der stationäre Geradeausflug

Die durch die Erdanziehung erzeugte **Gewichtskraft** (F_G) wirkt senkrecht nach unten. Sie umfasst das gesamte Startgewicht, also das Gewicht des Piloten nebst Ausrüstung und Schirm. Da der Gleitschirm mit dem **Anstellwinkel** α gegenüber der Strömungsrichtung geneigt ist, bekommt die senkrechte Kraftkomponente durch das Gewicht eine Vorwärtskomponente, den **Vortrieb** (F_V).

Dieser Vortrieb ist in Richtung der schrägen Flugbahn geneigt und kann nur wirken, indem das Gleitsegel Höhe verliert. Dabei wird Höhe (potentielle Energie) in Bewegungsenergie (kinetische Energie) umgewandelt. Dem Vortrieb wirkt der **Widerstand** (F_W) entgegen. Er bremst das Gleitsegel ab und wirkt in Strömungsrichtung (den Vortrieb kompensierend). Durch die Profilierung wird senkrecht zur Strömungsrichtung der **Auftrieb** (F_A) erzeugt. Er wirkt hauptsächlich nach oben, leicht vorwärts gerichtet. Beide Komponenten, Auftrieb und Widerstand, bilden die senkrecht nach oben gerichtete **Totale Luftkraft** (F_{TL}). Sie kompensiert die Gewichtskraft.

Im stationären Geradeausflug müssen sich alle Kräfte kompensieren, damit das Gleitsegel mit konstanter Geschwindigkeit fliegt. Andernfalls treten Beschleunigungen auf. Die abwärtsgerichteten Kräfte (Gewichtskraft mit Komponenten Vortrieb und **Auftriebsgegenkraft** (F_{A^*})) setzen im **Schwerpunkt** an. Die aufwärtsgerichteten Kräfte (Totale Luftkraft mit Komponenten Auftrieb und Widerstand) setzen im **Druckpunkt** an. Vereinfacht lassen wir hier für

Das Kräfteparallelogramm im stationären Geradeausflug:
α = Anstellwinkel, β = Gleitwinkel, F_V = Vortrieb, F_G = Gewichtskraft, F_{A^*} = Auftriebsgegenkraft, F_A = Auftrieb, F_{TL} = Totale Luftkraft, F_W = Widerstand

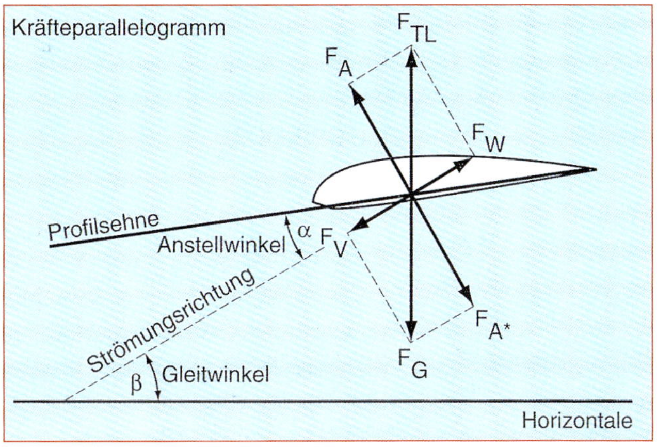

den stabilen Flug den Druckpunkt und Schwerpunkt zusammenfallen. (Normalerweise befindet sich der Schwerpunkt in Pilotennähe, ca. 5 m unter dem Segel und dem Druckpunkt.)

Verkleinert man den Anstellwinkel, kann der Druckpunkt hinter den Schwerpunkt wandern. Das bedeutet ein Drehmoment, damit Vortrieb und unter Umständen Unterschneidung der Strömung mit Einklappen der Eintrittskante als Folge. Vergrößert man den Anstellwinkel, wandert der Druckpunkt vor den Schwerpunkt. Dabei wird das Segel leicht deformiert, und man kommt in den Sackflug. Ideal wäre ein druckpunktstabiles Profil.

$F_Z = m \cdot v^2/r$
F_Z = Zentrifugalkraft [N]
m = Masse [kg]
v = Geschwindigkeit [m/s]
r = Kurvenradius [m]

Die Formel sagt aus:
- Je kleiner der Kurvenradius, desto größer die Zentrifugalkraft.
- Je höher die Masse, desto größer die Zentrifugalkraft.
- Die Zentrifugalkraft steigt quadratisch zur Geschwindigkeit.

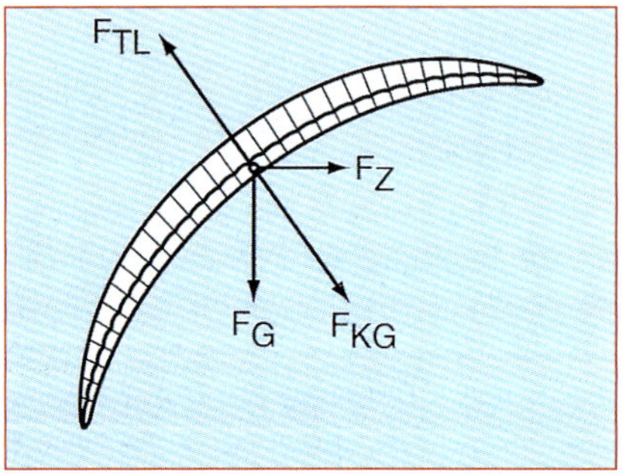

Das Kräfteparallelogramm im stationären Kurvenflug:
F_{TL} = Totale Luftkraft,
F_G = Gewichtskraft,
F_{KG} = Kurvengewichtskraft,
F_Z = Zentrifugalkraft

3.2.2 Kurvenflug

Beim Kurvenflug wird die Gewichtskraft durch die **Zentrifugalkraft (F_Z)** erheblich verstärkt. Aus den beiden Komponenten Gewicht (F_G) und Zentrifugalkraft (F_Z) ergibt sich die **Kurvengewichtskraft** (F_{KG}).

Das Kurvengewicht ist also größer als die normale Gewichtskraft. Damit die Totale Luftkraft dieses Mehr an Gewicht kompensieren kann, müssen der Auftrieb und der Widerstand in der Kurve zunehmen. Dies kann aber nur unter Energieverlust geschehen. Da das Gleitsegel nur Energie aus Höhenverlust beziehen kann, baut es speziell in Kurven vermehrt Höhe ab. Auf der gebremsten Seite des Schirms wird etwas mehr Auftrieb und viel mehr Widerstand erzeugt. Als Folge verlangsamt sich dort die Geschwindigkeit gegenüber der ungebremsten oder weniger gebremsten Seite. Die gebremste Seite senkt sich ab und bleibt zurück, wobei der Pilot nach außen schwenkt und eine Kurve beschreibt.

Die Zentrifugalkräfte setzen die Segelbelastung so stark herauf, dass schon bei einer Steillage von 60° die Belastung gegenüber dem Geradeausflug auf das Doppelte anwächst.

3.3 Geschwindigkeitspolare

Wie sich die beiden Geschwindigkeiten, *Fluggeschwindigkeit* und *Sinkgeschwindigkeit*, zueinander verhalten, darüber gibt die **Geschwindigkeitspolare** Auskunft. Sie ist für den Piloten ein wichtiges Hilfsmittel, die *Flugcharakteristik* seines Geräts zu ermitteln und optimal auszunutzen. Sie ist einerseits vom Schirmtyp abhängig, andererseits vom Pilotengewicht. Polarenangaben von Händlern sind oft geschönt, und deshalb ist jeder gut beraten, sich seine eigene, individuelle Polare selbst aufzustellen. Man benötigt lediglich zwei Instrumente, einen Fahrtmesser und ein Variometer.

Synchron werden die Werte für verschiedene Bremsstellungen aufgezeichnet und in ein Koordinatensystem eingetragen. Die Punkte werden zu einer Kurve, der eigentlichen Polare,

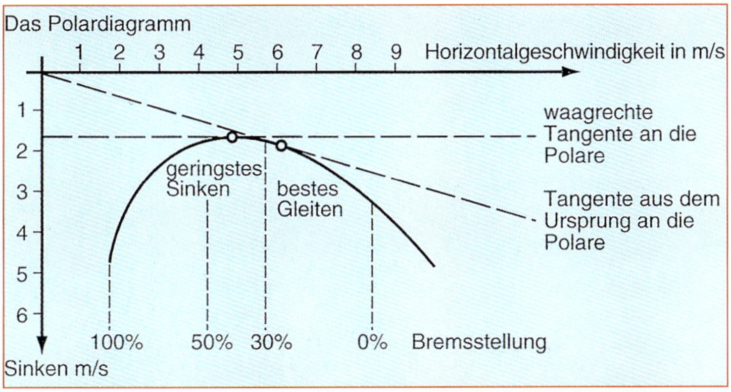

Oben: ***Geschwindigkeitspolare:*** *Die Geschwindigkeitspolare entsteht aus der Paarung Horizontalgeschwindigkeit–Sinkgeschwindigkeit. Die waagrechte Tangente gibt den Punkt des geringsten Sinkens, die Tangente durch den Ursprung das beste Gleiten an.*

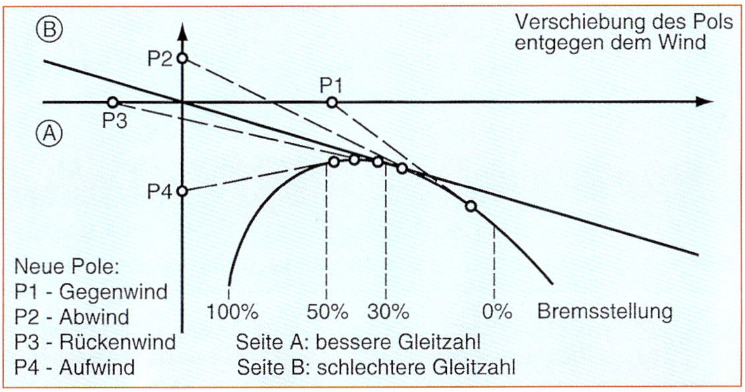

Mitte: ***Gleitzahlmaximierung unter Windeinfluss:*** *Das beste Gleiten verändert sich unter Windeinfluss. Es lässt sich aus der Polare auch bei Gegenwind, Rückenwind, Abwind oder Aufwind ermitteln, indem man den Pol (durch den die Tangente läuft) auf den Koordinaten entgegen dem Wind verschiebt. Beispielsweise verschieben wir den Gegenwind auf der y-Achse (waagrechte Achse) um seinen Betrag nach rechts, der Abwind wird auf der x-Achse (senkrechte Achse) nach oben verschoben. Die neuen Berührungspunkte zeigen uns das beste Gleiten unter den jeweiligen Bedingungen an.*

verbunden. Am oberen Scheitelpunkt der Kurve lässt sich die Geschwindigkeit des **geringsten Sinkens** ablesen. Für den Punkt des **besten Gleitens** zieht man eine Gerade durch den Nullpunkt, die die Polare berührt. Dieser Berührungspunkt stellt das beste Gleiten dar. Die Polare wird zum wertvollen Hinweis, um die schirmspezifischen Bremsstellungen mit den jeweiligen Leistungen zu paaren. Damit lässt sich das Gleitsegel optimal ausfliegen, insbesondere, wenn man an Wettbewerben teilnehmen will. Allen Punkten lässt sich nämlich die **Gleitzahl** zuordnen. Die Gleitzahl erhalten wir, indem wir die Fluggeschwindigkeit durch die zugehörige Sinkgeschwindigkeit teilen.

Selbst bei Abwind, Gegenwind, Aufwind und Rückenwind kann die Polare nützlich sein. Um das beste Gleiten zu ermitteln, wird einfach die Polare mit der Windrichtung verschoben. Der Berührungspunkt der Tangente wird sich damit verändern und sich so die neue optimale Geschwindigkeit bzw. Bremsstellung ermitteln lassen. Statt die Polare zu verschieben, lässt sich auch die Tangente vom Nullpunkt verschieben. Sie wird entgegen der jeweiligen Windrichtung auf der zugehörigen Ordinate um den Betrag der Windstärke verschoben. Beispielsweise wird bei einem 2-m-Abwind vom Nullpunkt auf die 2-m/s-Marke hochgegangen und von diesem Punkt aus die Tangente an die Polare gelegt.

In Kurven trifft unsere Polare nicht mehr zu, weil sich durch die Zentrifugalkraft das Gewicht erhöht!

Unten: Ungebremster Flug bei ruhigen Verhältnissen, die Steuerleinen hängen durch.

3.4 Flugverhalten

*Normal angestelltes Profil: **Der Umschlagpunkt**, an dem die laminare Strömung in Turbulenz übergeht, befindet sich relativ weit hinten.*

*Angebremster Schirm mit großem Anstellwinkel: Der **Umschlagpunkt** wandert weiter nach vorne.*

***Überzogener Flugzustand:** Der Umschlagpunkt ist an die vordere Profilkante gewandert. Am Obersegel und am Untersegel liegt turbulente Strömung an.*

Viele Eigenheiten des Gleitschirms während des Flugs sind physikalisch kaum untersucht und relativ komplex. Phänomene wie die Aeroelastizität des Gleitschirmflügels sind für vielerlei unbekannte Größen und gleitschirmspezifische Flugeigenschaften verantwortlich.

Vereinfacht werden hier noch die Phänomene **Stall** und **Pendelstabilität** betrachtet. Es ist zu bedenken, dass zur Betrachtung ein Profil herausgegriffen wird. Der Schirm kann aber aus verschiedenen Profilen aufgebaut sein und sich nach außen hin ändern. Auch bezüglich der jeweiligen Anstellung und Druckpunkt-/Schwerpunktlage unterscheiden sich diese Einzelprofile. Betrachten wir die Umströmung eines Profils, fallen zwei wichtige Punkte auf:

- **Der Tote Punkt (Stagnationspunkt)** befindet sich auf der Profilnase im Schnittpunkt mit der *Profilsehne*. Es ist der Punkt, an dem sich die Strömung teilt. An diesem Punkt ist die Strömungsgeschwindigkeit Null. Beim offenen Gleitsegel befindet sich dieser Punkt imaginär auf der Staudrucknase.
- Der **Umschlagpunkt** bezeichnet den Punkt am Profil, ab dem die laminar anliegende Strömung turbulent, also verwirbelt wird. Ab diesem Punkt wird kein Auftrieb mehr erzeugt. Beim Gleitschirm liegt dieser Umschlagpunkt sehr weit vorne, und die turbulente Schicht nimmt zum Profilende beachtliche Dicke an. Dies erklärt, warum der Auftrieb relativ weit vorne erzeugt wird und der hintere Flügelteil kaum zur Auftriebserzeugung beiträgt.

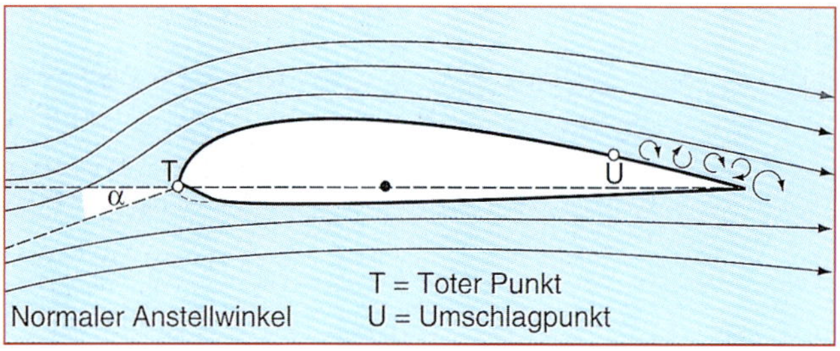

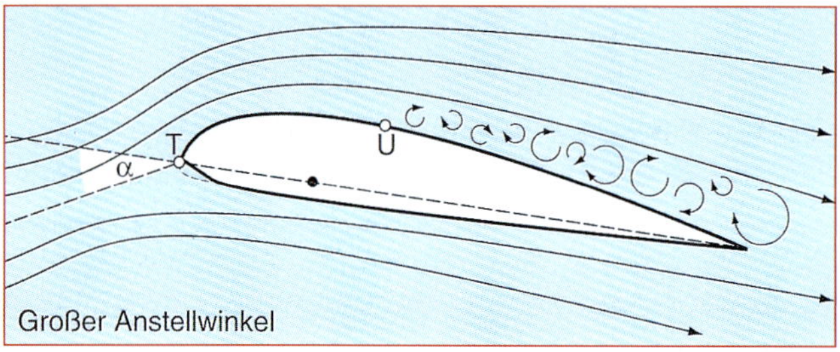

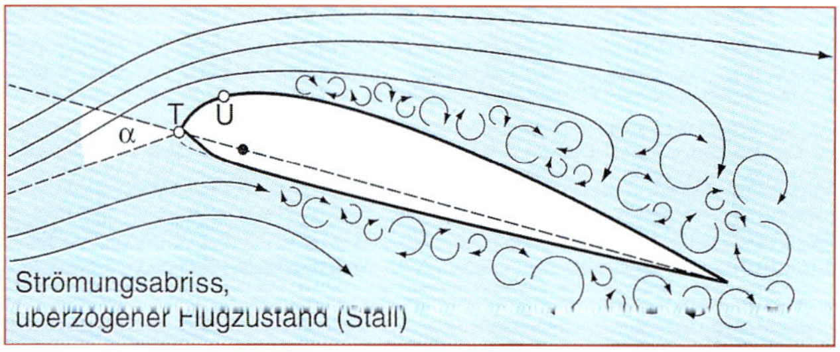

3.4.1 Bremsen bis zum Strömungsabriss (Stall)

Die Bremsen des Gleitschirms wirken ziemlich komplex – sie verändern den Anstellwinkel der einzelnen Zellen, das Profil und die Segelkrümmung und bewirken kurzfristige Staudruckänderungen. Aufgrund der aeroelastischen Segelstruktur hat dies auch wieder Folgen für das Profil.

Bleiben die Steuerleinen locker, gleitet das Segel mit Höchstgeschwindigkeit. Der Anstellwinkel α ist relativ klein. Die Strömung liegt bis zu einer großen Profiltiefe an, und der Umschlagpunkt befindet sich verhältnismäßig weit hinten. Bremst man das Gleitsegel an, vergrößert sich der Anstellwinkel α, und das Profil verstärkt seine Krümmung. Die Totale Luftkraft bleibt dabei immer dieselbe, nur das Verhältnis Auftrieb zu Widerstand verändert sich.

Bei leichtem Anbremsen nähert man sich zunächst der Idealkombination von Auftrieb zu Widerstand für das **beste Gleiten** an. Geringfügig mehr Bremse erhöht den Widerstand weiter zu Lasten des Auftriebs, und man erreicht den Punkt des **geringsten Sinkens**. Hier liegt die Strömung noch weitgehend am Segel an, obwohl der Umschlagpunkt schon etwas weiter nach vorne gerückt ist. Bei weiterem Anbremsen wird das Verhältnis immer krasser zugunsten des Widerstands verschoben. Der Anstellwinkel α wird immer steiler, und der Umkehrpunkt wandert zunehmend nach vorne. Der Auftriebsbereich wird immer schmaler, bis kein Auftrieb mehr vorhanden ist. Dann hat man seinen Flugzustand überzogen und einen **Strömungsabriss** (oder **Stall**) herbeigeführt. Die Vorwärtsgeschwindigkeit ist jetzt Null, bei extremem Sinken.

Löst man daraufhin schlagartig die Steuerleinen, kommt es zu schnellem Vorschießen der Kappe und raschen Druckwechseln. Ruckartige Bremsbetätigung kann das Segel zudem leicht aufschaukeln.

Die **Flügelschränkung**, eine Verdrehung des Flügels in sich zu einem kleineren Anstellwinkel nach außen, bringt bei Flugzeugen eine bessere Querstabilität und gutmütigeres Flugverhalten. Die Strömung kann dann nicht mehr auf der gesamten Flügelbreite gleichzeitig abreißen, sondern reißt verlangsamt von innen nach außen ab. Beim Gleitschirm läuft die Schränkung in die andere Richtung, seine Außenzellen sind eher steil angestellt. Die Schränkung ist auch nicht von gleicher Bedeutung für die Querstabilität, weil der Schirm durch seinen extrem tiefliegenden Schwerpunkt gut stabilisiert ist. Aber sie ist die Ursache, warum die Strömung von außen nach innen abreißt und die Seiten stärker einklappgefährdet sind. Vor allem bei langsam geflogenen Manövern sind diese Eigenheiten zu beachten.

3.4.2 Pendelstabilität

Aerodynamisch stellt der Gleitschirm einen instabilen Flügel dar. Auf ein stabilisierendes Leitwerk wird verzichtet. Er wäre flugunfähig, wäre er nicht durch einen derart tiefliegenden Schwerpunkt stabilisiert. Eilt das Segel voraus, wird es durch den nach vorne pendelnden Piloten sofort wieder »eingeholt«. Sowohl der Pilot wie auch das Segel pendeln stetig um einen gemeinsamen Schwerpunkt, der nahe beim Piloten liegt. Sobald sich beide aus ihrer Ausgangslage herausbewegt haben, wirken rückstellende Drehmomente. Diese Form der Stabilisierung bringt allerdings die Möglichkeit und das Problem des Aufschaukelns mit sich. Bei starken Bremsmanövern aus voller Fahrt kippt das Segel schlagartig nach hinten ab. Dabei kann sich kurzzeitig sogar eine Strömungsumkehr ergeben, die Kappe ist versucht, rückwärts zu fliegen. Auch diese Situation, der **dynamische Stall**, wird durch den zurückfallenden Piloten wieder »aufgefangen«. Doch bei der modernen, schnellen Schirmgeneration ist die Gefahr groß, dass die Kappe unter den Piloten schießt und dieser in die Kappe fällt. Der dynamische Stall bleibt ein gefährliches Manöver, auch wenn seine Variante als Landebremsung genutzt wird. Alle ruckartigen Steuerbewegungen können starkes Pendeln, bis zum dynamischen Stall, verursachen!

*Die **Drehachsen** des Gleitschirms:*
***Querachse:** Der Schirm nickt, Pilot pendelt vor und zurück.*
***Längsachse:** Der Schirm rollt, Pilot pendelt seitlich.*
***Hochachse:** Der Schirm giert, Pilotendrehung.*

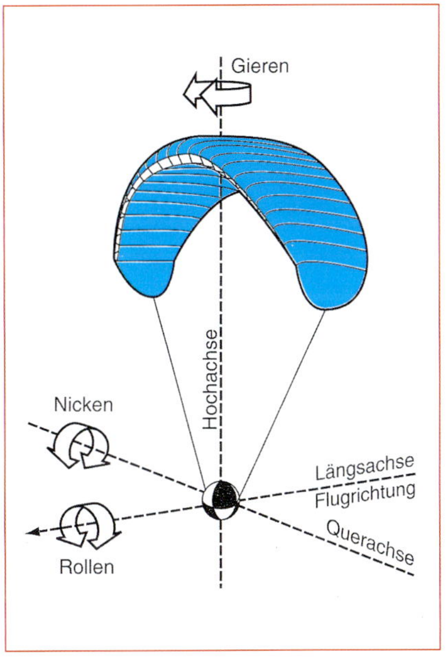

Soaren am Hang mit ausreichend Sicherheitsabstand

4 Meteorologie

4.1 Die Atmosphäre

Die Erdatmosphäre ist die durch die Schwerkraft festgehaltene Lufthülle der Erde. Neben zahlreichen Gasen (78 % Stickstoff, 21 % Sauerstoff, 1 % Edelgase und Kohlendioxid) enthält sie bis 4 % Wasserdampf. Genau diese 4 % Wasserdampf wirken aber als Motor und Energieträger für unser Wettergeschehen. Denn die Sonne schickt täglich die gigantische Energie von 4000 Billionen Kilowattstunden auf die Erde, wirft gleichsam jeden Sommertag die Energie eines Briketts auf einen Quadratmeter. So werden in der Atmosphäre riesige Energiemengen verschoben oder im Wasser gespeichert. Allein die Verwandlung von Wasser in Wasserdampf schluckt fünfmal mehr Energie als nötig wäre, um dieselbe Menge Wasser von 0 auf 10° C zu erhitzen. Freilich wird diese Energie beim Kondensieren wieder frei, und dabei vermag ein einziges Gramm Wasser ganze 2,2 kg Luft um ein Grad zu erwärmen. Bei Wassermassen, die bei Gewittern in die Größenordnung von Millionen Tonnen gehen, grenzen die Energieinhalte ans Unvorstellbare.

Energiemengen für den Wechsel von Aggregatzuständen

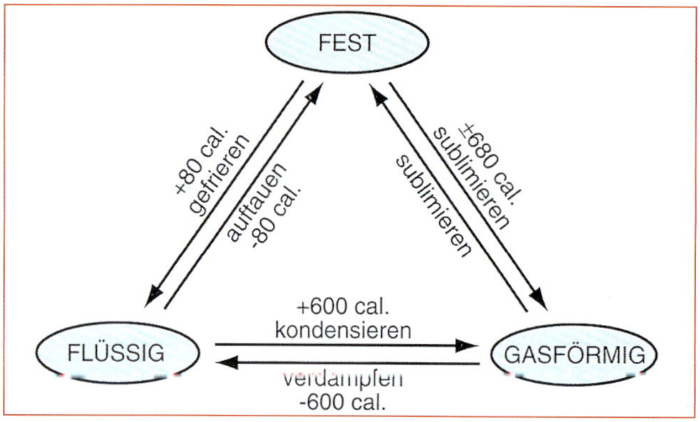

In ihrer extremen Ausdünnung reicht die Atmosphäre bis 1000 km ins All. Sie ist keineswegs gleichförmig aufgebaut, sondern zeigt ganz charakteristische Schichtungen. Den untersten Teil, in dem sich das Wettergeschehen abspielt, nennt man **Troposphäre**. In dieser befindet sich auch praktisch der gesamte Wassergehalt der Atmosphäre. Ihre Höhe nimmt vom Äquator zu den Polen hin von 18 km auf 6 km Höhe ab und erreicht in unseren Breiten um 11 km. Nach oben hin wird sie durch eine wirksame Sperrschicht, die **Tropopause**, begrenzt. Sie kann von Wolken nicht passiert werden, und oberhalb existieren auch keine vertikalen Luftströmungen mehr. In dieser übergeordneten **Stratosphäre** existieren nur noch Horizontalströmungen, die **Strahlströme (Jets)**, mit überaus großen Windgeschwindigkeiten. Sie spielen allenfalls bei der Geburt der Tiefdrucksysteme eine Rolle und beeinflussen somit wiederum troposphärische Prozesse. Mit ihrer oberen *Ozonschicht* reicht die Stratosphäre bis in 50 km Höhe.

4.2 Physikalische Parameter

4.2.1 Der Luftdruck

$$\mathbf{p} = \frac{\mathbf{F}}{\mathbf{A}} \quad \text{Druck [Pa]} = \frac{\text{Kraft [N]}}{\text{Fläche [m}^2\text{]}}$$

Der Luftdruck bezeichnet den Druck, den das Gewicht der Lufthülle auf die Erdoberfläche ausübt. Gemessen wird der Druck der kilometerhohen Luftschicht durch die Länge einer Quecksilbersäule, deren (auf die Flächeneinheit bezogenes) Gewicht dem Luftdruck das Gleichgewicht hält.

Eine Quecksilbersäule von 760 mm Höhe (auf Meeresniveau) übt demnach einen Druck von 1013,2 Millibar (mbar) aus. Die Maßeinheit für den Luftdruck wird heute allgemein mit Hektopascal (hPa) bezeichnet.

Der Luftdruck nimmt mit der Höhe progressiv ab und halbiert sich alle 5500 m.

Entsprechend verhalten sich die **barometrischen Höhenstufen**: Ändert sich der Luftdruck bei Meereshöhe bereits bei acht Höhenmetern um ein Hektopascal, so benötigt man bei 5500 m eine 16-m-Höhenstufe für die gleiche Änderung, in 11 km 32 m, in 16,5 km Höhe gar 64 m. Eine Bedeutung hat diese Tatsache in der barometrischen Höhenmessung, denn die Messgeräte müssen diesen nachlassenden Druck in ihre Messung miteinbeziehen, also höhenkompensiert sein (siehe Kapitel 2, Abschnitt 2.6.2, Höhenmesser).

4.2.2 Die Temperatur

Die Temperatur ist ein Maß für den Wärmeenergieinhalt. Maßeinheit ist Grad Celsius (°C) oder Kelvin (K) als absolute Temperatur (°C +273).

Die Lufttemperatur nimmt mit der Höhe im Mittel um = 0,65°C pro 100 m ab.

Die Temperaturabnahme in der Höhe bezeichnet man als **Temperaturgradient**. Mit *Radio-Ballonsonden* lässt sich dieser Temperaturverlauf aufzeichnen, darüber hinaus werden die Windgeschwindigkeiten und der Luftdruck erfasst. Häufig ergibt sich jedoch nicht der gleichmäßige Temperaturabfall, den man theoretisch erwarten würde.

So kann die Temperatur in bestimmten Höhenstufen konstant bleiben = **Isothermie** oder sogar mit der Höhe ansteigen. Es liegt dann eine Temperaturumkehrung = **Inversion** vor. Sie wirkt für aufsteigende Luftmassen wie ein Sperrfilter und löst Smoglagen aus. Steigt die Temperatur vom Boden her an, um in einer bestimmten Höhe wieder abzufallen, liegt Bodeninversion vor.

4.2.3 Die Dichte

$$\rho = \frac{m}{V} \quad \text{Dichte} = \frac{\text{Masse [kg]}}{\text{Volumen [m}^3\text{]}}$$

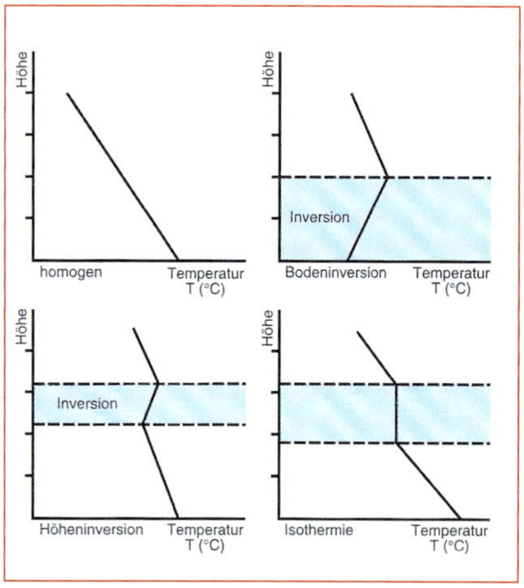

*Der Temperaturverlauf bei verschiedenen Luftschichtungen. Normal fällt die Temperatur mit der Höhe, bleibt sie gleich, spricht man von **Isothermie**, steigt sie an, von **Inversion**.*

Die Dichte ist die Masse der Teilchen in einer bestimmten Volumeneinheit. Die Dichte **verringert** sich bei **höherer Temperatur** und **vergrößert** sich bei **tieferer Temperatur**, d.h. die gleiche Masse nimmt bei höherer Temperatur größeres Volumen ein. Jeder kennt dieses Phänomen, wenn z.B. Autoreifen in Frostperioden scheinbar zu wenig Luft enthalten, sich die Luft also zusammenzieht. Luftsäulen unterschiedlicher Temperatur sind unter gleichem Druck unterschiedlich hoch. Dies ist auch der Grund für die unterschiedliche Ausdehnung der Troposphäre an Äquator und Polen.

Abkühlende Luft zieht sich zusammen (= hohe Dichte) → schwerer.
Erwärmende Luft dehnt sich aus (= geringere Dichte) → leichter.

Folglich ergibt sich für die Luftdruckverteilung in der Höhe:

Bei kalter Luft fällt der Luftdruck in der Höhe schneller ab, bei warmer Luft langsamer.

Die Dichte ist auch *abhängig von der Luftfeuchtigkeit*. Eigentlich sollte man erwarten, dass feuchte Luft schwerer als trockene ist, doch das Gegenteil ist der Fall. Wasser (H_2O) ist gegenüber Stickstoff (N_2) oder Sauerstoff (O_2) ein relativ leichtes Molekül. Bei gleichem Druck bzw. gleicher Teilchenzahl heißt das, ein feuchtes Luftpaket muss leichter als ein trockenes sein.

Feuchte Luft ist leichter als trockene Luft.

Wäre dies nicht so, würde die feuchte Luft am Boden bleiben und auch dort Wolken bilden, wir müssten also in ständigem Nebel leben.

4.2.4 Die Luftfeuchtigkeit

Wie eingangs erwähnt, spielt das Wasser eine wesentliche wetterwirksame Rolle und kann in allen drei Aggregatzuständen in der Luft vorliegen: *fest, flüssig* und *gasförmig*.

Die Luftfeuchtigkeit bezieht sich nur auf den *gasförmigen Wassergehalt* der Luft. Sobald bei einer bestimmten Temperatur das Fassungsvermögen für Wasserdampf in der Luft erreicht ist, spricht man von **Sättigung**. Dies entspricht 100 % Luftfeuchtigkeit. Ungesättigt ist die Luft bei Feuchtigkeitswerten unter 100 %, wenn noch Wasserdampf aufgenommen werden kann. Wird die 100 %-Marke überschritten, kondensiert der Wasserdampf in winzigen Tröpfchen und wird als Nebel, Wolke oder Regen sichtbar.

Die **relative Luftfeuchte** wird als Feuchtigkeitswert gemessen, bezogen auf die maximal mögliche Feuchte bei jeweiligem Druck und Temperatur. Denn das Fassungsvermögen für Wasserdampf ändert sich mit dem Druck und der Temperatur. Bildlich gesprochen vergrößern sich die Zwischenräume zwischen den Luftteilchen mit steigender Temperatur und Druckerniedrigung. Umso mehr Wasserdampf kann aufgenommen werden.

$$\text{Relative Feuchte} = \frac{\text{Absolute Feuchte}}{\text{Maximale Feuchte}} \cdot 100$$

Als **Taupunkt** bezeichnet man den Temperaturwert, bei dem (bei gleichbleibender Feuchtigkeit) der erste Tropfen kondensiert bzw. Sättigung eintritt. Der »Abstand« zum realen Temperaturwert wird **Taupunktdifferenz** genannt. Sie ist damit ein Maß für die Wahrscheinlichkeit von Wolken- und Nebelbildung. Je kleiner die Taupunktdifferenz, desto näher befindet sich die Luft an der Kondensationsgrenze.

4.2.5 Adiabatik

Betrachtet man ein aufsteigendes Luftpaket, so »entspannt« es sich bei geringerem Druck mit zunehmender Höhe. Wie bei einem Gaskocher, dessen Kartusche sich bei Druckverlust abkühlt, kühlt sich auch das Luftpaket bei der Expansion ab. Analog dazu bewirkt die Kompression Erwärmung, wie man es von einer Fahrradpumpe her kennt. Die durch Druckwechsel bedingten Temperaturänderungen bezeichnet man als **adiabatischen Temperaturgradient**.

Wie wir gesehen haben, sind hohe Wärmemengen nötig, um Wasser zu verdampfen oder Eis zu schmelzen. Dies ist nicht ohne Einfluss auf den Wärmehaushalt der Atmosphäre, denn über diese Prozesse lassen sich große Energiemengen speichern. Umgekehrt werden sie wieder bei der Kondensation und beim Gefrieren frei. Insofern ist es von entscheidendem Einfluss, ob Luft bei ihrer Erwärmung bzw. Abkühlung feucht oder trocken ist. Trockene Luft kühlt sich beim Aufsteigen von 100 m um 1 °C ab. Erreicht die Luft aber ihren Sättigungspunkt, so wird Kondensationswärme frei. Ergebnis: Die Luft bleibt beim Aufsteigen etwas wärmer und kühlt sich nur um 0,65 °C bei 100 Höhenmetern ab.

Trockenadiabatischer Temperaturgradient: 1 °C/100 m.
Feuchtadiabatischer Temperaturgradient: 0,65°C/100 m.

4.2.6 Gleichgewichtszustand der Atmosphäre

Je nach Schichtung der Atmosphäre kann sich ein gedachtes Luftpaket unterschiedlich verhalten. Ist die Schichtung **stabil**, so wird das Luftpaket nach einer Verschiebung in seine Ausgangslage zurückgedrängt. *Beispiel:* Bei Inversion hindern höher gelegene wärmere Luftschichten ein kälteres Luftpaket am Aufsteigen (Smoglage). Ist die Schichtung **labil**, so wird ein einmalig aus seiner Ausgangslage gebrachtes Luftpaket weiter von dieser entfernt. *Beispiel:* Bei starkem Temperaturabfall in der Höhe bleibt ein einmal aufsteigendes Luftpaket wärmer als die Umgebungsluft und wird immer weiter nach oben getrieben (»Überentwicklung«, z.B. hochaufschießende Gewitterwolken). Ist die Schichtung **indifferent**, bleibt das Luftpaket in seiner verschobenen Lage, da die Umgebungsluft die gleiche Dichte und Temperatur aufweist.

Labilisierung: Kaltluft wird in der Höhe zugeführt; Stabilisierung: Warmluftzufuhr in der Höhe.

4.2.7 Standardatmosphäre

Wegen der stark schwankenden atmosphärischen Bedingungen hat man eine einheitliche Basis geschaffen, auf die man Messwerte bezieht – die **Standardatmosphäre**. Folgende Bedingungen und Durchschnittswerte wurden festgelegt:

Höhe	= Meeresniveau = 0 m	Luftfeuchtigkeit	= 0 %
Druck	= 1013,2 hPa	Luftdichte	= 1,225 kg/m³
Temperatur	= 15 °C	Temperaturgradient	= 0,65 °C

Hoch: Ähnlich einem Schichtkuchen nimmt der Druck in einem Hochdruckgebiet von unten nach oben ab, ebenso vom Zentrum zu den Rändern. Das Hoch bildet einen »Berg« dichterer Luft. Je steiler er ist (je enger die Isobarenabstände auf der Wetterkarte), um so heftigere Winde wehen. Je flacher er ist (je weiter die Isobarenabstände), um so mehr schläft der Wind ein.

4.3 Die Winde

4.3.1 Globale Luftströmungen

DYNAMISCHE WINDE/DRUCKWINDE

Die Struktur der Erdoberfläche ist sehr uneinheitlich, angefangen von der Land-Wasser-Versorgung bis hin zu Gebirgszügen, die sich als Barrieren aufbauen. Allein der Bewölkungsgrad oder der breitenabhängige Einstrahlungswinkel der Sonne bewirken, dass sich großräumig Luftmassen unterschiedlich aufheizen. Dies hat unmittelbare Auswirkung auf die jeweilige Luftdichte bzw. den Luftdruck. Es bilden sich Zonen unterschiedlichen Luftdrucks, so genannte **Hochdruck-** und **Tiefdruckgebiete**, aus. Zwischen diesen herrscht ein *Druckgefälle*, und solche Gefälle haben immer die Bestrebung, sich auszugleichen. Es stellen sich also Strömungen vom Hoch zum Tief ein.

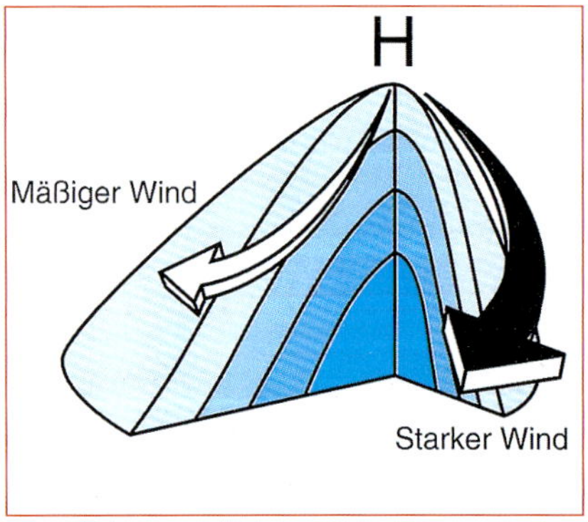

Es entstehen Winde. Die Windrichtung ist die Richtung, aus der der Wind weht. Sie wird in der Fliegerei in Grad angegeben.

Winde wehen vom Hoch zum Tief. Die Richtungsangabe ist diejenige, aus der der Wind weht.

Leider sind die Verhältnisse nicht so einfach, dass diese Strömungen gradlinig verlaufen.

- Corioliskraft:

Neben dem *Druckgradienten* wirken noch die *Kreiselkräfte* der Erddrehung ein und bestimmen die großräumige Windrichtung. Ursache für diese **Corioliskraft** ist die äußerst hohe Geschwindigkeit der Erdumdrehung. Sie beträgt am Äquator 1670 km/h(!) und reduziert sich zu den Polen hin bis auf Null. Betrachtet man ein Luftpaket auf der Erde am Äquator, so wird es mit der hohen Geschwindigkeit von 1670 km/h Richtung Osten mitgerissen. Dennoch oder gerade deshalb empfinden wir an diesem Punkt Windstille. Lassen wir nun unser Luftpaket von einem Wind in *Polrichtung* tragen, nimmt die Umdrehungsgeschwindigkeit der Erde rapide ab, schneller noch, als das Luftpaket seine Ostgeschwindigkeit verlangsamen kann. Also eilt unser Luftpaket zu den Polen bzw. in höhere Breiten Richtung *Osten* voraus. Umgekehrt hinkt es der Erddrehung nach, wenn es sich von den Polen *zum Äquator* bewegt. Es beschreibt also eine *relative Westbewegung*.

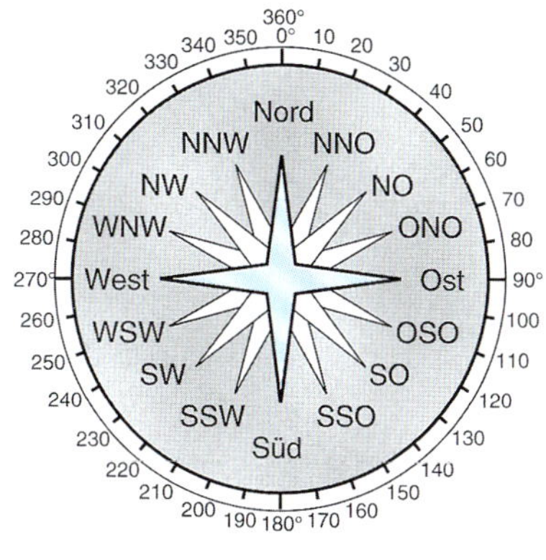

Windrose: Der Wind wird nach der Richtung benannt, aus der er weht. Zur exakten Beschreibung wird er in Grad angegeben: Nord (0°, 360°), Ost (90°), Süd (180°), West (270°).

Auf der Nordhalbkugel erfahren Winde deshalb eine Rechtsablenkung, auf der Südhalbkugel eine Linksablenkung.

Je höher die Windgeschwindigkeit, desto stärker ist die Windablenkung durch die Corioliskraft.

- Reibung:

Bezieht man diese Gesetzmäßigkeit ein, wird plötzlich die Reibung zu einem ausschlaggebenden Faktor. Denn sie nimmt *zum Boden hin stark* zu und bremst die Winde in Bodennähe. In 500 m Höhe verdoppelt sich ungefähr die Windgeschwindigkeit, und die Windrichtung erfährt durch die Corioliskraft eine Rechtsablenkung um 15°. In 1500 m Höhe hat sich die Windgeschwindigkeit schon verdreifacht und ihre Rechtsablenkung auf 30° erhöht. Ab 1500 m Höhe wird der Einfluss der Reibung allmählich unmerklich. Trägt man diese Werte grafisch auf, erhält man das **Windprofil**. Es kann tageszeitlich stark schwanken, je nachdem, ob stabile oder labile Schichtungen vorherrschen.

*Die breitenabhängige **Geschwindigkeit der Erddrehung**. Weil die Erddrehungsgeschwindigkeit zu den Polen hin stark abnimmt, erfahren Luftmassen, die sich nördlich oder südlich bewegen, eine Ablenkung (**»Corioliskraft«**).*

Bei stabiler Schichtung werden die Windgegensätze größer, bei labiler Schichtung kleiner.
500 Höhenmeter: Verdoppelung der Windgeschwindigkeit, Rechtsdrehung um 15°.
1500 Höhenmeter: Verdreifachung der Windgeschwindigkeit, Rechtsdrehung um 30°.

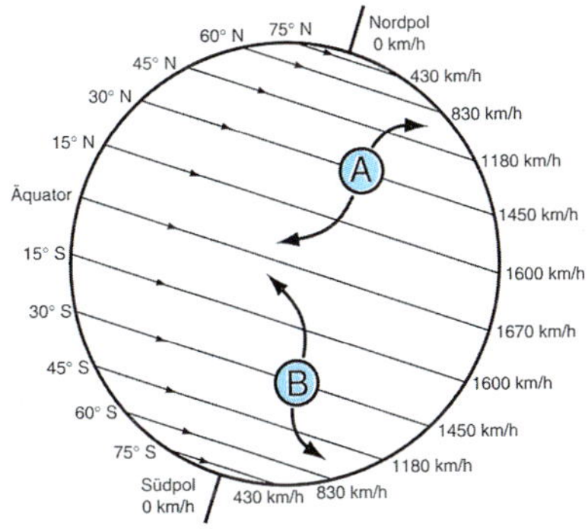

Für Luftteilchen, die aus einem Hochdruckgebiet ausströmen, gelten nun folgende Gesetzmäßigkeiten: Die Corioliskraft lenkt sie nach *rechts* ab (Nordhalbkugel) und veranlasst die Teilchen, das Hoch **im Uhrzeigersinn** zu umkreisen. In Bodennähe werden sie gebremst und der Einfluss der Corioliskraft so gemindert, dass die Teilchen seitlich ausbrechen. Sie werden von den Tiefdruckgebieten »angesaugt« zum Zentrum des Tiefs. Der Druckausgleich zwischen Hoch und Tief spielt

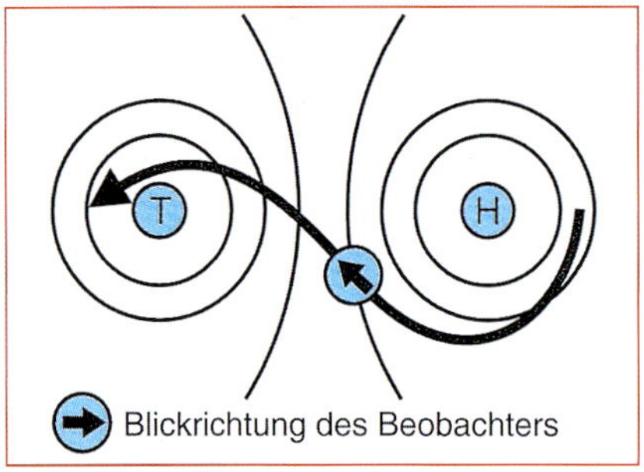

Hoch-Tief-Lage: Stellt man sich mit dem Rücken zum Wind, befindet sich vorne links das Tief, rechts hinten das Hoch.

sich folglich vorwiegend in Bodennähe ab. Die Windrichtung beschreibt beim Übergang vom Hoch ins Tief eine leichte, spiegelverkehrte S-Kurve (auf der Südhalbkugel eine echte S-Kurve).
Als Faustformel gilt für die **Nordhalbkugel**:

Rücken zum Wind – vorne links das Tief, hinten rechts das Hoch.

- **Beachte**: In Bodennähe fälschen Hindernisse die Windrichtung ab bzw. drehen sie total. Zur Hoch-Tief-Orientierung eignen sich deshalb nur ebenes Gelände oder Punkte, an denen das Gelände kaum Einfluss auf die Windrichtung ausübt.

KLIMAZONEN DER ERDE

Die Erde ist »unterteilt« in verschiedene Klimazonen, die sich unmittelbar als Folge der atmosphärischen Zirkulation ergeben. Ursache ist die Erddrehung, die schräggestellte Achse und damit verbunden die mit der geographischen Höhe abnehmende Sonneneinstrahlung. Am Äquator herrscht ein stabiler Tiefdruckgürtel (**äquatoriale Tiefdruckrinne**). Als Folge der starken Einstrahlung gibt es dort fast nur aufsteigende Luftmassen und auch eine höhere Ausdehnung der Troposphäre. Diese Luftmassen sinken auf der Höhe der Rossbreiten (z.B. Sahara) in stabilen Hochdruckgürteln wieder herab. Weil sie mit ihrem Absinken alle Luftfeuchtigkeit »aufzehren«, verursachen sie einen weltumspannenden Trockengürtel. Als Ausgleichsströmungen über dem Boden ergeben sich die Passatwinde aus östlichen Richtungen (SO- bzw. NO-Passat), weil sie der Erddrehung etwas hinterherhinken. Sie treffen in der **innertropischen Konvergenzzone (ITC)** in Äquatornähe wieder zusammen, steigen auf (Tiefdruckgürtel), beladen sich mit Wasserdampf aus dem Meer und regnen sich über dem Tropengürtel wieder ab. Der Kreislauf schließt sich. An den Polkappen verursachen die niedrigen Temperaturverhältnisse ein **polares Hoch**.

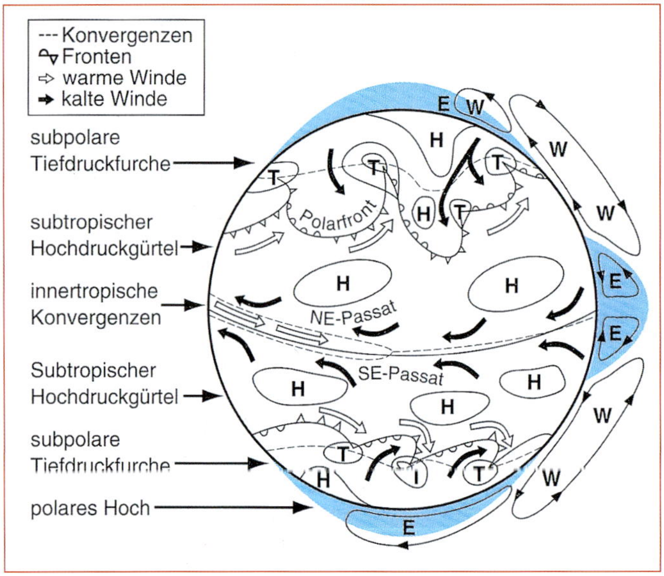

Globales Zirkulationsmuster: In der ITC (Innertropische Konvergenzzone) steigt die Luft auf, um auf den Rossbreiten wieder abzusinken (subtropischer Hochdruckgürtel).

Nur in den gemäßigten Breiten stellt sich ein äußerst komplexes Zusammenspiel aus Hoch- und Tiefdruckgebieten ein. Hier werden nämlich die Tropen von den Polen meteorologisch abgeschnürt und bilden die **Polarfront**. Es etabliert sich ein globaler Westwindgürtel, der wechselweise Hoch- und Tiefdruckgebiete verlagert. Dabei driften aus aerodynamischen Gründen die Hochdruckgebiete eher äquatorwärts, die Tiefdruckgebiete eher polwärts ab.

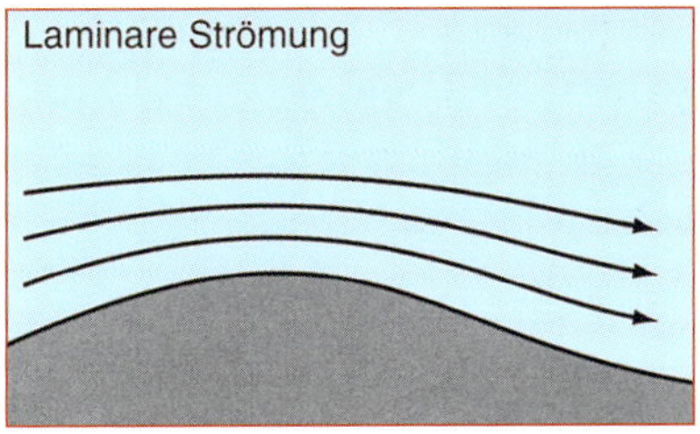

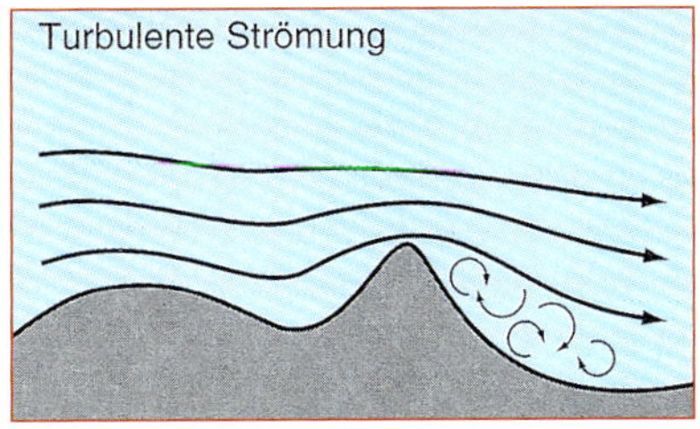

Links: ***Laminare Strömung:*** *Strömungsbänder verlaufen in mehr oder weniger parallelen Bahnen, ohne miteinander zu verwirbeln. Die Luft befindet sich in einem gleichmäßigen Strömungsfluss.*

Rechts: ***Turbulente Strömung:*** *Die gleichmäßige Strömung wird gestört und in sich verwirbelt. Solch eine Turbulenz wird meist durch Hindernisse ausgelöst (Leeturbulenz) und ist in ihrer Richtung völlig unberechenbar.*

4.3.2 Lokale Luftzirkulation

Die Aerodynamik hat uns schon den Unterschied zwischen laminarer und turbulenter Strömung gezeigt. Gleiche Effekte ergeben sich, wenn Wind über eine Geländeoberfläche streicht. Wenn deren Struktur und Formen sanft gewellt sind, können sich die Strömungslinien des Windes in mehr oder weniger parallelen Bahnen dem Untergrund angleichen, ohne zu verwirbeln. Dann ist die Strömung laminar. Kanten, Erhebungen, Abbrüche und Einschnitte stören die Luft in ihrem gleichförmigen Strömungsfluss. Es entstehen Turbulenzen, kreisförmige Verwirbelungen der Luft, ähnlich den Wasserwirbeln in einem Fluss. Die Windrichtung in einer turbulenten Zone kann jedoch vollkommen unberechenbar sein. Mit der Windgeschwindigkeit steigen sowohl die Heftigkeit einer Turbulenz wie auch ihre räumliche Ausdehnung. Solche Turbulenzen bergen für den Gleitschirmflieger ernstzunehmende Gefahren, die bis hin zum Absturz führen können. Oft treten scharf begrenzte Strömungen (**Scherwinde**) auf, die Teile des Schirms zum Einfallen bringen können, etwa die Vorderkante oder seitliches Einklappen.

Luv – Lee: *Das Luv ist die windangeströmte Bergflanke, das Lee beschreibt die windabgewandte Bergseite. Während sich luvseitig meist laminare Aufwindbänder formieren, können leeseitig heftige Turbulenzen entstehen oder großräumige Leerotoren oder Leewalzen bilden.*

- Bodenturbulenz:

Infolge wachsender Reibung und größerer Windgegensätze werden Turbulenzen zum Boden hin stärker. Sie stellen vorzugsweise bei Start und Landung eine Gefahr dar. Diese potentiellen Gefahren sind zu beachten, und bei der Flugplanung sind stets die Geländeform und Windrichtung mit einzubeziehen!

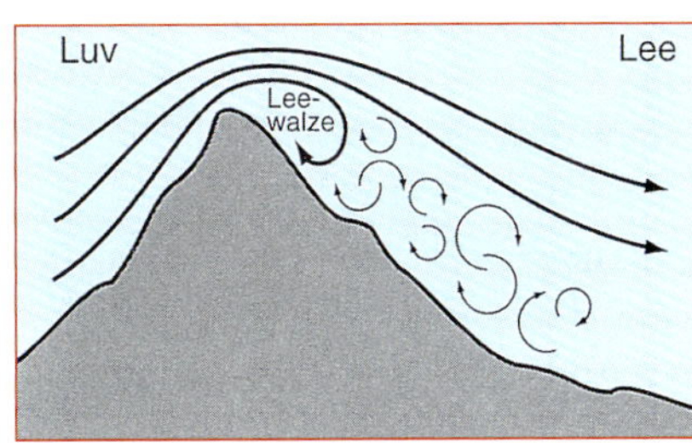

Luv = windzugewandte Seite; Lee = windabgewandte Seite

- Leeturbulenz:

Hindernisse bilden auf der windabgewandten Seite (= Lee) Leeturbulenzen. Sie können schon bei Bäumen und Häusern auftreten, und sie wachsen bei Bergen umso mehr, je schroffer sie auf der Leeseite abfallen oder je stärker die Windgeschwindigkeit ist. Bei starkem Wind können **Wirbelschleppen** mehrere hundert Meter lang werden!

Leeseitig können im Gebirge so starke **Abwindkomponenten** auftreten, dass ein Start in Leerichtung einem »Herunterfallen« gleichkäme. Nicht immer ist die Leeseite einfach zu erkennen. So können sich Leerotoren bzw. Leewalzen ausbilden, die einen Aufwind verblüffend vortäuschen! Die beste Versicherung gegen eine Täuschung ist:

- Generell die Luvseite von Hindernissen anfliegen.
- Luvseitig von Bergen starten.
- Leeseite meiden (Lebensgefahr!).

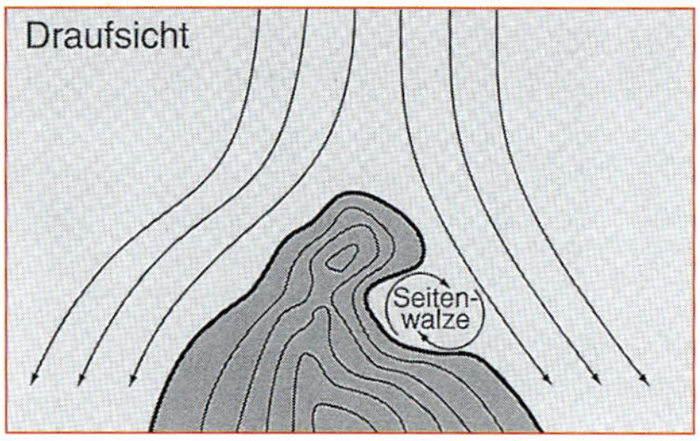

Seitenwalze: *Je nach Geländeform und Orientierung können Walzen alle Neigungen bis zur Vertikalen einnehmen.*

- auf die Zugrichtung der Wolken achten oder
- den Berggrat bzw. -gipfel besteigen und sich ein Bild von den rückseitigen Windverhältnissen machen.

Kein Start bei zweifelhaften Verhältnissen!

Walzen müssen nicht nur horizontal sein, sondern können verschieden geneigt sein, ja sogar vertikal verlaufen (= **Seitenwalze**). Ihre Neigung richtet sich nach der Hangneigung von Bergflanken bis zur Senkrechten bei Klippen. Die Möglichkeit zur Walzenbildung lässt sich aus der Geländeform schließen. Bei Schluchteinschnitten von steilen Berghängen oder rippenförmigen Klippen muss mit Seitenwalzen gerechnet werden.

Beispiel:
- Auf- und Abwinde bei Thermik.
- Unterschiedlich gerichtete Horizontalströmungen über bzw. unter einer Inversionsschicht.

- **Aus Geländemerkmalen nicht erkennbare Turbulenzen:**

Windscherungen: Bewegen sich die Luftmassen gegenläufig, treten Windscherungen auf. Zwischen beiden Windkomponenten kommt es zu oft recht heftigen Turbulenzen. Deren Stärke und Gefährlichkeit hängt ab vom Geschwindigkeits- und Richtungsunterschied beider Winde. Windscherungen treten vertikal wie horizontal auf.

- **Föhnrotoren:**

Sie können sehr heftig sein und sind unabhängig von der Geländeform (siehe 4.7 Föhn).

- **Düsenwirkung:**

Verengt man ein Bachbett, so wird man feststellen, dass das Wasser an der Engstelle schneller fließt. Analog verhalten sich Luftströmungen. Verengen sich schroffe Gebirgstäler in Windrichtung, kann man an der Engstelle erheblich höhere Windgeschwindigkeiten feststellen (*Passwind*). Unter Umständen wird dabei sogar die Eigengeschwindigkeit des Gleitsegels überschritten, so dass man dort gegenüber dem Erdboden rückwärts fliegt. Auch wenn die Vorwärtsbewegung des Gleitsegels verlangsamt wird, kann man sich in Gleitwinkelberechnungen erheblich verschätzen. Auch Baumreihen, Häuserfronten etc. können ähnliche Effekte haben. Selbst einseitige Engstellen, etwa Berggrate, erhöhen die Windgeschwindigkeit und vergrößern Turbulenzwirkungen. Umgekehrt gilt: Bei Talerweiterung mit dem Wind lässt die Windgeschwindigkeit nach.

- **Windgeschwindigkeit:**

Sie wird gemessen mit Windmessern (Anemometern) und wird häufig in Knoten ausgedrückt, aber auch in m/s oder km/h. Als Faustformel für die Umrechnung kann man sich merken:

(km/h:2) + 10 % → kts   (km/h:4) + 10 % → m/s

- **Flugpraxis: Winderkennung aus dem Flug:**

Stärkere Winde machen sich beim Gegenanflug in der Landevolte ausreichend bemerkbar. Leichte Winde, die dennoch zu stark für eine Rückenwindlandung sind, sind im Flug schwierig auszumachen. Wir müssen gezielt nach Anzeichen suchen:

- Vögel und deren Flugverhalten können schon vor einem Flug Auskunft über Turbulenz, Böigkeit und Windgeschwindigkeit geben.
- Rauch von Feuern, Grasverbrennung, aus Kaminen.
- Wasseroberflächen von Seen etc. (glatt = Windstärke 0, kleine Kräuselwellen = 1, kleine Wellen = 2, weiße Schaumkronen = 4, brechende Wellen = 6).

Auch die Windrichtung und Böigkeit lassen sich ablesen.

- Wolken können auch Aufwärts- und Abwärtskomponenten anzeigen.
- Staub, Pollen: Staub an Baustellen, Steinbrüchen, Feldwegen oder Pisten; Pollenflug kann durch Wind so stark ausgelöst werden, dass er als feine Wolke sichtbar wird! (Bei Windbestäubern, z.B. bei Nadelbäumen.)
- Fahnen, Wäsche etc.: Vorsicht! Wäsche kann im Windschatten oder im Turbulenzbereich von Häusern hängen.

DYNAMISCHE WINDE

Berge, Gebirge oder Erhebungen lenken horizontal verlaufende Winde ab. Dabei entstehen luvseitig, also auf der windzugewandten Seite, Aufwinde, leeseitig, auf der windabgewandten Seite, Abwinde und Turbulenzen. Diese dynamischen Hangaufwinde lassen sich mit dem Gleitsegel für das Hangsegeln (**Soaring**) ausnutzen. Die besten Hangaufwinde bilden sich bei gleichmäßig ansteigendem Gelände mit möglichst großem Höhenunterschied. Je breiter die Massive sind, desto besser. Kegelförmige Berge veranlassen Luftströmungen, seitlich auszuweichen und sich zu teilen. Sie bilden so gut wie keine nutzbaren Aufwindkomponenten. Je steiler die Hangneigung, desto stärker sind die Aufwinde, aber umso enger sind auch die **Aufwindbänder** (siehe Seite 54, »Düsenwirkung«).

Analog der Hangneigung nimmt die Vertikalwindkomponente gegenüber der Horizontalwindkomponente stark zu. Bei starken Winden kann die Aufwärtsbewegung so stark sein, dass sie der Sinkgeschwindigkeit des Gleitsegels entspricht oder sie sogar übersteigt. Dann ist Soaren ohne Höhenverlust bzw. mit Höhengewinn möglich. Hier lässt sich noch gute Vorwärtsgeschwindigkeit machen, doch im offenen Gelände können die in die Vertikale umgelenkten Winde als entsprechend starke, reine Horizontalströmungen erhebliche Probleme bereiten. Sie können Gleitwinkelschätzungen erheblich abfälschen!

Bei laminarer Anströmung und gleichmäßig geformter Oberfläche können wir von einem relativ »ruhigen« Aufwindband ohne größere Turbulenzen ausgehen. Auch das vorgelagerte Gelände entscheidet über die Laminarität der Anströmung. Am günstigsten sind Ebenen, beispielsweise das Meer. Wegen der optimalen Verhältnisse wurden die ersten Rekorde oft an Steilküsten aufgestellt. Jede Verwirbelung wirkt sich negativ auf nutzbare Aufwinde aus. So beeinflusst auch der Grad der Zerklüftung und die Abwechslung im Vegetationsbild die Qualität des Aufwindbandes.

In Hangnähe bildet sich genauso wie am Boden infolge der Reibung eine Turbulenzschicht. Gefährlich kann sie werden, wenn man sich

*Ein breites, aber schwaches **Aufwindband** bildet sich luvseitig bei Bergen mit geringer Neigung aus. Je flacher das vorgelagerte Gelände ist, desto besser kann sich das Aufwindband ausbilden.*

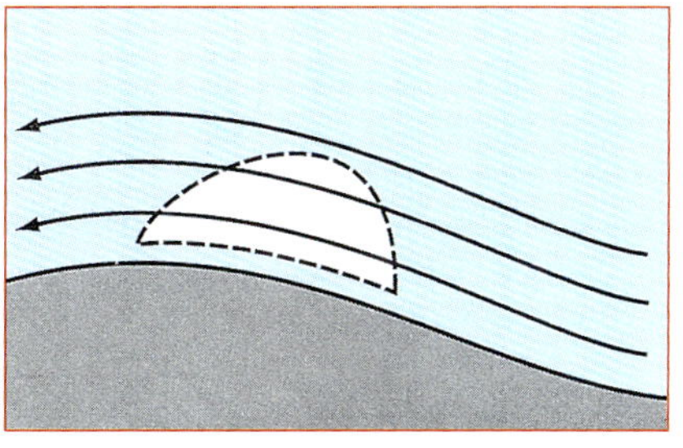

*Ein schmales, aber starkes **Aufwindband** bildet sich bei steilen Hängen aus. Zu beachten ist der Rotor hinter der Hangkante: gefährlich beim Kippenstart.*

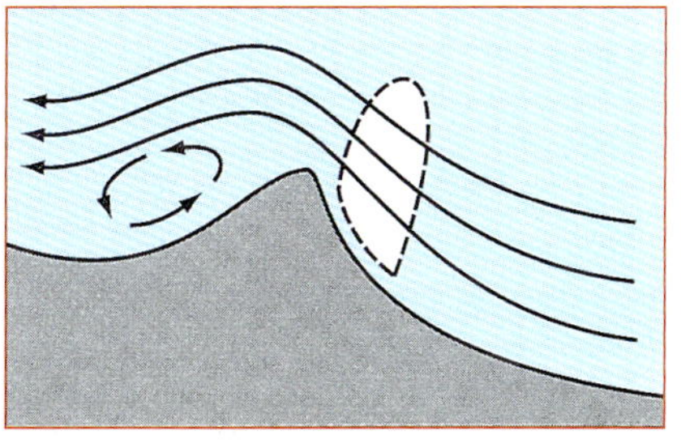

beim Soaren zu sehr dem Hang annähert. Es kann am hangseitigen Flügel ein Bremseffekt auftreten und ein Drehmoment in Richtung Hang verursachen.

Vorsicht: Bei zu starker Hangannäherung gefährliche Drehneigung des Schirms zum Hang!

Nützt man die Steigwerte eines Aufwindbandes, indem man bis zum Grat aufsteigt, ist zu bedenken, dass über dem Grat die Horizontalwindkomponente stark zunimmt! Hier besteht die Gefahr, ins Lee abgetrieben zu werden.

THERMISCHE WINDE

So wie sich großräumig Hoch- und Tiefdruckgebiete bilden, entstehen lokal thermische Winde: Über warmen Oberflächen entstehen durch aufsteigende Luft »Miniaturtiefs« und »saugen« Luft aus dem kälteren Umfeld an.

Der thermische Wind weht in Bodennähe von Kalt nach Warm.

Eine hohe Wolkenbasis ermöglicht großen Höhengewinn und somit weitere Flugstrecken.

Zusammen mit den dynamischen Windsystemen ergeben sich zahlreiche Überlagerungsmöglichkeiten. Im Extremfall können sich sogar beide Windsysteme gegenseitig unterdrücken.

- See- und Landwind:

Größte Unterschiede in Wärmespeicher- und Wärmeleitfähigkeit herrschen zwischen Wasser und Land. Dies hat zwangsläufig starke Auswirkungen auf die Luftzirkulation. Auf der Wasserfläche wird einerseits Wärmeenergie zur Verdunstung verbraucht, andererseits viel davon weitergeleitet. Wasser wirkt als Wärmespeicher, während sich das Land schnell aufheizt, aber ebenso schnell wieder abkühlt. Tagsüber steigt die aufgeheizte Luft über dem Land auf, über dem Wasser kühlt sie dagegen ab und sinkt auf Grund der höheren Dichte hinunter. Parallel dazu stellen sich Ausgleichsströmungen ein: In Bodennähe weht der **Seewind** (vom See zum Land), in der Höhe herrscht Landwind, um den Kreislauf zu schließen. In der Nacht kehren sich die Strömungen um, denn jetzt ist auf Grund der Wärmespeicherung das Wasser wärmer als das Land. Die Luft steigt, freilich in schwächerem Maße, über dem Wasser auf und sinkt über dem Land ab. In Bodennähe stellt sich damit **Landwind** ein, in der Höhe Seewind.

Während des Tages: Seewind   Während der Nacht: Landwind

Nicht nur das Meer, sondern auch Seen, selbst kleinere, können für entsprechende Lokaleffekte sorgen.

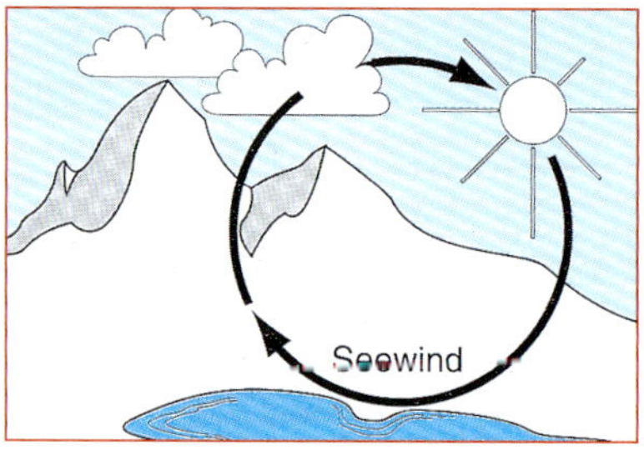

__Seewind__ herrscht tagsüber, weil die Sonne das Land stärker erhitzt als das Wasser. Ein Hitzetief über dem Land bedeutet, dass die Luftmassen aufsteigen. Abkühlung über Wasser bewirkt, dass sie absinken. Ausgleichsströmungen lassen in Bodennähe Seewind, in der Höhe Landwind entstehen.

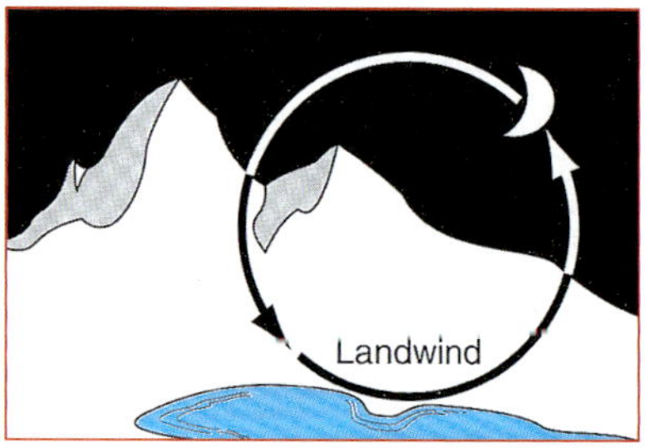

__Landwind__ herrscht nachts, weil das Land schneller auskühlt als das Wasser. Das bedeutet Absinken der Luftmassen über dem Land. Erwärmung über dem Wasser bewirkt ihr Aufsteigen. In Bodennähe entsteht Landwind, in der Höhe Seewind.

- **Gebirgswindzirkulation:**

Auch das Gebirge verursacht lokale, thermische Zirkulationen. Hier gibt es ebenso den Gegensatz trocken/feucht, denn die Hänge werden stets gut entwässert, sind also trockener als die Täler, in denen sich das Wasser sammelt. Des Weiteren sind die Hänge durch ihre Neigung besser der Sonne ausgesetzt: Sie können sich schneller und extremer aufheizen. Hinzu kommt die intensivere Einstrahlung in der Höhe, weil hier die Luft klarer ist. Streuende Teilchen verdichten sich zunehmend zum Boden hin. Das Licht wird zum Boden hin schwächer, die Luft erscheint dunstiger. Es sind also mehrere Faktoren, die im Gebirge zu Temperaturgegensätzen mit den entsprechenden Ausgleichsströmungen führen.

Im idealisierten Fall sieht die Luftzirkulation in einem Gebirgstal folgendermaßen aus: Tagsüber heizen sich die Hänge und Talflanken auf, es entsteht **Hangaufwind**. Über dem kälteren Tal sinkt die Luft wieder ab. Es ergibt sich der Kreislauf vom Tal zum Hang, dann aufwärts, in der Höhe wieder zum Tal und dort abfallend.

Werden die Hänge nach Sonnenuntergang nicht mehr beschienen, kühlen sie schneller aus als der Talgrund. Daraufhin kehren sich die Strömungsmuster gegenläufig um: Über dem wärmeren Tal steigt die Luft auf, strömt in der Höhe zu den Berggraten, um als **Hangabwind** ins Tal herabzuströmen.

Man nennt dieses Phänomen **Abend-** oder **Umkehrthermik**. Sie ist in der Zeitplanung stets mit einzukalkulieren. Die Umkehrthermik kann schon am Nachmittag einsetzen und durch zu starken Rückenwind den Start vereiteln.

Beaufortskala der Windgeschwindigkeiten: Hellbraune Fläche (Windstärke 0 bis 3): optimale Verhältnisse; mittelbraune Fläche (Windstärke 4); bei laminaren Verhältnissen für den Geübten geeignet; dunkelbraune Fläche (Windstärke 5 bis 17); zu starker Wind.

Windstärke in Beaufort	Bezeichnung	Windgeschwindigkeit m/s	km/h	kn	Beschreibung	Staudruck in kg/m²
0	Stille	unter 0,3	unter 1	0 – 1	Windstille, Rauch steigt senkrecht empor	0
1	leiser Zug	0,3 – 1,5	1 – 5	2	Kaum spürbar auf der Haut, Rauch treibt in Richtung des Windes. Windflügel stehen noch still	0 – 0,1
2	leichte Brise	1,6 – 3,3	6 – 11	5	Bewegt Laub, gute Windfahnen zeigen die Richtung an, Luftzug deutlich im Gesicht spürbar	0,2 – 0,6
3	schwache Brise	3,4 – 5,4	12 – 19	9	Blätter und dünne Zweige bewegen sich, Wind streckt einen Wimpel	0,7 – 1,8
4	mäßige Brise	5,5 – 7,9	20 – 28	13	Hebt Staub und loses Papier, bewegt Zweige und kleine Äste	1,9 – 3,9
5	frischer Wind	8,0 – 10,7	29 – 38	18	Kleine Laubbäume beginnen zu schwanken, Schaumkämme auf Binnenseen, Wind im Gesicht unangenehm	4,0 – 7,2
6	starker Wind	10,8 – 13,8	39 – 49	24	Starke Äste in Bewegung, Wind pfeift in Telegraphenleitungen, aufgespannte Regenschirme bereiten Probleme	7,3 – 11,9
7	steifer Wind	13,9 – 17,1	50 – 61	30	Ganze Bäume in Bewegung, beim Gehen erhebliche Behinderung	12,0–18,3
8	stürmischer Wind	17,2 – 20,7	62 – 74	37	Bricht Zweige von Bäumen, erhebliche Behinderung beim Gehen im Freien	18,4 – 26,8
9	Sturm	20,8 – 24,4	75 – 88	44	Kleinere Schäden an Häusern, Rauchkappen und Dachziegel werden herabgeweht	26,9 – 37,3
10	schwerer Sturm	24,5 – 28,4	89 – 102	52	Bäume werden entwurzelt, bedeutende Schäden an Gebäuden	37,4 – 50,5
11	orkanartiger Sturm	28,5 – 32,6	103 – 117	60	Sehr selten im Binnenland, schwere Sturmschäden	50,6 – 66,5
12	Orkan	32,7 und mehr	118 und mehr	60 und mehr	Schwerste Verwüstungen, auf See, an der Küste und auf Bergstationen, sehr selten im Binnenland	66,6 und mehr
17	Wirbelstürme	>56	200 und mehr	108 und mehr	Schwerste Verwüstungen, auf See, an der Küste und auf Bergstationen, sehr selten im Binnenland	66,6 und mehr

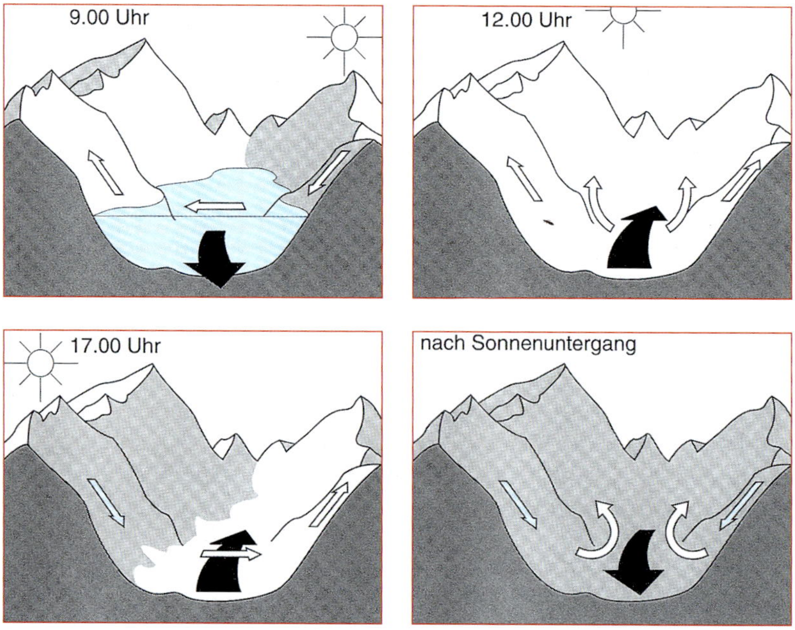

Berg- und Talwindsystem im Nord-Süd-Tal: ***9.00 Uhr:*** *Oft* ***Bodeninversion*** *mit Kaltluftsee, talauswärtiger Wind. Die Osthänge erwärmen sich immer mehr, es entsteht ostseitiger Hangaufwind. Westseitig infolge Abschattung noch Hangabwind. Über der Inversion stelt sich eine West-Ost-Strömung ein und schürft zunehmend den Kaltluftsee aus.*

12.00 Uhr: Auch die Westhänge werden nun erwärmt. Die Bodeninversion hat sich aufgelöst. Allseits thermische Aufwinde. Talwind zum Druckausgleich.

17.00 Uhr: An den beschatteten Osthängen stellt sich Abwind ein, während an den Westhängen noch Aufwind herrscht. Dies führt zur Ost-West-Strömung, der Talwind schwächt ab und wird überlagert.

Nach Sonnenuntergang *und* ***nachts****: Über der feuchten Talmitte lässt sich noch* ***Abend-/Umkehrthermik*** *finden, während sich an allen Hängen Abwinde eingestellt haben. Sie vereinigen sich mehr und mehr zum talauswärtigen Bergwind. Er weht die ganze Nacht.*

Lokal gibt es erhebliche Abweichungen von diesem Schema. Wichtig ist die Talorientierung, ob es sich in West-Ost- oder Nord-Süd-Richtung erstreckt. Das dargestellte Zirkulationsmuster gilt am ehesten für das West-Ost-Tal, doch der Südhang ist in der Einstrahlungsintensität dem Nordhang immer überlegen. So kommt es zu Verschiebungen im Zirkulationsmuster, die jahreszeitlich schwanken. Auch eine einfache Zirkulation kann das Ergebnis sein – Aufstieg am Südhang und Absinken über dem Nordhang.

Der Tagesgang im **Nord-Süd-Tal** verläuft dagegen folgendermaßen: Durch die nächtliche Ausstrahlung kann sich am Talgrund ein »Kaltluftsee« bilden. Über diesem verhindert eine Inversionsschicht am Morgen das Durchgreifen der lokalen Zirkulationen auf den Talgrund. Diese lokalen Zirkulationen oberhalb des Inversionsniveaus stellen sich ein, sobald die Osthänge von der aufgehenden Sonne erwärmt werden, während der Westhang noch im Schatten liegt. Schaut man in den Norden, stellt sich ein Strömungskreislauf im Uhrzeigersinn ein.

Die Aufheizung des Bodens bleibt noch schwach, so dass der Wind innerhalb des Kaltluftsees wie in der Nacht talauswärts strömt (= **Bergwind**). Zunehmend hebeln aber die in Ost-West streichenden Winde den Kaltluftsee aus und bringen ihn im Laufe des Vormittags zum Verschwinden. Bis zum Mittag haben sich auch die Westhänge so aufgeheizt, dass die thermischen Aufwinde an allen Flanken stark zugenommen haben und eine Sogwirkung talaufwärts einsetzt (= **Talwind**). Nachmittags schattet sich die Ostseite mehr und mehr ab, so dass sich dort leichte Abwinde einstellen. Auch der Talwind schwächt sich wieder ab und wird zunehmend von einer West-Ost-Strömung überlagert. An den Westhängen und Südwestflanken findet sich jetzt noch die beste Thermik. Nach Sonnenuntergang kühlen die Flanken erheblich schneller aus als der Talgrund. Über der Talmitte lassen sich dann in der Abendthermik die minimalen Sinkraten erfliegen. Mit weiterer Abkühlung verstärkt sich der Bergwind, also Strömung talauswärts, während alle Flanken von **Hangabwind** beherrscht werden.

Um einen kegelförmigen Berg kann es auch horizontale Ausgleichsströmungen von der Schattenseite zur Sonnenseite geben. **Gratwind** entsteht durch solche »Kalt-zu-Warm«-Strömung über Bergkanten. Man bedenke, dass alle diese Verhältnisse idealisiert sind und dass lokale Besonderheiten und die Orographie erheblichen Einfluss auf die Zirkulationsmuster nehmen. Beispielsweise herrschen über Gletschern und Schneefeldern durch deren Kühlwirkung ganztägige Abwindfelder. Abwinde erreichen dort 2–3 m/s, bei Talmündungen sogar fünf bis acht! Über diesen **Gletscherwinden** kann aber wieder der normale Talwind wehen. Diese aufwärts strömenden Luftmassen bilden mit den Gletscherwinden Windscherungen und gefährliche Turbulenzen!

4.4 Hoch – Tief

Um das mitteleuropäische Wettergeschehen mit seinen schnellen Wechseln von durchlaufenden Hoch- und Tiefdruckgebieten zu verstehen, müssen wir wieder einmal das Wetter global betrachten. Erdweit haben sich nämlich drei großräumige »Luftkörper« voneinander abgegrenzt: zwei Kaltluftgebiete um die Polkappen und ein Warmluftgebiet, das den Äquator bis hin zu den mittleren Breiten umfasst. Warm- und Kaltluft grenzen in der **Polarfront** aneinander. Diese Polarfront erkannte der norwegische Geophysiker Vilhelm Bjerknes als die Geburtsstätte der **Tiefs** bzw. Zyklone. Dauerhaft bestehen kann die Polarfront nur, weil die unterschiedlich temperierten Luftmassen nicht frontal aufeinander stoßen, sondern mehr oder weniger parallel aneinander vorbeigleiten, da sie jeweils durch die Corioliskraft abgelenkt werden.

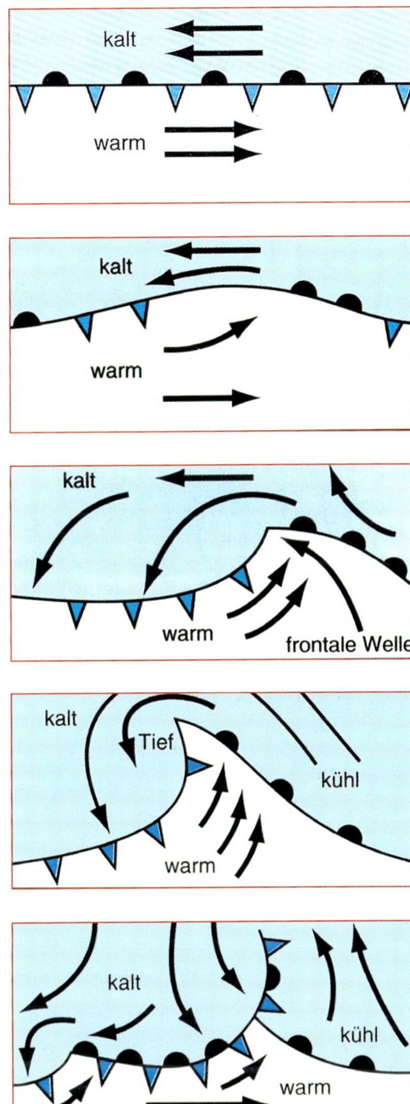

Entstehung eines Tiefs (von oben nach unten):

*1. Die **Polarfront** bezeichnet die Grenzfläche zwischen feuchter Warmluft äquatorialen Ursprungs und polarer Kaltluft. Sie verläuft erdumspannend in den gemäßigten Breiten, und weil beide Luftmassen gegenläufig aneinander vorbeistreichen, kommt es immer wieder zu gegenseitigem Eindringen und Überlagerungen mit großräumigen Wirbelbildungen **(Zyklonen = Tiefs)**.*

2. Warme Luft hat die Tendenz, auf die Kaltluft aufzulaufen und sie zu überschichten. Im Gegenzug unterwandert die Kaltluft die äquatoriale Warmluft. Es kommt zu leichten Störungen und Ausbauchungen an der Polarfront.

*3. Ausbildung von **Warmfront** (Halbkreissymbol) und **Kaltfront** (Keile). Die Luftströmungen schließen sich zu einem großräumigen Wirbel (Zyklon).*

*4. Die Kaltfront läuft deutlich schneller als die Warmfront und engt den dazwischenliegenden **Warmluftkeil** zunehmend ein.*

*5. **Okklusionsfront:** Vom Kern des Tiefs beginnend schließt sich zunehmends der Warmluftkeil, d. h., die Kaltfront hat die gesamte Warmluft über die vor ihr liegende Kaltluft aufgeschoben. Die Warmluft wird nunmehr durch beide Kaltluftmassen vom Boden abgehoben und immer mehr in die Höhe verfrachtet.*

Die Polarluft bewegt sich an der Polarfront nach Westen, die Warmluft nach Osten. Es bildet sich eine globusumspannende Scherfläche zwischen Warm- und Kaltluft aus. Sie gerät auf ihrer großen Länge leicht in Schwingungen, so dass es zu Einbauchungen kommen kann. Dabei passiert es, dass sich die wärmere Luft über die kältere schiebt bzw. die kältere die wärmere unterwandert. Steigt Luft auf, bilden sich Druckinstabilitäten, die zu großräumigen Wirbeln führen können. Eben diese Wirbel sind die Geburtsstätten unserer Tiefdruckgebiete, mit Durchmessern von mehreren hundert bis zu über 3000 km. Der sich ankündigende Wirbel ist charakterisiert durch die Ausbildung zweier **Fronten**. Östlich des Zentrums schiebt sich immer die **Warmfront** in flachem Winkel über die polaren Kaltluftmassen. Westlich unterwandert im Gegenzug die Kaltluft als **Kaltfront** die Warmluft. Die Kaltfront bewegt sich allerdings schneller als die Warmluft und engt damit den Warmluftsektor zunehmend ein. Schließlich gewinnt sie das Rennen, wenn sich beide Fronten in der **Okklusionsfront** vereinigen. Das Tief verliert in der Folge mehr und mehr an Intensität, und nach zwei bis fünf Tagen sind die Gegensätze von Warm und Kalt wieder weitgehend ausgeglichen.

4.4.1 Das Tief

DIE WARMFRONT

Warmfront: In einem sehr flachen Neigungswinkel gleitet die Warmluft auf die Kaltluft auf. Die Warmfront kündigt sich durch Cirren (Ci) an. Diese verdichten sich mehr und mehr zu Schichtbewölkung (Cs = Cirrostratus, As = Altostratus). Sie sinkt zunehmend ab und geht in bis zu mehrtägigen Regen über (Ns = Nimbostratus).

Eigentlich entsteht durch das Aufgleiten der Warmluft auf die Kaltluft eine **Warmfrontfläche**, an der sich verschiedene Wolken- und Wetterphänomene abspielen. Nur die Schnittlinie mit dem Erdboden wird aber als Warmfront bezeichnet! Die Warmluft gleitet äußerst flach auf (mit einer Gleitzahl von 1:100). Wird die Warmluft angehoben, kühlt sie sich gleichzeitig ab und kondensiert. Sie bildet reichlich Wolken, in großer Höhe als Eiswolken (= **Cirren**, in 8000 bis 11 000 m Höhe). Diese sind Vorboten einer Warmfront, und wegen des niedrigen Aufgleitwinkels tauchen sie schon 800 bis 1000 km vor der Bodenfront auf. Zudem bewegt sich die Warmfront nur äußerst langsam diesen »flachen Kälteberg« hoch – die Front schafft höchstens 15 bis 40 km/h. Das heißt, dass man bereits ein bis zwei Tage im Voraus eine herannahende Warmfront erkennen kann.

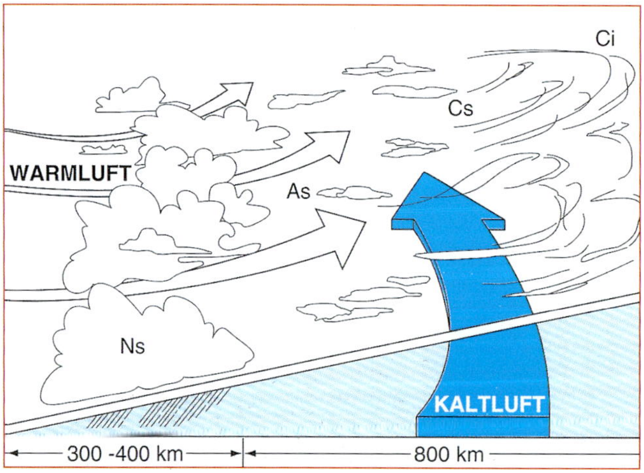

Mit dem weiteren Voranschreiten der Front verdichten sich die Cirren mehr und mehr zu **Cirrostratus**, einem hochliegenden Wolkenschleier. Auch die Cirren bestehen aus Eiskristallen. Durch Lichtbrechung entsteht der so genannte **Halo**, ein Ring um Sonne oder Mond. Weil die Warmfrontfläche fast waagerecht liegt, bildet sich hauptsächlich Schichtbewölkung (**Stratus**) aus, deren Wolkenbasis mit der Annäherung der Bodenfront zunehmend absinkt. Die Wolken »wachsen« immer mehr nach unten. Zunächst herrscht noch **Altostratus**, also

Schichtwolken in mittleren Höhen vor, die dann immer mehr in **Nimbostratus** übergehen (flächendeckende Bewölkung mit Dauerregen). Auch der Niederschlagsbereich der Warmfrontfläche erstreckt sich auf eine große Distanz (300 bis 400 km). Bei der langsamen Geschwindigkeit bedeutet das ein bis drei Tage Schlechtwetter mit Dauerregen.

- **Luftdruck:** Je näher die Warmfront heranschreitet, desto weniger Kaltluft und umso mehr Warmluft befindet sich in einer gedachten Luftsäule. Umso leichter wird sie aber auch, also *Abnahme des Luftdrucks*. Dieser bleibt erst konstant, wenn die Warmfront durchschreitet.
- **Temperatur:** Sie bleibt konstant, erst beim Durchzug der Warmfront rascher Anstieg.

Flugpraxis: Vor dem Herannahen einer Warmfront lassen sich durchaus Flüge durchführen. Sie werden erst durch die sinkende Wolkenbasis und Niederschläge eingeschränkt. Keine thermische Aktivität.

DIE KALTFRONT

Weit stürmischer schiebt sich die Kaltfront in den Warmluftsektor (30 bis 60 km/h). Keilartig wird die Warmluft »unterminiert«, aber auch in größeren Höhen kann die Kaltluft auf Grund der höheren Windgeschwindigkeiten in die Warmluft »einbrechen«. Man bezeichnet deshalb die Kaltfront auch als **Einbruchsfläche**, die eine Art »Kaltluftkopf« voranschiebt. Sie verläuft wesentlich steiler als die Warmfront, starke vertikale Umschichtungen sind die Folge. Charakteristische Vorboten der Kaltfront sind Haufenwolken (**Cumulus**). Sie befinden sich jedoch unmittelbar vor der Front, so dass man leicht von ihr überrascht werden kann.

Die Kaltfront ist für den Gleitschirmpiloten überaus gefährlich, weil sich die Quellwolken zu hohen Gewitterwolken auftürmen. Plötzlich springt der mäßige Südwestwind des Warmluftsektors auf Nordwest um und wird sehr böig. Den Frontgewittern eilen heftige Böenwalzen bis zu 20 km voraus! Diese Entfernung ist immerhin so groß, dass man die herannahende Front oft nicht erkennen kann, aber die Auswirkungen starker Turbulenzen schon voll zu spüren bekommt.

Einzige Maßnahme: So schnell wie möglich landen. Sich vom Schirm trennen und ihn verstauen!

*Ein **Tief (Zyklon)** mit Warmfront (rechts) und Kaltfront (links). Beide schließen ein Zwischenhoch ein. Hinter der Kaltfront kommt Rückseitenwetter auf.*

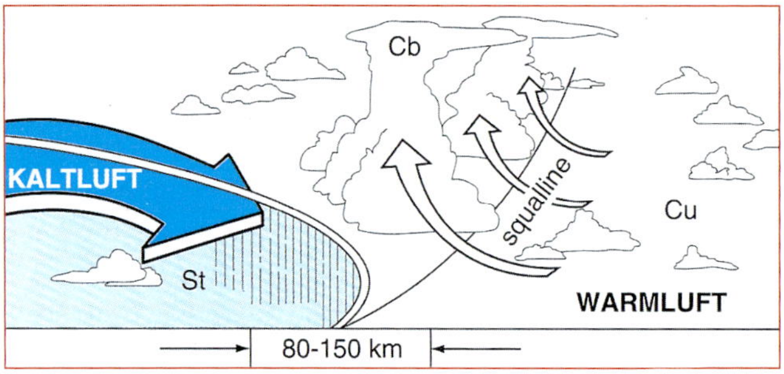

Kaltfront: Ein Kaltluftkopf dringt in Warmluftmassen ein. Die Schichtung wird labilisiert, heftige Frontgewitter sind die Folge (Cu = Cumulus, Cb = cumulonimbus).

Früher versuchten manche Drachenflieger im schmalen, aber sehr kräftigen Aufwindband vor Gewitterfronten lange Streckenflüge zu machen. Durch schwere Unfälle, Erfrierungen und Verbrennungen zugleich, wurde man auf die außergewöhnliche Gewalt dieser Gewitter aufmerksam, und Vernunftüberlegungen kehrten diese Praxis wieder in ein Tabu um. Gleitschirmflieger, die nicht einmal die Spitzengeschwindigkeiten mancher Drachen von 100 km/h erreichen, sind in Frontgewittern praktisch chancenlos (siehe Abschnitt 4.6 Gewitter!).

Das Wetterband ist mit 80 bis 150 km Breite sehr schmal, und bei den hohen Geschwindigkeiten dauern Frontgewitter maximal nur wenige Stunden. Kurzer, aber schwerer Regen und auch Hagel setzen ein (**Cumulonimbus** = Gewitterwolken). Hinter der Kaltfront klingt die Schauertätigkeit ab, und die Quellwolken verflachen. Man spricht vom **»Rückseitenwetter«**. Es gestaltet sich wechselhaft: Schauer lösen sonnige Abschnitte ab, die kräftigen Winde bleiben noch böig.

Flugpraxis: Absolutes Flugverbot vor der Front! Rückseitenwetter ist gut fliegbar, mitunter Thermik.

- **Luftdruck:** Mit der Kaltfront erfolgt starker Druckanstieg, der anschließend wieder abrupt abnimmt.
- **Temperatur:** Sprunghafter Temperaturrückgang, dann gleichbleibend niedrige Temperatur. Beim Rückseitenwetter durch sonnige Abschnitte Temperaturunruhen.

DIE OKKLUSIONSFRONT

Die schnell wandernde Kaltfront engt den Warmluftsektor zunehmend ein und unterwandert ihn. Schließlich läuft die Kaltfront auf den Kaltluftkeil auf, über den sich normalerweise die Warmluft mit der Warmfront schiebt. Die Kaltfront vereinigt sich mit der Warmfront. Jetzt sind drei verschieden temperierte Luftmassen an der Front beteiligt – Warmluft, die Kaltluft der Kaltfront und der Kaltluftkeil. Der Warmluftsektor ist von Kaltluftmassen vollständig unterwandert, er befindet sich in der Höhe. Bestimmend für die Art und Charakteristik der Okklusionsfront ist der Temperaturunterschied der beiden Kaltluftmassen. Ist die Kaltfront wärmer als der Kaltluftkeil, so verhält sie sich wie die Warmfront und gleitet auf den Kaltluftkeil auf. Die **Warmfrontokklusion** geht über in Quellbewölkung, die gelegentlichen Schauer klingen schnell ab. Bei der **Kaltfrontokklusion** ist die Kaltfront kälter als der Kaltluftkeil. So unterwandert die Kaltfront den Kaltluftkeil. Die Folge ist starke Quellbewölkung teils mit Schauern.

4.5 Thermik

Unter Thermik versteht man eine aufsteigende Luftbewegung infolge Erwärmung. Sobald sich eine Luftmasse um 2°C gegenüber der Umgebungsluft aufheizt, sind die Voraussetzungen für Thermik geschaffen. Denn dann ist der Dichteunterschied so groß, dass die wärmere

Luft die kältere durchdringen kann. Die Sonnenstrahlen erwärmen aber nicht direkt die Luft, sondern indirekt über die Aufheizung des Erdbodens. Je nachdem, wie der Untergrund Wärme abstrahlt, erwärmen sich die bodennahen Luftschichten unterschiedlich. Diese Unterschiede können regional erheblich differieren, je nach Bewuchs und Bodenbeschaffenheit.

4.5.1 Entstehung einer Thermikblase (Konvektion)

Aufgeheizter Boden bildet zunächst eine bodennahe, flache »Heißluftschicht« aus (*superadiabatische Schicht*). Die Dicke dieser Schicht und damit die Möglichkeit, aufsteigende Blasen auszulösen, hängt vor allem von drei Faktoren ab:

- Einstrahlungsintensität
- Art des Untergrundes
- Turbulenz

Mit dem Temperaturvorsprung der Heißluftschicht sinkt zunehmend die Dichte, damit steigt ihr **Auftrieb**. Gleich einem sich aufblasenden Schwimmkörper baucht sich die Warmluft nach oben auf. Zunächst bleibt diese Beule infolge Reibung wie eine Seifenblase am Boden haften. Erst durch einen Impuls löst sie sich vorzeitig ab: Dafür können Schallwellen ausreichen oder ein Windstoß oder weitere Aufheizung, bis der Auftrieb auch die Reibungskräfte überwindet. Je mehr sich die Blase nach oben ausdehnt, umso mehr Kaltluft wird sie verdrängen. Die Kaltluft sinkt dabei an den Blasenrändern ab. Von den Seiten her unterwandert sie die Blase, bildet Miniatur-Kaltluftkeile aus und »hebelt« sie ab.

Die losgelöste Thermikblase gleicht einem Wirbelring, ähnlich wie ihn manche Raucher erzeugen können. In einer schmalen Region um das Zentrum konzentriert sich der Aufwind und bewegt sich bis zu doppelt so schnell, wie die gesamte Thermikblase steigt. In solchen **Thermikkernen** kann man also unter Umständen schneller steigen als die gesamte Blase. An den Rändern von Thermikblasen findet man schwache, aber großflächige Abwindzonen. Überhaupt halten sich Aufwärts- wie Abwärtsbewegungen ungefähr die Waage. Es liegt also alleine an der Erfahrung des Piloten, möglichst nur die Aufwindkomponenten zu nutzen (Grafiken von unten nach oben).

An ihrer Basis saugt die Thermikblase Umgebungsluft an und durchmischt sich auch von oben her. Unter dem Zentrum sinkt deshalb die Temperatur mit geringerem Steigen als Folge. So bildet sich die »Schleppe« aus. Die Temperatur der gesamten Blase fällt mit zunehmender Höhe, und durch die aufgenommene Luft vergrößert sie sich ständig. In 300 bis 600 m Höhe über Grund kann die Thermikblase schon einen Durchmesser von 200 bis 600 m haben. Gleichen sich die Temperaturen der Thermikblase

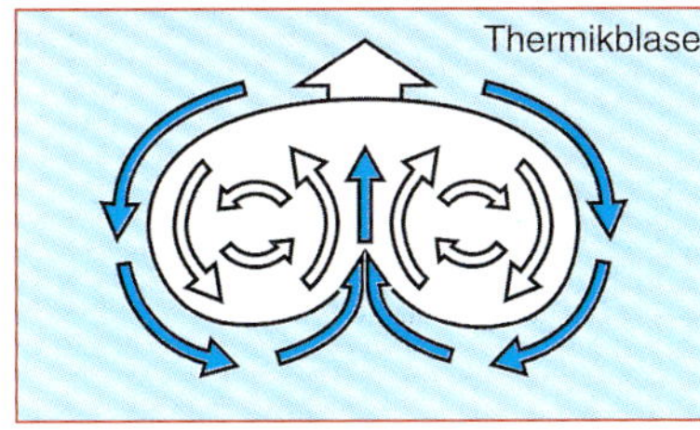

*Die Thermikblase muß man sich wie einen ringförmigen **Wirbel** vorstellen. Von oben und von unten her vermischt er sich mit der umgebenden Kaltluft und vergrößert sich zunehmend.*

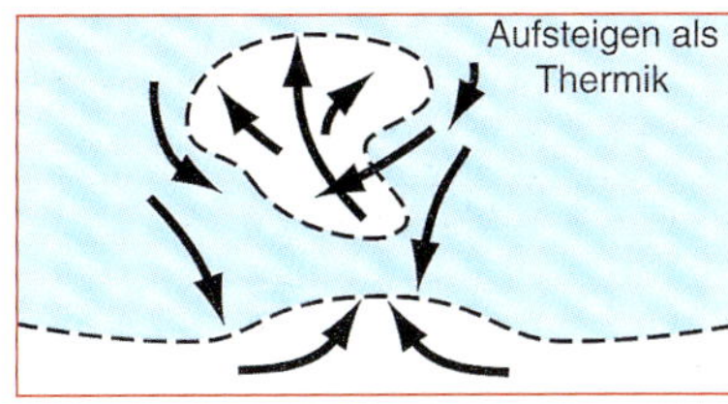

*3: Entweder schnüren die vordringenden Kaltluftkeile die Thermikblase ab, oder Erschütterungen und Windstöße verhelfen ihr zur **Ablösung.** Durch Ansaugen von umgebender Kaltluft zieht sie eine mindertemperierte Schleppe nach sich.*

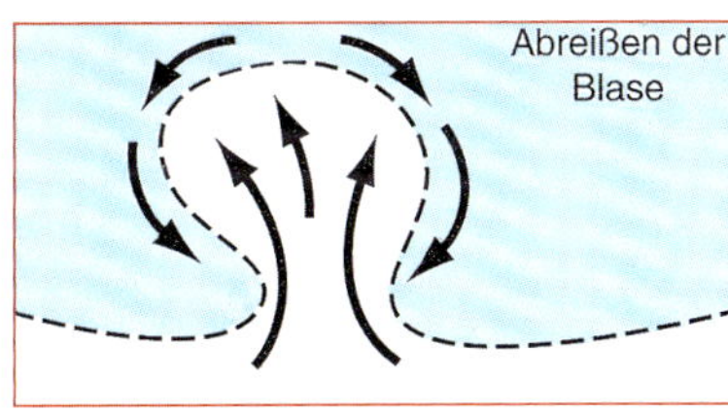

*2: Der **Auftrieb** nimmt bei weiterer Erwärmung zu, und in einer starken Ausbauchung zieht die Heißluftschicht nach oben. Kaltluftkeile unterwandern die Thermikblase seitlich.*

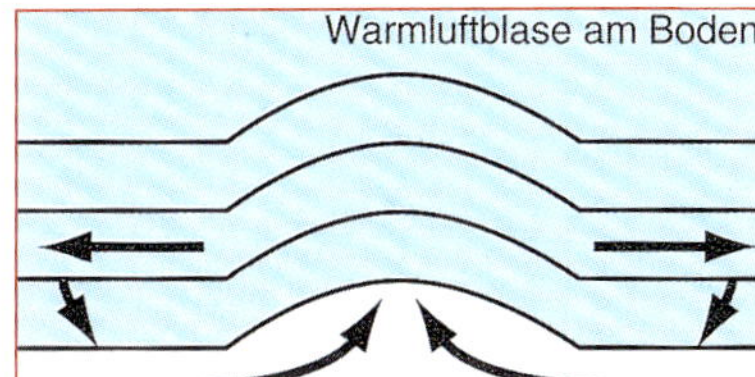

*1: Die bodennahe **Heißluftschicht** verringert mit der Erwärmung zunehmend ihre Dichte und beult sich nach oben aus.*

Fliegen und danach zum Baden, am Mittelmeer kein Problem

und der Umgebungsluft zu sehr an, kommt die Aufwärtsbewegung zum Erliegen (bei zu schwacher Thermik oder stabiler Schichtung). Fällt die Temperatur der Umgebungsluft mit der Höhe so stark ab (labile Schichtung), dass die Blase weiter wärmer und damit spezifisch leichter bleibt, setzt sie ihren Aufstieg fort.

In einer bestimmten Höhe erreicht die Thermikblase die Taupunkttemperatur, die gesättigte Luft beginnt allmählich zu kondensieren. Wattebauschähnliche Quellwolken entstehen, zusätzlich wird *Kondensationswärme* frei. Diese sorgt für weiteren Auftrieb. Erst Sperrschichten (Inversionen) oder Isothermien können einem weiteren Aufsteigen entgegenwirken.

4.5.2 Thermikbart

Hat eine Thermikblase erst einmal die über ihr liegenden Luftschichten durchstoßen, wird weiteren Blasen ein Nachfolgen in der Bahn der ersten erleichtert. Bei gut ausgebildeten und bodennahen Heißluftschichten sowie optimalen Thermikvoraussetzungen kann wie durch einen Kamin ständig Heißluft aus der Umgebung angesogen werden. Die Aufwärtsbewegung reißt nicht mehr ab, es entsteht ein **Thermikbart**. Auch dieser nimmt in seiner Ausdehnung von unten nach oben hin zu. So verdoppelt sich der Durchmesser, der im unteren Bereich durchschnittlich 400 m beträgt, auf 800 m im oberen Niveau. Auf den Thermikkern entfallen lediglich 50 m bis 100 m Durchmesser. Es können sich auch mehrere Bärte zu Aufwindgebieten zusammenschließen, die auch mehrere Thermikkerne beinhalten.

4.5.3 Thermik-Special

Thermik ist, vor allem wenn man sie fliegerisch nutzen will, ein äußerst komplexes System, in dem eine Vielfalt von Faktoren miteinander verzahnt ist. Es ist praktisch unmöglich, mehrmals hintereinander exakt die gleichen Situationen anzutreffen. Schon allein der tageszeitliche Verlauf, die Alterung von Hochdruckgebieten und Schwankungen im Windsystem verändern stetig die Bedingungen. Deshalb werden hier die Einflussgrößen gesondert analysiert und spezifisch Hinweise gegeben, die auf das Gesamtsystem zu extrapolieren sind. Die nachfolgenden Informationen über Boden, Orographie, Wind, Bewölkung und zeitliche Abläufe ändern aber nichts an der Tatsache, dass man sich die jeweilige Tagessituation immer wieder neu »erfliegen« muss.

BODEN/UNTERGRUND

Die Geländeoberfläche hat maßgeblichen Einfluss auf die Thermikbildung. Diese Tatsache kann man aber nicht so pauschal abhandeln, wie es manche Lehrbücher tun, dass z.B. Felder Aufwindzonen und Wälder Abwindzonen bewirken. Verschiedene Charakteristika wie Oberflächenbeschaffenheit, Bodenbedeckung und Unterlage wirken unter Umständen gegenläufig zusammen. Die zwei wesentlichen Größen für die Aufheizung des Bodens sind:

- Absorption bzw. Reflexion (auch als Albedo bezeichnet)
- Wärmeleitfähigkeit, spezifische Wärmekapazität

Je mehr eine Fläche absorbiert, also verschluckt, umso mehr Strahlung vermag sie in Wärme umzuwandeln. Wird eine hohe **Albedo (= Reflexion)** gemessen, erwärmt sich der Boden nicht so stark, weil viel Strahlung reflektiert wird. Umso weniger steht für die Absorption und Erwärmung zur Verfügung.

Ein Boden mit hoher Wärmeleitfähigkeit wirkt wie ein Verzögerer in der Landschaft – hier dauert es länger, bis eine bestimme Oberflächentemperatur erreicht ist. Thermik kann, wenn überhaupt, zeitlich verzögert einsetzen, aber auch länger anhalten.

Wärmeleitfähigkeit und Albedo sind immer zusammen zu sehen!

Nebenstehend einige **Albedowerte**, in der Reihenfolge vom Optimum abfallend.

Asphalt	5–10 %
Nadelwald	5–15 %
Laubwald	10–20 %
Gras	10–20 %
Getreide	15–25 %
Nasser Sand	20–30 %
Trockener Sand	35–45 %
Altschnee	40–70 %
Neuschnee	75–95 %

Dabei gilt: Je dunkler, umso größer die Absorption, je heller, umso größer die Reflexion. Je rauer, umso größer die Streuung und Absorption, je glatter, umso größer die Reflexion.

Die Albedowerte allein haben wenig Aussagekraft über die zu erwartende Bodenaufheizung. Sonst müssten Wälder ideal für die Bildung von Thermikblasen sein. Wälder sind aber gewöhnlich feucht, und Wasser ist ein besonders guter Wärmeleiter. Die Wärme wird »abgeleitet«, die Oberflächentemperatur bleibt gegenüber trockenen Flächen zurück. Hinzu kommt, dass lebende Pflanzen, gerade so große wie Bäume, durch Assimilation erhebliche Mengen an Wasser verdunsten. Ein Laubbaum mit ausladender Krone verdunstet pro Tag um die drei Tonnen Wasser. Diese Verdunstung entzieht der Luft zusätzlich Wärme, so dass über Wäldern nur in Ausnahmefällen Thermik zu erwarten ist.

Wasser übertrifft die Luft in der Wärmeleitfähigkeit um das Zwanzigfache!

EINFLUSS DER BODENOBERFLÄCHE AUF DIE THERMIK:

– – **Wasser**: stark verzögerte Erwärmung, hohe Wärmeleitfähigkeit, unterbindet Thermik weitgehend. Auch Seen beeinflussen das Lokalklima in Richtung Ausgeglichenheit.

– – **Schnee, Gletscher, Firn**: extrem hohe Albedo, besonders von Neuschnee; äußerst wenig Strahlung kann sich in Wärme umwandeln, dazu tiefe Eigentemperatur und Verdunstung. Altschnee und schmelzender Schnee: etwas verringerter Negativeinfluss.

–/+ **Moor**: da Feuchtgebiet, gewöhnlich hohe Verdunstungsraten. Hochmoore können jedoch vollkommen trockene Torfböden mit Heidevegetation besitzen: Eine geringe Albedo fördert zusätzlich gute Erwärmung.

– **Wald**: Laubwald wegen höherer Verdunstungsrate nachteiliger als Nadelwald. Leicht wärmespeichernde Wirkung, insbesondere von feuchten Talauen: Abendthermik. Sonst Abwindbereiche. Lichte Kiefernwälder auf sandigem Grund: oft gute Thermik. Wälder lassen sich auch im Spätwinter thermisch nutzen: Die Stämme und dunklen Baumkronen absorbieren reichlich Strahlung und können die Umgebungsluft soweit erwärmen, dass leichte Thermik einsetzt. Lichtungen sind oft sichere Thermikauslöser!

+ **Niederwald, Buschvegetation**: trockener als Wälder. Strahlung kann oft bis auf den Boden durchdringen, aufgeheizte Luftschicht wird zunächst festgehalten und kann sich kompakt ablösen. Mitunter gute Thermik.

+ **Felder**: gewöhnlich gute Thermikaussichten, je reifer die Feldfrucht, umso weniger Verdunstung, umso größere Aufheizung. Trockener, gepflügter Acker ist wegen der Durchlüftung und der Lufteinschlüsse gut isolierend, daher Aufheizung. Wird frisch gepflügt oder bewässert, entsteht Verdunstungskälte.

++/– **Wiesen**: sehr unterschiedlich, je nach Vegetationsform, sei es Ried, Sumpfwiese oder trockener Magerrasen. Je trockener, je »magerer«, umso besser. Je mehr Kraut, desto größere Assimilationsfläche, desto größere Verdunstung: Gemähte Wiesen sind besser als ungemähte. Besonders gut isolierend ist trockenes Heu nach der Mahd.

+/– **Fels, Asphalt, Beton:** Gestein besitzt eine relativ hohe Wärmeleitfähigkeit, jedoch geringer als Wasser. Deshalb setzt die Erwärmung von Gestein mit einiger Verzögerung ein (erst später anfliegen), dafür wegen geringer Albedo oft gute Aufheizung und lohnender Thermikauslöser. Strahlt Wärme dafür länger ab. Nach sonst abklingender Thermik kann man hier noch fündig werden.

Deshalb macht es massive Unterschiede, ob eine Fläche feucht oder trocken ist. Eine Wiese kann frisch gemäht noch eine hohe Verdunstungsrate aufweisen. Bereits einen Tag später, mit einer isolierenden trockenen Heuschicht obenauf und zahlreichen eingeschlossenen Luftschichten, kann sie zu einem wahren Thermikofen werden. Selbst die Pflanzenart kann Unterschiede in der Aufheizung bewirken: Messungen der Luft über einem Getreidefeld ergaben 3°C Temperaturüberhöhung, über einem Kartoffelfeld dagegen 5°C.

Nebenstehend einige Kurzhinweise zu den wichtigsten **Oberflächenformen**.

OROGRAPHIE (GELÄNDEFORM)

Da sich der Einfallwinkel der Sonne sowohl tages- wie jahreszeitlich ändert, spielt die Geländeeignung und **Exposition** für die Erwärmung eine wesentliche Rolle. Im Jahresmittel sind die Süd-, Südwest- und Westhänge die wärmsten. Im Sommer heizen sich sogar die Südosthänge mehr als die Südhänge auf, weil letztere im Tagesverlauf zunehmend durch aufkommende Quellbewölkung abgeschattet werden.

Bezogen auf den Nordhang ist
ein Osthang um 20 %
ein Südhang um 40 %
ein Westhang um 30 %
im Jahresmittel wärmer.

Für das **Streckenfliegen** ergeben sich aus der optimalen Exposition wichtige Taktiken: Vormittags ist es am ergiebigsten, die Südhänge der Längstäler (West–Ost) in Westrichtung zu befliegen. Am Nachmittag eignen sich Quertäler (Nord–Süd) besser, doch lassen sich vielfach zu breite Täler mit dem Gleitschirm noch nicht überbrücken. Dann ist es ratsam, dieselbe Strecke entlang dem Südhang wieder zurückzufliegen.

Die optimale Bodenerwärmung ergibt sich immer aus einer senkrechten Einstrahlung, der geschulte Pilot sucht sich deshalb möglichst eine Hangneigung, die zum Einfallswinkel senkrecht steht!

Morgens und abends deshalb steilere Hänge mit der jeweils günstigsten Exposition anfliegen, zu Mittag dürfen die Flanken flacher geneigt sein. Kare und Bergeinschnitte, die sich nach oben hin verjüngen, können Thermik regelrecht bündeln. Dieser Düseneffekt kann in Verbindung mit dynamischen Hangaufwinden auch bei schwacher Thermik ausreichend sein, um zu steigen. Entsprechend zu meiden sind solche Verengungen bei stark thermischen Verhältnissen.

Die Geländeform, ob *konkav* oder *konvex*, wirkt sich ebenso auf die Erwärmung aus: Rücken (konvex) erwärmen sich im Schnitt um 10 % mehr als ein flaches Feld, während eine Mulde (konkav) um 10 bis 30 % kühler als die Ebene bleibt.

Wichtige **Thermikbarrieren** stellen Flüsse und Gewässer dar. Ihre Wirkung ist vor allem bei vorhergehender kühler Witterung massiv. Zumindest im näheren Leebereich des Gewässers (Windrichtung vom Gewässer abgewandt) ist keinerlei Thermik zu erwarten. Besonders zu berücksichtigen ist dies, wenn das Gewässer gegen den Wind überflogen werden soll. Man sollte überproportional viel Höhe aufgebaut haben, um auch mit großem Sinken sicher auf die andere Seite zu gelangen. Andernfalls lieber eine Notlandung vor dem Fluss.

Wasserlandungen im Fluss sind ausgesprochen gefährlich für Gleitschirmflieger! Nicht versuchen, leeseitig Gewässer zu queren!

Luvseitig können Gewässer durch einen Kältekeil sogar thermikauslösend wirken. Hier sollte man die Thermik für eine sichere Überflughöhe nutzen. Nach einer warmen Witterungsperiode bei entsprechender Wassertemperatur müssen diese Effekte nicht mehr, zumindest nicht mehr so stark auftreten.

Bezüglich der Thermik gibt es auch Unterschiede zwischen Gebirge und Flachland. Während im Gebirge eine Art Kamineffekt vorherrscht, der sich durch ständige Strömung auszeichnet, trifft man im Flachland eher **»pulsierende« Thermik** an. Zudem sind die Gebirge dunst- und staubfreier als das Flachland. Es kann sich auf Grund der höheren Einstrahlung besser Thermik entwickeln, dafür ist sie meist enger und bildet schmälere Schläuche aus als im Flachland.

WINDEINFLUSS

Stärkerer Wind wirkt negativ auf die Thermik. Die Bodenwärme wird auf eine größere Schicht verwirbelt. Blasen werden vom Boden abgerissen, bevor sie den optimalen Auftrieb entwickeln können. Es kommt zu sehr ruppiger, **»zerrissener« Thermik**. Ihre Quellwolke (Cumulus) kann sich nicht optimal ausbilden, so dass diese Thermik auch nur von kurzer Dauer ist.

Im Flachland (Windenstarter!), wo der Wind im Allgemeinen viel laminarer weht, lassen sich Bärte noch bei höheren Geschwindigkeiten als im Bergland ausfliegen. Im Gebirge müssen sich die Aufwinde entsprechend stärker durchsetzen und benötigen ausgedehntere Wärmequellen. Auch der Windzuwachs in der Höhe, also der **Windgradient**, ist von maßgeblichem Einfluss. Die Windscherung, Zu- oder Abnahme in der Höhe sollte drei Stundenkilometer pro 100 Höhenmeter nicht überschreiten, um den Thermikfluss nicht zu unterbrechen.

Nur bei schwachen Winden (Windscherungen <3 km/h auf 100 Höhenmetern) kann sich optimale Thermik ausbilden.

Ein Thermikbart wird entsprechend dem Windgradient verlagert: Nimmt die Geschwindigkeit in der Höhe zu, so driftet er leeseitig, also mit dem Wind, in der Höhe ab. Steigt man tiefer ein, muss man ihn luvseitig der Wolke vorgelagert anfliegen! Wandert die Thermikquelle mit dem Wind, werden gerne kleinere Thermikkörper aufgesogen. Geschwindigkeitssteigerungen in der Höhe können auch zu **Cumuluswellen** führen. Die Wolke wirkt wie ein Hindernis, und ähnlich dem Hangaufwind bildet sich luvseitig ein »Wolkenaufwind« (= Cumuluswelle) aus. Die Wolke kann eine regelrechte Abrollbewegung ausführen, so dass der Thermikschlauch luvseitig bis zur Wolkenobergrenze reicht.

Wird ein Sonnenhang direkt vom Wind angeströmt, entwickelt sich **Luvthermik**. Dynamische Aufwinde können sie zwar zerreißen; gewöhnlich führt sie aber zur Verstärkung des Hangaufwinds. Liegt die Sonnenseite im Windschatten, spricht man von **Leethermik**. Sie kann sich ungestört entfalten und stark entwickeln. In Verbindung mit Leewirbeln und Windscherungen können aber heftige Turbulenzen den Schirm zum Einklappen bringen. Von einer Befliegung ist abzuraten.

AUSLÖSUNG

Der Impuls zum Ablösen von Thermikblasen kann sehr verschieden sein:
- durch Schall (Lufterschütterung),
- durch Temperaturgegensätze, wie sie an Flüssen, Schneegrenzen oder Wolkenschatten etc. herrschen,
- durch Bewegungen, etwa von Fahrzeugen, Windenstart, Luftbewegungen,
- durch Abscherung an Kanten, wenn leichter Wind Warmluft über Bergkanten und Waldränder drückt.

BEWÖLKUNG

- Bewölkungsdichte:

Zu große Wolkenfelder können den Boden reichlich abschatten, so dass thermische Entwicklungen nicht mehr möglich sind. Die Oberflächentemperatur sinkt bei Abschattung äußerst schnell ab. Deshalb vermögen auch einzelne Wolken Thermikblasen loszulösen, weil sie sehr schnell lokale kleine Kaltluftkeile ausbilden. Mit dem Vorrücken des Schattens mähen sie quasi vor sich die Heißluftschicht ab. Leider bewegen sich die Wolken meist so schnell, dass ein Verfolgen der Schattengrenze mit dem Gleitschirm unmöglich ist.

Überschreitet die Gesamtbewölkung den Deckungsgrad von 5/8, wenn also der Himmel etwas über die Hälfte bewölkt ist, schwächt die Thermik zunehmend ab bzw. wird ganz unterdrückt. Sobald sich aber einzelne Wolken zu **Wolkenstraßen** formieren, bilden sich stabilere Aufwindzonen, die auch noch bei höheren Bedeckungsgraden wirksam bleiben. Sie erfahren nur eine Abschwächung, weil sich immer mehr »Wolkenleichen« am Himmel befinden. Die Schwierigkeit besteht dann darin, die aufwindwirksamen von den »toten« Wolken zu unterscheiden. Liegt eine diffuse Schicht von Cirruswolken hoch in der Luft, muss die Thermik nicht unterbunden werden, wird aber abgeschwächt, so dass sie auch später einsetzt und früher endet. Eine Schichtbewölkung in mittleren Höhen bringt die Thermik dagegen zum Erliegen. Setzt vormittags starke thermische Entwicklung ein, kann zu Mittag das 5/8-Deckungsniveau erreicht sein. Dann stellt sich eine **Mittagsflaute** ein.

Optimal ist ein Bewölkungsgrad von 1/8 bis 3/8 Cumuluswolken.

Die Strahlung wird noch wenig behindert, und alle Wolken sind Indikatoren für brauchbare Aufwinde. Allerdings liegen sie weit auseinander, meist außer Gleitschirmreichweite. Hier kommt es wesentlich auf die Basishöhe der Quellwolken an. Je höher sie reicht, desto größer ist die Chance, in den nächsten Bart einzusteigen. Zur Überbrückung der Distanz eignen sich schnelle Schirme hoher Gleitleistung.

Maximales Steigen findet man im unteren Drittel der Konvektionssäule (Thermikbart) und knapp unterhalb der Cumulusbasis. Dies beruht auf der zusätzlichen Sogwirkung durch die frei werdende Kondensationswärme. Die Lage des maximalen Steigens ist meist unter dem dunkelsten Punkt der Wolkenbasis auszumachen, nur ist er durch Licht-/Schattenwirkungen nicht immer klar zu erkennen.

Generell kann man sagen:

Je höher die Wolkenbasis, desto größeres Steigen.
Je größer die Wolke, desto größeres Steigen.

Großes Steigen kann die Gefahr bedeuten, in die Wolke eingesaugt zu werden!
Schon bei mittelgroßen Cumuluswolken kann das Einsaugen Lebensgefahr bedeuten (Gewitter!).
Großes Steigen beinhaltet starke vertikale Windscherungen!
Heftige Turbulenzen!

Die Rate des **mittleren Steigens** verhält sich annähernd linear zur jeweiligen Basishöhe der Wolke. Ob sich die Basis auf 1000 m oder 2000 m befindet, macht sich in der doppelten Steigrate bemerkbar, bei 3000 m gar in der dreifachen! Im Segelflugwetterbericht werden diese Basishöhen bekannt gegeben. Sie lassen sich auch vom Boden aus bestimmen, wenn die Taupunkttemperatur (bzw. Taupunktdifferenz) bekannt ist:

Basishöhe über Grund	{ Temperatur minus Taupunkt ≙ Taupunktdifferenz }	· 125 m

- **Wolkenaufbau:**

Bei sehr feuchtem Boden kann nutzbare Thermik fehlen, obwohl sauber geformte Cumuluswolken in optimaler Deckung am Himmel stehen. Normalerweise sind aber symmetrisch geformte, scharf umrissene, blumenkohlartige Cumuluswolken optimale Thermikzeiger.

Flug vor sich entwickelnder Gewitterwolke

Mächtige Quellwolken entwickeln immer stärkere Bärte als flach ausgebildete Cumuli oder **Blauthermik**. Bei Blauthermik fehlen die Wolken gänzlich. Entweder ist die aufsteigende Luft zu trocken oder sie erreicht nicht ihren Taupunkt. Die Kondensation bleibt aus, keinerlei Wolken stehen an der Obergrenze des Barts.

Die **Wolkenform** (siehe Abschnitt 4.8) sagt viel über die in der Höhe herrschenden Winde, über die Thermikstärke und ihre Ausdehnung aus. Die exakte Geschwindigkeit der Wolken lässt sich leicht aus der Schattenwanderung über dem Grund ermitteln. Wie der Wind dann in der Höhe zu- oder abnimmt, lässt sich aus der Wolkenform interpretieren. Bilden sich kippende Türme, Neigungen und Asymmetrien aus, so nimmt der Wind in der Abkipprichtung zu. Je größer die Windscherungen sind, desto ungünstiger wirken sie sich auf die Thermik aus. Ähnlich der Wolkencharakteristik mag auch unterhalb der Thermikbart abdriften. Er ist entsprechend luvseitig vorgelagert aufzusuchen. Eine symmetrisch ausgebildete Cumuluswolke kündet von relativ geringen Windgeschwindigkeiten. Je höher sie sich aufbauscht, desto stärker sind die Aufwinde. Flachere Cumuluswolken sind meist die Folge einer Inversionsschicht an der Wolkenoberseite.

Ein grobes Maß für die Abschätzung der Aufwindstärke sind die Bewegungsvorgänge an den Wolkenrändern und vor allem an der Oberseite. Pulsieren, Expansion und Auflösung verraten auch, in welchem Bereich die Wolke am optimalsten anzufliegen wäre. Blumenkohlartige Expansionen zeigen aktiven Thermikbereich an, während bei Zerfaserung und Zerfall der Wolken(teil)struktur schon Abwinde einsetzen. Die Wolkengebilde halten sich auch noch lange nach Thermikende, unterscheiden sich aber wie gesagt in der Struktur.

- Zeitliches Optimum:

Die Wahrscheinlichkeit für einen guten Thermiktag hängt stark von der meteorologischen Vorgeschichte ab. Am Folgetag von Witterungen mit starkem Niederschlag ist noch keine Thermik zu erwarten, da viel Strahlungsenergie allein für die Abtrocknung des Bodens benötigt wird. Trotzdem muss dies nicht unbedingt heißen, dass bei Rückseitenwetter oder Zwischenhochs niemals Thermik auftritt. Mitunter beim Zusammentreffen günstiger Bedingungen und wenn am Vortag weniger als fünf Liter Niederschlag pro Quadratmeter niedergingen, kann selbst im Zwischenhoch und besonders auf der Rückseite der Kaltfront gut fliegbare Thermik auftreten.

Bei einer langandauernden Hochdrucklage verschlechtern sich die Bedingungen für Thermik eher. Mit der Alterung der Luftmasse vergrößert sich die Neigung zu einer Inversion oder verstärkt sie zunehmend. Als Faustregel gilt:

Pro Hochdrucktag beginnt die Thermik eine Stunde später.
Je später die Thermik beginnt, desto früher endet sie auch.

- Tagesverlauf:

Vormittags herrschen noch »enge« Thermiken vor. Sie können von einem Gleitschirm gut ausgenutzt werden, nur muss wesentlich genauer zentriert werden als zu einem späteren Zeitpunkt. Denn zum Nachmittag hin weiten sich die Bärte auf, wobei auch ihre Steigrate zunimmt.

Auch die Basishöhe der Quellwolken verändert sich im Tagesverlauf. Durch die zunehmende Erwärmung nimmt ihr Niveau zu – die Wolken steigen zum Nachmittag hin höher. Für die Streckenflugplanung ist es von entscheidender Bedeutung, dass man zum günstigsten Zeitpunkt startet. Die Wolkenbasis muss für Gleitschirmflieger verhältnismäßig hoch liegen, mittags um ca. 3000 m. Und selbst dann ist es fraglich, ob der Einstieg in den benachbarten Bart geschafft werden kann. Günstig ist es, die Flugstrecke entlang von Bergzügen zu legen und Wolken bei der Überquerung von Tälern anzufliegen.

Zeitverschiebungen in der Thermikauslösung ergeben sich auch durch die Art des Untergrunds (**thermische Totzeit**). Je nach Wärmeleitfähigkeit verschiebt sich die thermische Entwicklung bis zu mehreren Stunden, hält dafür entsprechend länger an. Totzeit bei

durchlüfteten, trockenen Böden	0–15 Minuten	Fels, Stein	1,5–2,5 Std.
Beton, Asphalt (Gebäude etc.)	1–2 Std.	niedrigen Pflanzenbeständen	2,5–3 Std.

4.6 Gewitter

Bei starker Thermikentwicklung und labiler Schichtung können aus kleinen Schönwettercumuli rasch voluminöse Haufenwolken heranwachsen. Deren hoher Energieinhalt lässt die kondensierten Tröpfchen vor allem vertikal nach oben schießen. Blumenkohlartige Türme entstehen, und bald durchdringen die Wolkentröpfchen die Null-Grad-Grenze. Sie werden immer kälter. Bei Mangel an Kristallisationskeimen kann diese Unterkühlung sehr weit gehen.

Bis zu –15°C unterkühltes Wasser in einer Gewitterwolke kann beim Einfliegen zur schlagartigen Vereisung führen.

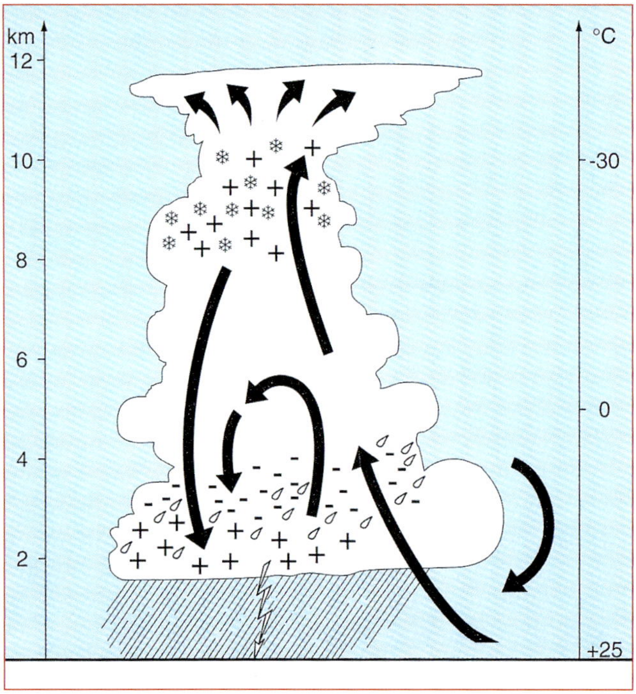

Querschnitt durch eine **Gewitterwolke** (Cumulonimbus). Die Pfeile geben Windrichtungen in der Wolke an. Extreme Scherkräfte können auftreten. Rechts unten ist die Böenwalze angedeutet. Mit Windgeschwindigkeiten bis zu 70 km/h kann sie der Wolke 20 bis 30 km vorauseilen. Die Ladungsverteilung gleicht sich durch gefährliche Blitzentladungen auch innerhalb der Wolke aus.

Erst bei –10°C, manchmal sogar erst bei –15°C, verwandeln sich die Tröpfchen in Eiskristalle. Dies geschieht ungefähr in 5000 m Höhe. Sobald sich eine solche Mischwolke aus Tröpfchen und Eiskristallen formiert hat, spricht man von **Cumulonimbus** (Gewitterwolke). Noch befindet sich die Wolke im so genannten **Cumulusstadium** – sie ist sehr im Wachsen begriffen, saugt von überall Luft an (bereits extreme Sogwirkung) und »frisst« umliegende Wolken auf. Im Inneren der Wolke gibt es praktisch nur starke Aufwinde. Zunehmend vereist die Oberwolke, vor allem in Höhen, in denen die Temperatur –20°C unterschreitet.

- Cumulusstadium (Jugendstadium: Entwicklung bis zur Vereisung)
- Reifestadium (Entladung)
- Auflösestadium (Wolken verschwinden allmählich)

Dann erreicht die Wolke ihr **Reifestadium**. Der Wolkenturm kann jetzt schon an der Grenzschicht zur Stratosphäre (Tropopause) angestoßen sein und sich in der Breite ausdehnen. Die Obergrenze der Wolke »fasert« aus und nimmt ein streifiges Aussehen an. Es bildet sich der Amboss, dessen Zerfaserung vor allem leeseitig ausgeprägt ist. Zu den Aufwinden setzen sich Abwinde durch. Diese Vertikalbewegungen besitzen nicht selten Geschwindigkeiten von 20 bis 40 m/s, die Extremwerte liegen sogar bei 80 bis 85 m/s! Nicht auszumalen sind die Scherwirkungen an den Grenzflächen von Auf- und Abwindzonen. Die Wassertropfen wachsen im Aufwind heran, fallen wieder herunter und zerplatzen im Luftwiderstand. Dieser Prozess wiederholt sich, und es kommt zu einem Aufschaukeln.

Auf dieselbe Art entsteht Hagel, indem immer wieder Hagelkörner durch die starken Aufwinde nach oben »geschossen« und jedes Mal von einer neuen Vereisungsschicht überzogen werden. Binnen Sekunden können sich dann die Abwinde durchsetzen, es kommt zum **Wolkenbruch**, und großtropfiger Niederschlag oder Hagel fällt aus. Die großen Regentropfen sind meistens geschmolzene Hagelkörner. Praktisch jede Gewitterwolke besitzt in der Wolke Hagelkörner, auch wenn sie sich nur ausregnet. Auch ihre Durchmesser sind in der Wolke größer. Sie liegen um 2 bis 5 cm, können aber auch leicht 10 cm Durchmesser erreichen. Dieser Hagel fällt nicht unbedingt am unteren Teil der Wolke aus, sondern wird auch im Oberteil seitlich ausgeschossen.

Im Wolkeninneren kommt es zu starken elektrostatischen Aufladungen, in 3 bis 4 km Höhe zu einem negativen Ladezentrum, in 6 km Höhe zu einem positiven. Gerade im mittleren Niveau herrscht heftiger Ladungsausgleich durch Blitze mit starker Blendwirkung. Die heftigen, wolkenbruchartigen Niederschläge lassen einen Kaltluftkeil aus der Wolke ausschießen. Er rast als so genannte **Böenwalze** der Gewitterfront voraus (oft 20–30 km vor dem Gewitter). Mit 60 bis 70 km/h, in Ausnahmefällen sogar bis 100 km/h, sind sie für Gleitschirmpiloten eine ernstzunehmende Gefahr. Vor allem eilen sie dem Gewitter 10 bis 30 km voraus. Das Gewitter muss also noch gar nicht sichtbar sein, und trotzdem gehen Gefahren von ihm aus. Über dem Kaltluftkeil der Böenwalze bewegt sich Warmluft zum Gewitter hin. Es kommt also in einem Bereich von 300 Höhenmetern zu extremen Windscherungen (bis 180 km/h!) und entsprechenden Turbulenzen. Im **Auflösestadium** greifen großflächige Abwinde von oben her durch, die Wolke regnet sich vollends ab. Binnen 20 Minuten sinkt ihr Wassergehalt bis auf 10 % ab. Die Wolken zerfallen mehr und mehr – als Überbleibsel der Wolkenleiche bleiben in der Höhe Cirruswolken und in den mittleren Bereichen Altocumulus.

Für Gleitschirmflieger können Gewitter in vielerlei Hinsicht gefährlich werden. Es kommt zu

- Erfrierungen
- Verbrennungen
- Ersticken
- Blitzschlag
- Blendwirkung
- Hagelschlag

Bei Drachenfliegern, die in eine Gewitterwolke geraten waren, kamen zweit- bis drittgradige Erfrierungen und Verbrennungen zugleich vor. Speziell die extrem unterkühlten Wassertröpfchen können schlagartig an allen Festkörpern (Segel, Fangleinen, Kleidung) zu Vereisungen führen. Die Aufwinde sind auch in großen Höhen noch überaus stark, so dass selbst Ersticken in zu dünner Luft möglich wird.

4.6.1 Gewitterarten

- **Wärmegewitter**: Sie entstehen vorwiegend bei sich abschwächenden Hochdrucklagen. Die im Hoch absinkenden Luftmassen verhindern zunehmend das Aufsteigen von Warmluft. Die Inversion verlagert sich immer mehr nach unten (**Absinkinversion**), bis sie sich in Bodennähe befindet. Dann kann es zum thermischen Durchbruch kommen, da die vorausgegangene gute Witterung den Boden erwärmt hat. Besonders die hohe Luftfeuchtigkeit über wärmespeichernden Nadelwäldern und Mooren löst Überentwicklung aus, wenn in der Höhe Kaltluft zugeführt wird (**Kaltluftadvektion**) und die Schichtung labilisiert wird. Auch bei einer Strömungsverteilung, die aufsteigende Luft begünstigt (bei *lokalen Hitzetiefs*), ist die Gewitterneigung groß.
- **Kaltfrontgewitter** (siehe Seite 61): Ein »Kaltluftkopf« dringt in Warmluftmassen ein und kann höhere Schichten labilisieren. Es entwickeln sich sehr heftige Gewitter mit ausgeprägten Böenwalzen. Sie können sich zu Fronten mit einer Breitenausdehnung von mehreren hundert Kilometern formieren. Nachts oder in den frühen Morgenstunden treten nur Kaltfrontgewitter auf.
- **Orographisches Gewitter**: Wo an Bergflanken Luftmassen angehoben werden, kann dieser zusätzliche Hebungsantrieb wie eine Labilisierung wirken. Warme feuchte Luftmassen können auf diese Weise schnell in höhere, kalte Regionen verfrachtet werden und lokal überentwickeln. Solche Stellen können dann auf Grund ihrer Morphologie Gewitter auslösen.

Schwarzer Himmel im Hintergrund, Sonnenschein und kaum Wind am Landeplatz. Das kann sich in den nächsten Minuten drastisch ändern.

*Südföhn: Von Süden steigen Luftmassen auf und bilden eine **Staubewölkung**. Beim Absinken auf der Nordseite wird die Luft abgetrocknet. Die Wolken lösen sich auf. Die Folge ist eine Temperaturerhöhung im Föhnlee.*

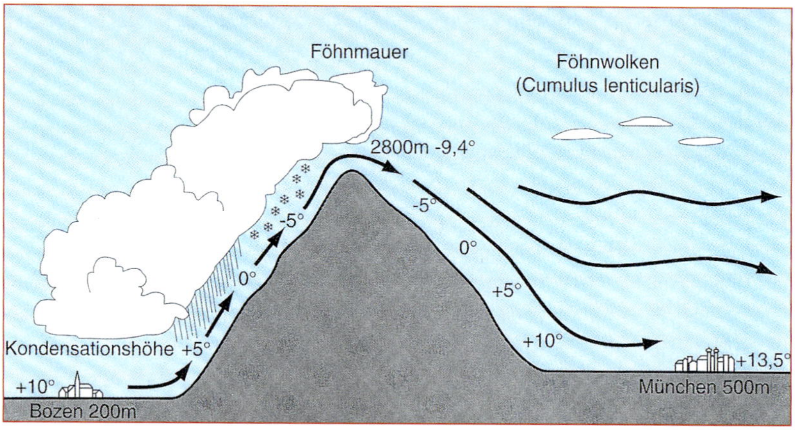

4.7 Föhn

Auf den ersten Blick ist der Föhn ein recht eigenartiges Phänomen: Während wir in Bozen z.B. eine Lufttemperatur von +10°C vorfinden, kommt die Luft nach der Überquerung der Alpen viel wärmer bei uns an. Obwohl München 300 m höher als Bozen liegt (die Temperatur müsste dann eigentlich tiefer sein), bläst uns 20°C warme Luft entgegen.

Wie kommt es dazu? Ein Tief über der Biskaya bis zu den Britischen Inseln saugt Luft über den Alpenkamm, aus einem Hochdruckgebiet über dem Balkan. Sie muss auf der Alpensüdseite aufsteigen und wird erst *trockenadiabatisch* angehoben. Das heißt, die Luftmasse erfährt eine Abkühlung um 1°C pro hundert Höhenmeter. In einer bestimmten Höhe erreicht die Luft ihre Taupunkttemperatur und fängt an zu kondensieren. Es entstehen reichlich Wolken, die so genannte **Föhnmauer**. Sie regnet sich südseitig ab. Föhn ist also immer luvseitig mit Schlechtwetter verbunden!

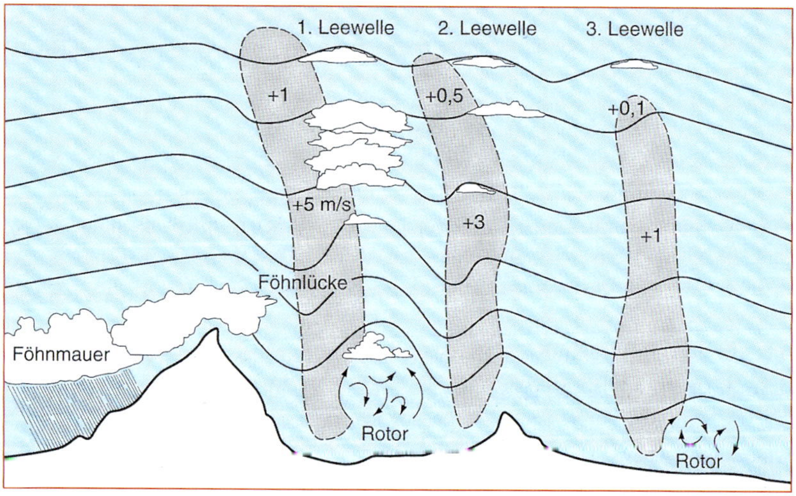

*Föhn: Für Föhn sind hohe Windgeschwindigkeiten in der Höhe nötig. Dabei geraten die bewegenden Luftmassen leeseitig in Schwingungen und bilden Wellen. In den Wellenbewegungen können föhntypische **Lenticulariswolken** (Föhnfische) entstehen. In Bodennähe bilden sich unberechenbare starke Rotoren.*

Zur Überwindung der Alpen muss die Luft noch weiter ansteigen, die freiwerdende Kondensationswärme dämpft aber die Temperaturabnahme auf nur 0,6 °C/100 m (*feuchtadiabatischer Aufstieg*). Am Kulminationspunkt, auf Kammhöhe, erreicht die Luftmasse eine Temperatur von –10 °C. Da die Feuchtigkeit weitgehend abgeregnet ist und die Luft sich beim Herunterfallen auf der Nordseite erwärmt, sinkt die Luftfeuchte. Hier lassen sich öfter »Wolkenwasserfälle« beobachten. Man spricht von »föhngetrockneter Luft«, die sich nun trockenadiabatisch, also um 1 °C/100 m erwärmt. Die nordseitige Temperaturzunahme eilt der südseitigen Temperaturabnahme derart voraus, dass der Höhenunterschied Bozen – München nicht einmal mehr zum Tragen kommt.

Für das Föhnphänomen sind aber noch Winde über 50 km/h im Alpengipfelbereich nötig und eine stabile Schichtung mit Inversion in 3 bis 4 km Höhe. Denn eine wesentliche Eigenschaft vom Föhn ist, dass diese Schichten zu Schwingungen angeregt werden. Die Luftströmung beschleunigt sich auf dem Weg in die Wellentäler und verlangsamt sich dort, in den so genannten **Föhnlücken**, wieder. Die Schwingungen übertragen sich auch auf höher liegende Luftschichten, bis zum Fünffachen der Berghöhe. Die laminar schießenden Strömungen können sich zudem in Phase zu gewissen Bergen einstellen, die Situation kann sich stark aufschaukeln. Sehr heftige Föhnstürme sind die Folge. Sie decken sogar Häuser ab oder entwurzeln Bäume. Das eigentlich Gefährliche am Föhn sind weniger diese laminar schießenden Strömungen – obwohl auch sie hohe Geschwindigkeiten erreichen –, sondern extrem heftige **Föhnrotoren** unterhalb der Wellenberge. Sie sind vollkommen unberechenbar, ihre Lage ist vom Gelände unabhängig, ihr Auftreten nicht abzuschätzen.

Bei Föhn absolutes Flugverbot!

Die Wucht solcher Rotoren drückte schon Kleinflugzeuge auf den Boden (Belastungen von 5- bis 10-facher Erdbeschleunigung sind möglich!). Luvseitig bilden die Föhnwellen gute Steigwerte aus. Deshalb besteht die Möglichkeit, mit den typischen »Föhnfischen«, den Linsenwolken (Lenticularis), in Berührung zu kommen. Sie sind gefährlich, weil sie aus bis zu –20 °C unterkühltem Wasser bestehen! Schlagartige Vereisung ist die Folge!

Neben dem Südföhn gibt es auch den Nordföhn. Nur ist seine Temperatursteigerung nicht so auffällig, weil die Starttemperaturen erheblich tiefer liegen.

4.8 Wolkenformen

Wolken werden in ihrer Klassifikation in drei Stockwerke aufgeteilt. Dies hängt mit ihrem Zustand zusammen, ob es reine **Wasserwolken**, **Mischwolken** oder **Eiswolken** sind. Wasserwolken finden sich im untersten Stockwerk, im mittleren Stockwerk treten Mischformen aus Wassertröpfchen und Eiskristallen auf. Im oberen Stockwerk sind die Wolken dann voll vereist.

Nomenklatur:

Alto-: Wolke, die dem mittleren Stockwerk angehört.
Stratus, Strato-: Schichtförmiges Aussehen.
Nimbus, Nimbo-: Wolke, die sich abregnet.
Cumulus, Cumulo-: Wolke mit haufenförmigem Aussehen.

Oberes Stockwerk: über 6000 m, Eiswolken.
Mittleres Stockwerk: ab 2500 m bis ca. 6000 m, Mischwolken.
Unteres Stockwerk: bis ca. 2500 m Höhe, Wasserwolken.

Links: Cirruswolken im Vorfeld einer Zyklone zeigen das Ende einer Schönwetterperiode an.

Rechts: Cumulonimbus-Gewitterwolke in hohem Entwicklungsstadium, kurz danach gab es kräftige Schauerniederschläge.

4.8.1 Oberes Stockwerk

• **Cirrus (Ci)**: Feder- bis büschelförmiges Aussehen, aber auch hakenförmig, sehr dünn. Scheinbar stehend, real aber die schnellsten Wolken (>100 km/h), in 8000–12 000 m Höhe, aus feinsten Eiskristallen.

– Bei fallendem Luftdruck und zunehmender Feuchtigkeit, aus SW bis NW: Warmfront binnen maximal zwei Tagen.

– Bei Schönwetterlagen unregelmäßig verteilt: keine Änderung.

– Aus O, kaum bewegend oder auflösend: Wetterbesserung.

• **Cirrocumulus (Cc)**: Federwolken, die zu leichten Haufen akkumuliert sind. Kleine weiße Flocken oder Bällchen aus feinsten Eiskristallen. In 6000–10 000 m Höhe.

– Aus W, schnell aufziehend: schlechtes Wetter.

– Im Sommer vor Gewittern, am häufigsten bei Föhn.

• **Cirrostratus (Cs)**: Milchiger Eisschleier, wie leichter Nebel. Haloerscheinungen: kreisförmiger, leicht gefärbter Beugungs- und Brechungsring um die Sonne oder den Mond, 6000–8000 m Höhe. *Klassischer Schlechtwetteranzeiger.*

• **Kondensstreifen**: Künstliche Cirruswolke aus feinen Eiskristallen in 7000–9000 m Höhe.

– Schnelle Auflösung im Hoch: keine Wetteränderung.

– Verzögerte Auflösung, ausbleibende Auflösung unter Verbreiterung, schnelle Abdrift: starker Höhenwind NW bis SW. Wetteränderung.

4.8.2 Mittleres Stockwerk

• **Altocumulus (Ac)**: Grobe Schäfchen, manchmal walzen- bis schuppenförmig angeordnet. Wasserwolken, bisweilen Mischwolken. 3000–6000 m Höhe.

– Nur wenn wellenförmig angeordnet: *sichere Gewitterwarnung.*

• **Altostatus (As)**: Graublaue konturlose Schicht. Lässt Sonne schwach durchdringen. 3000–6000 m Höhe.

– Sonne zunehmend verhüllend: *anrückende Warmfront.*

• **Nimbostratus (Ns)**: Mächtige Schlechtwetterwolke. Einförmige graue bis weißliche Färbung. 2000–5000 m Höhe.

– Lange Regen- und Schneefälle.

Links: Nach Schönwetter greift eine Okklusion mit Kaltfrontcharakter auf das Fluggebiet über.

Rechts: Föhn ohne deutliche Wellenausbildung ist schwer zu erkennen.

4.8.3 Unteres Stockwerk

- **Stratus (St)**: Hochnebel, maximal feintropfiger Sprühregen. Oft tagelang. Wenige Meter bis 2000 m Höhe.
- **Stratocumulus (Sc)**: Niedrige Schichthaufenwolke, sehr häufig. In Walzen oder Ballen mit dunkler Basis. 500–2000 m Höhe.
  – Stabiles, trübes Wetter ohne große Niederschlagsneigung.
- **Cumulus (Cu)**: Niedrige Quellwolke 500–6000 m (siehe Seite 69 f.).

4.8.4 Stockwerkübergreifend

- **Cumulonimbus (Cb)**: Gewitterwolke 500–15 000 m siehe Abschnitt 4.6, Gewitter).

4.9 Wetterkarte

Die Erstellung von Wetterkarten ist heute noch mit großem Aufwand verbunden: Hochgeschwindigkeitsrechner sind zu einem Verbundnetz zusammengeschaltet und werden erdumspannend von 9000 meteorologischen Stationen geführt. Selbst extraterrestrische Beobachtungen von Meteosat 2 münden ins Netz. Vor allem interessieren Daten über Luftdruck, Temperatur, Taupunkt, Windrichtung und -stärke, Sichtweite, auch Bewölkung und

Links: Eine Kaltfront am Alpennordrand dringt in das Gebirge vor.

Rechts: Solche Cumuluswolken bedeuten ideales Streckenflugwetter; hier sogar Weltrekordwetter in Zepalta, Texas

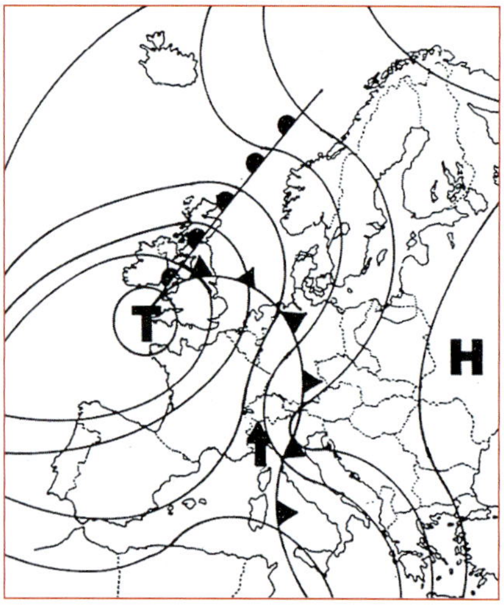

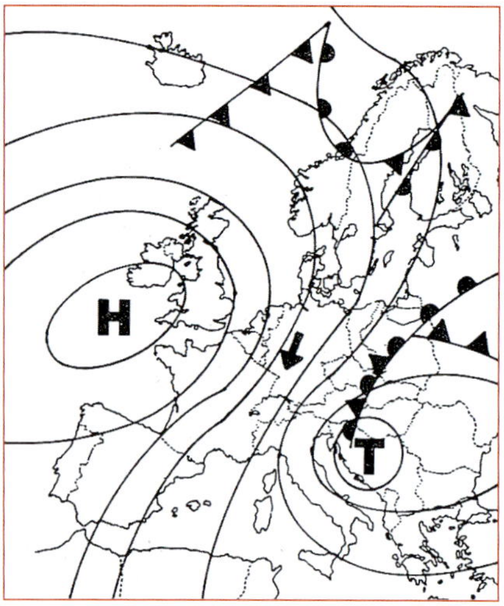

Wetterlagen: Oben: Fönlage (Südföhn); unten: Staulage (Nordföhn)

Niederschläge werden erfasst und bei der Erstellung von Wetterkarten miteinbezogen. Daten aus höheren Schichten werden über Radioballonsonden zur Erde gefunkt. Trotzdem sind Prognosen unerhört schwierig, vor allem für längere Zeiträume, weil sich dann kleine Ausgangsfehler immer schwerwiegender auswirken.

Gewöhnlich werden Boden- und Höhenwetterkarten entworfen.

Bei den Bodenkarten werden die Messwerte auf Meereshöhe umgerechnet. Vor allem die Isobaren, Linien gleichen Luftdrucks, charakterisieren eine Wetterkarte. Aus ihrem Verlauf lassen sich die Windstärke und die Windrichtung entnehmen.

Je enger die Isobarenabstände, umso größer das Druckgefälle
→ desto stärker der Wind.
Je weiter der Isobarenabstand, umso geringer das Druckgefälle
→ desto ausgeglichener.

Der Kaltfrontverlauf ist in der Wetterkarte blau gekennzeichnet; ihre Bewegungsrichtung wird mit Keilen angezeigt. Die Warmfront ist dagegen rot mit Halbkreissymbolen in Vorrückrichtung, während die Okkulsionsfront mit beiden Symbolen versehen in der Mischfarbe violett eingetragen wird. Fronten rücken entlang der Isobaren voran.

4.10 Wetterlagen

4.10.1 Hochdrucklage

Situation: Mitteleuropa im Zentrum eines Hochs.
Wetter: Schön.
Wind: Kaum Wind, thermische Aktivität, mit der Alterung der Hochdruckluftmassen abnehmend.
Gefahren: Häufig dunstig, Bodennebel, eventuell Wärmegewitter bei Abschwächung.

4.10.2 Föhnlage (Südföhn)

Situation: Tief über NW-Europa (England), Hoch über SO-Europa, Voraussetzung ist S- bis SW-Höhenströmung.
Wetter: Alpensüdseite regnerisch, Alpennordseite schön.
Wind: Südliche Richtungen, extrem turbulent auf der Alpennordseite.
Gefahren: Startverbot auf der Alpennordseite, starke Turbulenzen, abrupte Windscherungen; Alpensüdseite: tiefe Wolkenbasis, schlechte Sicht.

4.10.3 Staulage (Nordföhn)

Situation: Komplementäre Lage zum Südföhn, Hoch über NW-Europa, Tief über SO-Europa, feuchte Luft aus dem Nordseeraum fließt gegen die Alpen.
Wetter: Nördlich der Alpen Staubewölkung mit nach O absinkender Wolkenbasis, Regen; südlich der Alpen schön.
Wind: Nördliche Richtungen, auf der Alpensüdseite starke Turbulenz.
Gefahren: Startverbot auf der Alpensüdseite, starke Turbulenzen, auf der Alpennordseite nach O schlechtere Sicht.

4.10.4 Westwindlage

Situation: Eine voll entwickelte Polarfrontwelle zieht mit Tiefdruckgebieten über Mitteleuropa; häufig; mehrere Tage bis zu einer Woche anhaltend; feuchte Atlantikluft fließt nach Mitteleuropa.
Wetter: Wechselhaft.
Wind: Westliche Richtungen, bei Frontendurchlauf böig.
Gefahren: Starke Böen bei Kaltfrontdurchgang, im Frontenbereich tiefe Wolkenbasis, schlechte Sicht, auf Rückseite gute Flugbedingungen.

4.10.5 Bisenlage

Situation: Über dem Mittelmeer liegt eine Tiefdruckzone, über dem nördlichen Europa ein Hoch; nördlich ziehen die Polarfronten an diesem Hoch vorbei, ohne Mitteleuropa zu berühren; mit der Oströmung wird Kontinentalluft herangetragen.
Wetter: Sommer: trockenes, schönes Wetter; Winter: warme, trockene Luft ist durch eine Inversionsschicht von einer sehr feuchten getrennt – geschlossene Hochnebeldecke über der Inversion.
Wind: O- bis NO-Strömung, starker Wind in Bodennähe, besonders in der Westschweiz an Heftigkeit zunehmend – Turbulenzen!
Gefahren: Turbulenzen, besonders in der Westschweiz! Hochnebel, teilweise schlechte Sicht.

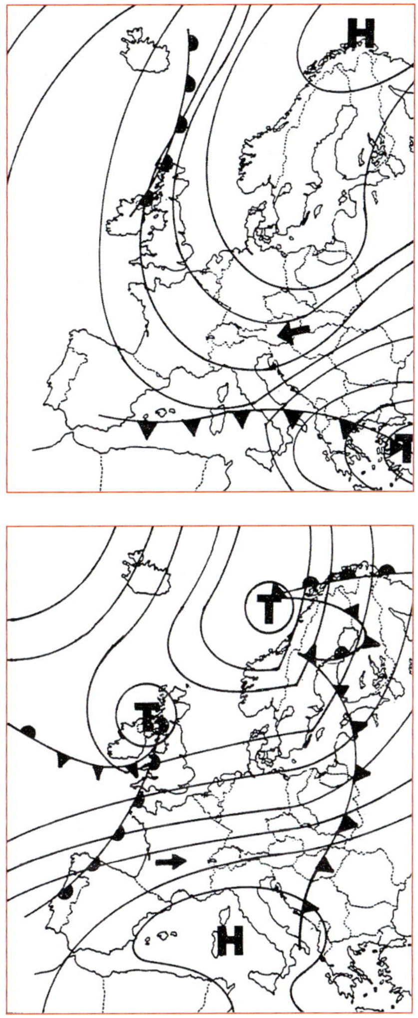

Wetterlagen:
Oben: Bisenlage;
unten: Westwindlage

4.10.6 Flachdrucklage

Situation: Geringe Druckgegensätze in Mitteleuropa, weite Isobarenabstände in der Wetterkarte.
Wetter: Schönwetter mit Quellwolkenbildung, ideale Thermikbedingungen, Gewitterneigung!
Wind: Fast kein Wind; nur in Nähe von Wärmegewittern Böen.
Gefahren: Jäh einsetzende Böen in Gewitternähe, Blitzschlag.

5 Flugpraxis

5.1 Flugpraxis für Anfänger

Dieses Kapitel darf nicht die eigentliche Praxisausbildung in einer anerkannten Flugschule ersetzen, sondern soll die Ausbildung begleiten und unterstützen. Um Unfälle zu verhindern, sollte jeder Pilot sich vor den Praxisübungen mit seiner Ausrüstung vertraut machen.

Anfängerausrüstung:

- Gutmütiger, einfach zu startender Gleitschirm, der von einem Lehrer oder Könner auf Flugtauglichkeit überprüft wurde. Auf die Zulassung achten.
- Einfach zu bedienendes Gurtzeug, passend für die Körpergröße.
- Stabile, knöchelhohe Schuhe.
- Gleitschirmhelm.
- Schutzhandschuhe.

5.1.1 Startvorbereitungen

Ausrüstung auspacken und alles auf den Fleck legen, von dem gestartet werden soll. Den leeren Rucksack im Gurtzeug verstauen.

- **Gurtzeug anlegen:**

Rettungsgerät prüfen (Verschluss, Splint, Handgriff). Erst die Beinschlaufen, dann die Brustschnalle schließen. Die Schnallen nicht zu eng anziehen, damit das Gurtzeug beim Startlauf nicht behindert.

- **Helm aufsetzen:**

Den Helm aufsetzen und den Verschluss zumachen.

- **Gleitschirm auslegen:**

So dass die Kammeröffnungen (in Laufrichtung gesehen) hinten sind und das Segel mit der Oberseite nach unten auf dem Boden liegt.

- **Leinen entwirren:**

Alle Leinen müssen frei sein. Zuerst die Haupttragegurte in die Hand nehmen und damit die Leinen spannen. Nun die einzelnen Tragegurte trennen. Zu jedem Tragegurt müssen die entsprechenden Leinengruppen frei laufen.

Keine Leine darf unter dem Schirm liegen. Vorsicht: Fehlstart!

- **Segel startfertig auslegen:**

Damit sich das Segel gleichmäßig von der Mitte her füllen kann, das Segel **gegen den Wind** nach Auslegemethode 1 oder 2 auslegen und raffen. Da jeder Gleitschirm seine individuelle Auslegemethode braucht, muss dies am Übungshang ausprobiert werden.

Abbildung linke Seite: Fliegen im Hochgebirge bei leicht turbulenter Luft. Das Speedsystem ist voll durchgedrückt für maximale Geschwindigkeit. Zur Stabilität der Kappe bremst der Pilot leicht an.

VORFLUGCHECK

Bevor man sich mit dem Gleitschirm verbindet, ist der Vorflugcheck durchzuführen:
Wetter/Zeit: Sind die Wetterbedingungen für den Augenblick, aber auch für die geplante Flugdauer ausreichend stabil und sicher?
Gurtzeug/Rettungsgerät: Rettungsgerät vor Fehlauslösung gesichert? Gurtzeug angelegt und alle Gurte, auch die Beingurte geschlossen? Gurte zu eng/zu weit?
Kappe: Bogenförmig ausgelegt? Kammern offen?
Leinen/Tragegurte: Tragegurte unverdreht? Leinenebenen von den Bremsleinen bis zu den A-Leinen frei? Stabiloleinen frei? Leinenschlösser, Bremsleinen, Steuerschlaufenknoten, Beschleunigungssystem geprüft?
Pilot: Alles eingepackt? Persönliche Verfassung? Bei zu großem Stress/Unsicherheit/schlechter körperlicher Verfassung ist es besser, auf den Start zu verzichten. → Will/kann ich fliegen? Bin ich ok, um sicher zu starten, zu fliegen und zu landen?

Methode 1: Gleitsegel als Viertelkreis ausgelegt. Ausgehen vom rechteckig ausgelegten Schirm wird die Hinterkante an den Seiten gerafft. Die Hinterkante der inneren Zellen bleibt gerade.
Methode 2: Bei kleinen Platzverhältnissen und für Schirmtypen, die exakt von der Mitte her gefüllt werden müssen. Mehrere oder nur einige Zellen werden seitlich zugerafft.

- **Gurtzeug mit dem Gleitschirm verbinden**:

Den Haupttragegurt so montieren, dass der vordere Tragegurt vorne oben über der Schulter zu liegen kommt. Die Tragegurte dürfen nicht in sich und mit der Steuerleine verdreht sein. Kontrolle des Rettungsgerätes, ob es nicht ungewollt auslösen kann und fest sitzt.

- **Haupttragegurte aufnehmen**:

Haupttragegurte aufnehmen und über die Schultern oder Oberarme legen. Die Steuerschlaufen von den hinteren Tragegurten lösen und in die Hand nehmen. Die vorderen Tragegurte ergreifen und die Arme nach oben strecken. Dadurch liegen nur die hinteren Tragegurte auf den Schultern. Die Steuerleine muss jetzt frei laufen.

- **Startposition einnehmen (Grundhaltung)**:

Die Arme werden leicht seitlich nach hinten oben gestreckt. Die vorderen Tragegurte sind mit der Steuerschlaufe fest gefasst. Die vorderen Leinen (A-Leinen) werden leicht vorgespannt. Wir sind nun startklar. Jetzt folgt der **Startcheck** (Fünf-Punkte-Check), der immer gleich ablaufen muss:

5-PUNKTE-STARTCHECK

1. PILOT	Bein-, Brust-, Kreuzgurte geschlossen? Karabiner geschlossen? Helm geschlossen?
2. LEINEN	Leinen frei? Tragegurte/Steuerleine unverdreht? Beschleuniger ok?
3. KAPPE	Kappe frei? Alle Kammern offen?
4. LUFTRAUM	Luftraum frei?
5. WIND	Richtig?

Der Pilot zieht das Segel auf.

- Startcheck/Wiederholung:

Kein Start ohne Startcheck. Dies gilt auch, wenn andere Piloten bereits warten und der Meinung sind, dass alles für den Start klar ist. Der Startcheck kann absolut lebenswichtig sein.

Erfolgt unmittelbar nach dem Startcheck kein Start, weil einer der 5 Punkte nicht in Ordnung war, muss der Startcheck vor einem erneuten Startversuch wiederholt werden. Dies gilt auch nach einem Startabbruch.

Das Segel steht über dem Piloten, nun folgt der Kontrollblick.

5.1.2 Aufstellen und Starten des Gleitsegels

Vor dem Start absolute Konzentration!

- Aufziehen:

Kräftiges Anlaufen mit seitlich nach hinten gestreckten Armen. Die Arme beschreiben einen Viertelkreis nach vorne oben. Der Schirm schöpft Luft, das Profil stabilisiert sich. Der Schirm kommt über den Piloten. Der Druck an den Haupttragegurten wird geringer.

- Kontrollblick:

Ist der Schirm über dem Piloten, Kontrollblick nach oben. Sind alle Kammern geöffnet, weiterlaufen und dabei beschleunigen. Ist der Schirm nicht ganz geöffnet, kann bei genügend Startraum korrigiert werden. Ansonsten erfolgt **Startabbruch**.

Hier hilft nur noch ein Startabbruch.

KORREKTUREN BEIM START:

Fehler: Schirm klappt in der Mitte zusammen.
- Die mittleren Zellen gut auslegen, am besten nach Methode 2.

Fehler: Schirmkappe kommt nicht über den Kopf.
- Tragegurte an den Enden fassen und nicht vorzeitig loslassen.
- Bei leichteren Piloten kleineren Schirm wählen.
- Leinen vorspannen und kräftig anlaufen.
- Manche Schirme müssen »angerissen« werden.

Fehler: Schirm kippt seitlich ab.
- Beim Start in die Segelmitte stellen.
- Korrektur: Segel in Abkipprichtung schräg nach vorne unterlaufen.

Fehler: Segel klappt nach vorne ein (vor allem bei schnellen Schirmtypen).
- Kappe gleichmäßig aufziehen, Tragegurte nicht herunterziehen, eventuell Tragegurte früher loslassen, erst danach beschleunigen. Bei einigen Schirmtypen ist nach dem Aufziehen leichtes Anbremsen erforderlich.

Fehler: Außenkammern sind nicht gefüllt.
- Durch Pumpen (Steuerleinen durchziehen und lösen) Kammern füllen. Dazu vordere Tragegurte loslassen. Sind die Zellen gefüllt, vordere Tragegurte erneut fassen und beschleunigen.

Fehler: Pilot pendelt nach dem Start.
- Steuerbewegungen nach dem Abheben zu abrupt.

- Beschleunigen:

Der Erfolg des Starts hängt von der Anlaufgeschwindigkeit ab. Dazu wird die *Geschwindigkeit mit großen Schritten erhöht*, bis Zug auf die Tragegurte kommt. Weiter beschleunigen. Nach zwei bis drei weiteren Schritten Steuerleinen leicht durchziehen (20 bis 60 % je nach Schirmtyp).

- Abheben:

Der Schirm fängt an zu tragen. Trotzdem laufen wir weiter, bis wir wirklich in der Luft sind. Jetzt langsam die Steuerleinen lösen, damit der Schirm Geschwindigkeit aufnehmen kann.

Bei jedem Start Kontrollblick nach oben.

- Startabbruch:

Lässt sich das Segel nicht korrigieren oder ist der Anlauf zu kurz, sofort Startabbruch. Eine Steuerleine ganz durchziehen. Das Segel steuert dadurch sofort in den Hang und kippt seitlich ab. Es können auch beide Steuerleinen durchgezogen werden. Jedoch ist bei steilem Startgelände die Gefahr groß, doch abzuheben, also

→ erhöhte Unfallgefahr.

Rechts: Beschleunigen: Das Segel ist komplett gefüllt, mit weit ausladenden Schritten beschleunigen

Mitte: Abheben: So lange laufen, bis wirklich Luft unter den Füßen ist

Links: Fliegen: Leichter, beidseitiger Steuerleinenzug stabilisiert das Segel, erst mit ausreichender Höhe in den Sitzgurt zurücklehnen.

- Der erste kurze Flug:

Voraussetzung ist ein geneigter Hang, der kurzzeitig um 30° steil ist und flach ausläuft. Hindernisfrei. Windstille oder leichter Gegenwind. Der Start erfolgt wie beschrieben.

Vor jedem Flug: Startcheck und Konzentration.

Ist der Schirm aufgezogen und korrigiert, erfolgt der eigentliche Startlauf. Der Erfolg des Starts hängt von der **Anlaufgeschwindigkeit** ab. Dazu wird die Geschwindigkeit mit großen Schritten erhöht, bis Zug auf die Tragegurte kommt. Nach zwei bis drei weiteren Schritten Steuerleinen leicht durchziehen (20 bis 60 % je nach Schirmtyp).
Der Schirm fängt an zu tragen. Trotzdem weiterlaufen bis wir wirklich in der Luft sind. Jetzt langsam die Steuerleinen lösen, damit der Schirm Geschwindigkeit aufnehmen kann.

Fehler: Pilot hebt nicht ab.
- Steuerleinen zu stark und zu früh gezogen.
- Anlauf zu langsam.
- Schirm nicht kontrolliert (Kontrollblick) und korrigiert.
- Gelände zu flach.

Fehler: Erneute Bodenberührung nach dem Start.
- Pilot springt in das Gurtzeug.
- Steuerleinen nicht gelockert.
- Rückenwind (Leeturbulenzen).

Alles klar für die Landung

- Kurvensteuerung am Übungshang:

Die ersten Flüge am Übungshang erfordern oft schon leichte Kurskorrekturen. Dazu steuert der Pilot den Gleitschirm durch leichtes Ziehen der entsprechenden Steuerleine:

rechts ziehen	=	nach rechts steuern
links ziehen	=	nach links steuern
beidseitig ziehen	=	Geschwindigkeit verringern
beidseitig loslassen	=	Geschwindigkeit erhöhen

Wir ziehen anfangs nicht mehr als 50 %, um riskante Manöver zu vermeiden.

5.1.3 Landung

Der Pilot richtet sich im Gurtzeug auf, Beine bereit zum Laufen, falls die Landegeschwindigkeit etwas zu hoch ist.

Der Landeanflug (Endanflug) erfolgt gerade **gegen den Wind**. Die Steuerleinen sind leicht gezogen (ca. 30 % Bremse). Der Gleitschirm fliegt so mit der Geschwindigkeit des geringsten Sinkens. In ca. 5 m bis 10 m Höhe richten wir uns voll auf. Oberkörper leicht nach vorne, Gesäß an die Sitzbrettvorderkante, Beine laufbereit ausgestreckt. Wir sind fertig zur Landung.

Wer sich zur Landung nicht im Gurtzeug aufrichtet, gefährdet seine Wirbelsäule.

In ca. 1 bis 2 m Höhe bremsen wir mit beiden Steuerleinen dosiert, aber bestimmt den Gleitschirm stark ab. Der Schirm wird langsam, und wir setzen, wenn das Landetiming optimal war, weich auf. Wurde der Schirm zu wenig abgebremst, fangen wir den Schub mit ein paar Laufschritten ab.

Grundsätzlich gegen den Wind landen.

Fehler: Harte Landung mit starker Vorwärtsbewegung.
- Rückenwind.
- Zu spät oder zu wenig abgebremst.

Fehler: Harte Landung bei Schirmstillstand.
- Zu früh und zu hoch abgebremst.

Fehler: Landung auf dem Gesäß.
- Keine aufrechte Haltung vor der Landung.
- Keine Laufschritte nach vorne.

5.1.4 Landefall

Zusätzlich zum Protektor mindert der Landefall die **Verletzungsgefahr** bei einem harten Aufprall und ist weniger im Normalbetrieb als vielmehr für Notsituationen wichtig.

LANDEFALLTECHNIK

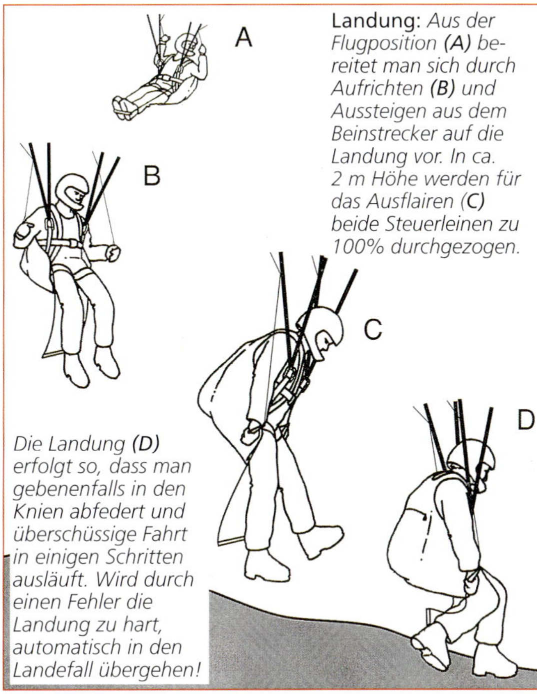

Landung: *Aus der Flugposition* ***(A)*** *bereitet man sich durch Aufrichten* ***(B)*** *und Aussteigen aus dem Beinstrecker auf die Landung vor. In ca. 2 m Höhe werden für das Ausflairen* ***(C)*** *beide Steuerleinen zu 100% durchgezogen.*

Die Landung ***(D)*** *erfolgt so, dass man gebenenfalls in den Knien abfedert und überschüssige Fahrt in einigen Schritten ausläuft. Wird durch einen Fehler die Landung zu hart, automatisch in den Landefall übergehen!*

- Die Füße werden zusammengepresst, bodenparallele bis leicht nach unten geneigte Fußhaltung, die Sehnen sind entspannt.
- Knie leicht anwinkeln und zusammenhalten; Kniefall (nach vorne) vermeiden (Kniegelenksverletzungen), stattdessen seitliche Abrollbewegung. Leichte Muskelanspannung.
- Der Rücken ist rund, der Oberkörper leicht gedreht, so dass der Rücken in die seitliche Fallrichtung schaut. Nicht seitlich (Schlüsselbein), sondern über den Rücken abrollen.
- Die Bremsstellung verlangt meistens eine Armstellung nach unten. Die Arme müssen sich direkt am Körper befinden und die Steuermanöver direkt entlang dem Körper ausgeführt werden. Mit den Armen am besten nach vorne oder seitlich, niemals abstützend nach hinten greifen (Handgelenksverletzungen, Armbrüche).
- Kopf nach vorne angezogen mit Kinn auf der Brust.
- Beim Aufprall lässt man sich nicht zusammenstauchen (Steißbein, Knie-Kinn-Verletzungen), sondern versucht die Stoßenergie in einem seitlichen Abrollen abzufangen. Es wird seitlich über die Knie schräg nach hinten über den Rücken abgerollt. Die Fallrichtung ist immer seitlich, weil der Oberkörper mit dem Rücken in Fallrichtung gedreht ist. Keine Abfangbewegungen mit den Armen.

Nicht gezielt, sondern gezielt sicher landen!

Nach der Landung Gleitschirm aufnehmen und den Landeplatz frei machen.

DER RÜCKWÄRTSFALL

Auch für die Startabbrüche sind **Fallübungen** nützlich. Folgende Situation führt häufig zu Verletzungen: Bei angezogenen Bremsen kippt der Schirm nach hinten ab, der Pilot wird nach hinten umgerissen und versucht, sich mit den Armen nach hinten greifend abzufangen. Mit der Protektorpflicht sind zwar die Risiken gemindert, trotzdem können komplizierte Handgelenksbrüche die Folge sein. Der Rückwärtsfall hilft solche Verletzungen zu vermeiden.

- Die Hände werden mit den Steuerschlaufen eher nach vorne oder entlang dem Körper geführt.
- Nicht zurückgreifen, auch wenn sich ein Fallen nicht mehr vermeiden lässt.
- Der Rücken ist rund.
- Seitliche Kopfhaltung mit Kinn auf der Brust.
- Wenn Überschlag droht, über die freie Schuler nach hinten abrollen.

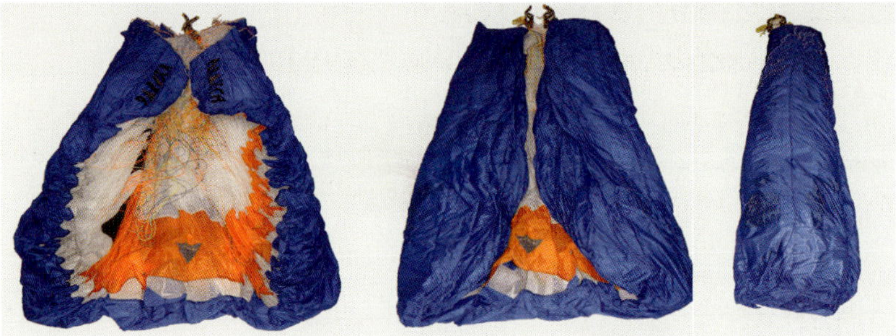

Links: Segel mit Mylar werden optimal Zelle für Zelle von beiden Seiten her aufeinandergelegt

Mitte: Die gestapelten Segelseiten werden umgeschlagen

Rechts:Sind die Zellen sorgfältig aufeinander gelegt, wird die Luft herausgestrichen und das Segel packsackbreit aufeinander gefaltet, um mit dem Gurtzeug im Packsack Platz zu finden.

5.1.5 Packen des Gleitschirms

Gleitschirme sind empfindliche Fluggeräte, die je nach Typ optimal nach der Packempfehlung des Herstellers (Handbuch) gepackt werden. Standardpackmethoden sind: Das Gleitsegel liegt ausgebreitet auf dem Rücken. Die Leinen werden lose so in das Segel gelegt, dass die Haupttragegurte getrennt auf der hinteren Segelkante liegen. Ein Schutzsack für die Tragegurte verhindert dabei Tuchbeschädigungen. Von der linken und rechten Seite her wird das Segel zur Mitte eingeschlagen und dies wiederholt, bis eine schmale Bahn entsteht. Das Segel kann auch zellweise von den Seiten her eingerollt werden. Das Gurtzeug einfach mit in den Packsack stecken.

5.2 Flugpraxis für Fortgeschrittene

5.2.1 Der Höhenflug

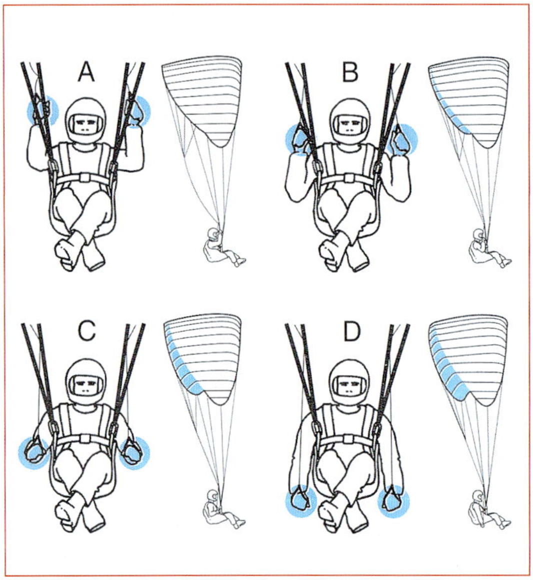

Steuerleinen-positionen:
A: 0–25% Bremse, bestes Gleiten
B: 25–50% Bremse, geringstes Sinken
C: bis 75% Bremse, Minimalgeschwindigkeit
D: 100% Bremse, Fullstall

Bei den kurzen Flügen am Übungshang war die Flugphase nur Nebensache. Zu kurz war die Zeit, um Manöver zu fliegen und den Flug zu genießen. Erst beim **Höhenflug** kommt man dazu, alles aus der Vogelperspektive zu betrachten. Die große Landewiese wirkt nun winzig klein, und es erscheint unmöglich, den Zielkreis auch nur annähernd zu treffen. So ist es auch die Hauptschwierigkeit, Höhe und Entfernung einschätzen zu können. Der Start erfolgt genauso sorgfältig wie am Übungshang. Besonderes Augenmerk gilt jetzt auch den Wetterverhältnissen, die bisher weniger Bedeutung hatten. Nach dem Start muss man sicheren Abstand zum Hang gewinnen und darf den Landeplatz nicht aus den Augen verlieren. Sobald wir ausreichend Höhe haben, können die ersten kleinen Manöver geflogen werden.

Die Steuerleinen werden bei Start, Landung und allen Flugmanövern immer seitlich dicht am Körper entlanggeführt.

5.2.2 Gleitflüge und deren Geschwindigkeitssteuerung

Die Geschwindigkeitssteuerung des Gleitsegels erfolgt durch gleichzeitiges Herabziehen bzw. Lösen der Steuerleinen. Der fortgeschrittene Pilot wird die verschiedenen Steuerleinenpositionen bei Höhenflügen selbst ausprobieren, um sein Fluggerät besser kennenzulernen.

UNGEBREMSTER GLEITFLUG

Die Steuerleinen (Bremsen) sind nicht betätigt. Der Schirm fliegt mit Maximalgeschwindigkeit. Das Sinken ist etwas höher. Ideal bei stärkerem Gegenwind, um noch das Landefeld zu erreichen. Bei Turbulenzen erhöhte Einklapptendenz.

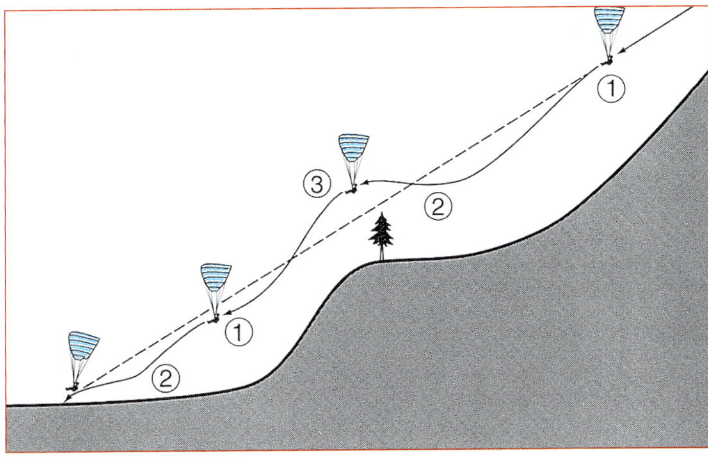

Kurzzeitige Auftriebserhöhung während des Fluges und bei der Landung:
1. Aus der Geschwindigkeit des geringsten Sinkens (leicht angebremst) wird der Gleitschirm durch Lösen der Steuerleinen beschleunigt.
2: Hat der Schirm volle Fahrt aufgenommen, kann durch kurzzeitig starkes Anbremsen der Auftrieb kräftig erhöht werden. Wird zu lange stark abgebremst, wird dadurch die Mindestgeschwindigkeit unterschritten. Es kommt zum Strömungsabriss (Stall).
3: Ist das Hindernis überflogen, werden die Steuerleinen wieder gelöst (0% Bremse). Der Schirm holt Fahrt auf und kann kurz darauf wieder im Bereich des geringsten Sinkens geflogen werden.

GESCHWINDIGKEIT DES BESTEN GLEITENS

Die Steuerleinen sind 10 bis 25 % durchgezogen. Der Schirm legt nun die größte Strecke bei geringem Sinken zurück. So wird der beste Gleitwinkel erreicht.

GESCHWINDIGKEIT DES GERINGSTEN SINKENS

Die Steuerleinen sind je nach Schirmtyp 20 bis 50 % gezogen. Die Eigengeschwindigkeit ist relativ langsam. Durch das geringe Sinken wird die längste Flugzeit erreicht. Hangaufwind und Thermik können so am besten genutzt werden.

MINIMALGESCHWINDIGKEIT

75 bis 100 % Steuerleinenzug. Die Windgeräusche nehmen ab, der Schirm fliegt kurz vor dem Stallpunkt (siehe Abschnitt 5.5.6). Die geringe Geschwindigkeit ist sehr gefährlich. Die kleinste Turbulenz könnte einen Stall verursachen.

NICHT mit Minimalgeschwindigkeit fliegen. Stallgefahr = Unfallgefahr.

STALL (STRÖMUNGSABRISS)

Wird die Steuerleine mehr als 100 % durchgezogen, kommt es zu einem Strömungsabriss, auch Stall genannt. Ein Stall bedeutet in geringer Flughöhe, wie z.B. am Übungshang, Lebensgefahr (siehe auch Abschnitt 5.5.6, Stall).

Links gezogen, links geflogen, jedoch sollen die ersten Steuerbewegungen nicht so stark ausfallen wie hier, vor allem knapp über Grund besteht Unfallgefahr.

5.2.3. Kurven

Soll eine Rechtskurve geflogen werden, wird die rechte Steuerleine gezogen. Die Linkskurve wird durch Zug an der linken Steuerleine geflogen. Der Zug soll gleichmäßig und nicht zu schnell erfolgen. Auch das Lösen der Bremse soll gleichmäßig erfolgen, um unangenehme Pendelbewegungen des Gleitschirms zu vermeiden. Sie bewirken zugleich ein größeres Sinken. In Bodennähe ist dies besonders zu beachten.

Werden kurz vor dem Landeanflug schnelle Kurven geflogen, fällt die Landeeinteilung schwerer. Landungen außerhalb des Landefeldes sind dabei sehr häufig.

rechts ziehen	=	nach rechts steuern
links ziehen	=	nach links steuern
beidseitig ziehen	=	Geschwindigkeit verringern
beidseitig loslassen	=	Geschwindigkeit erhöhen

KURVEN AUS VOLLER FAHRT (MAXIMALGESCHWINDIGKEIT)

Steuerleine ca. 50 % durchziehen. Der Schirm beschreibt einen Kreis mit großem Radius. Die Zentrifugalkraft bewirkt eine starke Querneigung mit deutlicher Zunahme des Sinkens.

KURVEN AUS LEICHT ANGEBREMSTEM ZUSTAND (25 BIS 50 %)

Die kurveninnere Steuerleine wird 75 bis 90 % durchgezogen. Der Schirm dreht flacher und durch die geringe Eigengeschwindigkeit schneller. Da der Höhenverlust (das Sinken) auch geringer ist, wird so meist beim Hangsoaring (siehe Abschnitt 5.6.1) und in der Thermik (siehe Abschnitt 5.6.3) geflogen.

KURVEN AUS STARK ANGEBREMSTEM ZUSTAND (70 BIS 100 %)

Die kurvenäußere Steuerleine wird nachgelassen. Der Schirm dreht fast auf der Stelle. Da wir im Bereich der Minimalgeschwindigkeit fliegen und dem Stallpunkt sehr nahe sind, muss man sich erst langsam an dieses Manöver herantasten, wobei die Höhe über Grund sehr groß sein soll (siehe auch Seite 89, Minimalgeschwindigkeit).

KURVEN MIT GEWICHTSVERLAGERUNG (KÖRPERSTEUERUNG)

Gurtzeuge mit niedrigerem Aufhängepunkt und lockerer Kreuzverspannung ermöglichen zusätzlich ein Kurven durch Gewichtsverlagerung. Leichte Kurven können so nur durch das starke Hineinlehnen des Körpers in die gewünschte Richtung geflogen werden. Ideal wird die

Körpersteuerung mit in den Flugstil integriert. Körper- und Steuerleineneinsatz verbinden sich zu einem harmonischen Steuern, dadurch werden die abrupten Steuerbewegungen weicher, gerade beim engen Kurven vermindert sich so die Trudelgefahr.

Keine gewagten Flugmanöver ohne ausreichende Höhe (nicht unter 200 m).

Alle Flugmanöver sollen in Richtung Landeplatz orientiert sein, um ausreichend Höhe für die **Landevolte** zu haben.

Bei allen Flugmanövern gilt: Steuerleinen nicht ruckartig betätigen, Steuerleinen immer gleichmäßig, aber nicht zaghaft ziehen und lösen, um gefährliche Pendelbewegungen zu vermeiden. Dies ist vor allem wichtig, wenn der Schirm überraschend heftig reagiert. Fallschirmspringer müssen beachten, dass die Flugtechnik eines Flächenfallschirms nur bedingt zu übernehmen ist.

5.2.4 Landevolte (Landeanflugeinteilung)

Eine gute Landeeinteilung ist Voraussetzung für eine sichere Landung im Landefeld. Bereits auf dem Flug in Richtung Landeplatz versuchen wir, die Windrichtung festzustellen. Ein Windsack, Flaggen oder Rauch können dabei helfen. Ohne diese Hilfsmittel kann man die Windrichtung am Boden durch Beobachten der eigenen Abdrift feststellen. Die Landevolte soll möglichst links herum geflogen werden, es sei denn, andere Piloten haben eine andere Richtung vorgegeben, oder wir kommen zu tief zum Landeplatz.

Die Landevolte wird leicht angebremst (ca. 30 % Bremse) geflogen. Dadurch fliegt der Gleitschirm auch bei Turbulenzen in Bodennähe stabiler, und die Korrektur der Landeeinteilung ist leichter möglich.

Der Pilot kurvt links mit dem leicht angebremsten Segel.

*Landevolte: In der Position wird Höhe abgebaut, die Landung selbst in **Gegen-, Quer- und Endlandung** aufgeteilt. Der Gegenanflug erfolgt mit dem Wind, der Endanflug gegen den Wind. Kommt man zu kurz, schneidet man die Kurve zum Queranflug; muss man noch Höhe aufbauen, verlängert man die Kurve zum Queranflug.*

- Position:

Als Position wird der Platz bezeichnet, an dem die überschüssige Höhe in Vollkreisen abgebaut wird, bis eine Höhe von ca. 40 bis 60 m über Grund erreicht ist. Die optimale Position liegt ca. 100 m seitlich auf der Höhe des Landeplatzes. Die Vollkreise sollen die gleiche Drehrichtung, also am besten links herum, haben wie die gesamte Landeeinteilung.

- Gegenanflug:

Ist die richtige Flughöhe in der Position erreicht, gehen wir in den Gegenanflug, der parallel zum geplanten Endanflug verläuft, über. Der Landeplatz muss ständig sichtbar bleiben. Die Flughöhe, der Wind und die daraus resultierende Fluggeschwindigkeit werden beobachtet.

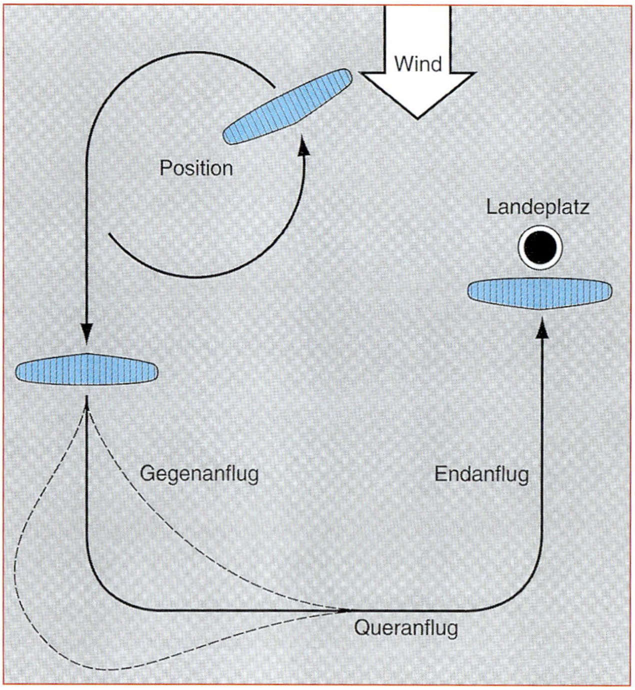

KORREKTUREN DER LANDEVOLTE, UM DEN ZIELKREIS ZU ERREICHEN:

Erscheint die Flughöhe schon im Gegenanflug gering, so dass Zweifel am Erreichen des Landeplatzes bestehen, wird vom Queranflug gleich in den Endanflug übergegangen. Dabei ist zu beachten, dass abrupt eingeleitete Kurven nur zusätzliches Sinken bedeuten. Bei zuviel Höhe wird der Queranflug zu einem weiten Bogen ausgedehnt.

- Queranflug:

Wenn noch gut die doppelte Flughöhe vorhanden ist, die zum Erreichen des Landeplatzes benötigt wird, setzen wir zum Queranflug an. Jetzt ist besonders auf die Windabdrift zu achten. Sind wir zu hoch, verlängern wir den Queranflug zu einem weiten Bogen. Sind wir schon sehr niedrig, müssen wir früher in den Endanflug abbiegen.

- Endanflug:

Ist die Flughöhe erreicht, mit der wir mit unserem Gleitwinkel zum Ziel kommen, steuern wir direkt auf den Landepunkt zu. Starken Gegenwind unbedingt berücksichtigen und rechtzeitig zum Endanflug ansetzen. Wenn wir im Endanflug sind, können wir noch mit der Geschwindigkeitssteuerung das Gleiten verbessern oder verschlechtern.

Bei stärkerem Gegenwind sind die Steuerleinen weiter zurückzunehmen, um ins Ziel zu kommen. Sind wir etwas zu hoch, hilft stärkeres, aber nicht zu starkes Anbremsen (Stallgefahr). Ist die Flughöhe deutlich zu hoch, war der Queranflug zu kurz. Der Queranflug muss weiträumiger geflogen werden. S-Kurven sind zu vermeiden, da sich der Gleitschirm stark aufschaukeln kann. Ein gezieltes sicheres Landen ist so nicht möglich. Im Endanflug richten wir uns im Gurtzeug auf.

Der Endanflug erfolgt immer gegen den Wind.

Gleitwinkelveränderung beim Fug mit und gegen den Wind: *Wird mit dem Wind geflogen, erhöht sich der Gleitwinkel. Beim Flug gegen den Wind wird der Gleitwinkel geringer, die Reichweite des Gleitsegels kleiner.*

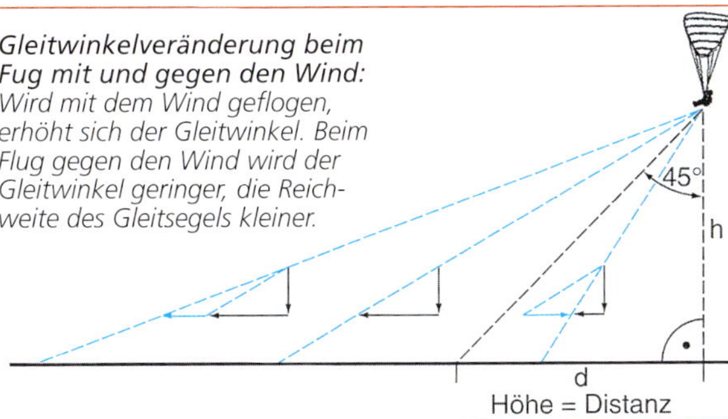

Höheneinschätzung aus der Luft (gestricheltes Dreieck): *Mit Hilfe eines vorgestellten rechtwinkligen, gleichschenkligen Dreiecks lässt sich die Entfernung zum Grund grob abschätzen. Wir schätzen dazu die Entfernung zum Boden von dem Punkt aus, der direkt gerade unter dem Piloten liegt, und einem Punkt, der im Winkel von 45° vor dem Piloten liegt. Die dabei geschätzte Distanz (d) entspricht in etwa der Flughöhe über Grund (h). Bei geneigter Erdoberfläche funktioniert diese Methode nicht.*

Ist die Flughöhe für eine Landevolte zu gering, erfolgt gleich der Endanflug gegen den Wind. Ist die Landewiese durch intensive Sonneneinstrahlung aufgeheizt, können sich Thermikblasen ablösen, die den Endanflug deutlich verlängern. Niemals aus Panik einen Vollkreis fliegen und eine Rückenwindlandung riskieren.

Nach der Landung sofort das Segel zusammenraffen und den Landeplatz für weitere Piloten frei machen.

Wo soll ich nun landen? Vor dem Start sollte schon klar sein, wo gelandet werden kann, um brenzlige Situationen zu vermeiden.

Flugeinteilung und Höhenabschätzung: *Links Flugsituation, rechts Perspektive für den Piloten. Steigt der Peilpunkt (Mitte) gegenüber der Ausgangslage (oben), kann das Hindernis überfolgen werden; eine sichere Landung ist gewährleistet. Sinkt der Peilpunkt (unten), muss sich der Pilot einen Landeplatz vor dem Hindernis suchen.*

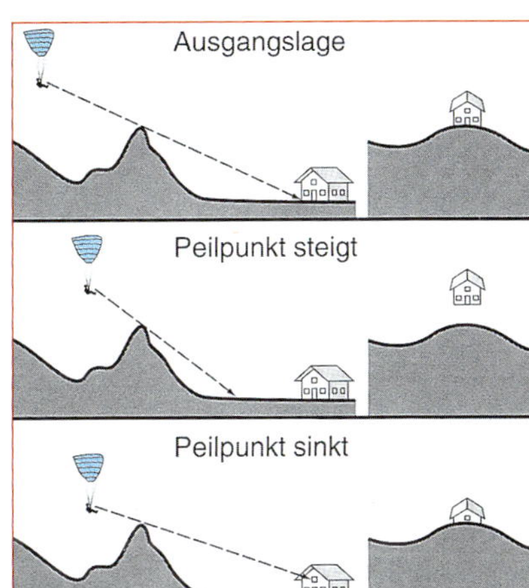

5.2.5 Gefahrensituationen während des Fluges

Befindet man sich in einer gefährlichen Fluglage, muss schnell abgewogen werden, ob das Segel in ausreichender Höhe wieder in den stabilen Flugzustand gebracht werden kann und damit eine gefahrlose Landung möglich ist, oder ob der Rettungsschirm als **letzte Maßnahme** gezogen wird.

VERKNOTETE FANGLEINEN/LEINENÜBERWURF

Hat sich beim Starten eine Fangleine verknotet oder sind zwei Fangleinen ineinander verschlungen, kann der Knoten eventuell durch kräftigen Zug an der entsprechenden Leine gelöst werden. Das Gleitsegel kann auch mit Verknotungen noch flugtauglich sein, fliegt jedoch nicht mehr so stabil und kann nach links oder rechts ziehen. Der Pilot sollte auf Manöver verzichten und den Flugkurs laufend korrigieren. Auf jeden Fall ist der Landeplatz direkt anzusteuern. Meist ist das Segel stabiler, wenn leicht angebremst geflogen wird. Nur bei Leinenüberwürfen oder Verknotungen, die den Schirm in gefährliche Steilspiralen führen, aus denen er nicht mehr herauszubringen ist, ist der Wurf des Rettungssystems anzuraten.

FANGLEINENRISS

Fangleinenrisse sind im Normalfall selten und bei einzelnen Leinenabrissen auch nicht weiter gefährlich. Das Segel baucht zwar an der Stelle aus, ist meist bedingt flugtauglich und noch gut zu steuern. Das »Ausleinen«, also ein kapitaler Mehrfachleinenriss, kann fast nur durch extreme Beanspruchung, z.B. Test- oder Acrofliegen, verursacht werden. Hier gilt vor allem: Jede Spielart benötigt ausreichend dimensioniertes Material.

TUCHRISS

Beim Start in scharfem Geröll kann es vorkommen, dass das Tuch aufgerissen wird, ohne dass man es sofort bemerkt. Bei Segeln aus Ripstop-Tuch ist ein Weiterreißen des Tuchs nur bei großer Belastung möglich. Ruhe bewahren und unnötige Flugmanöver vermeiden. Der Landeplatz ist sofort anzusteuern.

BLOCKIERTE STEUERLEINEN

Verwickeln sich die Steuerleinen beim Start unbemerkt, können sie während des Flugs blockieren. Auf jeden Fall muss man versuchen, blockierte Steuerleinen freizubekommen. Gelingt dies nicht, muss behelfsmäßig mit den Haupttragegurten gesteuert werden. Das Steuern mit den Haupttragegurten erfolgt wie mit den Steuerleinen, ist jedoch nicht so wirkungsvoll, da es lediglich eine Flächenverwindung des Segels bewirkt. Die Notsteuerung kann mit Gewichtsverlagerung gut unterstützt werden.

Notsteuerung: Kurve rechts = rechten hinteren Haupttragegurt ziehen
Kurve links = linken hinteren Haupttragegurt ziehen

STABILER SACKFLUG

Der Sackflug ist ein Phänomen, das bei Gleitsegeln unter Umständen auch ohne Pilotenverschulden vorkommen kann. Fangleinen-Längenänderung und die daraus resultierende Anstellwinkelveränderung sind meist Grund für ungewöhnliche Sackflugzustände. Schon deshalb sollte die **Trimmung** regelmäßig überprüft werden (2-Jahres-Check). Großes Sackflugrisiko entsteht, wenn der Gleitschirm in Turbulenzen stark angebremst und somit sehr langsam geflogen wird. Wenn in starken Abwindzonen der Schirm in den Sackflug kommt, kann dies wegen der an sich schon großen Sinkgeschwindigkeit schlecht zu erkennen sein. Indiz für einen Sackflugzustand sind die fehlenden Fahrtwindgeräusche. Es ist eigenartig ruhig, das Segel ist komplett gefüllt, jedoch meist etwas faltiger als im Normalflugzustand.

Das Gefährliche am Sackflug ist, dass er meist zu spät erkannt wird
(Verwechslung mit Abwind).

Der Sackflug kann durch Herabziehen der hinteren Tragegurte herbeigeführt werden. Dies bewirkt eine Erhöhung des Anstellwinkels, die zum Segelstillstand führt. Der Sackflug wird auch als Fallschirmeffekt (franz.: *parachutage*) bezeichnet, da das Segel gleich einem Fallschirm mit 5 bis 8 m/s abwärts sinkt und in diesem Zustand stabil bleibt, also nicht selbständig in die normale Fluglage übergeht. Die Gleitzahl beträgt dabei maximal 0,5.

MÖGLICHKEITEN, AUS DEM SACKFLUG IN DEN NORMALFLUG ZU KOMMEN

1. Beide Steuerleinen abrupt bis zum Stallpunkt durchziehen, bis das Segel anfängt, nach hinten abzukippen. Nun die Steuerleinen relativ schnell lösen. Das Segel schießt nach vorne, stabilisiert sich und nimmt Fahrt auf.
2. Einen der vorderen Haupttragegurte weit herunterziehen und damit eine Kurve einleiten, dann loslassen.

Welche Methode für das eigene Segel am besten geeignet ist, sollte man beim Hersteller erfragen oder in sehr großer Flughöhe am besten bei einem Sicherheitstraining ausprobieren. Der Sackflug ist beendet, wenn wieder Fahrtwindgeräusche zu hören sind. Ist der stabile Sackflug ausgeleitet, sollte das Gleitsegel, nachdem es wieder Fahrt aufgenommen hat, leicht angebremst werden, um Segelpendler zu vermeiden, die zu einem erneuten Sackflug führen können. Da im Sackflug noch minimale Fahrt gemacht wird, ist das Segel noch, wenn auch beschränkt, steuerbar.

Knapp über dem Boden ist es gefährlicher, den Sackflug auszuleiten (Stallrisiko), als im Sackflug zu landen.

Ist eine Sackfluglandung unvermeidbar, wird dazu kurz vorher, also ca. 2 m über dem Boden, stark durchgebremst, um das Sinken geringfügig zu verringern. Keinesfalls zu früh bremsen, wegen der großen Stallgefahr. Zur Sackfluglandung gehört unbedingt eine aufrechte Körperhaltung für den Landefall.

Wer in turbulenter Luft ungebremst und zusätzlich noch stark beschleunigt fliegt, braucht sich über großflächige Einklapper nicht wundern.

WENN DAS SEGEL EINKLAPPT:

- Flugrichtung des Segels stabilisieren (gegensteuern).
- Durch beidseitigen Steuerleinenzug Staudruck erhöhen.
- Notfalls das »Aufpumpen« wiederholen.

SEGELEINKLAPPEN

In Turbulenzen kann es vorkommen, dass die Segeleintrittskante teilweise oder sogar komplett einklappt. Dies ist nicht unbedingt gefährlich, man sollte aber wissen, wie man darauf reagieren muss.

Segeleinklappen wird vor allem durch Fehlreaktionen gefährlich.

Verhalten bei Segeleinklappen: Fußbeschleuniger sofort komplett freigeben. Das Segel **beidseitig** stark anbremsen und Steuerleinen wieder lösen (Pumpen). Ist das Segel noch nicht offen, wiederholen. Hat das Segel Tendenz zum Eindrehen, muss gegengesteuert werden. Dabei wird versucht, mit der anderen Steuerleine durch Pumpen, d.h. durch ständiges Ziehen und Lösen der Steuerleinen, die eingefallenen Zellen zu öffnen.

In Turbulenzen sind Gleitschirme wesentlich stabiler und klappen weniger ein, wenn sie leicht angebremst geflogen werden.

LEINENVERHÄNGER

Gehören zu den gefährlichsten Flugsituationen, da oft auf den ersten Blick nicht ersichtlich ist, warum sich der Schirm so eigenartig verhält. Auf seitliche Verhänger ist wie auf Einklapper zu reagieren. Ist der Schirm nicht zu stabilisieren, muss versucht werden, den **Leinenverhänger** zu lösen. Vielleicht lässt sich die Stabiloleine einziehen, aber auch wiederholtes Pumpen mit der Bremse der verhängten Seite kann eventuell helfen. Lässt sich der Schirm trotz des Verhängers manövrieren, ist abzuwägen, ob die nächste Landemöglichkeit sicher erreicht werden kann. Befindet sich der Schirm jedoch in einem unkontrollierten, irreversiblen Flugzustand mit starkem Sinken, ist das Rettungsgerät auszulösen.

FRONTSTALL

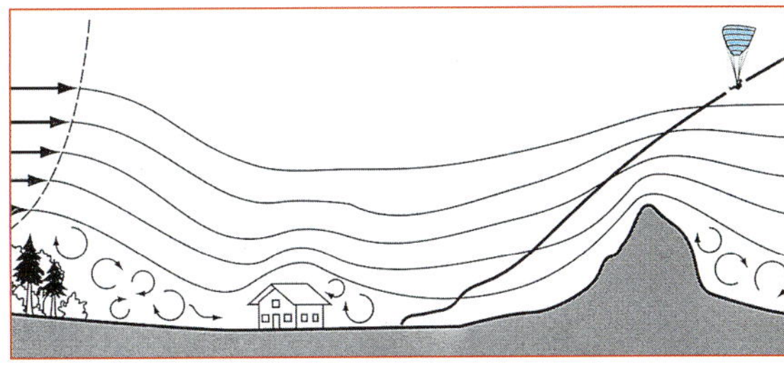

Bodengrenzschicht und Leeturbulenzen: *Der Windgradient zeigt, dass unmittelbar über der Erdoberfläche die Windgeschwindigkeit durch die Reibung geringer ist als in den darüberliegenden Schichten. Hinter Waldkanten und Hindernissen bilden sich Leewirbel aus, die sehr lange Wirbelschleppen nach sich ziehen. Der Gleitschirmflieger soll deshalb möglichst weit entfernt von Hindernissen und nur luvseitig vor Hindernissen landen.*

Wenn man ungebremst in eine sehr starke Abwindzone einfliegt oder ungebremst aus einem starken Thermikbart herausfällt und sofort in die Abwindzone gerät, kann es zu einem Frontstall kommen. Bei einem Frontstall wird die Schirmvorderkante nach unten gedrückt. Die Strömung reißt ab, die Segelenden wölben sich nach vorne zu einem Hufeisen. In der Schirmmitte herrscht kaum noch Staudruck. Die Sinkgeschwindigkeit wird groß. Der Frontstall ist durch rechtzeitiges Anbremsen meist zu verhindern. Kommt es zu einem Frontstall, öffnet sich das Segel wieder selbständig. Anbremsen verhindert das erneute Einschlagen der Eintrittskante und beschleunigt das Öffnen. Der Frontstall ist auch durch Herabziehen der vorderen Tragegurte künstlich einzuleiten. Als Flugmanöver macht er wenig Sinn.

SEGELKOLLAPS/STALL

In extremen Turbulenzen kann es in seltenen Fällen zum totalen Segelkollaps, d.h. zur vollständigen Segelentleerung kommen. Um das Segel wieder schnell zu füllen, werden beide Steuerleinen ganz durchgezogen und wieder langsam gelöst. Notfalls wiederholen.

STABILE STEILSPIRALE

Eine unfreiwillige Steilspirale entsteht meist aus einem einseitigen Segeleinklappen und einer instinktiven Fehlreaktion. Wird bei einseitigem Segeleinklappen nur die Steuerleine der eingeklappten Seite stark gezogen, wird dieser Vorgang zusätzlich unterstützt, da durch das Einklappen bereits die Tendenz zum Eindrehen besteht. Eine schnelle unkontrollierte Steilspirale mit großem Höhenverlust ist die unweigerliche Folge, aus der man nur herauskommt, wenn die Steuerleine gelöst und gegengesteuert wird. Dem Ausleiten folgen starke Pendler, bis das Segel wieder stabil ist.

TRUDELN

Unter dem Begriff »Trudeln« versteht man einen ungewollten Flugzustand, bei dem der Gleitschirm bei hoher Dreh- und Sinkgeschwindigkeit mit Beschleunigungs- und Verzögerungsphasen **unkontrolliert** fliegt. In diesen gefährlichen Flugzustand kann der Pilot kommen, wenn bei einer Steilspirale einseitig unnötig viel angebremst wird und es dadurch zu einem einseitigen Strömungsabriss kommt. Wird zu stark angebremst in einen Thermikbart eingeflogen und zusätzlich der Versuch unternommen, durch einseitig noch stärkeres Anbremsen und gleichzeitiges Lösen der anderen Bremse den Thermikbart zu zentrieren, kann es ebenfalls zum »Trudeln« kommen. Deshalb soll der Pilot allzu hektische Steuermanöver vermeiden. Lässt der Pilot dem Gleitschirm nicht genügend Zeit, auf seine eingeleiteten Steuerimpulse zu reagieren, und versucht, mit übertriebenen Steuerimpulsen ein Manöver zu beschleunigen, ist die Gefahr des Trudelns gegeben.

Egal auf welche Weise der Pilot meist ungewollt das Trudeln einleitet, der Schirm geht meist »negativ«. Die durchgebremste Segelseite dreht dabei nach hinten (»negativ«) weg. Durch die starke Abbremsung baut sich in Negativrichtung ein Profil auf, das von unten angeströmt wird. Ergebnis ist eine Negativbeschleunigung auf der einen Seite, auf der anderen Seite eine Vorwärtsbeschleunigung mit großer Rotation als Folge. Der Pilot kann regelrecht herumgeschleudert werden, die Fangleinen können dabei teilweise entlastet werden. Das Trudeln wird beendet, indem der Pilot die Steuerleinen langsam nachlässt, bis der Schirm unangebremst fliegt. Je länger der Flugzustand »Trudeln« anhält, umso unkalkulierbarer sind dessen Verlauf und die Ausleitung. Sollte der Gleitschirm das »Trudeln« trotzdem nicht beenden, hilft nur noch der Fullstall (siehe Abschnitt 5.5.6), wenn ausreichend Höhe vorhanden ist. Als letzte Möglichkeit bleibt noch der Rettungsschirm.

Das Trudeln ist schlecht zu kontrollieren und darf deshalb nicht provoziert werden.

Vorsicht: Trudeln kann auch aus der Steilspirale eingeleitet werden, wenn der Schirm in der Steilspirale noch stärker angebremst wird.

WOLKENBERÜHRUNG/ORIENTIERUNGSVERLUST

Wolken können eine starke Saugwirkung haben. Sobald man merkt, dass das Steigen gefährlich zunimmt, muss man versuchen, aus der Aufwindzone der Wolken zu kommen. Ist ein Wegfliegen nicht mehr möglich, sofort durch Schnellabstieg (Abschnitt 5.5.1) effektiv Höhe abbauen. Danach sofort von der Wolke wegfliegen.

Muss eine Wolkenzone oder Nebel durchflogen werden, unbedingt vor dem Einfliegen eine Flugrichtung wählen, die vom Bergrücken wegführt. Das Segel wird nun möglichst ungebremst geflogen, nur so ist die Wahrscheinlichkeit am größten, dass man keine Richtungsänderung vornimmt und mit dem nächsten Hang kollidiert. Flüge in Wolken sind immer mit totalem Orientierungsverlust verbunden und daher verantwortungslos.

Wolkenflüge sind lebensgefährlich.

Abstand von Bäumen, Masten und Kabeln halten. Eine Segelberührung bedeutet große Absturzgefahr.

5.2.6 Außenlandung/Notlandung

Ist eine Außenlandung unvermeidlich, wird der bestmögliche Landeplatz rechtzeitig gesucht und zielstrebig angeflogen, um eine Crashlandung in unwegsamem Gelände zu vermeiden. Als Außenlandeplatz eignen sich Flächen ohne hohen Bewuchs. Oft ist das Notlandefeld sehr klein. Deswegen wird die Höhe schon über Hindernissen wie Wald oder Fels abgebaut, um dann den Endanflug kurz zu halten.

HANGLANDUNG

Ist eine Hanglandung unvermeidlich, versuchen wir wie folgt zu verfahren. Durch Fliegen oberhalb des geplanten Notlandeplatzes die Windverhältnisse und die Beschaffenheit des Notlandeplatzes beobachten und die Landeplanung vorbereiten. Gegenanflug parallel zum Hang mit Rücken- oder Querwind. Für den Queranflug kurven wir vom Hang weg und kommen für den Endanflug wieder parallel zum Hang zurück. Die Landung muss unbedingt quer zum Hang erfolgen. Wegen der extrem hohen Verletzungsgefahr niemals frontal zum Hang landen.

Im steil geneigten Gelände immer quer zum Hang landen. Eine frontale Hangkollision ist lebensgefährlich.

NOTLANDUNG AUF BÄUMEN

Ist eine Baumlandung unvermeidlich, wird ein möglichst niedriger Baum zielstrebig angeflogen. Während Laubbäume wegen der meist starren, weit ausladenden Äste ein größeres Verletzungsrisiko darstellen und schwerer anzufliegen sind, sind Nadelbäume durch ihre schlanke Form und die abschüssigen Äste besser geeignet.

Nicht die Baumlandung stellt die größte Gefahr dar, sondern der mögliche Absturz vom Baum.

Ist anzunehmen, dass die Notlandung beobachtet wurde, wartet man besser auf Helfer. Mit der herabgelassenen Rettungsleine kann ein starkes Sicherungsseil heraufgezogen werden, das am Baum befestigt wird. Wer das Abseilen mit Hilfe des Halbmastwurfes beherrscht, kann sich nun sicher zum Boden abseilen. Ansonsten wartet man die Aktion der Rettungsmannschaft ab.

Ist man allein geflogen und aller Wahrscheinlichkeit von niemandem gesehen worden, kann man sich mit Hilfe des Haupttragegurtes festbinden und an einem Fangleinenbündel mit dem Halbmastwurf abseilen. Dies ist jedoch nur in einer absoluten Notsituation, bei bester körperlicher Verfassung und guten Kenntnissen der alpinen Sicherungs- und Abseiltechnik anzuraten. Wird der Gurt gelöst, zuerst die Brustschließen, danach die Beinschließen öffnen. Ist der Pilot verletzt, muss er sich unbedingt sofort vor weiterem Absturz sichern, da Schock und Bewusstlosigkeit eintreten können.

FÜR BAUMLANDUNGEN GILT:

- Gezielter Anflug möglichst eines Nadelbaums.
- Den Schirm genauso wie bei der normalen Landung stark abbremsen.
- Sofort einen stabilen Ast oder den Stamm ergreifen und festhalten.
- Sofort sich selbst vor einem weiteren Absturz sichern (Haupttragegurte oder Fangleinen am Baum verknoten).
- Sitzt man sicher auf einem Ast und ist vor dem Absturz gesichert, wird in aller Ruhe die eigene Lage überdacht.

NOTLANDUNG IM STEILGELÄNDE

Unbedingt quer zum Steilgelände anfliegen. Schirm vor Bodenberührung stark abbremsen und sich sofort an Felszacken oder Latschen festhalten und vor weiterem Absturz sichern. Hat sich der Schirm verhakt, unterstützt er – aber nur bedingt – die Sicherung. Gefährlicher ist es, wenn Wind das Segel erfassen kann und den Piloten mitreißt. Vom Segel trennen – oder sofort die Kappe bergen! Dies ist auch für Hubschrauberbergung wichtig.

FOLGENDE MASSNAHMEN VOR DER LANDUNG TREFFEN, WENN MÖGLICH:

- Zuerst den Rucksack abwerfen.
- Brustschnalle lösen.
- Beinschlaufen soweit lockern, dass man nach der Landung aus dem Gurtzeug heraus kann.
- Bei Sitzbrettern können alle Schnallen gelöst werden, da man trotzdem noch sicher auf dem Brett sitzt.
- Anorak und Schuhe öffnen und eventuell abwerfen.
- Wasser wird eher schnell angeflogen, damit die Kappe nach vorne schießt. So wird die Luft vom Wasser abgeschlossen und am Austreten gehindert; der Schirm geht nicht unter.

NACH DER LANDUNG (WASSERUNG):

- Man steigt sofort aus dem Gurt und versucht, unter der Kappe herauszutauchen. Verfängt man sich in den Fangleinen, Ruhe bewahren und die Fangleinen lösen.
- Sofort einige Meter gegen den Wind von der Kappe wegschwimmen; nicht versuchen, die Kappe zu bergen.
- Ist man in Ufernähe, kann man langsam, ohne viel Kraftverbrauch, darauf zuschwimmen.
- In Seemitte bleibt man besser beim Segel. Die Wasserlandung wurde sicher beobachtet, und es ist für ein Bergungsboot leichter, ein auf dem Wasser schwimmendes Segel als einen Menschen zu finden. Jetzt hilft nur noch kraftsparendes Schwimmen.

NOTLANDUNG IN GEWÄSSERN

- **In stehenden Gewässern**: Wasserlandungen in stehenden Gewässern in unmittelbarer Ufernähe sind relativ ungefährlich und werden in Fluggebieten ohne geeigneten Landeplatz öfter praktiziert. Plant man eine Wasserlandung, darf man nicht auf eine Schwimmweste verzichten. Mit vollgesogener Kleidung sind auch kurze Schwimmstrecken fast nicht zu bewältigen. Aus dem Vergnügen wird schnell Ernst, wenn das Wasser kalt, die Entfernung zum Ufer zu groß, der Pilot ein schlechter Schwimmer und die Kleidung mit Wasser vollgesogen ist.
Ist eine Wasserlandung nicht zu verhindern, bleibt gewöhnlich wenig Zeit.
- **In fließenden Gewässern**: Landungen in fließenden Gewässern unbedingt vermeiden, da die Strömung sofort das Segel erfasst und den Piloten mitreißt. Auch in flachen Bächen können die Fangleinen den Piloten unter die Wasseroberfläche ziehen. Besser ist auf jeden Fall eine Notlandung diesseits oder jenseits des Flussufers bzw. eine gezielte Baumlandung. Falls die Wasserlandung unumgänglich ist, danach sofort aus dem Gurtzeug und gegen die Strömung schwimmen.

Selbst kleine Bäche sind lebensgefährlich, wenn das Segel in die Strömung kommt.

LANDUNG IN LEITUNGEN UND KABELN

Diese Landungen sind **absolut lebensgefährlich** und sollten durch gute Flugplanung vermieden werden. Die Leitungen selbst sind kaum zu erkennen, aber die regelmäßig angeordneten Masten zeigen den Verlauf an.

Klemmknoten

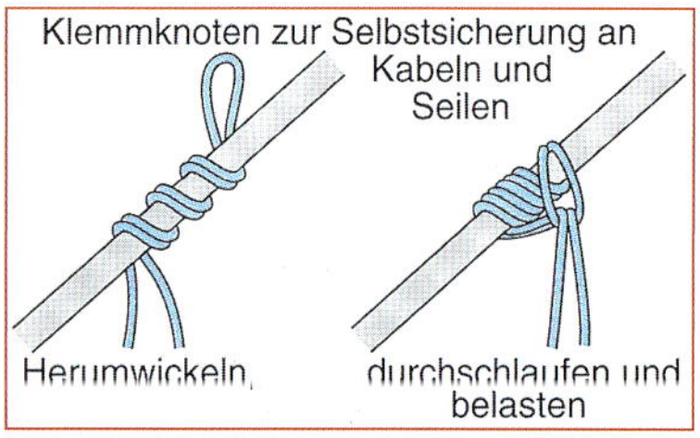

Leitungen und Seile von Bahnen dürfen nie unterflogen werden.

Kommt es dennoch zu einer Kollision, unbedingt kurz vorher den Schirm wie zur Landung abbremsen und versuchen, den Oberarm über die Leitung oder das Kabel zu bringen. Da Kabel dünn sind und sehr einschneiden, sofort sich selbst mit Hilfe von mehreren Fangleinen sichern (siehe Grafik). Wer eine Landung in Leitungen und Kabeln beobachtet, veranlasst sofort:

- Bei Stromleitungen muss zur Bergung die Spannung abgeschaltet werden (keine Eigenbergung!). Bergung nur nach Spannungsfreischaltung vom Elektrizitätswerk! Lebensgefahr für Pilot und Retter!
- Nur hüpfend mit geschlossenen Beinen bewegen. Der Spannungsunterschied im Schritt kann lebensgefährlich sein.
- Vorsicht vor Weidezäunen und allen leitenden Materialien.
- Bei Bergbahnen muss sofort der Betrieb eingestellt werden.

NOTLANDUNG AUF GLETSCHERN

Die Landung erfolgt wie gewohnt. Vorsicht vor Fallwinden! Gefahr besteht allerdings bei dem Versuch, den Gletscher zu verlassen. Ohne hochalpine Ausrüstung wie Steigeisen und Eispickel und vor allem ohne Seilsicherung kann es manchmal besser sein, eine Bergung abzuwarten. Um leicht entdeckt zu werden, legt man das Segel gut sichtbar aus. Falls es Nacht wird, kann das Segel als Biwaksack bzw. Notzelt dienen.

5.2.7 Entwirren der Fangleinen

Nach außerplanmäßigen Landungen, bei denen der Schirm geborgen werden muss, sind die Fangleinen oft derart verwirrt, dass die Fangleinenschlösser geöffnet und die Leinen entwirrt und neu eingehängt werden müssen. Dabei können beim Einhängen Fehler entstehen. Um Ordnung in die Leinen zu bekommen, geht man folgendermaßen vor: Man hält die äußerste A-Leine direkt an der Kappe und streift alle über ihr liegenden Fangleinen bis über das Gurtzeug. Dann wird die gegenüberliegende äußerste A-Leine vom Schirm her abgefahren und wieder alle Fangleinen bis über das Gurtzeug geschoben, und schon ist der Schirm komplett entwirrt.

Am Hang grundsätzlich quer landen. Frontaler Anflug = Lebensgefahr

Allgemeine Ausweichregeln

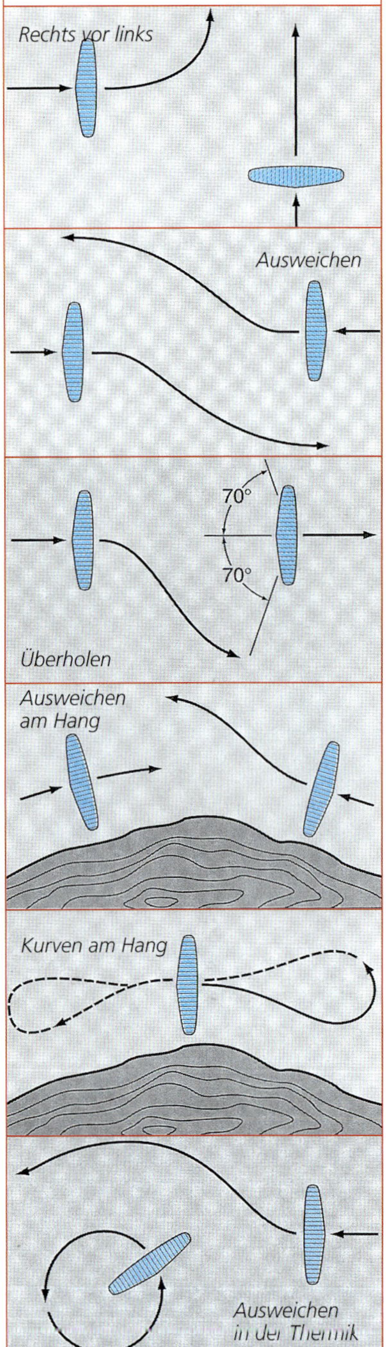

5.3 Flug- und Vorfahrtsregeln

Sind mehrere Luftfahrzeuge in unmittelbarer Nachbarschaft, müssen die Flugregeln unbedingt beachtet werden. Die Ausweichregeln sind in der Luftverkehrsordnung festgelegt und verbindlich. Ausweichmanöver müssen rechtzeitig und deutlich eingeleitet werden, damit der entgegenkommende Pilot nicht gefährdet wird. Zusammenstöße im Luftraum sind lebensgefährlich. Deswegen sollte man in gefährlichen Situationen auch dann ausweichen, wenn das Recht auf der eigenen Seite ist. Es ist die Pflicht jedes Piloten, ständig den Luftraum um sich herum zu beobachten, damit er mit seiner Flugroute und seinen Flugmanövern niemanden gefährdet. Man sollte sich des Mitfliegers auch bewusst sein, wenn er in einen toten Winkel wandert. Beachtet ein Pilot die Vorfahrtsregeln nicht, kann ihm der Befähigungsnachweis entzogen werden.

5.3.1 Ausweichregeln im freien Luftraum ohne Hindernisse

- **Vorfahrt:** Im Flugverkehr gilt die gleiche Regel wie im Straßenverkehr: **rechts vor links**. Kreuzen sich die Flugbahnen, muss das von links kommende Luftfahrzeug ausweichen.
- **Ausweichen:** Fliegen zwei Luftfahrzeuge aufeinander zu, weichen beide Luftfahrzeuge jeweils nach rechts aus und fliegen in ausreichendem Abstand aneinander vorbei.
- **Überholen:** Will ein schnelleres Luftfahrzeug ein anderes überholen, muss dies auf der rechten Seite mit sehr großem Abstand geschehen. Überholen bedeutet, dass sich ein Luftfahrzeug in einem Winkel von weniger als 70° einem langsamer fliegenden Luftfahrzeug nähert.
- **Landung:** Befindet sich ein Luftfahrzeug im Landeanflug, ist diesem in jedem Fall auszuweichen.
- **Flughöhe:** Sind zwei oder mehrere Luftfahrzeuge im Landeanflug, müssen die Höherfliegenden den Niedrigerfliegenden ausweichen.
- **Über- bzw. Unterfliegen:** Luftfahrzeuge dürfen nur mit sehr großem Höhenunterschied über- bzw. unterflogen werden.

AUSNAHMEN:

- Helikopter, die einen Rettungseinsatz fliegen, haben Vorfahrt.
- Freiflugballone haben aufgrund ihrer schlechten Manövrierbarkeit Vorfahrt.
- Luftfahrzeuge, die in einer erkennbaren Notsituation sind, haben Vorfahrt.

5.3.2 Hangflugregeln

- **Entgegenfliegende Luftfahrzeuge:** Das Luftfahrzeug, das den Hang auf der linken Seite hat, weicht nach rechts aus. Das entgegenkommende Luftfahrzeug darf nicht über- bzw. unterflogen werden.
- **Überholen:** Ein langsam am Hang fliegendes Luftfahrzeug darf nicht überholt werden.
- **Kreisen am Hang:** Wenn zwei oder mehrere Luftfahrzeuge am gleichen Hang fliegen, darf kein Luftfahrzeug gegen den Hang kreisen. Aus Sicherheitsgründen muss immer weg vom Hang gekurvt werden.
- **Überfliegen von Graten und Hindernissen:** Nie frontal, sondern immer schräg Grate und Hindernisse überfliegen, damit bei zu geringer Flughöhe noch seitlich abgedreht werden kann.

5.3.3 Thermikflugregeln

- **Ausweichen:** Fliegt ein Luftfahrzeug im Hangaufwind oder in der Thermik, weichen anfliegende, abfliegende oder kreuzende Luftfahrzeuge aus.
- **Drehrichtung:** Kreist ein Luftfahrzeug in der Thermik, bestimmt dieses die Drehrichtung für alle nachher einfliegenden Luftfahrzeuge.
- **Steiggeschwindigkeit:** Das langsam steigende Fluggerät muss dem schneller steigenden Fluggerät ausweichen.
- **Flughöhe:** Das tiefer fliegende hat gegenüber dem höher fliegenden Fluggerät Vorfahrt.

5.4 Flugpraxis für Könner

5.4.1 Rückwärtsstart

5.4.1.1 RÜCKWÄRTSSTART MIT ÜBERKREUZTEN BREMSEN (STARKWINDSTART)

Die Startvorbereitungen erfolgen wie beim normalen Vorwärtsstart. Der **5-Punkte-Startcheck** ist durchzuführen. Wird der Schirm seitlich so stark gerafft, dass nur noch einige Zellen in der Mitte offen sind, füllt sich das Segel meist gleichmäßiger und schießt nicht so abrupt nach oben. Von der normalen Startstellung ausgehend, dreht man sich mit dem Gesicht zum Schirm, so dass die Tragegurte sich überkreuzen. Die Steuerleinen sind nun auch überkreuzt. Deshalb sind die kommenden Steuermanöver gegengleich auszuführen, was einiger Übung bedarf. Ruckartiges Anziehen der Vorderleinen bewirkt, dass sich die Eintrittskante aufbläht und der Schirm füllt. Der Schirm schießt erheblich schneller als bei geringem Wind über den Piloten und wird dann gegengleich mit den Steuerleinen korrigiert. Steht der Schirm schön und kontrolliert über dem Piloten, geht man langsam rückwärts und dreht sich schnell wieder um die eigene Achse. Dabei auf die Ausdrehrichtung achten. Nach ein paar Beschleunigungsschritten starten wir wie gewohnt. Kommt die Windgeschwindigkeit der Maximalgeschwindigkeit des Segels nahe, kann vom Stand weg durch leichtes Ziehen der Steuerleinen abgehoben werden. Dies geschieht bisweilen schon in der Rückwärtsstellung. Man lässt sich dann in der Luft ausdrehen. Zu starkes Anbremsen hindert den Schirm, genug Fahrt aufzunehmen (Sackfluggefahr).

5.4.1.2 RÜCKWÄRTSSTART MIT PARALLELER STEUERLEINENFÜHRUNG

Wird wie oben ausgeführt, jedoch werden nach dem Überkreuzen der Haupttragegurte die Bremsen parallel aufgenommen. Dadurch ist die Schirmkontrolle wie gewohnt einfach, also nicht seitenverkehrt wie oben beschrieben. Jedoch hat diese Methode den Nachteil, dass der Pilot beim Ausdrehen die Bremsen kurz loslassen muss, um umzugreifen. Dies ist bei regelmäßiger Übung kein Problem. Voraussetzung ist jedoch, dass der Pilot in der Lage ist, den Gleitschirm vorher gut kontrolliert in der Luft zu halten.

Ausdrehrichtung beachten. Falsche Drehrichtung kann die Steuerleinen blockieren. Der Rückwärtsstart bedarf der ständigen Übung. Wer die Schirmkontrolle vor dem Ausdrehen nicht beherrscht, sollte vor allem an kritischen Startplätzen vom Rückwärtsstart absehen und die Startmethode wählen, die sicher beherrscht wird. Ansonsten kein Start, da Lebensgefahr.

5.4.2 Dynamischer Start/ Dynamische Beschleunigung

Der dynamische Start ist eine Optimierung des normalen Startablaufs, durch den sichere Starter schnell und mit geringem Kraftaufwand in die Luft kommen. Voraussetzung für das Erlernen der dynamischen Starttechnik ist gutes Schirmgefühl und das sichere Beherrschen der nor-

Rückwärtsstart

1. Warten auf den richtigen Zeitpunkt. Der Pilot hält mit dem Körper die Fangleinen auf leichter Spannung, die Steuerleinen bleiben durchgezogen, so bleibt das Segel startbereit am Boden.

2. Der Schirm ist über dem Totpunkt und steigt je nach Windstärke und Pilotenimpuls. Ist der Schirm kontrolliert über dem Piloten: ausdrehen, Steuerleinen greifen, Kontrolle und Startlauf.

3. Fertig zum Take Off. Hier muß sich der Pilot gegen den Uhrzeiger drehen.

4. Schirmkontrolle mit Haupttragegurt und Bremse.

5. Aufziehen mit überkreuzten Bremsen, A-Leinen gerade in den Händen.

6. Aufziehen bei Starkwind: Bei stärkerem Wind kann der Schirm sehr gut mit A- und D-Leinen kontrolliert werden. A-Leinen in der einen, D-Leinen in der anderen Hand. Das Überschießen wird so besser verhindert. Die Steuerleinen sind so zum Aufziehen nicht notwendig.

malen Starttechnik. Von einigen Piloten wird als Nachteil empfunden, dass durch die starke Körpervorlage der Gleitschirm nur während der kurzen Kontrollphase zu sehen ist.

Die Arme werden beim dynamischen Start seitlich nach hinten gestreckt. Zusätzlich wird der Oberkörper während der Aufziehphase nach vorne gebeugt; dies bewirkt ein schnelleres Füllen des Segels. Zum **Kontrollblick** muss man sich jedoch nun kurz aufrichten bzw. jeweils seitlich nach oben blicken.

Steht das Segel sauber über dem Piloten, beschleunigt man und legt gleichzeitig den Oberkörper kräftig nach vorne. Die Arme sind wieder seitlich schräg nach hinten gerichtet. In dieser Körperhaltung wird weiter solange kräftig beschleunigt, bis man in der Luft ist. Diese Phase wird auch als **Dynamische Beschleunigung** bezeichnet und kann ebenso nach einem Rückwärtsstart zur Beschleunigung eingesetzt werden.

Die **Vorteile** der dynamischen Starttechnik sind:

- Die Abhebegeschwindigkeit wird durch die schnellere Beschleunigung eher erreicht. Der Startlauf wird dadurch kürzer.
- Durch die nach vorne geneigte Körperhaltung lässt sich der Gleitschirm wegen der günstigeren Hebelverhältnisse kraftsparend aufziehen.
- Wirbelverletzungen sind selten, da bei Startabbruch, Fehlstart oder erneutem Bodenkontakt der Pilot sich eher nach vorne abrollt, als auf den Rücken oder das Gesäß zu fallen.

Höhere Startgeschwindigkeit beim dynamischen Startlauf

5.4.3 Klippenstart

Auch wenn immer wieder tolle Fotos von Klippenstarts zu sehen sind: Von einem Klippenstart ist generell abzuraten. Die Aufwinde an der senkrechten Klippe verursachen am Startplatz Kantenrotoren, die unberechenbar sind. Da der Start beim Klippenstart extrem kurz ausfällt, bleibt keine Zeit für einen Startabbruch. Eine Seilsicherung kann das Risiko nicht mindern.

Der Klippenstart ist auch für Profis lebensgefährlich. Da der Klippenstart absolut unkalkulierbar ist, muss dringend davon abgeraten werden.

5.4.4 Fliegen bei stärkerem Wind

Starkwind ist eine Herausforderung für Könner, die die Leistungsgrenze und das Flugverhalten ihres Segels bestens kennen. Die Windgeschwindigkeit darf in den Spitzenwerten nie über der Maximalgeschwindigkeit des Segels liegen, da man sonst rückwärts fliegt.

Ist der Wind stärker als die Eigengeschwindigkeit des Schirmes, besteht hohe Unfallgefahr.

Bei Starkwind, der knapp unter der Eigengeschwindigkeit des Segels liegt, können versierte Piloten noch fliegen, wenn sie sich der Risiken, die damit verbunden sind, bewusst sind:

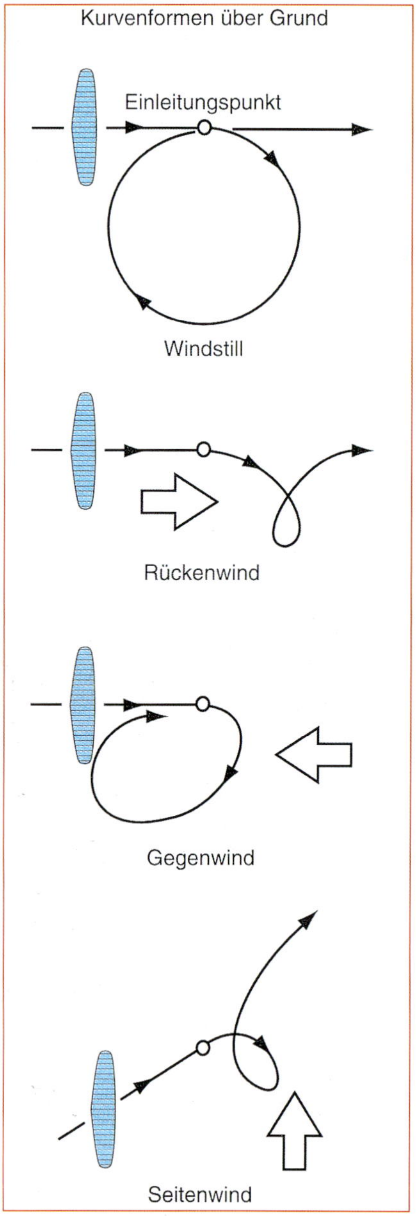

Kurvenformen über Grund: Gegenüber dem Wind dreht der Pilot normal seine Kurven, über Grund sind sie jedoch durch den Windeinfluss verzerrt. ***Wichtig bei der Landeeinteilung!***

- Bei zunehmendem Wind besteht die Gefahr, in das Lee getrieben zu werden.
- Gefahr von starken Turbulenzen.
- Der Gleitwinkel wird bei zunehmendem Gegenwind immer schlechter, so dass der vorgesehene Landeplatz nicht erreicht werden kann.
- Bergrücken bilden lange Wirbelzöpfe aus (siehe Kapitel 4, Abschnitt 4.3.2).
- Ist der Landeplatz von Bäumen oder Hindernissen umgeben, starke Turbulenzen in Bodennähe.

KURVENFORMEN BEI STARKWIND

Je stärker der Wind, umso mehr weicht beim Kurven die Flugbahn über Grund von der Kreisform ab (siehe nebenstehende Grafik).

STARKWINDLANDUNG

Bei Starkwind und auch bei zu erwartendem starkem Talwind fliegt man frühzeitig den Landeplatz an und baut dort die Höhe ab. Nahe dem Boden entfernt man sich bei einem Vollkreis weit vom Landefeld, da man auf einer Kurvenseite zwangsläufig mit dem Wind fliegt und auf der anderen Kurvenseite schwer dagegen ankommt. Deswegen baut man Höhe durch Hin- und Herdriften über dem Landeplatz oder luvseitig davor ab.

Nach der Landung wird sofort eine Steuerleine oder auch die B-Leinenebene (B-Stall) ganz eingezogen, denn mit dem Abkippen der Kappe hat der Wind eine maximale Angriffsfläche. (Siehe auch Tipps bei Kapitel 6) Die Wahrscheinlichkeit ist groß, dass der Pilot mit dem aufgeblähten Segel weggerissen wird. Eine schnelle Reaktion ist verlangt! **(Große Verletzungsgefahr!)**

5.4.5 Toplanding

Bei sehr guten Verhältnissen und Startüberhöhung kann auf dem Gipfel oder dem Startplatz gelandet werden, wenn dieser groß genug ist.

Toplanding sollte nur versucht werden, wenn:

- ein konstanter laminarer Wind, der nicht zu stark sein darf, ansteht;
- das Landegelände gefahrlos von mehreren Seiten angeflogen werden kann;
- dabei keine Personen gefährdet werden (Zuschauer, andere Gleitsegel- oder Deltapiloten);
- der Pilot das Segel unter allen Bedingungen beherrscht.

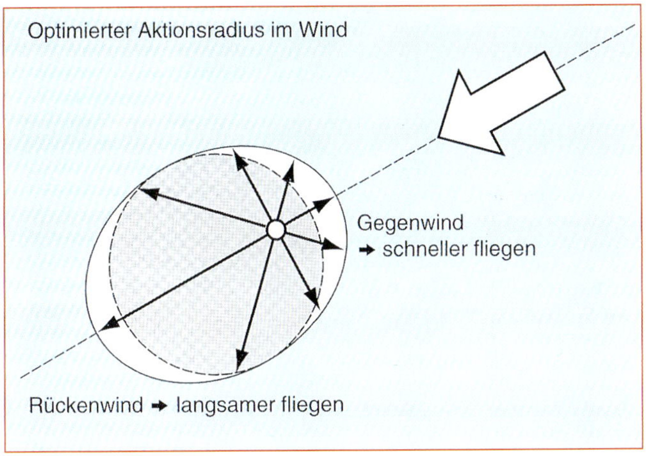

Optimierter Aktionsradius im Wind: Die Gleitzahl wird bei Rückenwind durch langsames Fliegen erhöht, bei Gegenwind durch schnelles Fliegen (siehe auch Grafik S. 43)

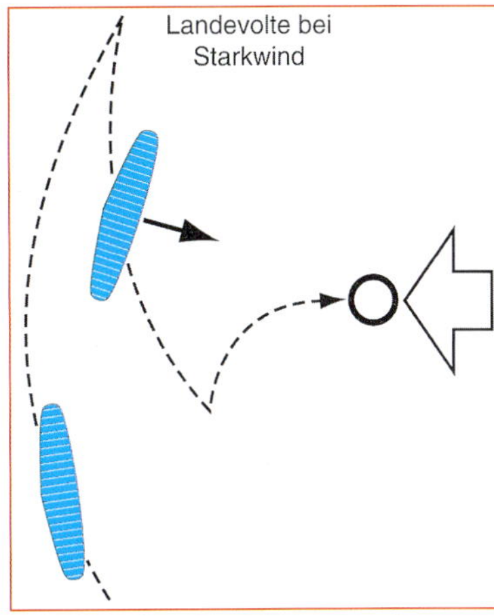

Starkwindlandevolte: Gegen-, Quer- und Endanflug werden nicht mehr sauber getrennt. Nur noch die Querkomponente wird genutzt, um gegen den Wind Höhe abzubauen.

FÜR TOPLANDING GILT GENERELL:

- Nur ebene oder leicht abschüssige Landepunkte anfliegen, damit eventuell wieder durchgestartet (siehe »Touch and Go«, Seite 153) oder bei Gefahr leicht abgedreht werden kann.
- Exakte Landeeinteilung unter Berücksichtigung der Windverhältnisse am Landeplatz.
- Bei stärkerem Gegenwind Landeanflug wie bei Starkwindlandung (siehe Grafik oben rechts), wobei auf die Leezone hinter dem Gipfel aufzupassen ist.
- Niemals mit dem Wind landen wollen. Meist ist der Wind in Gratnähe wesentlich stärker (siehe Kapitel 4, Abschnitt 4.3.2), und man wird dabei in das Lee abgetrieben. Deswegen das Segel rechtzeitig vor dem Gipfel in den Wind drehen.
- Zum Toplanding mit Achterkreisen Höhe abbauen, da bei Vollkreisen in Gipfelnähe bei stärkerem Wind der seitliche Versatz in Richtung Lee sehr groß ist.

Starkwind und Klippe in Hawaii. Selbst bei 100-%iger Schirmbeherrschung besteht ein großes Risiko. Pilot und Helfer sind hier voll konzentriert an der Arbeit.

5.5 Flugmanöver für Piloten mit Flugpraxis

DARAN DENKEN, DASS

- ein Gleitsegel, das sich in einem extremen Flugzustand befindet, Zeit und viel Flughöhe benötigt, um wieder kontrolliert und mit geringem Höhenverlust zu fliegen;
- ein Pilot, der extreme Manöver mit großem Höhenverlust und eventuellen starken Rotationen fliegt, leicht die Orientierung und den Bezug zur Nähe des Bodens verliert.

Ein Training der Flugmanöver, deren Einsatz im Notfall erforderlich sein kann, darf nur bei großer Flughöhe und mit Rettungsgerät durchgeführt werden. Flugschulen bieten dafür spezielle Sicherheitstrainings an. Dort wird unter fachkundiger Anleitung und zusätzlichen Sicherheitsmaßnahmen geübt. Auskünfte darüber erteilen die Fachverbände.

Keine Flugmanöver in Bodennähe. Als absolute Sicherheitsrichtlinie gelten 200 Meter über Grund.

*Einseitiges starkes Durchziehen nur einer Steuerleine führt zu einer **Steilspirale**. Dieses Manöver wird bei Gefahr als **Schnellabstieg** verwendet.*

5.5.1 Schnellabstieg

Bei normalen Flugbedingungen ist ein Schnellabstieg nicht notwendig. Lediglich wer sich selbst unnötig in Gefahr begibt, z.B. durch Wolkenberührung oder Gewitterflug, wird den Schnellabstieg benötigen. Besser wird es immer sein, alle Risiken auszuschließen und sich weit entfernt von Wolken zu halten. Bei jedem Flug muss die Wetterlage beobachtet werden, um bei Gefahr noch rechtzeitig landen zu können. Der B-Leinen-Stall ist bei vielen Gleitseglern nicht so harmlos, wie oft angegeben. Deshalb gilt die Steilspirale oder Ohren anlegen, auch wenn das Sinken teilweise geringer ist, nach wie vor als sicherer Schnellabstieg.

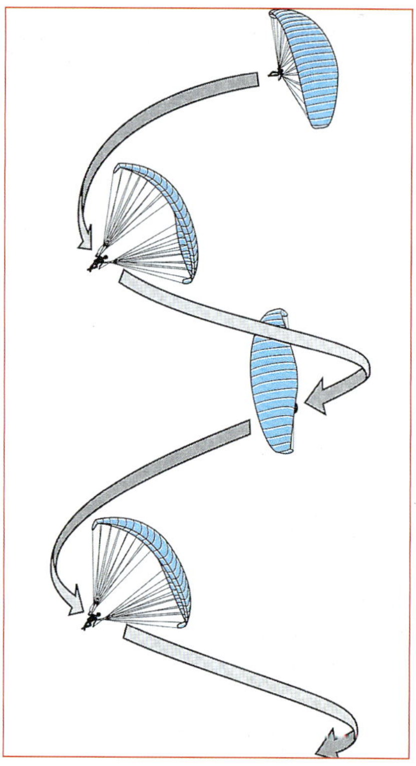

5.5.2 Steilspirale

Die Steilspirale wird zum Abbau von großer Flughöhe verwendet. Dies kann vor allem bei gefährlichen Situationen, wie zum Beispiel drohender oder bereits bestehender Wolkenberührung, notwendig sein. Bei allen mit Gütesiegeln versehenen Gleitschirmen ist eine Steilspirale gefahrlos möglich. Deshalb gilt die Steilspirale auch als sichere **Schnellabstiegsmethode**.

Die Steilspirale wird eingeleitet, indem eine Steuerleine langsam immer stärker durchgezogen wird. Der Gleitschirm fliegt eine Kurve, die stetig enger wird. Die zunehmende Zentrifugalkraft bewirkt eine stärkere Querneigung des Segels mit deutlich erhöhtem Sinken. Damit der Gleitschirm in der Steilspirale bleibt, muss die Steuerleine gezogen bleiben. Wird jedoch zu weit gezogen, dann kann es zum »Trudeln«, einem unkontrollierten Flugzustand, kommen. Um die Steilspirale zu beenden, wird die durchgezogene Steuerleine langsam nachgelassen, wodurch die Spirale sanft ausgeleitet wird.

Auch bei der Steilspirale gilt, dass zu abrupte Steuermanöver Überreaktionen des Segels hervorrufen können, die nur schwer zu kontrollieren sind. Ebenso ist zu bedenken, dass es durch die Rotation zu einem Orientierungsverlust kommen kann, weshalb die Steilspirale in sicherer Höhe über Grund abgebrochen werden sollte, um sich neu orientieren zu können.

Abrupte Steuermanöver führen zu Überreaktionen des Gleitsegels, die nur schwer zu kontrollieren sind.

5.5.3 B-Leinen-Stall

Der B-Leinen-Stall dient vor allem dem Schnellabstieg bei gefährlichen Situationen, wie zum Beispiel Gewitter oder Wolkenberührung. Der B-Leinen-Stall kann nur mit Segeln ausgeführt werden, bei denen die B-Leinengruppe separat an eigenen Haupttragegurten aufgehängt ist. Es gibt jedoch Gleitsegel, bei denen wegen gefährlicher Eigenschaften vom B-Leinen-Stall abzuraten ist. Man leitet ihn ein, indem man die beiden B-Leinengruppen so weit herunterzieht, bis die Strömung am Segel abreißt. Da die rest-

Oben: Spiralen ist toll, Fliehkräfte und Höhenverlust sind jedoch beachtlich. Deshalb Überblick bewahren und rechtzeitig über Grund ausleiten.

Links: B-Stall, schneller und sicherer Abstieg für Vielflieger. Erstes Üben nur in großer Flughöhe!

lichen Leinengruppen noch voll tragen, wird das Segel zwischen A- und C/D-Leinengruppen stark zusammengeschoben. Die Sinkgeschwindigkeit ist beträchtlich und kann, je nachdem, wie weit die B-Leinen nach unten gezogen werden, bis zu 8 m/s oder mehr betragen. Die Ausleitung ist meist ungefährlicher als beim Fullstall, da die meisten Segel nicht zum Überschießen neigen.

5.5.4 Ohren anlegen/ Flächenreduktion

Unter »Ohren anlegen« versteht man das Hereinziehen der rechten und linken Flügelseiten um zwei oder mehr Zellen. Dies bewirkt eine Verkleinerung der Schirmfläche, ohne dass ein Strömungsabriss eintritt. Dieser stabile Flugzustand hat deutlich erhöhte Geschwindigkeit und erhöhtes Sinken zur Folge. Da fast jedes Segel anders auf dieses Manöver reagiert, ist auf jeden Fall der Hersteller zu fragen. Meist wird das Ohrenanlegen durch das Herunterziehen der äußeren A-Leinen erreicht. Beendet wird der Flugzustand durch kurzzeitiges, starkes Anbremsen.

Schnellabstieg mit gut 3 m/s durch »Ohren anlegen«

5.5.5 Minimalgeschwindigkeit erfliegen

Die Minimalgeschwindigkeit ist die noch fliegbare Mindestgeschwindigkeit sehr nahe dem Strömungsabriss (Stall). Da wir als fortgeschrittene Piloten mehr und mehr bei den verschiedensten Bedingungen fliegen und uns an das Hangsoaring und das Thermikfliegen herantasten, ist es notwendig, diesen unteren kritischen Geschwindigkeitsbereich bei unseren eigenen Fluggeräten zu kennen.

Wir benötigen zum Probieren große Sicherheitsflughöhe, ruhige Luft und einen freien Luftraum. Wir fliegen zuerst mit der Geschwindigkeit des geringsten Sinkens (ca. 25–50 % Bremse). Nun ziehen wir die Bremse langsam weiter durch und achten auf die Kappe. Die Fahrtgeräusche (Windgeräusche) nehmen ab, es wird ruhiger. Diesen Flugzustand halten wir eine Zeit. Das Variometer müsste jetzt ca. 2–3 m/s Sinken anzeigen, vorausgesetzt, die

Luft ist ruhig. Wer glaubt, noch langsamer fliegen zu können, muss nun sehr gut auf das Segel achten. Meist wird das Segel bei noch stärkerem Anbremsen leicht nervös, dies ist ein klares Zeichen dafür, dass die Grenze erreicht ist. Wer weiter durchbremst, erreicht den Strömungsabriss, der Stall wird eingeleitet.

5.5.6 Stall (Fullstall)

Werden beide Steuerleinen über 100 % gezogen, sinkt die Eigengeschwindigkeit auf Null. Es sind keinerlei Windgeräusche zu hören. Jetzt kippt das Segel nach hinten ab. Die angebremsten Seiten schlagen sich rosettenförmig nach hinten ein, und durch den fehlenden Staudruck entleeren sich die Zellen. Wird weitergestallt, kommt das Segel wieder über den Piloten. Die Sinkgeschwindigkeit steigt rapide an. Werden die Steuerleinen jetzt plötzlich nachgelassen, schießt die Kappe über dem Piloten nach vorne. Besonders schnelle Segel drohen unter den Piloten zu schießen. Es können noch einige kurze Pendelstalls folgen (**dynamischer Stall**), bis sich die Kappe beruhigt und wieder Fahrt aufnimmt. Dies passiert auch, wenn der Stall schnell herbeigeführt wird. Besser ist es, die Steuerleinen langsam zu lösen. Dadurch schießt das Segel nicht so kräftig nach vorne, und seine Pendelbewegungen können schneller abgefangen werden.

Jeder Schirmtyp hat ein anderes Stallverhalten. Einige Schirme wölben sich leicht nach oben oder knicken in der Mitte ein. Es gibt auch Segel, die sich richtig zusammenknäueln.

Segel im Fullstall, der Pilot kippt nach hinten weg.

5.6 Aktives Fliegen für Könner

5.6.1 Hangsoaring

Orographische Windablenkung: In engen Tälern kommt es zu einer Düsenwirkung. Berge können eine Windablenkung bewirken. Der Gleitschirmflieger findet deshalb am Startplatz oft andere Windrichtungen als die Hauptwindrichtung vor.

Das bedeutet Hangfliegen unter Ausnützung von dynamischem Hangaufwind. Strömt der Wind frontal gegen einen Bergrücken oder eine Steilküste, wird dieser zwangsweise nach oben abgelenkt. Es entsteht dynamischer Hangaufwind, der an Steilkanten und in Gipfelnähe am stärksten ist. Ist die Aufwärtskomponente stärker als die Sinkgeschwindigkeit des Segels, steigt das Segel.

Je nach Windstärke und Geländestruktur kann das **Aufwindband** dem Hang ein gutes Stück vorgelagert sein (50–100 m) oder unmittelbar am Hang liegen. Um Hangaufwind exakt zu erkennen und zu nutzen, ist ein Variometer (siehe Kapitel 2, Abschnitt 2.6.1) unentbehrlich. Fliegt man nach dem Start vom Hang weg, wird das Aufwindband durchflogen. Man kurvt sofort ein und versucht, das Aufwindband parallel zum Hang abzufliegen und dabei die Zonen des größten Steigens ausfindig zu machen. Am besten fliegt man dabei mit der Geschwindigkeit des geringsten Sinkens.

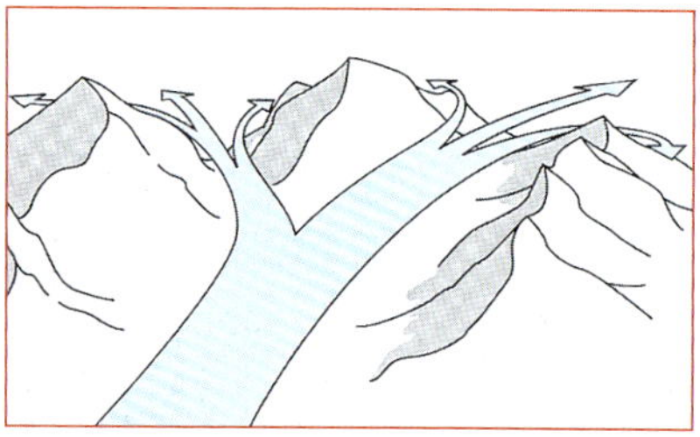

Der Könner dreht noch im besten Steigen, auch vor Ende des Bandes, flach vom Hang weg, um sofort wieder im großen Steigen zu fliegen. Wird außerhalb des Aufwindbandes gekurvt, wird unnötig Höhe verschenkt, die erst wieder erkämpft werden muss.

Trichterförmige Felseinschnitte und Kare können durch Düseneffekt dynamische Aufwinde bündeln und verstärken, aber auch für Turbulenzen sorgen. Schwach angebremst flie-

Optimales Gelände an der Nordsee zum Soaren im laminaren Aufwindband

gen! Bei geneigten Hangaufwinden driftet man durch leichte Schrägstellung des Segels (Schirmnase etwas vom Hang weggedreht) den Hang entlang und kann so mit geringerem Höhenverlust eindrehen.

Direkt am Hang sind oft Turbulenzen, die durch Waldränder oder zerklüftete Geländestruktur hervorgerufen werden. Durch die Reibung nimmt die Geschwindigkeit zum Hang hin ab. Dadurch erfährt das Segel ein Drehmoment in Richtung Hang, weil die dem Hang abgewandte Segelseite noch in der stärkeren Aufwindzone ist.

DER ABSTAND ZUM HANG MUSS GRÖSSER WERDEN, WENN

- der Wind stärker wird;
- starke Turbulenzen auftreten;
- der Wind böig ist;
- der Bewuchs des Hanges ungleichmäßig ist (Turbulenzen);
- der Hang stark zerklüftet ist (Turbulenzen);
- Abstufungen im Hang vorhanden sind (Turbulenzen).

5.6.2 Startplatzüberhöhung durch Hangaufwind

Ist der Hangaufwind so stark, dass über die Startplatzhöhe hinaus geflogen wird, spricht man von »Startplatzüberhöhung«. Das **größte Steigen** ist jetzt über der Abrisskante des Gipfelgrates zu erwarten. Da sich hinter dem Grat starke Leewirbel ausbilden, darf auf keinen Fall hinter den Gipfelbereich geflogen werden, da sich die Leezone auch über die Gipfelhöhe fortpflanzen kann. Ist die Horizontalwindkomponente stark ausgeprägt, wird das Aufwindband mit zunehmender Höhe auch hinter den Grat versetzt. Dies bedeutet für uns, dass unmittelbar in Grathöhe direkt auf dem Grat und davor geflogen werden kann. Ist der Wind sehr stark, fliegt man immer vor dem Gipfelverlauf, damit man nicht in das Lee abgetrieben wird. Steigt man höher, kann man nun auch in dem leicht versetzten Aufwindband fliegen.

Die **Kurventechnik** bleibt die gleiche wie beim Hangsoaring unter der Grathöhe. Im Aufwindband wird immer gegen den anströmenden Wind gedreht und so in Achtern hin und her geflogen. Da die Leezone und das Aufwindband unmittelbar aneinander grenzen, wird man beim unvorsichtigen Kurven mit dem Wind schnell in das Lee abgetrieben. Vollkreise sollen deswegen nur vor dem eigentlichen Aufwindband geflogen werden, um genug Sicherheitsabstand zur Leezone zu haben. Sind mehrere Segel im Aufwindband, sind die Hangflugregeln (siehe Abschnitt 5.3.2) zu beachten.

Mit viel Steuerleineneinsatz wird der Schirm in die Kurve gezwungen. Dies setzt gerade bei so geringer Flughöne gute Schirmkenntnis voraus.

Viele Piloten dosieren mit dieser individuellen Steuergriffhaltung den Schirm feiner und nehmen Thermik besser wahr.

5.6.3 Thermikfliegen

Thermikfliegen ist die eigentliche Kunst und Faszination des Gleitschirmfliegens. Es ist berauschend, wie ein Vogel in die Höhe zu steigen, um von hoch oben die Landschaft weit unter sich ausgebreitet zu sehen. Die Kunst ist, die Thermik, die in Blasen oder Thermikschläuchen auftritt, zu finden und wirkungsvoll für sich als lautlose Aufstiegshilfe zu nutzen (siehe auch Kapitel 4.5).

THERMIKSUCHEN

Dazu wird die Flugroute so gelegt, dass möglichst viele Zonen, in denen logischerweise Thermik zu erwarten ist, abgeflogen werden (siehe Abschnitt 4.5.3, Thermik-Special). Ist man schon sehr tief, hat man nur eine Chance im exakten Zentrieren eines möglichst starken Thermikbarts. Thermikschläuche sind anfangs recht schmal, und mit abnehmender Höhe wird ihr Einstieg immer schwieriger. Wird in niedriger Höhe kein effektiver Bart gefunden, sitzt man meist schnell im Tal, ohne Anschluss zu finden. Je höher man steigt, umso weniger exakt muss zentriert werden, weil sich der Bart aufweitet.

Thermikzentrieren:
1. Aufsuchen.
2. Identifizieren: nur vorübergehender Steigwert oder dauerhafter Aufwind.
3. Lokalisieren: Sich die Lage der nächsten Steigwerte des Varios einprägen.
4. Zentrieren: Eindrehen und Engerziehen in Richtung der höchsten Steigwerte.

ZENTRIEREN EINES THERMIKBARTES

Ist ein Thermikbart entdeckt, muss das Zentrum (Bereich des größten Steigens) lokalisiert und eingekreist (»zentriert«) werden. Da es schwer ist, auf Anhieb exakt im Aufwind zu kreisen, hält man anfangs besser mit Achterschleifen Ausschau nach dem maximalen Steigen und bekommt so ein Gefühl für die Ausdehnung der Thermik und ihre Intensität. Da man dabei immer wieder aus der Thermik herausfallen kann, ist der Flug etwas ruppig. Der nächste Schritt ist das **Einkreisen**, wenn man glaubt, das Zentrum lokalisiert zu haben. Der Vollkreis darf erst erfolgen, wenn ausreichend Sicherheitsabstand zum Hang besteht.

Fliegen in der Thermik

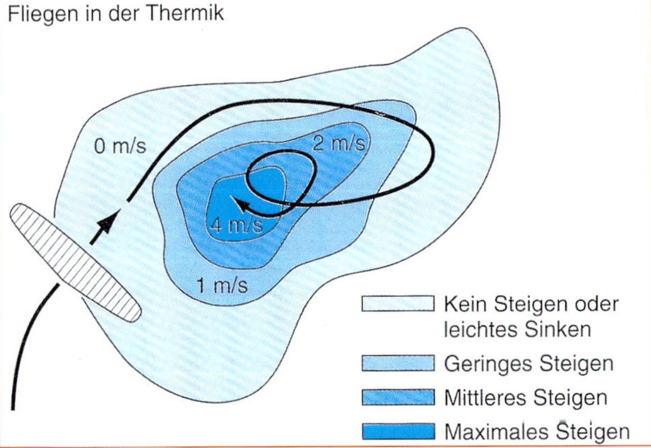

Versatz im Thermikschlauch mit der Gefahr von Leeturbulenzen. Lebensgefahr!

Das Zentrum wird möglichst flach drehend angeflogen. Der Thermikbart ist richtig zentriert, wenn die Steigwerte, die das Vario beim Kreisen anzeigt, annähernd konstant bleiben. Werden die Steigwerte auf einer Seite des Vollkreises geringer und auf der anderen Seite besser, muss korrigiert werden. Da Thermikbärte durch Windströmungen versetzt werden, ist unter Umständen dauernde Korrektur notwendig.

FLIEGEN IN DER THERMIK

Geflogen wird im **Bereich des geringsten Sinkens**. Der Schirm ist dabei relativ langsam, er kann Thermik sofort in Höhe umsetzen und dreht eng und ohne viel Höhenverlust. Ideal sind Schirme mit Sitzbrettsteuerung oder Flächenverwindung, die dadurch noch flacher drehen.

Bei flacher Thermik gibt es große Scherkräfte zwischen den Auf- und Abwindzonen. So kann es vorkommen, dass das Segel beim Versuch, in den Bart einzufliegen, durch die starken Aufwinde nach hinten abkippt (dynamischer Stall) und wie an eine Art Mauer prallt. Um trotzdem in den Bart zu kommen, muss der Schirm *zum Einfliegen* beschleunigt werden. Im Thermikraum wird sofort wieder angebremst geflogen.

Beim Herausfliegen aus starker Thermik drückt der Abwind auf die Eintrittskante, während das Schirmende noch Aufwind erhält. Das Segel schießt nach vorne und kann komplett an der Eintrittskante einrollen, wenn nicht sofort stark beidseitig angebremst und somit der Staudruck im Segel erhöht wird. Fällt man seitlich aus dem Thermikbart, können die äußeren Zellen kollabieren. Durch kurzes beidseitiges Anbremsen sind sie schnell wieder gefüllt.

*Fliegen im **Thermikschlauch:** Schnelles Einfliegen, möglichst ungebremst, da vertikale Scherwirkung den Schirm nach hinten abkippen läßt. Gebremst ausfliegen, damit Schirm nicht nach vorne abkippt bzw. einklappt.*

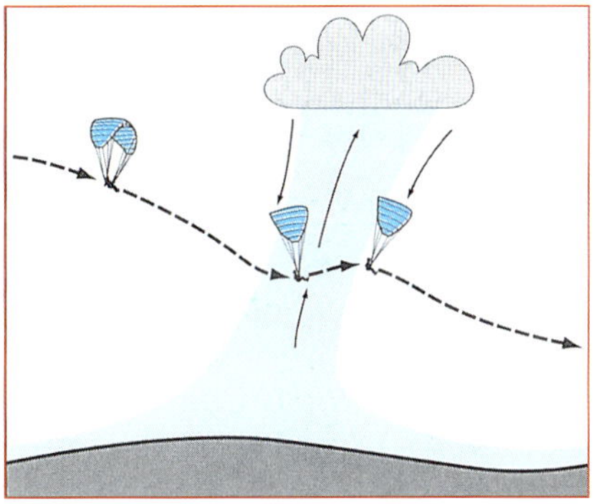

Gleitschirme klappen in der Thermik weniger oft und fliegen in starken Turbulenzen stabiler, wenn sie aktiv geflogen werden.

Je stärker die Turbulenzen, Hangaufwind und Thermik sind, umso größer ist die Wahrscheinlichkeit, dass Zellen einfach einfallen oder ganze Teile des Segels einklappen.
Dies ist keine sonderlich bedenkliche Situation, jedoch muss der Pilot darauf gefasst sein und die Öffnung des Segels durch aktives Eingreifen beschleunigen. Je nach Segeltyp und Art des **Kappenkollapses** hilft einseitiges, besser noch beidseitiges, kurzes, aber kräftiges Ziehen der Steuerleinen. Ist das Segel total zusammengefallen, werden ebenfalls beide Steuerleinen kräftig durchgezogen und wieder gelöst. Öffnet der Schirm nicht gleich, wird mehrmals kräftig gepumpt.

Sehr wichtig: Klappt ein Segel einseitig ein, beide Steuerleinen ziehen oder gegengleich reagieren, um die eingefallene Segelseite wieder zu füllen. Wird nur auf der eingeklappten Seite gepumpt, unterstützt man eine starke Rotation, die bei weiterem einseitigem Pumpen noch stärker wird. Das Segel verliert rasch an Höhe. Dies ist in Hangnähe lebensgefährlich.

- Bei einseitigem Einklappen des Segels beidseitig oder gegengleich anbremsen und pumpen, um nicht in eine gefährliche Rotation zu kommen.
- Bei Turbulenzgefahr die Steuerleinen niemals auslassen, um bei Segelkollaps sofort aktiv eingreifen zu können.
- Wichtig: Ein Einklappen des Segels ist noch lange kein Grund, den Rettungsschirm zu ziehen.

FLIEGEN IM HANGAUFWIND MIT THERMIK

Sehr oft vermischt sich an sonnenbeschienenen Hängen der dynamische Hangaufwind mit Thermik. Beide verstärken sich gegenseitig. In Hangnähe wird zuerst mit Achterkreisen so lange Höhe gemacht, bis der Sicherheitsabstand zum Hang groß genug ist, dass der Thermikbart mit Vollkreisen zentriert werden kann.

5.7 Biplacefliegen (Tandemfliegen)

Tandemfliegen ist auch in Hawaii für den Passagier ein Vergnügen, wenn der Pilot das notwendige Können besitzt.

Biplacegleitschirme eignen sich zum Fliegen zu zweit. An spezielle Haupttragegurte werden zwei normale Gurtzeuge eingehängt, und man fliegt, je nach Konstruktion, neben- bzw. hintereinander. Der Pilot übernimmt die Steuerung. Gestartet wird wie beim Alleinstart. Der Passagier muss nur mitlaufen, darf aber beim Start nicht in den Gurt springen. Die

Flugleistungen können denen normaler Schirme entsprechen. Die Landung erfolgt mit der gleichen Technik wie beim Flug allein. Sind die Bedingungen optimal, ist Biplacefliegen ungefährlich und ein großes Vergnügen. Der Pilot muss jedoch die volle Verantwortung für den Passagier übernehmen. Tandemfliegen ist nur mit einer Zusatzausbildung erlaubt. Die Bestimmungen sind im Luftrecht der jeweiligen Länder verankert.

Der Pilot übernimmt die volle Verantwortung für den Passagier.

5.8 Fliegen mit Ski und Snowboard

Im Winter ergeben sich ganz neue Möglichkeiten, Skifahren bzw. Snowboarden oder Monoskifahren und Fliegen zu verbinden. Start und Landung sind eher leichter als zu Fuß.

5.8.1 Skistart/Snowboardstart

Die Startvorbereitungen erfolgen wie beim Fußstart. Damit das Segel auf dem glatten Schnee nicht wegrutscht, wird es im Schnee fixiert: Mit der flachen Hand taucht man das Obersegel unterhalb der Eintrittskante an einigen Stellen unter die Schneeoberfläche, um die verbleibende Falte im Schnee festzupressen. Damit sich die Leinen nicht an den Skiern verhängen können, werden alle Leinen in das Segel gelegt. Die Skistöcke werden seitlich so am Rucksack festgebunden, dass sie das Aufziehen des Segels nicht behindern. Nun wird das Gurtzeug angelegt. Nachdem die Skier oder das Snowboard festgeschnallt sind, werden die Tragegurte wie gewohnt aufgenommen. Da wir dicht an der Segelhinterkante stehen, liegen die Leinen nun los beim Segel. Dies hat den Vorteil, dass man mit den scharfen Stahlkanten keine Leinen verletzen kann und dass Fahrt aufgenommen werden kann, um das Segel aufzustellen.

Mit einem großen Schritt seitlich nach vorn beschleunigen wir und ziehen gleichzeitig das Segel auf. Ist der Hang steil, gibt es einen stärkeren Öffnungsstoß. Um einen Sturz nach hinten zu verhindern, legt man sich beim Anfahren leicht nach vorne. Bei sehr flachen Hängen macht man mit Schlittschuhschritten zusätzlich Fahrt. Im steilen Startgelände kann man die Skier direkt in Fahrtrichtung in den Schnee stecken und nach vorne wegstarten. Der Start ist einfacher, funktioniert aber meist nur im steileren Gelände. Für das Snowboard muss die Hangneigung größer sein, um genug Schwung zu holen. Zunächst das Snowboard querstellen, aufziehen und umspringen. Ist die Startgeschwindigkeit so groß, dass das Segel zu tragen beginnt, heben wir durch leichtes Anbremsen des Schirms ab.

5.8.2 Landung mit Ski oder Snowboard

Die Landeeinteilung und die Landung erfolgen wie gewohnt. Mit Skiern kann aber auch deutlich schneller gelandet werden, da der Schwung in Vorwärtsfahrt umgewandelt wird. Kurz vor der Bodenberührung werden lediglich die Skispitzen bzw. das Snowboard leicht nach oben gehoben oder gekippt. Zu berücksichtigen ist, dass man tief in den Schnee einsinken kann und dadurch einen Überschlag nach vorne riskiert. In weitem, hindernisfreien Gelände mit flachen Hängen kann man zwischendurch auch längere Passagen halb fliegend, halb fahrend zurücklegen. Das Gelände muss so beschaffen sein, dass man nach der Ski-/Flugeinlage wieder ausreichend Höhe gewinnt, um sicher zum Landeplatz zu kommen.

Um den Hang halb fliegend, halb fahrend zu bewältigen, wird ein gleichmäßig geneigtes Hangstück wie zur Landung angeflogen, wobei mit der Hangneigung gelandet wird. Zum Zeitpunkt des Aufsetzens muss der Pilot unbedingt aufrecht im Gurtzeug sitzen. Gleich nach dem Aufsetzen werden die Steuerleinen so weit gelöst, dass der Schirm nicht nach hinten abkippt, sondern weiterhin über dem Piloten steht. Durch mehr oder weniger starkes Anbremsen kontrolliert man die Fahrgeschwindigkeit so, dass man immer kurz vor dem Abhebepunkt dahingleitet. Will man erneut abheben, wird durch Lösen der Steuerleinen die Fahrtgeschwindigkeit erhöht. Durch kurzes Anbremsen ist man wieder in der Luft. Nun kann man das Landen, Gleiten und Abheben je nach Geländestruktur wiederholen.

5.9 Motorisierter Gleitschirm

Das kleinste vom Boden startfähige »Flugzeug« ist ein Gleitschirm mit Rucksackmotor. Ein mit einem Druckpropeller versehener Benzinmotor von 15 bis 25 PS läuft in einem Schutzkäfig mit Umsetzungsgetriebe. Wie ein Rucksack wird das 12 bis 25 kg schwere Gerät auf den Rücken gesetzt und gestartet. Gas wird gegeben über eine Mund- oder Handklemme. Der Gleitschirm wird wie gewöhnlich gegen den Wind aufgezogen. Sobald der Schirm profiliert über dem Piloten steht, beißt man in die Klemme und gibt Gas. Schnell und wirkungsvoll wird Höhe gemacht, und die beliebige Steuerbarkeit wie bei einem Flugzeug wird den Flieger überwältigen.

Rechtlich wird der motorisierte Gleitschirm wie ein Ultraleicht behandelt und hat entsprechenden Vorschriften zu genügen. Nicht nur der Motor benötigt eine Zulassung bzw. ein Gütesiegel, sondern jede Schirm-Motor-Kombination. Man spricht mittlerweile von Motorschirmen, weil auch beim Motorfliegen den speziellen Anforderungen an die Schirme Rechnung getragen wird. Das Rettungsgerät muss den höheren Gewichtsanforderungen genügen. Für den Piloten gilt Versicherungspflicht, er muss im Besitz einer UL-Lizenz für Motorschirme sein und ein Flugfunkzeugnis besitzen. Gestartet und gelandet werden darf ohne Ausnahmegenehmigung nur von Flugplätzen. Damit ist Motorschirmfliegen erheblichen Einschränkungen und Bestimmunen unterworfen. Nähere Auskünfte erteilt der DULV.

6 Groundhandling/ Boden-Performance-Training

Oben: Einfache Übungen am Boden bei wenig Wind mit gutmütigen Gleitschirmen, um mit dem Segelverhalten vertraut zu werden.

Unten: Lederhandschuhe, Leinen und Leinenschlösser, das ist das Steuerwerk für das Groundhandling.

Durch die Acro-Bewegung wird eine Handlingform verstärkt angewandt, die sich äußerst positiv auf die persönliche Sicherheit beim Gleitschirmfliegen auswirkt. Unter Groundhandling versteht man: »Spielen mit dem Gleitschirm am Boden mit dem Zweck der absoluten Schirmbeherrschung.« Dass Üben Spass machen kann, wird jeder feststellen, der mit etwas Ausdauer die ersten Anfangsschwierigkeiten überwindet und konsequent jede Möglichkeit nutzt, um »Groundhandling« zu praktizieren.

Das Groundhandling-Training wird von verschiedenen Acro-Spezialisten und diversen Flugschulen angeboten und ist in erster Linie für alle Piloten gedacht, die bereits ausgiebige Flugerfahrung besitzen. Da das Training bei stärkerem Wind stattfindet, besteht erhebliches Verletzungsrisiko. Deshalb nie ohne fachliche Anleitung üben.

6.1 Voraussetzungen

Oben: Gesteuert wird mit den Tragegurten, die von oben gegriffen werden.

Unten: Groundhandling erfordert den vollen Körpereinsatz des Piloten. Der Körper wird zur Steuerung mit einbezogen.

Freies, offenes Gelände ohne weitere Hindernisse (Stromleitungen, Bäume, Lee usw.). Passendes Gurtzeug, Helm, Lederhandschuhe, feste Schuhe, körperbedeckende Kleidung sind wichtig, auch wenn Badewetter ist. Ein gutmütiger Gleitschirm mit geringer Streckung ist besser als ein Hochleister, der die Ohren hochnimmt. Nie alleine und bei Sturm üben. Pausen einlegen, da vor allem am Anfang viel körperlicher Einsatz und volle Konzentration gefordert ist, ansonsten besteht ernsthafte Verletzungsgefahr.

6.2 Performance-Technik

Wer Kitesurfern zuschaut oder auch selbst mal einen Kite in der Luft gesteuert hat, kann beobachten, wie feinfühlig sich diese Geräte auch bei stärkstem Wind steuern lassen. Folglich sollte dies auch mit einem Gleitschirm möglich sein. Bei fliegbarem Wind geht dies auch ganz gut mit den Steuerleinen. Gleitschirm aufziehen mit den A-Gurten, danach wird mit den Steuerleinen gesteuert. Ist der Wind relativ stark, kann man an den Startplätzen jedoch regelmäßig beobachten, dass dies doch gar nicht so einfach ist. Der Schirm schießt über, oft kommt der Griff zu den Bremsleinen zu spät. Sicherlich ist diese Technik ganz gut in den Griff zu bekommen, jedoch geht es auch anders. Das Segel lässt sich auch nur mit den Haupttragegurten steuern, ganz ohne Steuerleinen. Dies erscheint erst einmal ungewohnt, wird aber zum tollen Spaß.

Vorbereitung:
Startvorbereitungen mit 5-Punkte-Startcheck, rückwärts zum rund ausgelegten Segel stehend, die A- und B-Leinen leicht gespannt. Die Bremsschlaufen werden nicht gegriffen.

Performance-Aufziehtechnik nur mit Tragegurten:
Nun werden die C/D-Leinenschlösser direkt von oben herab fest gegriffen und fixiert. Danach geht es leicht in die Hocke. Den Impuls zum Hochsteigen bekommt der Schirm durch gleichzeitiges leichtes Zurücknehmen des Oberkörpers. Das Segel steigt nun nach oben. Sollte dies bei dem Segeltyp nicht klappen, kann mit den A-Gurten wiederum aus der Hocke der Startimpuls gegeben werden. Steigt das Segel, wird jedoch sofort von oben auf C/D umgegriffen.

Das Segel steigt weiter und steht über dem Piloten:
Das Überschießen des Segels wird nur durch mehr oder weniger Zug auf C/D verhindert. So lässt sich der Schirm gut korrigieren und in den Wind stellen. Sollte der Schirm wieder abkippen, geht es erneut in die Hocke, Körpereinsatz ist gefragt. Genügt dies nicht, kann mit einer Hand auf A oder auch nur eine A-Leine gegriffen werden, um den Steigimpuls zu erhöhen.

Start
Nun kann wie gewohnt gestartet werden, wobei es vorbereitend gut ist, die Steuerleine schon lose über den Daumen (keine Schlinge!) laufen zu lassen. Alles ist nun wie immer: Richtig ausdrehen, Steuerleinen greifen, Kontrollblick, beschleunigen und abheben.

Die Tragegurt-Aufzieh-Technik mit Körpereinsatz eignet sich grundsätzlich hervorragend, um sicher und dosiert bei stärkerem Wind zu starten.

6.3 Performance-Training

Wer das Aufziehen ausprobiert hat, wird bald merken, dass dies Training braucht. Nun geht es los. Aufziehgrundhaltung einnehmen. Hände von oben auf C/D und den Schirm mit Oberkörpereinsatz steigen lassen, aber nur bis zur Hälfte. Mit Zug auf C/D den Schirm wieder runter bringen und gleich wieder steigen lassen. Also rauf und runter. Das ist anstrengend, aber dadurch werden die Bewegungen Körperhocke, Oberkörper nach hinten lehnen, Hände steuern mit C/D immer koordinierter.

Optimale Handhaltung für die feinfühlige Steuerung des Segels im Wind

Wenn das klappt, kann man das Segel auf gut 2/3 steigen lassen. Nun beginnt dasselbe Spiel von vorne. Es geht so lange auf und ab, bis dies sicher beherrscht wird. Wichtig ist dabei, den Körper wirklich mit einzubeziehen und nicht nur mit den Armen zu arbeiten. Natürlich wird man bei diesem Training nicht nur auf der Stelle stehen. Bewegung ist angesagt, vor allem wenn der Wind böig ist. Rechtzeitiges, weiches Nachgeben verhindert, dass man plötzlich ausgehebelt wird. So lernt man mit der Zeit die Kraft des Windes kennen und baut eine Beziehung dazu auf.

»Wechselspiel-Übung« zur Vertiefung:
Man versucht bei ausreichend starkem Wind den Schirm nur bis ca. 1m über den Boden zu stellen und ihn dort leicht auf und ab tanzend zu halten. Dies geht wunderbar mit dem Wechselspiel C/D- und A-Leinen. Dabei natürlich den Körpereinsatz auf keinen Fall vergessen, so wird das Spiel richtig rund.

Bei Gefahr, mitgeschliffen zu werden:

Gerät der Schirm außer Kontrolle, nicht die Steuerleinen fassen, sondern mit den B-Leinen konsequent einen B-Stall verursachen.

Der Schirm sinkt: C/D-Leinenschlösser mit von oben gegriffenen Händen fixieren. Durch Hocke und zurücklehnenden Oberkörper Impuls geben. Falls notwendig, durch Umgreifen auf A den Impuls zum Steigen verstärken.

Der Schirm steigt: Hände auf C/D-Leinenschlösser und dosierter Zug. Mit dem Körper leicht nachgeben, eventuell Böen mit wenigen Schritten weich abfedern. Nicht laufen, sondern zu starken Druck über C/D abfangen.

Groundhandling extrem: Mike Küng bei über 40 km/h Wind am Ätna beim »ParaKiten«

6.4 Erweitertes Performance-Training

Wer mit den C/D-Übungen gut zurecht kommt, kann nun versuchen, den Schirm nur noch mit D zu führen. Hände von oben auf die D-Leinenschlösser. Dies braucht etwas Übung, es können auch die D-Leinen gegriffen werden, die jedoch nie gewickelt werden dürfen (Verletzungsgefahr). Bei zu starkem Zug gleich wieder C/D greifen, stabilisieren und sofort wieder zurück auf D. Dabei wie immer den Körper nicht vergessen. Ohne Körper werden die Bewegungen nicht wirklich rund.

Körperkoordinationsübung:

Wer mit seiner Körperkoordination Schwierigkeiten hat, übt noch mal einige Stunden mit C/D und achtet vor allem auf das eigene Körperspiel. Hockstellung, Oberkörper zurück, das Segel steigt. Nachlassen, aufrichten, das Segel sinkt erneut, in die Hocke usw. Das Becken ist wie die Beine dabei nicht starr. Bewegung ist erlaubt. Man kann dabei auch gut ausprobieren, was das Segel macht, wenn die Schritte leicht zur Seite gehen.

Weitere Übungen

und Einsatzgebiete ergeben sich, wenn die beschriebenen Übungen sicher beherrscht werden. Spannend wird es, wenn z.B. der Gleitschirm auch bei starkem Wind nur noch mit den Fingern, die einzelne D-Leinen halten, wie ein Lenkdrache im Wind geführt wird.

7 Windenschlepp

Dank der Seilwinde eröffnen sich für Gleitschirmflieger auch im Flachland optimale Flugmöglichkeiten. Die einfache und sichere Handhabung der Seilwinde erlaubt den Einsatz auch für weniger routinierte Piloten. An thermisch aktiven Tagen lassen sich sogar größere Streckenflüge im Flachland durchführen, was den Windenschlepp selbst für erfahrene Piloten interessant macht.

Da die Anschaffungskoten relativ hoch sind, wird der Windenschlepp überwiegend von Flugschulen, Clubs und Schleppgemeinschaften praktiziert.

- **Rechtliche Voraussetzungen:** Zugelassenes Schleppgelände, das mindestens 3 km vom nächsten Flugplatz entfernt sein muss. Bis 150 m Schlepphöhe genügt das Einverständnis des Geländebesitzers. Bei Schlepphöhen über 150 m benötigt man zusätzlich die Genehmigung der zuständigen Stellen. Die Winde und die Schleppklinke müssen eine gültige Zulassung besitzen. Nur ausgebildete Personen dürfen den Windenschlepp betreiben.
- **Persönliche Voraussetzungen:** Der Pilot benötigt die Windenschleppberechtigung (siehe Luftrecht). Zur Ausbildung wird der Pilot erst zugelassen, wenn er den Luftfahrerschein besitzt. Die Ausrüstung des Piloten muss für den Schleppbetrieb zugelassen sein.

7.1 Die Ausrüstung

ABROLLWINDE

Von der Abrollwinde wird das Schleppseil während des Schleppvorgangs abgerollt. Der Grundschleppzug wird durch einen langsam fahrenden Pkw erzeugt, an dessen Heck (Kofferraum oder Anhängerkupplung) die Abrollwinde befestigt ist. Der Windenführer, der im Kofferraum sitzt und die Winde bedient, regelt die Zugkraft, indem er die Abrolltrommel mehr oder weniger stark abbremst. Abrollwinden sind klein, leicht, unkompliziert zu bedienen und verhältnismäßig preisgünstig. Da die Startfrequenz gering ist, eignet sich die Abrollwinde für kleine Schleppgemeinschaften.

STATIONÄRE WINDE

Die stationäre Winde ist mit einem Motor ausgestattet, der das vorher ausgelegte Seil während des Schleppvorgangs mit einer bestimmten Zugkraft aufspult. Die Schleppfrequenz ist sehr hoch und kann durch eine Doppeltrommelwinde noch gesteigert werden. Da der Anschaffungspreis groß ist, werden stationäre Winden von Flugschulen und Clubs betrieben.

Alle verwendeten Seilwinden müssen eine Zulassung besitzen und mit einer Kappvorrichtung, die im Notfall das Zugseil trennt, versehen sein. Für die Bedienung und den ordnungsgemäßen Zustand ist der Windenführer verantwortlich.

Startcheck abgeschlossen, Schleppseil eingehängt. Der Windenführer wartet nun auf das Komando des Piloten, damit es los gehen kann.

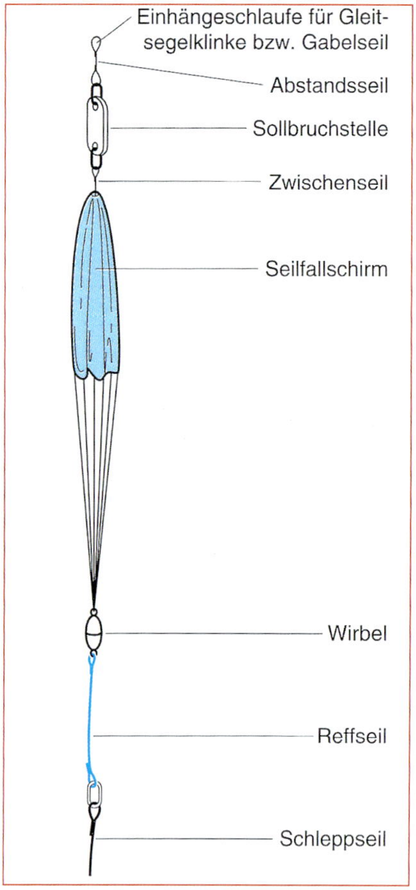

Aufbau des pilotenseitigen Seilschleppendes

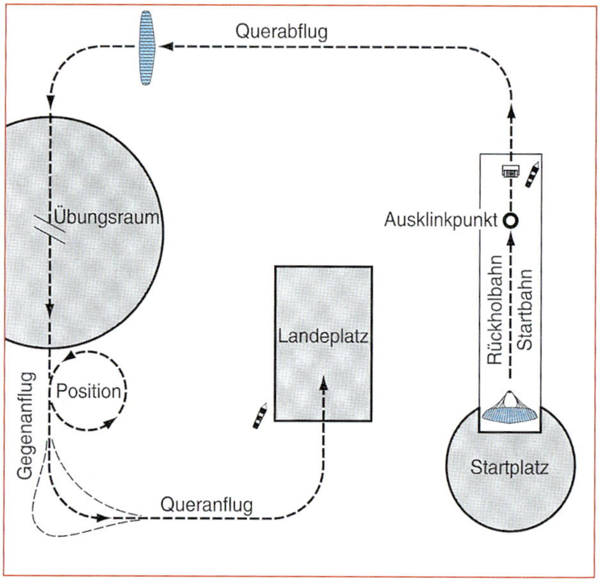

Draufsicht auf einen ***Schleppflugplatz. Wichtig:*** *Nach dem Start ist der Startraum zu verlassen und in den Übungsraum abzufliegen oder auf Strecke zu gehen. Um den Schleppbetrieb nicht zu stören, geschieht der Landeanflug (auch hier in Position, Gegen- und Queranflug gegliedert) außerhalb des Startbereichs!*

SCHLEPPSEIL

Das Schleppseil besitzt eine Festigkeit von mindestens 300 kp. Es besteht aus Stahl oder Kunststoff. In der Nähe des Piloten ist eine Sollbruchstelle eingebaut, die bei zu starkem Zug (über 105 kp) reißt. Damit der Windenführer nach dem Ausklinken das Seil sauber auf .wickeln kann, ist am Seilende ein Seilfallschirm integriert. Zur Sicherheit des Piloten befindet sich am Seilende zusätzlich noch ein Reffseil. Das Reffseil ist elastisch und zieht das Seilende nach dem Ausklinken sofort aus dem Pilotenbereich, damit sich das Schleppseil nicht verhängt.

SCHLEPPKLINKE (SPREIZROHR- UND GURTBANDKLINKEN)

Die Schleppklinke ist eine jederzeit trennbare Verbindung zwischen Pilot und Schleppseil. Sie besteht aus einem Metall- oder Kunststoffbügel, der links und rechts am Gurtzeug fixiert wird, und einem Mechanismus, der im geschlossenen Zustand das Schleppseil fixiert. Durch einen Hebel ist der Mechanismus in jeder Lage auch unter Last während des Schlepps leicht auszulösen. Das Schleppseil wird sofort freigegeben. Die Schleppklinke darf nicht zu tief am Gurtzeug montiert werden, da sonst beim Schlepp der Pilot zu weit vor dem Segel hängt. Dies führt bei Seilriss oder Ausklinken unter Zug zu starkem Durchpendeln des Gleitsegels. Besitzt ein Gurtzeug Befestigungspunkte für die Schleppklinke, sind diese auch zu benutzen. Dies gilt auch für die Windenschlepphilfe, die bei einigen Gleitschirmen notwendig ist.

AUSRÜSTUNG DES PILOTEN

Es können alle Gleitsegel und Gurtzeuge verwendet werden, die Gütesiegel besitzen und für den Schleppbetrieb zugelassen sind. Für Anfänger sind gutmütige Gleitsegel eher geeignet, da diese nicht so feinfühlig sind und somit Pilotenfehler leichter verzeihen. Gleitsegel, die zu Sackflug neigen oder schwer zu starten sind, sind für Anfänger weniger geeignet.

7.2 Die Schleppmannschaft

WINDENFÜHRER

Der Windenführer bedient die Seilwinde und ist für den einwandfreien Zustand des Gerätes verantwortlich. Er benötigt eine spezielle Windenführerberechtigung. Erfahrene Windenführer mit Gefühl für den Schlepp tragen entscheidend zum sicheren Schleppbetrieb bei.

STARTLEITER

Der Startleiter befindet sich an der Startstelle und überwacht den gesamten Schleppbetrieb. Er bedient das Sprechfunkgerät, überprüft die Seilauslegung, klinkt das Schleppseil am Piloten ein und überwacht den Luftraum.

SEILRÜCKHOLER

Der Seilrückholer bringt das Schleppseil, das nach dem Ausklinken am Seilfallschirm zu Boden fällt, zum Startplatz zurück.

Der Pilot läuft, zieht den Gleitschirm auf, der Windenfahrer unterstützt durch fein dosierten Zug.

7.3 Der Schleppbetrieb

Der Start erfordert ein exaktes Zusammenspiel zwischen dem Piloten und dem Windenführer. Deshalb müssen Kommandos und Abläufe exakt eingehalten werden. Der Startleiter hat eine überwachende Funktion. Vor dem Start müssen folgende Voraussetzungen gegeben sein (siehe auch Kapitel 5.1, Abschnitt 5.1.1, Startvorbereitungen):

- Das Schleppseil muss geradlinig, hindernisfrei und ohne Schlaufenbildung und Seilüberlagerungen ausgelegt sein.
- Es muss Sicht- und Sprechfunkverbindung zwischen Windenführer und Startstelle (Pilot und Startleiter) bestehen.
- Im Schleppbereich dürfen sich keine weiteren Personen befinden.
- Bei Zuschauern sollte das Fluggelände abgesperrt sein.
- Die komplette Ausrüstung (Winde, Schleppklinke, Pilotenausrüstung) muss in der Vorbereitungsphase auf Funktionstüchtigkeit überprüft worden sein.

Schleppstart:
A: Der Pilot ist startklar. Der Windenführer gibt nach dem Kommando »Seil anziehen« leichten Zug auf das Schleppseil.
B: Nach dem Kommando »Fertig« zieht der Pilot den Gleitschirm auf. Der Windenführer unterstützt durch leichten Seilzug.
C: Der Pilot kontrolliert den aufgezogenen Gleitschirm und gibt das Kommando »Start«, wenn alles in Ordnung ist.

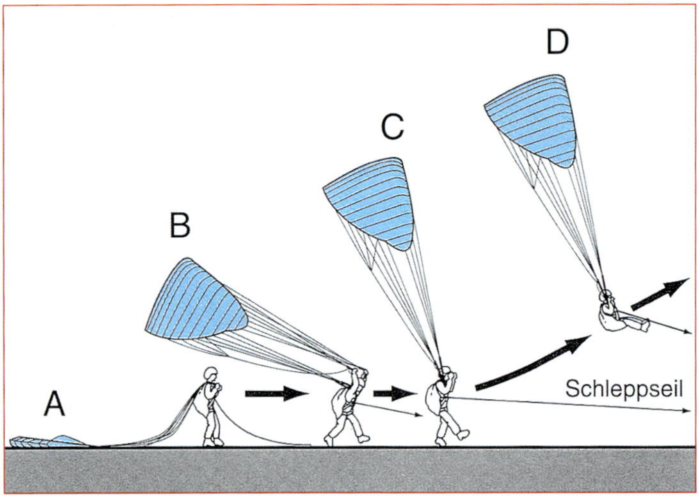

STARTVORBEREITUNG

Der Pilot betritt den Startraum, legt den Gleitschirm gegen den Wind aus (siehe Abschnitt 5.1.1) und macht sich startklar. Zusätzlich muss noch die Schleppklinke fest am Gurtzeug fixiert werden. Damit sich der Windenführer auf den Schlepp richtig einstellen kann, benötigt er **Informationen** über den Piloten und das Fluggerät.

Der Windenführer benötigt diese Information, um den maximalen Schleppzug für den Piloten einzuhalten. Hier gilt, dass der maximale Schleppzug dem Körpergewicht des Piloten entsprechen soll, maximal aber 90 kp nicht überschreiten darf. Der Pilot und der Windenführer sind somit startklar. Der Startleiter überprüft zusätzlich die Startvorbereitungen. Eine gelbe Rundumleuchte an der Winde signalisiert den Schleppbetrieb.

Durchsage von Startstelle an Windenführer	Antworten vom Windenführer an Startstelle
Gerätemuster (Modell)	Wiederholung
Pilot (Gewicht) Wiederholung	Wiederholung
Sonstige Informationen	Keine Wiederholung

Das Segel steht kontrolliert über dem Piloten, der weiterläuft. Nun kann der Windenfahrer den Zug erhöhen, bis der Pilot abhebt.

START DES SCHLEPPVORGANGS

Es folgen die Kommandos:

Durchsage von Startstelle (Pilot) an Windenführer	**Antworten** vom Windenführer an Startstelle (Pilot)
1. »Pilot und Gerät startklar«	»Winde startklar«

Der Startleiter hängt nun das Schleppseil in die Schleppklinke ein. Der Pilot befindet sich in Startstellung und ist bereit, den Gleitschirm aufzuziehen.

2. »Pilot eingehängt«	»Pilot eingehängt«
3. »Seil anziehen«	»Seil straff«

Der Windenführer strafft langsam das Seil, bis der Pilot einen leichten Zug spürt.

4. »Fertig«	Keine Wiederholung Leichte Zugkrafterhöhung

Der Pilot zieht nach dem Kommando »Fertig« den Gleitschirm auf. Steht der Gleitschirm über dem Piloten und ist der **Kontrollblick** durchgeführt, folgt der Start.

5. »Start«	Keine Wiederholung Startdurchführung Hörbereitschaft

Der Windenführer steigert jetzt den Schleppzug. Der Pilot hebt sofort ab und steigt nach oben. Während des gesamten Schleppvorgangs darf der Pilot den Gleitschirm nicht angebremst fliegen. Der Startleiter überwacht den Startvorgang. Sollte der Pilot oder der Windenführer einen Fehler machen oder ein Kommando vergessen, muss durch das Kommando »Halt Stopp, Halt Stopp« (mehrmals) der Start sofort unterbrochen werden.
Im Notfall:

6. »Halt Stopp« (mehrmals)	Keine Wiederholung Gas weg, notfalls kappen

SCHLEPPFLUG

*Unten: **Das Kräfteparallelogramm** im Schleppflug.*

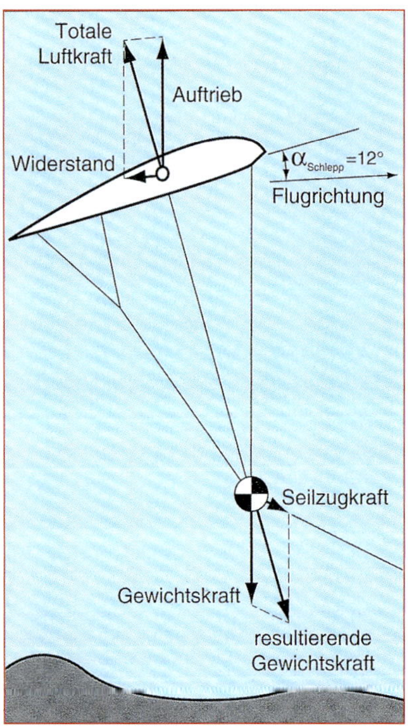

Beim Schleppflug befindet sich durch den Zug des Schleppseils der Pilot vor dem Gleitsegel. Damit es zu keinem ungewollten Strömungsabriss kommt, darf das Gleitsegel während des Schleppvorgangs unter keinen Umständen angebremst geflogen werden. Bei Seitenwind kann der Pilot jedoch mit der entsprechenden Steuerleine den Gleitschirm in Schlepprichtung vorsichtig korrigieren. Kleine Pendler können ebenfalls vorsichtig korrigiert

Der Dialog zwischen Pilot (Startstelle) und Windenführer.

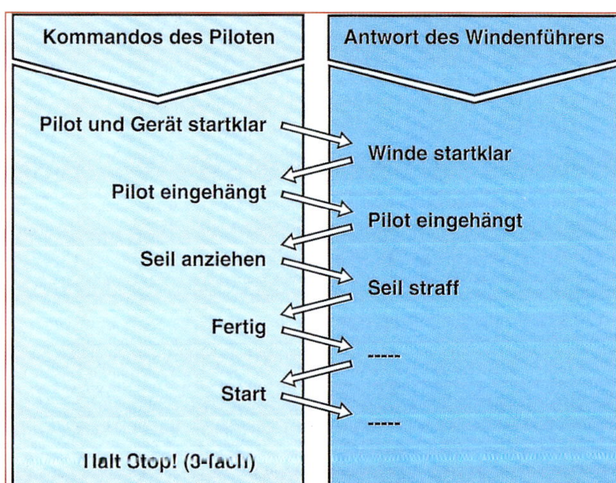

werden. Da ein Seilriss nie ganz ausgeschlossen werden kann, darf der Windenführer erst in Sicherheitshöhe auf den Maximalzug gehen. Er wird deshalb nach dem Abheben des Piloten den Zug langsam steigern. Damit sich der Pilot mit dem Windenführer verständigen kann, gibt es eine einfache **Zeichensprache** mit den Beinen.

Während des Start- und Schleppvorgangs darf das Gleitsegel nicht angebremst geflogen werden – erhöhte Unfallgefahr!

ZEICHEN DES PILOTEN AN DEN WINDENFÜHRER:

Grätschen der Beine (anhaltend)
soll heißen »langsamer«
Radfahrbewegungen (mehrmals)
soll heißen »schneller«
Grätschen der Beine (mehrmals)
soll heißen »Gas weg zum Ausklinken«

AUSKLINKEN

Ist die Schlepphöhe erreicht, gibt der Pilot dem Windenführer durch mehrmaliges Grät-schen der Beine Signal, dass er ausklinken will. Der Windenführer nimmt das Gas weg, die Seilspannung wird geringer. Ist kein Schleppzug auf dem Seil, klinkt der Pilot das Schleppseil aus. Dazu betätigt er den Öffnungsmechanismus an der Schleppklinke. Wichtig ist hierbei, dass der Pilot wirklich erst ausklinkt, wenn kein Schleppzug auf dem Seil ist. Würde zu früh ausgeklinkt werden, käme es zu starken Segelpendlern. Erkennt der Pilot die Schlepphöhe nicht selbst, wird der Windenführer von sich aus bei maximaler Schlepphöhe das Gas wegnehmen. Der Schleppzug wird geringer. Der Pilot muss jetzt trotzdem dem Windenführer mit den Beinen das Signal zum Ausklinken geben. Auch hier darf der Pilot erst ausklinken, wenn keinerlei Schleppzug auf dem Seil ist.

(A): Schleppposition
Der Pilot wird geschleppt. Das Zugseil ist gespannt, der Gleitschirm steht hinter dem Piloten und ist nicht angebremst.
(B): Ausklinkposition
Der Pilot hat durch mehrmaliges Grätschen der Beine Signal zum Ausklinken gegeben. Der Windenführer hat die Zugkraft reduziert, das Schleppseil hängt durch. Jetzt klinkt der Pilot das Schleppseil aus. Unten die Perspektive für den Windführer.

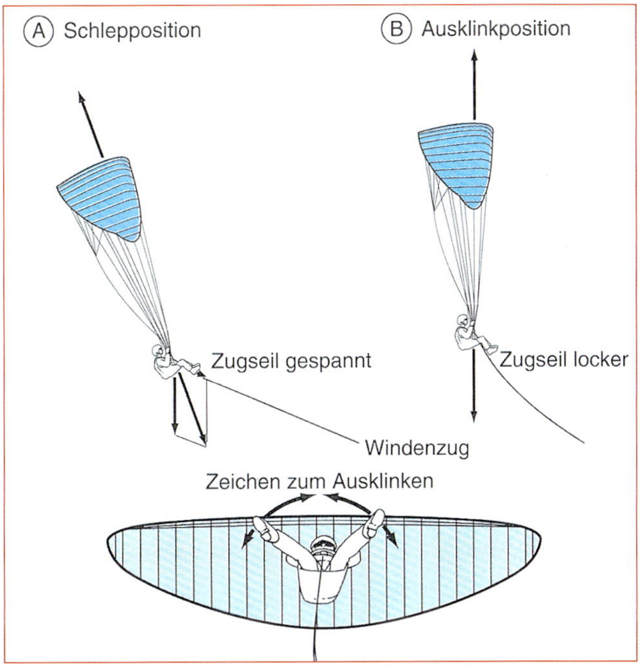

Der Ausklingpunkt ist bei einem Seilwinkel bzw. Peilwinkel von 70° erreicht.

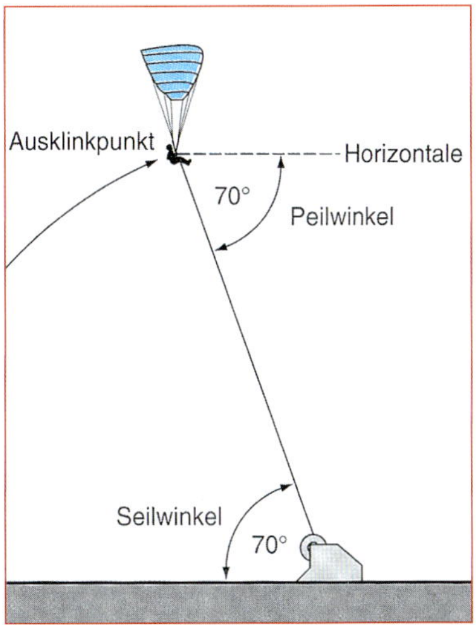

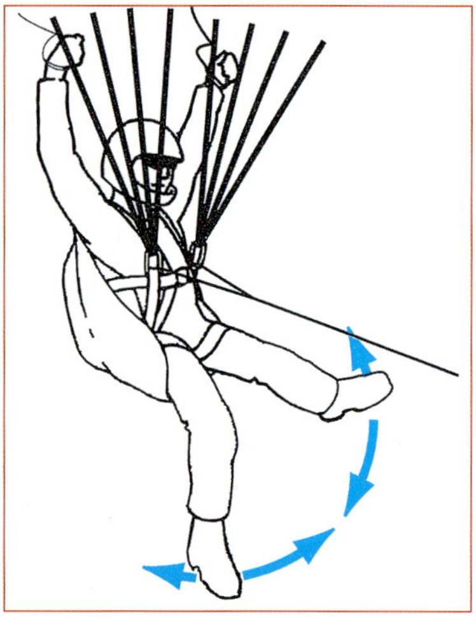

Beinegrätschen als Ausklinksignal an den Windenführer.

DAS AUSKLINKEN AUS DEM SCHLEPPSEIL DARF ERST ERFOLGEN, WENN

- das Kommando zum Ausklinken erfolgt ist,
- kein Schleppzug auf dem Seil ist.

FREIER FLUG

Nach dem Ausklinken gelten die allgemeinen Flugregeln und Vorsichtsmaßnahmen. An thermisch aktiven Tagen lassen sich beachtliche Flughöhen erreichen. Wichtig ist jedoch immer, rechtzeitig den Wind am Landeplatz zu beobachten, um eine ordentliche Landevolte fliegen zu können und somit sich und andere Piloten, die noch in der Luft sind, nicht zu gefährden.

LANDEVOLTE

Die Landevolte wird wie in Abschnitt 5.2.4 (S. 91) beschrieben geflogen.

Die Landung erfolgt immer gegen den Wind.

LANDUNG

Die Landung erfolgt wie in Abschnitt 5.1.3 (Seite 86) beschrieben. Zur Landung rechtzeitig im Gurtzeug aufrichten.

7.4 Schlepp für Fortgeschrittene

SCHLEPP BEI STÄRKEREM WIND

Gerade im Flachland herrschen oft stärkere Windverhältnisse. Ist die Windgeschwindigkeit deutlich unter der Eigengeschwindigkeit des Gleitsegels, ist ein Schleppbetrieb für erfahrene Piloten ohne großes Risiko möglich.

Die Windgeschwindigkeit muss deutlich unter der Maximalgeschwindigkeit des Gleitsegels liegen.

Bei stärkerem Wind muss mit deutlich weniger Seilzug geschleppt werden. Der Pilot steigt wesentlich steiler nach oben. Es wird eine größere Ausklinkhöhe erreicht.

Zu beachten ist, dass in zunehmender Höhe die Windstärke zunimmt (siehe Seite 67, Windgradient). Dies kann in der Praxis dazu führen, dass der Pilot auf der Stelle steht oder sogar rückwärts fliegt. Gerade dann ist es wichtig, dass der Pilot nicht zu früh ausklinkt, damit man nicht im Lee von Bäumen oder Häusern landen muss.

SCHLEPP BEI SEITENWIND

Der optimale Start ist genau gegen den Wind. Lässt das Schleppgelände die Ausrichtung der Winde nicht zu, ist ein Schlepp bei leichtem Seitenwind für erfahrene Piloten gefahrlos möglich. Der Seitenwind darf dabei maximal im 45-Grad-Winkel anstehen und darf nicht böig sein. Das Schleppgelände muss weiträumig sein, um eine Abdrift gefahrlos zu ermöglichen.

Der Pilot legt den Schirm in Windrichtung und nicht in Schlepprichtung aus. Der Start erfolgt ebenfalls genau gegen den Wind. Ist der Schirm über dem Piloten und der Windenführer erhöht den Zug, richtet sich der Schirm mehr und mehr in Richtung des Schleppzugs. Ist die Abhebegeschwindigkeit erreicht, hat sich der Gleitschirm in Richtung des Schleppzugs ausgerichtet.

Nach dem Abheben wird der Gleitschirm je nach Windstärke leicht seitlich versetzt. Man spricht von einer Abdrift. Durch leichtes Gegensteuern hält man den Schirm in Schlepprichtung. Man fliegt nun mit **Vorhaltewinkel**. Ein leichter Versatz zur eigentlichen Schlepprichtung ist nicht von Nachteil. Es kann dadurch sogar eine etwas höhere Ausklinkhöhe erreicht werden.

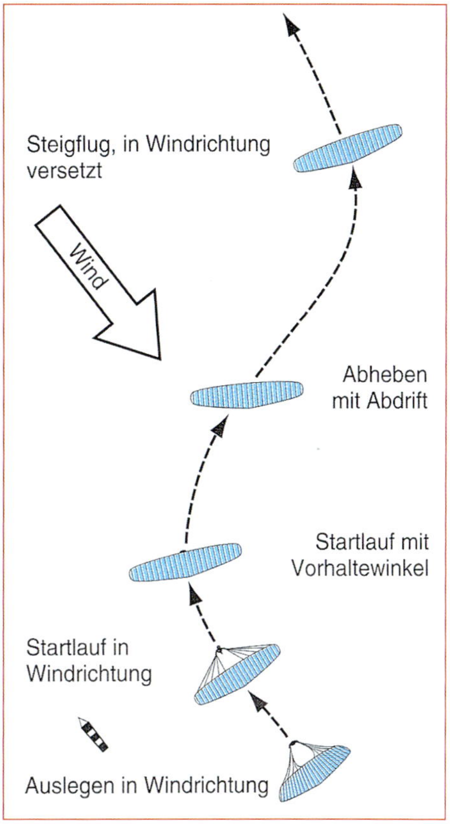

Schleppen bei Seitenwind: Ausgelegt wird in Windrichtung, und auch der Startlauf weicht von der Schlepprichtung ab. Mit dem Abheben dreht sich der Schirm automatisch in Schlepprichtung. Allerdings kommt es durch Windversatz zur Abdrift, auf die man mit leichtem Gegensteuern reagiert.

SCHLEPP BEI THERMIK

Je nach Intensität der Thermik erfordert der Schlepp an thermisch aktiven Tagen viel Erfahrung und Gefühl vom Windenführer. Der Pilot muss seinen Gleitschirm beherrschen und ein Gefühl dafür entwickelt haben. Durch die thermischen Ablösungen wird der Schlepp zu einer sehr ruppigen Angelegenheit. Deshalb darf aus Sicherheitsgründen nur mit sehr geringem Zug geschleppt werden, damit der plötzlich auftretende Zug, der durch eine aufsteigende Ablösung erzeugt wird, ausgeglichen werden kann. Ist der Schleppzug zu stark, kann die Sollbruchstelle am Schleppseil brechen. An so genannten Hammertagen, das sind Tage mit besonderer thermischer Aktivität mit Steigwerten um die 3–5 m/s, birgt der Schleppbetrieb erhöhte Risiken.

7.5 Gefahrensituationen

SEILRISS

Ein Seilriss kann in Bodennähe gefährlich sein, wenn mit zu viel Zug geschleppt wurde. Es kommt dann zu starken Pendelbewegungen, die gerade in Bodennähe gefährlich sind. Im Extremfall kann es zu einem Pendelstall kommen. Wird mit geringem, also richtigem Seilzug geschleppt, kann der Pilot die leichten Pendler gut auffangen. Er kann sicher landen.

LOCKOUT

Unter einem Lockout versteht man das seitliche Abschmieren des Fluggerätes unter starkem Seilzug. Zu einem Lockout kann es nur kommen, wenn der seitliche Versatz sehr groß ist und der Windenführer den Zug nicht nachlässt. Sollte es trotzdem zu solch einer Situation kommen, muss der Pilot rechtzeitig ausklinken.

Abgehoben – der Pilot hat die Arme oben, der Windenfahrer achtet auf konstanten Zug und beobachtet die Abdrift.

8 Selbstständiges Fliegen im Gebirge

8.1 Alpines Gleitschirmfliegen

Dass Gleitschirmfliegen heute so verbreitet ist, ging ursprünglich von den Bergsteigern aus, die fasziniert von der Idee waren, endlich in das Tal schweben zu können und sich dadurch den mühevollen und oft langen Abstieg zu ersparen. Dank der enormen Flugleistung der Gleitsegel denkt heute kaum jemand noch daran, den Gleitschirm nur als Abstiegshilfe zu benutzen. Heute wird richtig geflogen, der Alpenspaziergang erfolgt nicht mehr zu Fuß, sondern mit dem Gleitsegel. Durch das Gleitschirmfliegen finden immer mehr Nicht-Bergsteiger Zugang zum Bergsport. Als Berg»neuling« läuft man leicht Gefahr, sich beim Bergsteigen bzw. im alpinen Gelände zu überfordern. Bergsteigen stellt neue Anforderungen an den Gleitschirmflieger und eröffnet zusätzlich andere Gefahrenfelder.

Grundvoraussetzung für alpines Gleitschirmfliegen sind Ausdauer und Erfahrung. Ausdauer lässt sich durch Training verbessern, während Erfahrung nur durch langes und stetes Praktizieren aufgebaut werden kann. Erfahrung setzt sich zusammen aus: Kennen und Erkennen von **subjektiven** und **objektiven Gefahren**, dem praxisbezogenen Umgang mit Landkarten, einer realistischen Zeitplanung und einer fundierten Wettereinschätzung.

Dabei dominieren eindeutig die subjektiven Gefahren. Menschliches Versagen beinhaltet bekanntlich den größten Unsicherheitsfaktor.

SUBJEKTIVE GEFAHREN:

- Fehleinschätzung der Lage
- Überschätzung des eigenen Könnens
- Zeitliches Verschätzen
- Mangelhafte Ausrüstung
- Schlechte Flugplanung
- Schlechte Kondition
- Psychische Überlastung
- Vernachlässigung des Startchecks

Objektive Gefahren:
Sie sind naturbedingt und entstehen gewöhnlich ohne menschliche Eingriffe.

- Allgemeine Gefahren des Hochgebirges wie Stein- und Eisschlag, Wettersturz, Lawinengefahr, Gletscherspalten etc.
- Allgemeine Fluggefahren: Kabel, Seilbahnen, Bäume, schwieriges Startgelände etc.

Das Know-how des Bergsteigens lernt man am leichtesten von gleichgesinnten Freunden mit Bergerfahrung. Wer diese Gelegenheit nicht hat, sucht Anschluss bei den alpinen Vereinigungen, wie Alpenverein oder Naturfreunde, die zum Teil schon Gleitschirmgruppen angegliedert haben.

Günstigerweise beginnt man erst einmal mit Bergwanderungen. Sie bergen geringe Risiken – die Wege sind meist in gutem Zustand gehalten, gutes Schuhwerk und warme Kleidung verstehen sich für jeden Gleitschirmflieger von selbst.

Die Bergaktivitäten lassen sich in der Schwierigkeit stetig steigern, nur würde dies zu beschreiben über den Rahmen dieses Buches hinausgehen. Techniken wie Felsklettern und Eisgehen verlangen ein umfangreiches Fachwissen und viel Erfahrung.

Generell wichtig für Bergsteiger ist die Optimierung ihrer Ausrüstung auf geringes Gewicht. Dies fängt beim Schirm an. Bewährt haben sich Schirme mit kleinerer Fläche für den Starkwindstart, der im Hochgebirge praktiziert wird. Weitere Vorzüge dieses Schirmtyps sind das geringe Gewicht und das kleinere Packmaß. Ein Hängegurtzeug spart zwar Gewicht und Packvolumen, ist jedoch äußerst unbequem. Deshalb empfiehlt sich ein leichter Sitzgurt. Auf den Rettungsschirm darf man nicht verzichten.

Bergschuhe und Kletterhelm lassen sich in der Doppelfunktion als Fliegerstiefel und Fliegerhelm benutzen. Ausnahmen stellen die extremen Reibungskletterschuhe dar. Sie sind ungeeignet, da sie sich eng der Fußform anschmiegen, keinen Schutz gegen Stöße und keinen Halt im Gelenk gewährleisten. Zudem werden ihre glatten Sohlen im Grashang extrem rutschig.

8.2 Expeditionen

Bergsteiger, die sich auch in der Heimat in Extremregionen bewegen, werden vielleicht im Rahmen von Expeditionen versuchen, ihre persönlichen Grenzen weiter voranzuschieben. Allerdings ist hier mit einer Vielfalt an Problemen zu rechnen, etwa organisatorischer Art, Schwierigkeiten in großen Höhen, politischen Wirren, schlechter Infrastruktur und vielem mehr. Zumindest die gleitschirmspezifischen Probleme greifen wir hier näher auf.

8.2.1 Große Höhen, Expeditionsberge

Hohe Windgeschwindigkeiten, tiefe Temperaturen und vor allem stark abfallender Luftdruck erwarten den Expeditionsbergsteiger. Bereits in 5500 m Höhe herrscht nur noch die Hälfte des Normaldrucks. Dies hat physische wie psychische Konsequenzen bis hin zu fliegerischen Problemen. Bei rascher Überwindung großer Höhenunterschiede ist mit körperlichen Höhenanpassungsstörungen zu rechnen. Sie äußern sich in verstärkter Atmung, Kopfschmerzen, Schwindel, Schlaflosigkeit, Müdigkeit und Appetitlosigkeit. Gefährlicher ist jedoch, dass die »Höhenkrankheit« das Denken und Handeln beeinträchtigt, also Fehlentscheidungen provoziert, die die Unfallgefahr im extremen Hochgebirge drastisch heraufsetzen. Im schlimmsten Fall kann sie zu Ödemen oder gar dem Tod führen.

Wie sind solche Höhenanpassungsstörungen zu vermeiden?

Generell wird zwischen **Adaption** und **Akklimatisation** unterschieden. In der Adaptionsphase kompensiert der Körper durch Sofortmaßnahmen den Sauerstoffmangel, bei der Akklimatisation passt er sich physiologisch an.

Adaption = Sofortanpassung
Akklimatisation = Langzeitanpassung

Der geringere Sauerstoffpartialdruck hat als adaptive Maßnahme zur Folge, dass der Ruhepuls den im Tal gemessenen um 10 bis 40 Prozent übersteigt. Mit der dabei vermehrt abgeatmeten Luft und verstärktem Schwitzen erleidet man einen gesteigerten Flüssigkeitsverlust. Zunehmend verdickt sich dadurch das Blut und verursacht Durchblutungsstörungen. Gekoppelt mit tiefen Temperaturen sind sie der Grund für Erfrierungen, die Extrembergsteiger erleiden.

Abbildung rechte Seite: Ideale Thermik an der Marmolada, Dolomiten

Eine Erhöhung des Talpulses um mehr als 20 Prozent sollte immer als Zeichen mangelnder Akklimatisation angesehen werden.

Die Akklimatisation nimmt stets längere Zeit in Anspruch, da der Körper erst allmählich die Sauerstoffaufnahme der Lunge verbessern kann, außerdem vermehrt rote Blutkörperchen bildet, bei gleichzeitiger Rücknahme von weißen Blutkörperchen. Es wird dabei eine bessere Effektivität im Sauerstofftransport erreicht, und selbst die Sauerstoffausnutzung in den Zellen wird verbessert. Man geht generell von folgenden Zeiträumen für die Akklimatisation aus:

Höhenunterschied von

2000 m 1–3 Tage 3000 m 2–4 Tage 4000 m 3–6 Tage 5000 m 2–3 Wochen

Hier gibt es jedoch erhebliche *individuelle Unterschiede*. Über 5300 m ist eine Art physiologische Grenze erreicht, über der sich der Körper nicht mehr anzupassen vermag. Nicht ohne Grund grenzen die höchsten menschlichen Ansiedlungen an dieses Höhenniveau. Auf 6000 m lässt sich nur noch einige Wochen beschwerdefrei leben, während auf 7000 m mehrere Tage selbst im Liegen nicht mehr überlebt werden. Dies ist auch die Ursache dafür, dass man Basislager stets um 5000 m ansiedelt. Nur hier vermag sich der Körper zu erholen. Über 5300 m gibt es keine Akklimatisation mehr, sondern nur noch Adaption. In 8500 m Höhe herrscht gar nur noch ein Drittel des Sauerstoffpartialdrucks, und praktisch der gesamte Sauerstoffanteil der Luft ist zum nackten Überleben notwendig. (Weiterführende Literatur: Berghold, Bergmedizin heute. Bruckmann Verlag, München 1987.)

- **Fliegerische Probleme:**

Mit dem Druckabfall in der Höhe nimmt auch die Luftdichte ab. Sie fällt etwas langsamer, dafür progressiver ab. Der halbe Wert für die Luftdichte ist in 6600 m Höhe erreicht. Wie wir aus der Aerodynamik wissen (siehe Kapitel 3, Abschnitt 3.1.4), geht die Luftdichte in die Auftriebs- und Widerstandsformeln ein. Aus der Formel

$$F_A = c_A \cdot A \cdot \frac{\rho v^2}{2}$$

ergibt sich z.B. für 6600 m bei Halbierung der Dichte nur der halbe Auftrieb! Das heißt, um denselben Auftrieb wie in der Normaldichte zu erreichen, muss sich die Geschwindigkeit vergrößern. Bei 6600 m Höhe entspräche dies 41 % Geschwindigkeitszunahme. Dies gilt nicht nur die Vorwärtsgeschwindigkeit, sondern auch für die Sinkgeschwindigkeit! In ungünstigen Situationen können bis zu 6 m/s erreicht werden, also praktisch die Sinkraten eines Reserveschirmes. Dies muss bei Landeanflügen auf Hochebenen, beispielsweise zum Basislager, mit einkalkuliert werden. Die Landebremsung muss entsprechend höher angesetzt werden. Bei richtigem Einschätzen müssen die Landungen nicht härter ausfallen.

Beim Startlauf muss entsprechend höher beschleunigt werden, bis der Schirm trägt. Vorteilhaft sind Ski, um eine höhere Abhebegeschwindigkeit zu erreichen. Ein Skistart ist jedoch schwieriger abzubrechen. Besonders zu beachten ist der einwandfreie Sitz der Bindung, denn leicht übersieht man den Pressschnee an den Schuhsohlen, der sich beim Aufsteigen oder Auslegen festsetzt. Öffnet sich die Bindung, kann man die Ski während des Fluges verlieren. Aus diesem Grund empfehlen sich für Gleitschirmflieger unbedingt Fangriemen. Schlimmer ist das Lösen der Ski während des Starts. Im Hochgebirge können Fehlstarts verhängnisvoll enden.

Eine weitere Fehlstartmöglichkeit geht vom Rucksack aus. Pickel und Steigeisen, die nach Bergsteigermanier außen am Rucksack befestigt werden, wirken wie Leinenfänger! Sie sollten ausnahmsweise in den Rucksack gepackt werden. Bei der Startstellung achten wir auf eine weite Armhaltung; die hinteren Tragegurte laufen möglichst weit außen über die Unterarme. So minimieren wir das Risiko des Verhakens.

Bei den tiefen Temperaturen des Hochgebirges können sich Deltaschraubglieder so zusammenziehen, dass sie nicht mehr schraubbar oder zumindest schwergängig sind. Als Behelfs-»Schraubschlüssel« dient uns die Tragegurtschlaufe: Sie kann so eng um den Schraubverschluss gelegt werden, dass er gewöhnlich aufzuhebeln ist. Auch ein bereits geöffnetes Deltaschraubglied kann wie ein Schraubenschlüssel verwendet werden. Vorbeugend kann man die Deltaschraubglieder gegen Karabiner mit Sicherung auswechseln. Besonders beachten sollte man die erhöhte UV-Strahlung im Hochgebirge und das Schirmmaterial vor zu langer Bestrahlung bewahren.

Druck- und Dichteverteilung (P,.ρ), Temperaturabfall (T) und Geschwindigkeitszunahme (v) mit der Höhe. Der Geschwindigkeitszuwachs betrifft sowohl die Vorwärts- wie die Sinkgeschwindigkeit.

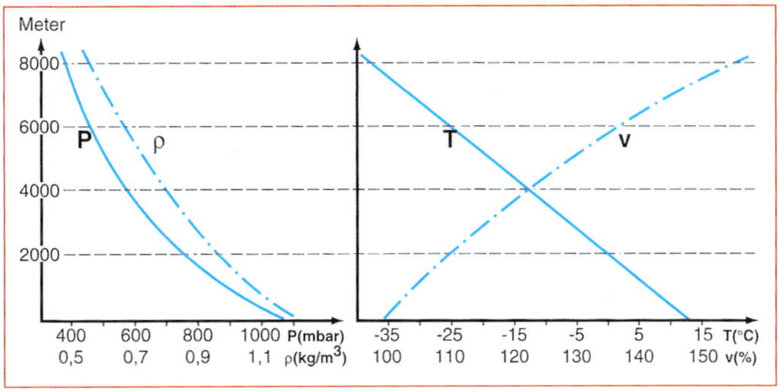

8.2.2 Fliegen in Wüsten

Wüsten bieten nicht nur Sanddünengebiete, sondern auch Gebirge und Vulkangebiete, die durchaus zum Fliegen geeignet sind. Solche ariden Gebiete sind gekennzeichnet durch **Kontinentalklima**. Hier herrschen extreme Temperaturunterschiede zwischen Tag und Nacht, die Luftfeuchtigkeit ist minimal. Zudem weht fast ständig Wind, jedoch relativ laminar im niedrigen Geschwindigkeitsbereich. Das Windprodukt Düne zeugt davon: Manche Formationen reihen sich über mehrere hundert Kilometer parallel aneinander. Nur acht bis zehn windstille Tage im Jahr kann man an den Randbereichen der Sahara erwarten. Andererseits sind starke Winde wie Sand- und Staubstürme weitaus seltener, als man gemeinhin annimmt. Die Windrichtung wechselt allenfalls jahreszeitlich. Diese Bedingungen herrschen vorwiegend in den Wüsten des Wendekreistyps, wie ihn die Sahara darstellt. Hier herrscht praktisch ständig Hochdruck. Im Sommer kann sich infolge extremer Strahlung mitunter ein Hitzetief bilden und Änderungen im Windsystem verursachen.

Man muss jedoch immer mit starken thermischen Ablösungen rechnen, die zu den herrschenden Winden ausgeprägte Windscherungen bilden können. Die normalerweise bodennahen Heißluftschichten können bis zu mehreren hundert Meter hoch werden! Kleine Windhosen sind relativ häufig zu beobachten. Je nachdem, ob man im Fesselflug, mit Seilwinde, von der Düne oder von Bergen fliegt, sollte man diese Gegebenheiten, besonders Turbulenzgefahren, mit einkalkulieren.

Dünen: Das Luv kann sehr flach ausgeprägt und damit für das Gleitschirmfliegen ungeeignet sein. Am ehesten sind die bis zu 400 m hohen Sterndünen zu befliegen. Sie sind »standorttreu« und drehen sich um ihre eigene Hochachse. Hier ist es noch am leichtesten,

Fliegen in der Wüste, Spiel mit dem Wind

gegen die Windrichtung gutes Gefälle zu finden. Die meisten Schirmtypen sind an der Hinterkante geschlossen und wirken wie eine Sandfalle. Das Einfallen von Sand in Zellöffnungen lässt sich kaum verhindern, dadurch nimmt besonders im hinteren Schirmbereich das Gewicht erheblich zu. Manche Silikonbeschichtungen haben die Eigenschaft, den Sand regelrecht einzubacken. Er ist dann nur schwer zu entfernen, ohne die Beschichtung zu schädigen. Auch die extreme Trockenheit schadet dem Segel.

8.2.3 Fliegen in den Tropen

Das Tropenklima zeichnet sich allgemein durch seine Gleichförmigkeit aus. Mindestens 20°C über das ganze Jahr und ein permanentes Tiefdruckgebiet kennzeichnen den **Kalmengürtel**, einen Bereich zwischen 10° nördlich und 10° südlich des Äquators. Die ungleichmäßige Land-Wasser-Verteilung und geographische Besonderheiten sorgen für regional verschiedene Tagesabläufe im Wettergeschehen, ja, bewirken sogar jahreszeitliche Rhythmen. Feuchtwarme, regengesättigte Meeresluft sorgt für **Regenzeiten**, trockene Festlandsluft für **Trockenzeiten**. In der Regenzeit sollte man der Pflege des Segeltuchs große Aufmerksamkeit schenken, sonst setzt ein verschmutztes Segel extrem schnell Stockflecken und Schimmel an.

In tropischen Regenwaldgebieten kann die Landeplatzsuche schwierig werden, eine Notlandung ist ein besonderes Risiko. Zum einen ist die Befreiung aus einem Baumriesen ungleich problematischer als aus einem hiesigen Baum, zum anderen sind Regenwälder schwer passierbar oder gar undurchdringlich. Die Flugplanung steht deshalb an erster Stelle, unter Berücksichtigung der meist konstant wiederkehrenden Wetterwechsel. Als Landeflächen kommen Rodungsflächen in Dorfnähe, Lateritpisten oder Flussbänke in Betracht. Perfekte Schirmbeherrschung ist absolute Voraussetzung.

- Zu beachten ist:

Tropische Hochgebirge stellen, obwohl oft einfacher begehbar, ebensolche Anforderungen an Ausrüstung und Erfahrung wie in den gemäßigten Breiten. Daunenanorak, Eis- und Biwakausrüstung können für das Überleben entscheidend sein.

8.2.4 Fliegen von Vulkanen

Fliegen von Vulkanen kann ebenso reizvoll wie unberechenbar sein. Niemals sollte man den Krater eines aktiven Vulkans (Stromboli, Ätna usw.) überfliegen, denn eine zeitliche Abschätzung der Ausbruchphasen ist praktisch unmöglich. Auch kurz nach einer Eruption kann der Druck für eine weitere ausreichend sein. Gase von über 1000°C sorgen hier für eigentümliche Strömungsverhältnisse. Solche Gase können auch in Form von Fumarolen oder durch das poröse Gestein an den Flanken des Vulkans austreten. Da sie bereits ziemlich abgekühlt sein können, bemerkt man sie vielleicht nicht. Legt man hier den Gleitschirm aus, kann das sehr verhängnisvoll sein. Denn die Gase enthalten meist ätzende Substanzen. Zusammen mit Wasserdampf kondensieren winzige Salz- und Schwefelsäuretröpfchen. Sie greifen das Tuch in jedem Fall an, auch wenn der Schaden nicht sofort erkennbar ist.

Ein weiteres »Auslegeproblem« stellen die porösen Laven dar. Ähnlich aufgeschäumtem Glas bilden sie an Bruchstellen rasiermesserscharfe Kanten. Am besten vermeidet man solche Plätze und sucht nach feinkörnigen Ascheansammlungen. Ist dies nicht möglich, sollte man den Schirm von Starthelfern anheben lassen.

Weicher Sand und laminarer Aufwind in Peru, ideal zum Soaren

9 Streckenfliegen/ Wettkampf/Acro

9.1 Streckenfliegen

Streckenfliegen bedeutet, sich vom vertrauten Luftraum eines Fluggebietes zu lösen und mit Hilfe der Thermik mehr oder weniger weite Strecken zurückzulegen. Es ist die hohe Kunst des Fliegens, die Techniken wie Soaren, Thermikfliegen, sichere Landungen auch auf kleinen Landeplätzen, Steilspiralen usw. voraussetzt. Gute Kenntnisse in Meteorologie, Navigation und Kartenkunde sind unabdingbar. Ein ausgeprägtes räumliches Vorstellungsvermögen und »Fluggefühl« erleichtern den Weg zum erfolgreichen Streckenflug.

Streckenfliegen erfordert viel Erfahrung und konstantes Fliegen. Hier zählen brillante Einzelleistungen, kombiniert mit guter Flugtaktik.

Beim Streckenfliegen in der Thermik trotz maximaler Steigwerte darauf achten, dass nicht zu dicht unter der Wolkenbasis geflogen wird, da die Gefahr besteht, dass man in die Wolke hineingezogen wird.

Auf Strecke in liegender Flugposition

STRECKENFLUGPLANUNG

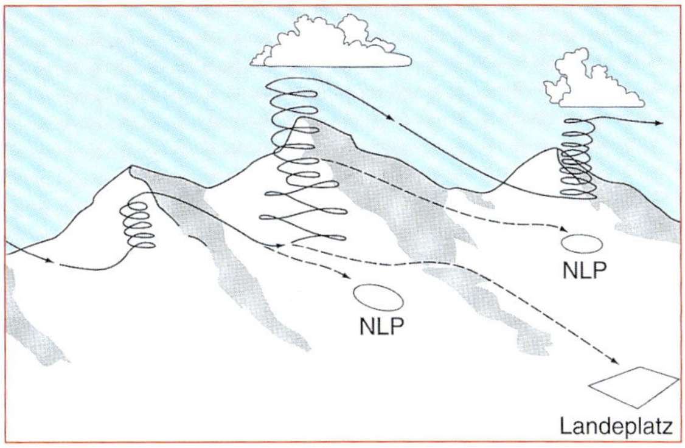

Streckenfliegen:
Die sonnenbeschienenen Hänge werden zum Thermikfliegen genutzt. In Hanghöhe wird in Achterkreisen vom Hang weggekurvt, über dem Grat kann gekreist werden. Je nach Abflughöhe aus dem Bart wird entweder ein Notlandeplatz (NLP) oder der Anschluss an einen weiteren Bart angesteuert.

Vor dem Flug steht die **Planung**. Mit Hilfe von guten Karten kann bereits zu Hause die Flugroute mit den Start- und Landeplätzen geplant werden. Auch Flugvarianten und Notlandeplätze sollten eingeplant werden. Im Gebirge eignen sich südlich exponierte Bergketten mit kleinen Taleinschnitten für die Streckenflugeinsteiger am besten. Hier sind die Flugentfernungen bis zum nächsten Thermikbart oder Hangaufwind kurz. Man kann weitgehend im hangnahen Bereich fliegen und die thermischen wie dynamischen Komponenten nutzen. Sind größere Täler zu queren und der Pilot »schafft« es, auf der anderen Talseite wieder nach oben zu kommen, handelt es sich bereits um beachtliche Pilotenleistungen. Um ein großes Tal zu queren, ist es sehr hilfreich, schon vorher ungefähr zu wissen, mit welcher Abflughöhe man sicher die andere Talseite in ausreichender Höhe erreicht. Schon geringer Gegenwind oder Abwind lassen die Flugleistungen enorm schrumpfen. Ein Gleitsegel ist immer noch das langsamste Fluggerät. Deshalb ist eine gute Planung und optimales Streckenflugwetter mit guter Thermikentwicklung und geringen Bodenwinden die Voraussetzung.

Wer auf Strecke geht, muss sich im Klaren sein, dass er den nächste Thermikbart vielleicht nicht erreicht und notlanden muss. Deswegen sollten Streckenflüge nicht knapp über unwegsames Gelände ohne Notlandungsplätze führen. Bei längeren Flügen ist laufend die Wetterentwicklung zu beobachten. Schnell baut sich ein lokales Wärmegewitter auf, oder eine Kaltfront zieht auf.

Durch die geringe Fluggeschwindigkeit ist es unmöglich, vor der Kaltfront herzufliegen. Auch wenn die Variosteigwerte Höhengewinn versprechen, sofort auf Landekurs gehen.

Die Planung eines Streckenfluges anhand von Karten ist ein Muss für die eigene Sicherheit. Besonders die Landeplätze und eventuelle Notlandeplätze müssen schon vor dem Flug bekannt sein. Bedenke auch, dass ungewollte Außenlandungen im unwegsamen Gelände sehr weite Fußmärsche bis zur nächsten Straße bedeuten können und eventuell alpine Erfahrung erfordern. (Vor der Landung Gelände einprägen!)

9.1.1 Kartenkunde

Speziell für das Streckenfliegen wird eine durchdachte Flugplanung unverzichtbar. Genaue Navigationskenntnisse und die Einhaltung der Navigationsbestimmungen sind bereits erforderlich, wenn der Pilot mit seinem Gleitsegel aus dem Bereich seines Fluggebietes herausfliegt und auf Strecke geht. Für den Gleitschirmpiloten sind zwei Kartentypen in Kombination nötig: **topographische Karten** und **ICAO-Luftfahrtkarten** (siehe Seite 142). Topographische Karten sind ihrer Genauigkeit wegen unverzichtbar, sie allein dürfen aber nicht zur Navigation verwendet werden, weil sich auf ihnen kein **Flugsicherungsaufdruck** befindet.

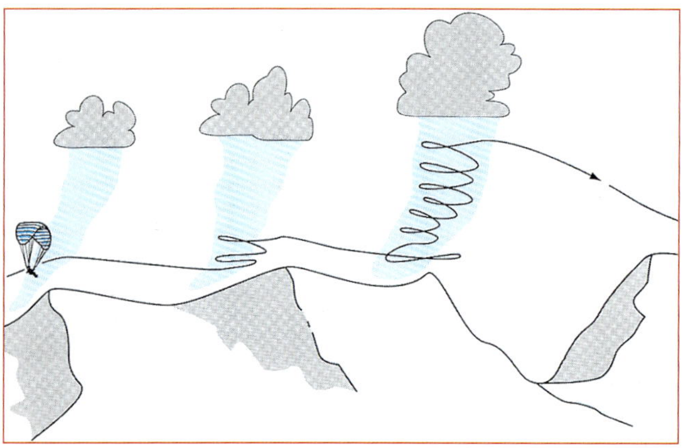

Talquerung unter Ausnutzung von Thermik: Der Pilot kämpft sich im Hangaufwind in Achterschleifen nach oben. Erst am Grat kann er in der Thermik kreisen.

Streckenfliegen in strukturiertem Gelände erfordert ausreichende Höhenreserven, je nach Topographie.

Man findet ihn nur auf den ICAO-Karten, die jedes Jahr neu erscheinen.

DIE TOPOGRAPHISCHE KARTE

Mit Maßstäben von 1:50000 bis 1:25000 bieten topographische Karten eine gute Auflösung und geben für die Flugplanung ausreichend Details wieder. Man muss den hohen Informationsgehalt nutzen und die Karten plastisch lesen lernen. Neben der **Kartenlegende** ist das **Höhenlinienbild** ein wichtiges Hilfsmittel. Es gibt Auskunft über die Hangneigung und Geländeformen, z.B. Mulden, Hangkanten, Abbrüche, Rücken oder Grate etc. Verdichten sich die Linien, fällt das Gelände steil ab, verbreitern sich ihre Abstände, wird das Gelände flacher.

Selbst die **Gleitzahl**, die wir zum Überfliegen benötigen, wird ersichtlich.

Die Aussagen einer topographischen Karte gehen noch über die Geländemorphologie hinaus. Kennen wir die Windrichtung des Tages, lassen sich, wenn auch vage, Rückschlüsse aus der Karte auf die lokalen Windverhältnisse ziehen. Taleinschnitte mit Trichterwirkung und Düseneffekt oder Soarmöglichkeiten an Bergflanken, Leewirkungen, Rotorlage, Umströmungsmuster kann man grob abschätzen. Befinden sich in unserem Fluggebiet höhere Gebirgszüge, kann der Wind ganz abgeschattet oder durch breite Täler umgelenkt werden. Anhand des Bewuchses, der Windabschattung und der Bodenbeschaffenheit kann der Pilot selbst über Thermikmöglichkeiten spekulieren.

9.1.2 Horizontale Navigation

Zunächst interessiert uns der reine Gleitflug, konkret: welche Gleitzahl zur Befliegung eines Geländes oder einer Talquerung nötig ist. In der Karte werden der Start- und der Landeplatz markiert und mit einer Linie verbunden. Die Länge wird ausgemessen und entsprechend dem Maßstab umgerechnet. Unter Zuhilfenahme der Höhenlinien wird der Höhenunterschied festgestellt. Dividieren wir die Entfernung durch den Höhenunterschied, erhalten wir die Hangneigung bzw. eine **Gleitzahl (GZ)**, die wir reell um mindestens den **Wert eins** mit unserem Schirm übertreffen müssen, um über der Hangneigung sicher fliegen zu können.

GZ (Gleitzahl) – Entfernung · Höhenunterschied.

Eventuelle Unregelmäßigkeiten im Höhenniveau müssen beachtet werden! Gewinkelte Kurslinien können mit einem Kartenentfernungsmesser gemessen werden.

Die Kursrichtung kann man mit dem Kurs- oder Geodreieck der Karte entnehmen. Die Hochkoordinaten einer Karte (Längenkreise) zeigen oben immer nach Norden. Von dieser Nordrichtung wird im Uhrzeigersinn die Gradzahl für unseren Kurs entnommen. Mittels eines Kompanden oder GPS kann dieser Kurs auch ohne Karte während des Flugs gehalten werden. Um die Karte im Gelände zu orientieren (**einzunorden**), wird der Kompass an die Hochkoordinate angelegt und die Karte solange gedreht, bis der Kompass 0° oder Nord anzeigt.

Streckenflug unter Ausnutzung von Thermik im Flachland.

BERECHNUNG EINER TALQUERUNG AUS DER KARTE

Die **Entfernung** von Abflugpunkt A zum Zielpunkt B beträgt z.B. 3 km (bei Kartenmaßstab 1:50 000 = 6 cm). Für Gleitzahl 6 ergibt sich so:

$$\frac{\text{Strecke in km}}{\text{Gleitzahl}} = \text{notwendige Höhe über Zielhöhe} \qquad \frac{3\text{ km}}{6} = 0{,}5\text{ km}$$

Der Karte kann man die **Zielhöhe** entnehmen. Wir nehmen an: Zielhöhe von Punkt B beträgt 2000 m.

Zielhöhe + notwendige Höhe über Zielhöhe = Abflughöhe 2000 m + 500 m = 2500 m

Wir brauchen also am Abflugpunkt A mindestens 2500 m über Normalnull.

Der errechnete Wert kann beim Gleitsegel nur als grober Anhaltspunkt dienen, da noch einige Faktoren dabei berücksichtigt werden müssen.

Es ist immer besser, mit etwas mehr Höhe anzukommen, als sich mühselig am gegenüberliegenden Bergrücken hochkämpfen zu müssen. Andererseits kann im Wettbewerb Zeit eingespart werden, wenn schon bei ausreichender Höhe abgeflogen wird.

EINBEZIEHEN VON WIND

Aus der Geschwindigkeitspolare (siehe Kapitel 3, Abschnitt 3.3) lässt sich auch die Gleitzahl bei Gegen- oder Rückenwind ablesen. Dies gilt ausschließlich bei Windrichtungen, die der Kursrichtung entsprechen. Weht der Wind seitlich zum geplanten Kurs, ergibt sich eine **Abdrift**, und nur die Komponente in oder gegen die Kursrichtung verändert unsere Gleitzahl.

Diese Windkomponenten lassen sich geometrisch oder rechnerisch ermitteln. Windrichtung und Kurs schließen den Winkel δ ein. Multiplizieren wir den Cosinuswert ($\cos \delta$) mit

• Windrichtung und Windgeschwindigkeit beeinflussen den Gleitwinkel und damit die Reichweite enorm.
Vereinfacht gilt: Je stärker der Rückenwind, umso größer die Gleitleistung.
Umgekehrt gilt: Je stärker der Gegenwind, umso kleiner die Gleitleistung. Somit wird aus Gleitzahl 6 bei 20 km Gegenwind ca. Gleitzahl 3 = halbe Reichweite.
• Großflächige Abschattungen sind meist Zonen ohne Thermik. Vor dem Abflug deswegen Wolkenentwicklung beobachten und den richtigen Abflugzeitpunkt wählen.
• In der Talmitte kann es größere Abwindzonen geben (siehe Kapitel 4, Abschnitt 4.3.2), die besonders über großen Wasserflächen stärker sind.

der Windgeschwindigkeit, erhalten wir die Teilkomponente des Windes, die unsere Reichweite verkürzt oder verlängert. Um wie viel, entnehmen wir der Geschwindigkeitspolare. Überschlägig gilt folgende Formel:
Gleitzahlerniedrigung oder -erhöhung = Windgeschwindigkeit Kursrichtung/ Geschwindigkeit bestes Gleiten x Gleitzahl

GEOMETRISCHES EINBEZIEHEN VON WIND

Haben wir unsere Kurslinie in der Karte von A nach B angetragen, wird im Punkt B der Vektor für den Wind angesetzt. Weil Winde nach der Richtung benannt sind, aus der sie wehen, addieren oder subtrahieren wir 180°, um ihn in der Richtung, in die er weht, einzeichnen zu können. Die Länge seines Vektors orientiert sich an der Länge der Kurslinie. Die Kurslänge bzw. die Distanz, die wir fliegen wollen, wird gleichgesetzt mit der Geschwindigkeit des besten Gleitens, beispielsweise mit 8 m/s. Liegt die Windgeschwindigkeit bei 6 m/s, muss die Vektorlänge 6/8 bzw. 3/4 der Kurslänge betragen. Punkt A wird mit der Spitze des Windpfeiles verbunden und ergibt die neue Flugroute, wenn wir die Abdrift durch den Wind nicht kompensieren würden. (Die eventuelle Resthöhe am Endpunkt der Kurslinie bleibt gleich der beim geflogenen Kurs.)

Unterschiedliche Reisegeschwindigkeiten und Ankunftshöhen bei ***Gegen- und Rückenwind****.*

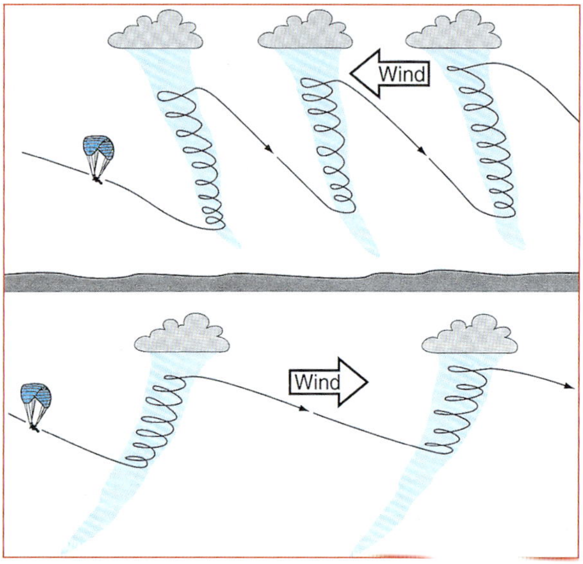

Diese Abdrift lässt sich durch den **Vorhaltewinkel** kompensieren. Er entspricht in etwa dem Abdriftwinkel und kann aus der Zeichnung entnommen werden. Es macht aber praktisch wenig Sinn, diesen Abdriftwinkel über Kompass einhalten zu wollen. Leichter ist es, über eine Landeplatzpeilung sein Gleitsegel so gegen den Wind anzustellen, dass man geradeaus auf den Landeplatz (oder Peilpunkt) zufliegt und die Abdrift automatisch kompensiert wird. Praktischen Nutzen haben die **Reichweiteberechnungen**. Es lassen sich auch günstige Windkonstellationen berechnen, bei denen ein sonst riskanter Flug gefahrlos möglich wird. Vor allem bei Ziel-Rückkehrflügen wird die Windkomponente entscheidend. Flughilfen können auch berechnete Abflughöhen sein, um Hindernisse zu überbrücken, selbst bei Gegenwind oder Zonen höheren Sinkens.

9.1.3 Vertikale Navigation

Erfolgt über den Höhenmesser und ist bei Luftraumbeschränkungen oder bei taktischem Fliegen über Strecke nötig.

- QFE: Über den aktuellen Luftdruckwert eines Ortes (= QFE) wird der Nullwert des Höhenmessers angeglichen. Er zeigt dann die Höhe über Grund, bezogen auf diesen Messpunkt.
- QNH: Berücksichtigen wir die Höhe des Ortes über dem Meeresspiegel (MSL, NN) und justieren unseren Höhenmesser auf diesen Wert, zeigt er die Absolutwerte (= QNH).

Achtung: Luftdruckschwankungen fälschen Höhenmesserangaben ab! (1 hPa, 1 mbar = 10 m).

9.1.4 Terrestrische Navigation

Die terrestrische Navigation ist die Orientierung an Geländebesonderheiten. Schon aus der topographischen Karte suchen wir uns markante Geländepunkte, die uns bei der Orientierung und Kurseinhaltung unterstützen:

- **Fixpunkte**: Berggipfel, Ortschaften, Seen.
- **Auffanglinien**: Flussläufe, Täler, Eisenbahnlinien, Straßen.
- **Landschaftsmerkmale**: Wald, Moore, Gletscher, Äcker.

Abdrift: Bei Seitenwind wird man vom Kurs A–B durch seitlichen Versatz (Abdrift) abgetrieben. Als Abdriftwinkel wird der Winkel zwischen Sollkurs (A–B) und Kurs über Grund bezeichnet.

Vorhaltewinkel: Er entspricht in etwa dem Abdriftwinkel und kompensiert den Seitenwind, damit der Sollkurs geflogen werden kann.

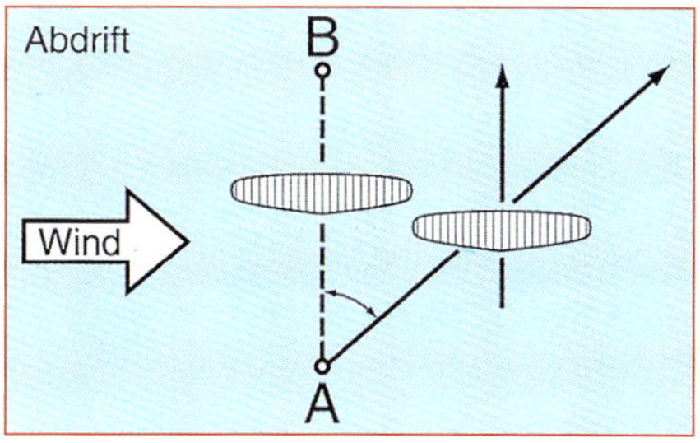

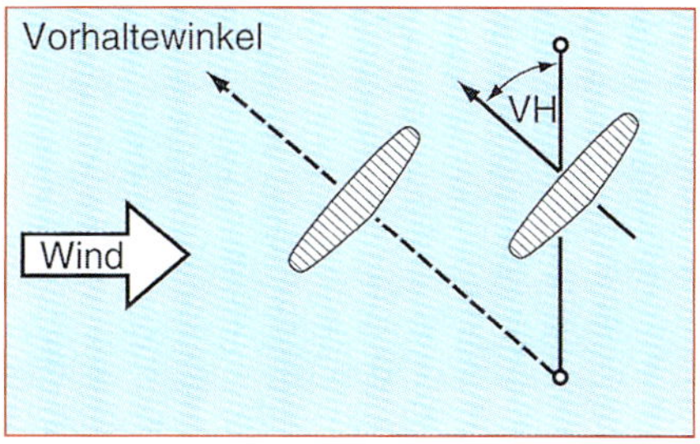

9.1.5 Streckenflug mit Instrumenten

Hat man sich einen Flugplan zurechtgelegt, kann man aus den Karten bzw. aus Datenbanken die Koordinaten von Landmarken in sein GPS übertragen und erleichtert sich das Wiederauffinden während des Flugs. Via Flugelektronik lässt sich ermitteln, ob bei gegebenen Windverhältnissen Abflughöhen für Querungen ausreichen, oder wie Zielflughöhen ausfallen (siehe 2.6 Fluginstrumente)

Verfügt man über ein GPS-gestütztes Kombiinstrument, werden mit einem Speedsensor sowohl die erforderliche, erfliegbare Gleitzahl als auch die Windrichtung und Windstärke angezeigt. Da die GPS-Empfänger nur alle 2 Sekunden ein Signal bekommen, empfiehlt es sich, die errechneten Ergebnisse nur bei ruhigen Kreisen oder dem Anflug zu beachten. Vor allem bei Außenlandungen können Winddaten extrem nützlich sein. Gewöhnlich werden die Winddaten in Grad und Stärke angezeigt, wenn man einen langsamen

Kreis (mindestens 24 sec) fliegt. Soll-Gleitzahl und erflogene Gleitzahl sind in Form von Balkendiagrammen gut vergleichbar, und es wird sofort ersichtlich, ob es Sinn macht abzufliegen oder nicht. Aus dem Unterschied zwischen der Geschwindigkeit in der Luft und der Geschwindigkeit über Grund schließt das Gerät auf Rücken- oder Gegenwindkomponenten und berechnet sie entsprechend der eingegebenen Polare zu einem Sollfahrtpfeil oder der McCrady-Anzeige. Man paßt seine Geschwindigkeit einfach dem Gerät an und hat damit immer den weitesten Flug über Grund gewährleistet.

9.2 Streckenflug nach FAI-Regeln

Wer Geschmack am Streckenfliegen gefunden und zudem sein Talent dafür entdeckt hat, kann sich mit den internationalen Streckenflugcracks messen, wenn der Flug nach den Richtlinien des Sporting Code der FAI dokumentiert wird.

Man unterscheidet unter anderem zwischen **freier Strecke, Zielflug, Ziel-Rückkehrflug und dem FAI-Dreiecksflug**. Damit ein Flug als offiziell anerkannt wird, ist nach dem Code Sportif der FAI ein zugelassener Barograph (siehe Kapitel 2, Abschnitt 2.6.5) notwendig. Der Flug muss vorher angemeldet und von zwei Sportzeugen beglaubigt sein. Zudem ist eine Fotodokumentation in der tatsächlichen Reihenfolge durchzuführen. Dazu wird unmittelbar vor dem Start der Pilot mit Schirm und Zeugen fotografiert. In der Luft müssen die Start-, Wende- und Landepunkte so fotografiert werden, dass markante Merkmale wie Gebäude oder Seilbahnen zu erkennen sind (siehe unten, Fotodokumentation).
Nach der Landung muss der Pilot nochmals mit Schirm und Landezeugen fotografiert werden. Das **Barogramm** gilt zusammen mit dem unzerschnittenen Film und den Sportzeugenprotokollen als Nachweis für die Flugleistung. Zudem ist eine Landkarte mit der eingezeichneten Flugroute mit einzureichen.

*Die **Fotosektoren** beim Ziel-Rückkehrflug und beim Dreiecksflug. Zur richtigen Fotodokumentation muß der Wendepunkt im 90°- und 1-km-Radius fotografiert werden.*

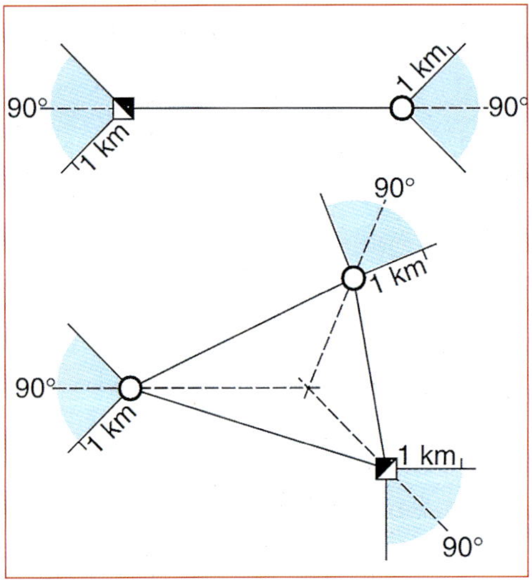

9.2.1 Fotodokumentation von FAI-Streckenflügen

Die richtige Dokumentation eines Flugs ist entscheidend für dessen Anerkennung. Leider passieren selbst routinierten Piloten immer wieder Dokumentationsfehler. Deshalb sollte die Fotodokumentation regelmäßig auch bei Trainingsflügen geübt werden, damit sie gerade unter Wettkampfstress Routinesache ist. Wer schnell und sicher fotografieren kann, spart an den Wendepunkten kostbare Zeit und Höhe. Profis bevorzugen **zwei Kameras**, mit denen jeweils zwei Fotos pro Wendepunkt gemacht werden. Die Kamera sollte motorisiert, mit Databack (Datenrückwand) ausgestattet, leicht erreichbar und mit einer Fangleine gesichert sein. Optimal ist sie in einer Bauchtasche aufgehoben, wo sie jederzeit griffbereit und zudem vor Kälte geschützt ist.

Schon im Anflug auf den Wendepunkt muss die Kamera schussbereit sein. Fliegt man über den Wendepunkt, darf man noch nicht fotografieren, sondern man muss so lange über den Wendepunkt hinausfliegen, bis z.B. bei Gebäuden nicht nur das Dach, sondern auch die Gebäudewände klar von der Seite zu erkennen sind. Ist der Wendepunkt kein Gebäude, ist die Position schwerer zu bestimmen. Eventuell kann man sich jedoch an Gebäuden in der Nähe oder an Waldrändern orientieren. Optimal ist ein Foto, wenn sich der Wendepunkt im Kamerasucher oberhalb und mittig im *90°- und 1-km-Sektor* befindet. Streckenflieger und Wettkampforganisatoren vermeiden Unklarheiten, wenn markante, weithin sichtbare und klar wiedererkennbare Wendepunke wie Gipfelkreuze, markante Gebäude wie Kirchen oder Bahnstationen und Straßenkreuzungen gewählt werden, die auch in der Landkarte eingezeichnet sind.

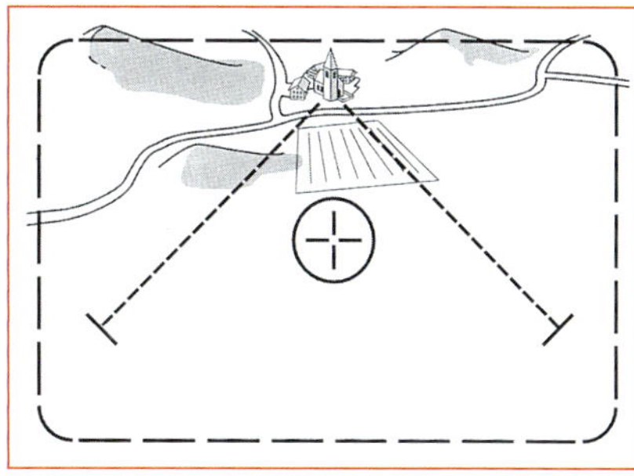

So sollte ein optimaler Fotosektor von 90° beim Blick durch den Kamerasucher während des Fluges aussehen.

9.2.2 FAI-Streckendefinitionen

FREIE STRECKE (CROSS-FLIEGEN)

Die freie Strecke ist die einfachste Streckenflugaufgabe, da lediglich der Startpunkt festgelegt ist. Der Pilot versucht dabei so weit wie möglich zu fliegen. Die freie Strecke kann auch einen Wendepunkt beinhalten (= freie Strecke auf geknickter Bahn).

Es zählt die Entfernung, die vom Startplatz aus zurückgelegt wird.

- Taktik:

Im Gebirge eignen sich besonders lange Gebirgsketten, deren Hänge südseitig exponiert sind und unter Ausnutzung von Thermik und Hangaufwind abgeflogen werden. Vormittags wird man sich mehr an die SO-Hänge halten, um Höhe zu machen. Nachmittags kommen die SW-Hänge mehr zum Tragen. Im Flachland sind weite Cross-Flüge erst möglich, wenn sich Wolkenstraßen bilden, bei denen der Abstand der Wolken eng genug ist. Dadurch wird es dem Gleitsegelpiloten möglich, immer wieder Thermikanschluss zu finden. Ein schnelles Segel mit geringem Sinken in Kombination mit einem konstanten, stärkeren Wind begünstigt einen Cross-Flug. Vor allem darf die Wolkenbasis nicht zu tief sein und muss von ausreichender Thermiktätigkeit unterstützt werden.

Mit viel Dokumentationstechnik zur Streckenrekordjagd

ZIELFLUG

Beim Zielflug gibt der Pilot vor dem Start den Landepunkt an. Dabei kann zusätzlich ein Wendepunkt angegeben werden (= Zielflug auf geknickter Bahn). Der Zielflug stellt durch die Feststellung des Ziels vor dem Flug höhere Anforderungen an den Piloten und wird deshalb höher bewertet als die Freie Strecke.

• Taktik:
Es gelten hier die gleichen Grundsätze wie beim Cross-Flug. Da jedoch eine Änderung des Ziels während des Fluges nicht möglich ist, ist den Wetterprognosen, hier vor allem den Windverhältnissen, noch mehr Aufmerksamkeit zu schenken.

ZIEL-RÜCKKEHRFLUG

Beim Ziel-Rückkehrflug wird nach dem Zielpunkt (= Wendepunkt) gewendet und zum Startpunkt zurückgeflogen. Dies ist deutlich schwerer als der Zielflug, da der Rückflug durch Gegenwind und durch die sich im Tagesverlauf ändernden Thermikbedingungen erschwert werden kann.

Die Tageszeit begrenzt jeden Streckenflug. Ein solcher Sonnenuntergang ist das I-Tüpfelchen nach einer langen, anstrengenden Strecke.

• Taktik:
Ist praktisch nur bei sehr wenig Wind möglich; 5 km/h Wind können schon zu viel sein. Vormittags werden bevorzugt SO-Hänge angeflogen, während nachmittags SW-Hänge zur Verfügung stehen. Der Wind muss in dem Fall aus Westen kommen, damit Hangaufwindkomponenten genutzt werden können. Wenn vormittags gestartet wird, erfolgt der Flug am besten von Ost nach West und zurück nach Osten. Dann hat man je nach Sonnenstand die besten Hänge zur Verfügung.

DREIECKSFLUG

Dreiecksflüge sind die schwierigsten Streckenflugaufgaben. Man unterscheidet hierbei zwischen dem etwas leichteren *flachen Dreieck* und dem *FAI-Dreieck*.

FLACHES DREIECK

Unter flachem Dreieck versteht man ein Dreieck, bei dem ein Schenkel des Dreiecks kleiner oder gleich 28 Prozent der Gesamtstrecke ist.

FAI-DREIECK

Als FAI-Dreieck darf ein Flug bezeichnet werden, bei dem alle Schenkel des Dreiecks über 28 Prozent der Gesamtstrecke betragen und in angegebener Reihenfolge geflogen werden.

- Taktik:

Dreiecksflüge sind meist nur bei relativ schwachem Wind möglich. Die geplante Route sollte so gelegt werden, dass der tageszeitlich unterschiedliche Sonnenstand berücksichtigt wird. Während Ziel-Rückkehrflüge an Bergketten entlanggehen, müssen beim Dreiecksflug im Gebirge meist ein oder mehrere Täler überquert werden, was unter Berücksichtigung der Leistung des Gleitsegels nur an wenigen Tagen im Jahr optimal möglich ist.

Bei der Rückkehr zum Start muss in 500 m Umkreis gelandet werden. Ist dies nicht möglich, muss der Start überflogen werden, um als Rekordversuch anerkannt zu werden. Da bei einem FAI-Dreieck schon vor dem Start die Wendepunkte angegeben werden müssen, ist die Schwierigkeit wesentlich größer als bei spontanen Flügen, bei denen die Flugroute optimal an die aktuellen Bedingungen angepasst werden kann.

9.2.3 Die Bewertung von Streckenflügen nach FAI-Regeln

Bei Streckenflügen wird die Entfernung zwischen Startpunkt, Wendepunkt (falls vorhanden) und dem Landepunkt als Luftlinie gemessen. Die möglichen Flugaufgaben sind unterschiedlich anspruchsvoll und werden deshalb nach Faktoren bewertet. So hat ein FAI-Dreieck mit 30 km Flugstrecke die gleiche Wertigkeit wie z.B. ein Zielflug mit 40 km Strecke.
Die Bewertung nach Faktoren rechnet sich so:
Strecke in km x Faktor = Wertigkeit in Punkten.

Aufgabe	Bewertungsfaktor
Freie Strecke	1,00
Zielflug	1,50
Ziel-Rückkehrflug	1,75
Flaches Dreieck	1,75
FAI-Dreieck	2,00

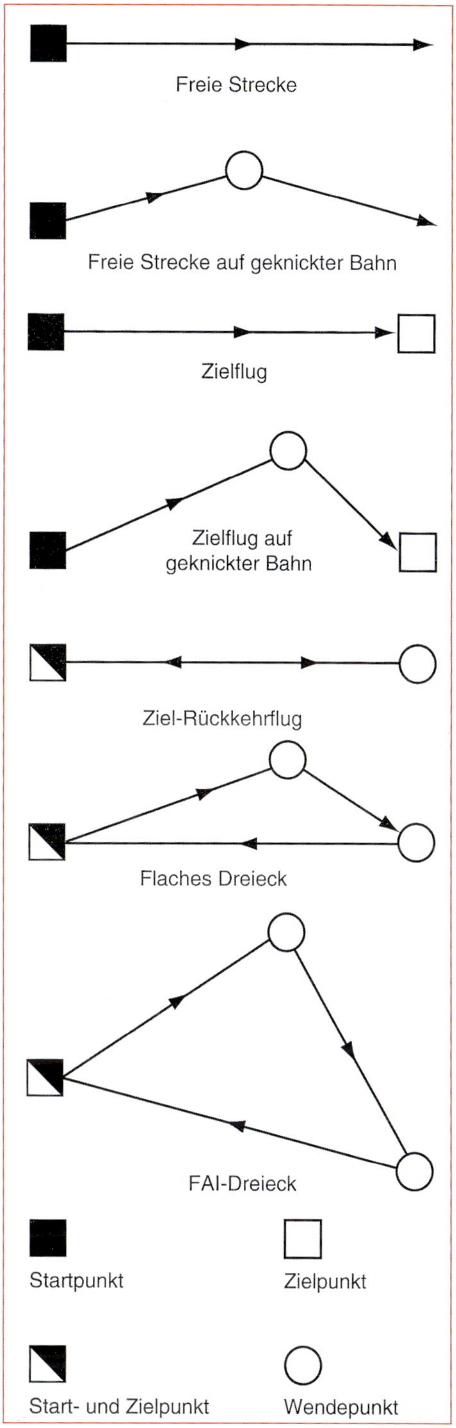

9.3 Online Contest (OLC)

Neben den internationalen, nach FAI-Richtlinen ausgetragenen Wettkämpfen gibt es auf nationaler oder auch länderübergreifender Ebene Streckenflugmeisterschaften. In Deutschland und Österreich wurde 2002 der **Online Contest**, kurz **OLC** genannt, eingeführt. Die Richtlinien und die Dokumentation sind im Vergleich zu den FAI-Regeln vereinfacht, um den Wettbewerbsspaß und die Entdeckerfreude für neue und längere Streckenflüge zu erhöhen. Vereinfacht wird der OLC auch durch das **Internet** und die neuen Dokumentationsmethoden mit **GPS** oder **Logger.**

Der Pilot startet seinen geplanten Streckenflug und dokumentiert per GPS/Logger oder auch Fotos vom Start an seine Flugroute mit den markantesten Wegpunkten (Startpunkt, Wegepunkte, Endpunkt). So kann der Pilot die optimal mögliche Flugroute wählen, ohne schon vorher festgelegt zu sein. Da auch hier die FAI-Prozentregeln gelten, wird der Pilot seine Flugroute nach diesen Gesichtspunkten optimal auswählen. Maximales Dreieck =

Open Window beim Wettkampffliegen in Fiesch, Schweiz

maximale Punktzahl. Dies ermöglicht auf maximale Strecke zu fliegen und dabei die entsprechenden Wegpunkte zu setzen. Erst nach dem Flug wird in der Auswertung mit Software oder Karte und Lineal das optimale Dreieck des Flugwegs (Track) bestimmt. So können Streckenflugstrategen ihr Können voll ausfliegen.

Dabei gilt folgende Regel: Ein Flug kann als Dreiecksflug gewertet werden, wenn die Entfernung zwischen Abflugpunkt und Endpunkt weniger als 20 % der durch die drei Wegpunkte definierten Dreiecksstrecke beträgt. Als Wertungsstrecke gilt dann die Dreiecksstrecke um die drei Wegpunkte, reduziert um den Abstand zwischen Abflugpunkt und Endpunkt.

WERTUNG IM OLC-STRECKENFLUGWETTBEWERB

Die Strecke vom Abflugpunkt um die drei Wegpunkte wird auf jeden Fall mit 1,5 Punkten pro Kilometer berechnet. Flache Dreiecke erhalten 1,75 Punkte pro Kilometer und FAI-Dreiecke 2 Punkte pro Kilometer.

DOKUMENTATION IM OLC-STRECKENFLUGWETTBEWERB

Onlinedokumentation

Die Kombination **Barograph** und **GPS/Logger** ermöglicht die Flugdokumentation ohne Fotos. Hierbei werden regelmäßig die Positionen des Flugweges und das Flugprofil aufgezeichnet. Start-, Wege- und Landepunkte sind so optimal dokumentiert und können nach dem Flug direkt in den PC eingelesen, ausgewertet und über das Internet an den »Online Contest Server« zur Meldung des Fluges übertragen werden. Gutes technisches Verständnis sowie PC- und GPS-Erfahrung sind notwendig. Durch technische Probleme wie mangelnde Speicher- und Batteriekapazitäten oder falsche Geräteeinstellungen kann es leicht zu Fehldokumentationen kommen. Hier kann nur eine zusätzliche Fotodokumentation den Flug retten.

Weitere Informationen, Auswertungen und Meldungen findet man auf den Webseiten der Landesverbände.

Fotodokumentation

Erfolgt wie bei der FAI-Fotodokumentation. Da die Auswertung durch den Piloten nach dem Flug erfolgt, ist es optimal, alle eventuell relevanten Wegpunkte zu fotografieren, um danach bei der Auswertung die Wegpunkte zu verwenden, die die größte Strecke und/oder die meisten Punkte ergeben. Nicht notwendig sind die Start- und Landemeldungen mit Zeugen. Es ist lediglich ein Auswertungsformular zu verwenden, welches nach dem Flug ausgefüllt wird. Der Flug wird per Fax gleich gemeldet. Die Unterlagen (Meldeformular, unzerschnittener Film, Barogramm) sind beim Auswerter einzureichen.

Auch beim Wettkampffliegen darf man nicht vergessen, dass es sich hierbei um einen Sport handelt, der Fairness verlangt. Mit übertriebenem Ehrgeiz gefährdet man sich selbst und die anderen Piloten.

9.4 Gleitschirmwettbewerbe

Ein Gleitsegelwettkampf besteht aus mehreren Durchgängen, deren Einzelergebnisse mittels eines Punktesystems zusammen bewertet werden. Um in die Spitzengruppe zu fliegen, sind eine gute Flugtaktik und konstante Leistungen in allen Durchgängen notwendig. In den meisten Ländern gibt es eine eigene Gleitsegelliga, aus der in mehreren Ranglisten-Wettbewerben das Nationalteam und der Landesmeister ermittelt werden. Streckenflüge im Rahmen eines Wettbewerbs müssen dokumentiert werden.

BRIEFING

Vor jedem Wertungsdurchgang erfolgt ein Briefing, bei dem der Veranstalter die Wettkampfaufgabe erklärt, eventuelle Sicherheitshinweise gibt und die für den Piloten wichtigen Wind- und Wetterverhältnisse erklärt. Ein sorgfältig durchgeführtes Briefing verhindert Unklarheiten und ermöglicht dem Piloten, die für ihn richtige Flugstrategie zu planen.

OPEN WINDOW

Bewährt hat sich der Open-Window-Start. Dabei kann jeder Pilot beliebig innerhalb eines vorher festgesetzten Zeitraums, **Startfenster** genannt, starten und seine Meteorologiekenntnisse einbringen, indem er die Flugbedingungen abwartet, die den optimalen Flug erwarten lassen.

SCHÄTZFLUG

Beim Schätzflug gibt der Pilot die Zeit vor, die er in der Luft bleiben will. Je genauer er sich an diese Flugzeit hält, desto mehr Punkte erhält er. In die Bewertung kann auch die Länge der vorgegebenen Schätzzeit einfließen.

BOJENFLUG

Als Bojen werden die vom Veranstalter vorgegebenen Wendemarken bezeichnet. Bojen sollen klar erkennbare Geländepunkte sein, wie markante Berggipfel, Wegkreuzungen, Hütten oder Kirchtürme. Die Bojen, die gewöhnlich außerhalb des Gleitwinkels liegen, müssen in der vorgegebenen Reihenfolge, meist so schnell wie möglich, abgeflogen werden.
Bojen sind mit den Strategien des Streckenflugs zu fliegen und zu dokumentieren, damit die Bojenpunkte anerkannt werden.

TOUCH AND GO

Das sind kurze Zwischenlandungen (*Touch*) an vorgegebenen Plätzen, von denen sofort wieder gestartet werden muss (*Go*). Oft darf der Boden nicht berührt werden. Es muss hierbei ein Ballon berührt oder eine Tonne umgestoßen werden. Der Touch-Punkt muss sehr exakt angeflogen werden. Dazu müssen der Wind, aber auch thermische Aktivitäten berücksichtigt werden, denn unmittelbar vor dem Touch-Punkt sind nur noch kleine Kurskorrekturen möglich.

MAXIMALZEIT/MINIMALZEIT

Gewertet wird die längste/kürzeste Flugzeit. Meist wird ein Zeitmaximum gesetzt, das nicht überschritten werden darf (Zeit für Landung einplanen). Am anspruchsvollsten ist eine Kombination von Minimalzeit mit dem Bojenflug.

PUNKTLANDUNG

Für die gestandene Landung im Zielkreis oder auf einem Schaumstoffwürfel gibt es zusätzliche Punkte, die bei knappen Flugergebnissen über den Sieg entscheiden können. Eine Crash-Landung wird nicht anerkannt, die Flugpunkte aber gewertet.

9.5 Acrobatikfliegen (Acro)

Dies ist eine Spielart des Gleitschirmfliegens für absolute Könner und wird allein oder als Syncron-Acrobatikfliegen ausgeführt. Dabei werden verschiedene Figuren geflogen, wie z. B. Wing Over, symmetrische und asymmetrische Spirale, Looping, Flyback, SAT, Loop Tumbling, Wing Over Tumbling, Helicopter, Bodenspirale und AssChopper oder Mac Twist. Bei Wettkämpfen werden die Flugfiguren nach Schwierigkeitsgrad, Ausführungsqualität und Überleitungsharmonie bewertet.

Acrobatikfliegen oder Gleitschirmkunstflug ist in Deutschland, Österreich und Italien verboten. In der Schweiz, Frankreich, Spanien und der Türkei wird diese Art des Fliegens geduldet. Es gibt daher auch keine spezielle Lizenz.

Benutzt werden bisher oftmals umgetrimmte Seriengleitschirme, doch die Tendenz geht immer mehr zu speziellen Acro-Schirmen, die besonders schnell und wendig sind und mit hoher Flächenbelastung geflogen werden.

Die Acro-Fliegerei ist bei unprofessioneller Herangehensweise sehr gefährlich. Insbesondere bei den neuen Figuren besteht das Risiko, ins Gleitschirmsegel zu fallen oder mehrfach einzutwisten. Extrem viel Training und Verständnis für die Abläufe der Flugfiguren ist erforderlich. Top-Acro-Piloten sind ausnahmslos Profis und meist Testpiloten. Dafür trainieren sie nahezu täglich, nur so bekommen sie die nötige Routine. 500 bis 1000 Flüge im Jahr sind hier der notwendige Standard. Ambitionierte Nachwuchspiloten sollten sich nur mit fachkundiger Anleitung und Bedacht an diese Extremflugmanöver herantasten. (Grundvoraussetzung ist perfekte Beherrschung des Groundhandlings.)

10 Verhalten bei Gleitschirmunfällen

Gleitschirmfliegen ist, wenn man es sorgfältig und mit dem notwendigen Respekt betreibt, nicht gefährlicher als viele andere Sportarten. Man darf bei Ausübung dieser Sportart jedoch nie vergessen, dass es sich um Fliegen handelt. Da der Mensch von Natur aus nicht für das Fliegen geschaffen ist, müssen bei jedem Flug die Gefahrenquellen, die im Gerät, aber auch in der Person des Fliegers selbst liegen, möglichst ausgeschlossen werden.

Oft sind mangelhafte Ausbildung und schlechte Ausrüstung die Ursache für Unfälle. Wäre jeder Gleitschirmpilot mit festen, knöchelhohen Schuhen, richtiger Kleidung und Schutzhelm ausgerüstet, ließen sich etliche Unfälle verhindern.

In der »Verordnung über Luftfahrtpersonal« ist die Teilnahme an einem Erste-Hilfe-Kurs für den Luftfahrerschein vorgeschrieben.

Bei Unfällen mit dem Gleitschirm treten folgende Verletzungen besonders häufig auf:

- Beine: Brüche, Zerrungen, Bänderrisse an den Knöcheln, Kniegelenken, Unterschenkeln.
- Arme: Brüche, Prellungen an den Hand- und Ellbogengelenken.
- Wirbelsäulenverletzungen (durch falsche Startabbrüche und zu harte Landungen).

Wenn es trotz aller Vorsicht und Ausbildung zu einem Unfall gekommen ist, bitte die folgenden Regeln beachten:

10.1 Alpines Notsignal und Verständigung mit den Rettern

- Das oberste Gebot heißt: Ruhe bewahren, keine unüberlegten Handlungen. Zuerst die Situation erfassen und dann die Vorgehensweise überlegen.
- Sicherung des Verletzten bzw. Selbstsicherung vor Absturz im exponierten Gelände.
- Erstversorgung des Verletzten (bzw. Selbstversorgung).
- Ist keine Bergung möglich, Hilfe holen bzw. alpines Notsignal.

6x pro Minute ein Zeichen geben. 1 Minute Pause, danach wiederholen.

Zeichen können durch Rufen, Pfeifen oder durch Winken gegeben werden. An gut sichtbaren Plätzen unbedingt den Gleitschirm auslegen und damit den Unfallplatz markieren. Am besten werden die Informationen schriftlich festgehalten und an die Rettungsmannschaften weitergegeben.

DEN RETTERN WIRD MITGETEILT:

WAS ist passiert?	(Art der Verletzung)
WER ist verletzt?	(Zahl der Verletzten)
WO befindet sich der Verletzte?	(genaue Ortsangabe)
WIE sind die Umstände?	(Gelände, Wetter, Wind, Hindernisse)

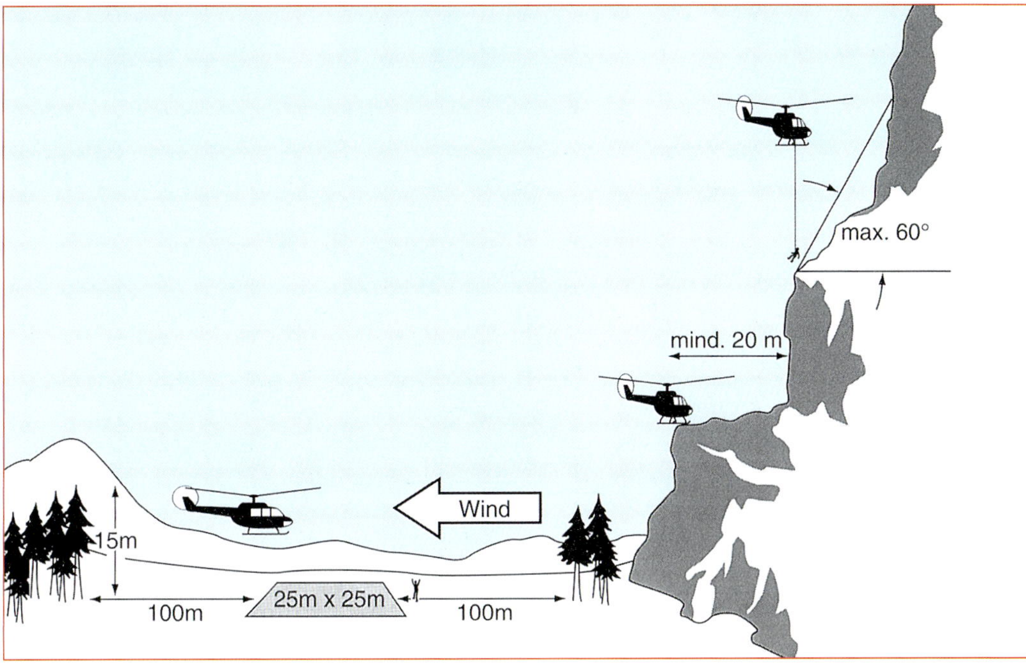

Hubschraubereinweisung: *Der Hilfesuchende weist den Helikopter 10 m vor einem geeigneten Landeplatz mit freier Anflugmöglichkeit ein. Er befindet sich mit dem Rücken zum Wind. Zu beachten ist, dass ein Hubschrauber nicht näher als 20 m an Felswände heranfliegen kann und die Hangneigung nicht mehr als 60° betragen darf.*

10.2 Hubschrauberbergung

In schwierigem Gelände und bei größeren Verletzungen bedeutet ein Hubschraubereinsatz die schnellste und sicherste Bergung für den Verletzten.

Der Pilot findet den Verletzten am besten, wenn das Gleitsegel gut sichtbar ausgelegt wird. Ist der Hubschrauber im Anflug und hat den Verletzten entdeckt, zeigt ein Helfer an, ob Hilfe notwendig ist.

Ist sicher, dass der Hubschrauberpilot den Verletzten entdeckt hat, müssen unbedingt **das Gleitsegel, der Rettungsschirm und alle lose herumliegenden Teile im Rucksack verstaut werden**, damit nichts in den Rotor gezogen werden kann. Unbedingt darauf achten, dass sich der Rettungsschirm nicht unbeabsichtigt öffnen kann. Dies gilt auch für die Rettungsschirme der Helfer.

Der **Landeplatz für den Hubschrauber** wird folgendermaßen vorbereitet:

- freier Platz von 25x25 m
- flaches Gelände ohne Mulden
- feste Unterlage (Schnee festtreten)
- hindernisfreier Anflugbereich
- Anzeigen der Windrichtung durch einen Einweiser, der ca. 10 m vor dem Landefeld mit dem Rücken zum Wind und erhobenen Armen den Hubschrauber einweist.

Armzeichen für »Yes« und »No« bei Hubschraubereinsatz im Gebirge.

10.3 Rucksackapotheke

DIE GRUNDAUSSTATTUNG BESTEHT AUS:

Inhaltsangabe	Verwendungszweck
– Wundschnellverband	– kleine Wunden
– Verbandstrips	– kleine Wunden
– Verbandspäckchen	– stark blutende, größere Wunden
– Mullbinde	– Stabilisierung, Ruhigstellung
– Leukoplast	– fixieren
– Dreieckstuch	– Verstauchung, Bruch
– Elastische Binde	– Verstauchung
– Rettungsdecke	– Wärmeschutz, optisches Signal
– Signalpfeife	– akustisches Notsignal
– Kappschere	– Fangleinen/Gurte kappen, Verbandsmaterial schneiden
– Rettungsleine	– Nachziehen von Bergungsmaterial
– Schmerzmittel	– Linderung der Schmerzen
– Notsignalraketen	– rot: Hilfe
	– weiß: Notlandung, aber Selbsthilfe möglich
	– grün: alles O.K.

Bei jedem Flug besteht die Möglichkeit, selbst in einen Unfall verwickelt zu sein oder als Außenstehender zu einem Unfall zu stoßen. Deshalb ist es für jeden Gleitschirmflieger Pflicht, eine kleine Rucksackapotheke mit sich zu führen.

In schweren Fällen ist grundsätzlich der Notarzt zu verständigen (insbesondere bei Schock, Bewusstlosigkeit, starken Blutungen, Wirbel- und Schädelverletzungen).

Über den Wolken ist die Freiheit grenzenlos. An der Weisfluh, Schweiz

Seite 157: Wettkampffliegen, im Hintergrund der Mont Blanc

Seite 158: Ein Start im Winter bei Windstille erfordert vom Piloten aktives Beschleunigen, was bei tieferem Schnee gar nicht so einfach ist.

Swing

11 Luftrecht

Der Luftraum ist gerade in den Alpenländern so stark frequentiert, dass sich auch Luftsportler wie die Gleitschirmflieger an bestimmte Regeln halten müssen, die der allgemeinen Sicherheit dienen. In diesem Buch sind nur die den Gleitschirmsport betreffenden rechtlichen Bestimmungen ausgeführt, die für die Ausbildung, den allgemeinen Flugbetrieb und die Prüfungsvorbereitung relevant sind. Dabei sind die länderspezifischen Verordnungen in Deutschland, Österreich und der Schweiz, aber auch in vielen anderen Ländern zu beachten.

11.1 Luftrecht Deutschland (Auszüge)

Quelle: www.luftrecht-online.de und www.dhv.de

Das Luftrecht – zugeschnitten auf alle Luftfahrzeuge – ist ein umfangreiches Mosaik in der Rangfolge Luftverkehrsgesetz (LuftVG), Rechtsverordnungen, Verwaltungsvorschriften. Hier wird eine Auswahl getroffen, wie sie in der Praxis und für die Prüfungsvorbereitung auf den Luftfahrerschein sinnvoll ist und den Vorgaben des DHV entspricht.

11.1.1 Das Luftverkehrsgesetz (LuftVG)

Gesetzliche Basis des Luftverkehrs in Deutschland ist das Luftverkehrsgesetz (LuftVG). Gleitschirme fallen als »Luftsportgeräte« unter Luftfahrzeuge im Sinne des Luftverkehrsgesetzes.

LuftVG § 1 **[Freiheit des Luftraums; Begriff des Luftfahrzeuges]**
(1) Die Benutzung des Luftraums durch Luftfahrzeuge ist frei, soweit sie nicht durch dieses Gesetz und durch die zur Durchführung dieser Gesetze erlassenen Rechtsvorschriften beschränkt wird.
(2) Luftfahrzeuge sind
1. Flugzeuge
2. Drehflügler
3. Luftschiffe
4. Segelflugzeuge
5. Motorsegler
6. Frei- und Fesselballone
7. Drachen
8. Rettungsfallschirme
9. Flugmodelle
10. Luftsportgeräte
11. Sonstige für die Benutung des Luftraums bestimmte Geräte, sofern sie in Höhen von mehr als dreißig Metern über Grund oder Wasser betrieben werden.
Im Gesetz wird insbesondere festgelegt:

- *Das Gerät bedarf der Zulassung (Lufttüchtigkeit).*
- *Der Pilot braucht den Luftfahrerschein.*
- *Der Gerätehalter benötigt eine Haftpflichtversicherung.*
- *Die Fluggelände müssen zugelassen sein.*

11.1.2. Rechtsverordnungen

Wichtige Einzelheiten für die Durchführung des LuftVG sind in den Rechtsverordnungen geregelt. Rechtsverordnungen werden vom Bundesminister für Verkehr erlassen, das Luftverkehrsgesetz vom Deutschen Bundestag.
Die **Luftverkehrs-Zulassungs-Ordnung (LuftVZO)** ist die zentrale Vorschrift für die Verwaltungsverfahren. Dort ist z.B. festgelegt, dass der Hersteller die Lufttüchtigkeit nachzuweisen hat oder wer den Luftfahrerschein für Piloten erteilt. Technische und die ausbildungsmäßigen Inhalte sind in speziellen Rechtsverordnungen festgelegt.
Die **Luftverkehrs-Ordnung (LuftVO)** beantwortet die Frage, »wie« der Flugbetrieb abzuwickeln ist, also z.B. die Luftfahrtregeln für alle Arten von Luftfahrzeugen. Zusätzliche Regeln enthält die Flugbetriebsordnung für Hängegleiter und Gleitsegel.
Die **Verordnung über Luftfahrtpersonal (LuftPersV)** beschreibt die Strukturen der Ausbildung und Prüfung von Piloten und Fluglehrern und überträgt die Festlegung der Einzelheiten auf den Beauftragten.
Die **Verordnung zur Prüfung von Luftfahrtgerät (LuftGerPV)** regelt die Strukturen der Muster-, Stück- und Nachprüfung der Fluggeräte.
Die **Betriebsordnung für Luftfahrtgerät (LuftBO)** regelt Fragen zur Betriebstüchtigkeit eines Fluggerätes und der Verantwortung darüber durch den Luftfahrzeughalter.
Kostenverordnung der Luftfahrtverwaltung (LuftKostV): Grundlage aller Gebühren.
Prüfungsordnung für Luftfahrgerät (LuftGerPO).

11.1.3 Verwaltungsvorschriften

Regelungsbedürftige Lücken in den Rechtsverordnungen werden durch Verwaltungsvorschriften geschlossen. Wie die frühere Allgemeinverfügung können diese wie eine Gesetzesvorschrift für jedermann gelten.
In der **Ausbildungs- und Prüfungsordung (APO)** legt der Beauftragte die Einzelheiten der Ausbildung und Prüfung fest. Die **Prüffragenkataloge** enthalten die Fragen und Antwortalternativen, die bei der schriftlichen Theorieprüfung verwendet werden können.
Geländerichtlinie: Beurteilungskriterien für die Zulassung der Fluggelände werden vom Bundesminister für Verkehr vorgeschrieben.
Die **Flugbetriebsordnung für Hängegleiter und Gleitsegel (FBO)** ergänzt die Luftverkehrsordnung. U.a. die Regelung der Startleitertätigkeit und des Schleppbetriebs. Sie wird vom Beauftragten erlassen.
LuftVO § 21 a **[Flugbetrieb]**
(4) Auf Flugplätzen oder Geländen, die ausschließlich dem Betrieb von Luftsportgeräten dienen, gelten die Regelungen der Flugbetriebsordnung für Luftsportgeräte des Beauftragten. ...

11.1.4 Straf- und Bußgeldvorschriften

Als Straftaten werden schwere und für andere Personen gefährliche Verstöße eingestuft, teils nach dem Strafgesetzbuch, z.B. wegen Trunkenheit im Luftverkehr, teils nach dem Luftverkehrsgesetz, z.B. wegen Fliegen ohne Luftfahrerschein oder Ausbilden ohne Lehrberechtigung. Zuständig sind Staatsanwalt und Gericht. Straftaten sind mit Freiheits- oder Geldstrafe bedroht.

Unter Ordnungswidrigkeiten fallen die einfacheren Verstöße, wie Benutzung eines Fluggerätes ohne ordnungsgemäße Muster-, Stück- oder Nachprüfung oder fehlender Versicherungsschutz. Die Ordnungswidrigkeiten sind im Luftverkehrsgesetz und in den einzelnen Rechtsverordungen aufgelistet und werden mit Bußgeld geahndet.
LuftVG § 58 [Ordnungswidrigkeiten]
(1) Ordnungswidrig handelt, wer vorsätzlich oder fahrlässig...
10. einer auf Grund des § 32 erlassenen Rechtsvorschrift zuwiderhandelt...
11. den ... Auflagen einer Erlaubnis nach ... § 25 Abs. 1... zuwiderhandelt ...
(2) Die Ordnungswidrigkeit kann mit einer Geldbuße bis zu fünfzigtausend Euro geahndet werden.

11.1.5 Zuständige Stellen

Das LuftVG und die Rechtsverordnungen legen die Zuständigkeiten in der Luftfahrtverwaltung fest. Es gibt Bundes- und Länderbehörden und außerdem auf Bundesebene privatrechtlich Beauftragte.

11.1.6 Behörden und Dienste

Der **Bundesminister für Verkehr, Bau- und Wohnungswesen (BMVBW)**: Die Oberste Luftfahrtbehörde in Deutschland hat den Sportverbänden die Verwaltung der Luftsportgeräte als »Beauftragte« übertragen.
Regierungspräsidien (RP): Für einzelne Sachbereiche zuständig, etwa die Erweiterung einer Segelflugplatzgenehmigung auf Hängegleiter- oder Gleitsegelschlepp.
Luftfahrt-Bundesamt (LBA): Dem Bundesminister für Verkehr unmittelbar unterstellt. Untersucht jegliche Luftfahrtunfälle, außerdem erlässt es bei Ordnungswidrigkeiten Bußgeldbescheide und dient als Widerspruchsbehörde gegenüber Entscheidungen des Beauftragten.
Deutsche Flugsicherung GmbH (DFS): Frühere Bundesanstalt für Flugsicherung, die in privater Rechtsform mit den »Fluglotsen« für die Kontrolle des Luftverkehrs zuständig ist. Zentrale in Frankfurt und Dienststellen an den deutschen Flughäfen.
Such- und Rettungsdienst (SAR = Search and Rescue): Muss benachrichtigt werden, wenn ein Luftfahrzeug Hilfe benötigt. Flugsicherungsstellen oder Rettungsorganisationen wie das Rote Kreuz oder die Bergwacht können den SAR-Dienst alarmieren. SAR-Hubschrauber haben meistens eine Aufzugswinde für Bergungen in schwer zugänglichem Gelände an Bord.
Weitere Dienste:

- Flugberatungsdienst (AIS),
- Fluginformationsdienst (FIS),
- Flugwetterberatung des Deutschen Wetterdienstes (DWD).

11.1.7 Beauftragter

Der Bundesminister für Verkehr hat im Bereich Gleitsegeln und Hängegleiten den Deutschen Hängegleiterverband e.V. (DHV) beauftragt. Rechtsverordnungen und Verwaltungsvorschriften legen den Umfang der Beauftragung fest, an deren Bestimmungen der Deutsche Hängegleiterverband gebunden ist. Die Rechts- und Fachaufsicht über den Beauftragten obliegt dem Luftfahrt-Bundesamt.
LuftVG § 31 c ***[Beauftragung von Verbänden]***
2. Erteilung der Erlaubnis für Luftfahrtpersonal (§ 4),
3. Erteilung der Erlaubnis für die Ausbildung (§ 5),
4. Erteilung der Erlaubnis zum Starten und Landen außerhalb der genehmigten Flugplätze (§ 25) für nicht motorgetriebene Luftsportgeräte,
5. Aufsicht über den Betrieb von Luftsportgeräten auf Flugplätzen und Geländen, wenn beide ausschließlich dem Betrieb von Luftsportgeräten dienen (§ 29 Abs. 1),
6. Erhebung von Kosten nach der Kostenordnung der Luftfahrtverwaltung.
LuftVG § 31 d ***[Verfahrensweise des Beauftragten]*** *...*
(2) Die Beauftragten nach den §§ 31 a und 31 c arbeiten nach den Richtlinien des Bundesministers für Verkehr...
(3) Die Beauftragten wenden das Verwaltungsverfahrensgesetz, das Verwaltungskostengesetz, das Verwaltungszustellungsgesetz und das Verwaltungsvollstreckungsgesetz an ...
(4) Gegen die Entscheidungen des Beauftragten im Rahmen seines Auftrags ist der Widerspruch statthaft. Hilft der Beauftragte nicht ab, so entscheidet die Aufsichtsbehörde. In den Fällen der §§ 31 b und 31 c ist die Klage gegen die Bundesrepublik Deutschland, vertreten durch den Beauftragten, zu richten.

In der **Informationsschrift** des Deutschen Hängegleiterverbandes und den dortigen »Nachrichten für Hängegleiter und Gleitsegelführer NfGH« werden für den Gleitsegel- und Hängegleiterpiloten wichtige Nachrichten wie Musterprüfungen und Lufttüchtigkeitsanweisungen veröffentlicht, entsprechend den »Nachrichten für Luftfahrer (NfL)« für die gesamte Luftfahrt.

11.1.8 Fluggerät

Fluggeräte müssen zugelassen sein. Um den Piloten vor Konstruktionsfehlern zu schützen, werden Gleitsegel, Rettungsgerät und auch Schleppgerät einer Musterprüfung unterzogen. ...Die einzelnen Geräte werden, um Herstellungsmängel zu verhindern, zusätzlich der Stückprüfung unterzogen und danach gekennzeichnet. DHV-geprüfte Geräte erhalten die DHV-Gütesiegelplakette. Während der Gebrauchsdauer ist das Gerät in lufttüchtigem Zustand zu halten. Gleitschirme (ohne Gurtzeug) und Schleppwinden bedürfen einer regelmäßigen Nachprüfung. ...
LuftBO § 3 ***[Grundregel für den Betrieb]*** *... (3) Luftfahrtgeräte nach § 1 Abs. 4 der Luftverkehrs-Zulassungs-Ordnung dürfen nur betrieben werden, wenn die Lufttüchtigkeit nach der Verordnung zurPrüfung von Luftfahrtgerät nachgewiesen worden ist.*

Musterprüfung
Der Hersteller oder Importeur lässt das Muster bei einer vom LBA zugelassenen Stelle, wie dem DHV, prüfen. Die Prüfung erfolgt nach den in den Bauvorschriften für Luftgerät festgelegten Bedingungen. ...
LuftVZO § 1 ***[Musterzulassungspflicht]*** *... (4) Ein- oder zweisitzige Luftsportgeräte ohne Motor oder mit einem nicht fest mit dem Luftfahrzeug verbundenen Motor und mit einer höchstzulässigen Leermasse von 120 kg einschließlich Gurtzeug und Rettungsgerät sind von der Musterzulassung befreit. Für diese Luftfahrzeuge hat der Hersteller die Erfüllung der Lufttüchtigkeitsforderungen nachzuweisen. Für das dazugehörige Schleppgerät gelten die Sätze 1 und 2 ohne Gewichtsbeschränkung.*
LuftGerPV §2 ***[Zuständige Stellen für die Musterprüfung]*** *(1) ... Für die Prüfung der Lufttüchtigkeit des Luftfahrtgerätes nach § 1 Abs. 4 der Luftverkehrs-Zulassungs-Ordnung (LuftVZO) ist der Hersteller zuständig.*
LuftGerPV §10a ***[Nicht musterzulassungspflichtiges Luftfahrtgerät]*** *(1) Bei Luftfahrtgerät nach § 1 Abs. 4 der LuftVZO hat der Hersteller die Musterprüfung in einer vom LBA hierfür anerkannten Prüfstelle vor Auslieferung des ersten Luftfahrtgerätes dieses Musters an den Kunden entsprechend § 10 Abs. 1 durchzuführen und von dieser bescheinigen zu lassen. ...*
(3) Als Hersteller gilt auch, wer Luftfahrtgerät nach Absatz 1 in der BRD einführt.
LuftGerPV § 10 ***[Luftsportgerät]*** *(1) In der Musterprüfung wird geprüft, ob das Muster den Bauvorschriften für Luftsportgerät entspricht und nicht die Merkmale oder Eigenschaften aufweist, die einen sicheren Betrieb beeinträchtigen. Ferner wird geprüft, ob die Musterunterlagen sowie die Betriebsanweisungen, die für die Wartung, Überholung und Reparatur (Instandhaltung) und den Betrieb des Luftfahrtgeräts erforderlich sind, vollständig sind und die notwendigen Angaben enthalten, um für das Muster und das dem Muster nachgebaute Luftfahrtgerät einen sicheren Betrieb gewährleisten zu können. ...*
LuftBO § 24 ***[Betriebsgrenzen für Luftfahrzeuge]*** *(1) Ein Luftfahrzeug darf nur in Übereinstimmung mit den im zugehörigen Flughandbuch und in anderen Betriebsanweisungen angegebenen Leistungsdaten und festgelegten Betriebsgrenzen betrieben werden. ...*

Stückprüfung
Die Stückprüfung soll gewährleisten, dass der Pilot ein mustergerechtes Gerät erhält. Nach erfolgreicher Prüfung werden die Geräte mit der Gütesiegelplakette gekennzeichnet.
LuftGerPV § 10a ***[Nicht musterzulassungspflichtiges Luftfahrtgerät]*** *... (2) Die Stückprüfung hat der Hersteller vor Auslieferung dieses Luftfahrtgerätes an den Kunden entsprechend § 10 Abs. 3 Satz 1 durchführen. Er hat die Betriebsanweisungen bei Auslieferung des Luftfahrtgerätes sowie die zur Mängelbehebung erforderlichen Anweisungen spätestens fünf Tage nach Feststellung des Mangels dem Halter zur Verfügung zu stellen.*
LuftGerPV § 10a ***[Luftsportgerät]*** *... (3) In der Stückprüfung wird geprüft, ob das Luftgerät mit dem Muster übereinstimmt und lufttüchtig ist, ob die nach dem Gerätekennblatt zu dem Gerät gehörenden Betriebsanweisungen vorhanden sind und den anerkannten Betriebsanweisungen entsprechen und ob die Kennzeichnung zum Nachweis des Ursprungs, soweit sie gefordert ist, ordnungsgemäß angebracht ist. ...*

Nachprüfung
Alterung und Verschleiß können die Flugeigenschaften oder die Festigkeit des Gerätes gefährlich verschlechtern. Deshalb sind regelmäßige Nachprüfungen notwendig und erfolgen wie weitere Stückprüfungen.
LuftGerPV § 14 ***[Nachprüfung]*** *... (5) Die Lufttüchtigkeit des Luftfahrtgerätes nach § 10a ist nach den vom Hersteller vorgegebenen Anweisungen durch den Halter oder in dessen Auftrag nachzuprüfen oder nachprüfen zu lassen. Der Halter ist für die rechtzeitige und vollständige Durchführung der Prüfungen verantwortlich. Er hat Mängel an dem Luftfahrtgerät oder an den Prüfanweisungen unverzüglich dem Hersteller zu melden.*
LuftGerPV § 16 ***[Nachprüfung bei der Instandhaltung und Änderung des Luftfahrtgerätes]*** *...(1) Bei der Wartung des Luftfahrtgerätes und kleinen Änderungen nach den Bestimmungen der Betriebsordung für Luftfahrtgerät wird die ordnungsgemäße Durchführung der Arbeiten nachgeprüft.*
(2) Bei der Überholung des Luftfahrtgeräts sowie bei größeren Reparaturen und großen Änderungen nach den Bestimmungen der Betriebsordung für Luftfahrtgerät wird die Lufttüchtigkeit des Luftfahrtgerätes und die Übereinstimmung mit den im zugehörigen Gerätekennblatt enthaltenen Angaben geprüft.
LuftGerPV § 17 ***[Angeordnete Nachprüfung]*** *... Die nach § 2 Abs. 1 zuständige Stelle (Hersteller) kann jederzeit eine Nachprüfung anordnen, wenn beim Betrieb des zugelassenen Luftfahrtgerätes Mängel festgestellt werden, die seine Lufttüchtigkeit beeinträchtigen können, oder begründete Zweifel an der Lufttüchtigkeit des Luftfahrtgerätes bestehen. Das Gleiche gilt für die demselben Muster nachgebauten Luftfahrtgeräte, wenn zu vermuten ist, dass Mängel auch bei diesen bestehen.*

Für die Nachprüfung von Geräten, die vor dem 1.7.2001 stückgeprüft worden sind (»Altgeräte«) gilt Art. 4 der Verordnung zur Änderung luftrechtlicher Vorschriften vom 27.6.2001.
Artikel 4 ***[Inkrafttreten, Übergangsbestimmungen]*** *...*
(3) Für ... Gleitsegel ..., bei denen die Stückprüfung nach § 10 Abs. 3, 4, und 7 der Verordnung zur Prüfung von Luftfahrtgerät in der vor dem 1.7.2001 geltenden Fassung bescheinigt ist, gelten die Muster- und Stückprüfung nach § 10a der Verordnung zur Prüfung von Luftfahrtgerät als erbracht, wenn der Hersteller die für die Nachprüfung und Mängelbehebung erforderlichen Anweisungen dem Halter zur Verfügung stellt. Können die erforderlichen Anweisungen des Herstellers dem Halter nicht zur Verfügung gestellt werden, dürfen diese Luftfahrtgeräte nur weiter betrieben werden, wenn sie nach den vor dem 1.7.2001 geltenden Regeln nachgeprüft werden.

Erhaltung und Verlust der Lufttüchtigkeit
Der Gerätehalter ist für den betriebssicheren Zustand des Fluggeräts verantwortlich, der Pilot für dessen sichere Bedienung. Das Fluggerät muss regelmäßig gewartet, überholt und repariert werden, und die Lufttüchtigkeitsanweisungen sind zu befolgen.
LuftBO § 6 ***[Wartung]*** *Bei der Wartung des Luftfahrtgeräts sind durchzuführen:*
1. Planmäßige Kontrolle und Arbeiten, die zur Aufrechterhaltung und Überwachung der Lufttüchtigkeit erforderlich sind;
2. nicht planmäßige zusätzliche Arbeiten und kleine Reparaturen, die zur Behebung angezeigter Beanstandungen oder festgestellter Mängel erforderlich sind und mit einfachen Mitteln ausgeführt werden können. Dazu gehört der Einbau von geprüften Teilen im Austausch gegen überholungs-, reparatur- oder änderungsbedürftige Teile, wenn dies mit einfachen Mitteln möglich ist.
LuftBO § 7 ***[Überholung]*** *Hat ein Luftfahrtgerät die zulässige Betriebszeit nach § 4 erreicht oder sind bei seinem Betrieb Mängel festgestellt worden, die im Rahmen der Wartung nach § 6 nicht behoben werden können, ist das Gerät ganz oder teilweise zu überholen (Grund- oder Teilüberholung).*
LuftBO § 8 ***[Große Reparatur]*** *Hat ein Luftfahrtgerät einen Schaden erlitten, der im Rahmen der Wartung nach § 6 nicht einwandfrei behoben werden kann, ist eine große Reparatur durchzuführen. ...*
LuftBO § 9 ***[Durchführung der Instandhaltung]*** *...*
(2) Wer eine Erlaubnis als Luftfahrzeugführer besitzt, kann an einem Luftfahrzeug, dessen Eigentümer oder Halter er ist und das nicht für die gewerbsmäßige Beförderung von Personen oder Sachen verwendet wird, einfache Kontrollen und Arbeiten im Rah-

men der Wartung selbst durchführen, wenn er die notwendigen Kenntnisse und Fähigkeiten besitzt. Das gleiche gilt für … Mitglieder von Luftfahrtverbänden und -vereinen. Die Nachprüfungen nach der Prüfordnung für Luftfahrtgerät können zusammengefasst bei der Jahresnachprüfung durchgeführt werden.
(3) Bei der Instandhaltung sind die von dem Hersteller des Luftfahrtgeräts erstellten Betriebsanweisungen und technischen Mitteilungen zu berücksichtigen.
(5) Erfordert die ordnungsgemäße Durchführung bestimmter Instandhaltungsarbeiten besondere Kenntnisse und Fähigkeiten, dürfen diese Arbeiten nur von Fachkräften durchgeführt werden, die nachweislich den Anforderungen genügen.
(6) Wer Luftfahrtgerät instandhält, hat der zuständigen Stelle Mängel des Musters, die ihm bei seiner Tätigkeit bekannt werden und welche die Lufttüchtigkeit beeinträchtigen oder beeinträchtigen können, unverzüglich anzuzeigen.
LuftBO § 14 ***[Lufttüchtigkeitsanweisung]*** *(1) Die zuständige Stelle ordnet durch Lufttüchtigkeitsanweisung, die in den Nachrichten für Luftfahrer oder in der Informationsschrift des Beauftragten bekannt gemacht wird, die durchzuführenden Maßnahmen an, wenn sich beim Betrieb des Luftfahrtgeräts Mängel des Musters herausstellen, welche die Lufttüchtigkeit beeinträchtigen.*
(2) Ein durch die Lufttüchtigkeitsanweisung betroffenes Luftfahrtgerät darf nach dem in der Lufttüchtigkeitsanweisung angegebenen Termin außer für Zwecke der Nachprüfung nur in Betrieb genommen werden, wenn die angeordneten Maßnahmen ordnungsgemäß durchgeführt worden sind.
LuftBO § 25 ***[Verlust der Lufttüchtigkeit]*** *(1) Werden beim Betrieb des zugelassenen Luftfahrzeugs Mängel festgestellt, die seine Lufttüchtigkeit beeinträchtigen oder beeinträchtigen können, oder bestehen begründete Zweifel an der Lufttüchtigkeit des Luftfahrzeugs, kann die zuständige Stelle das Luftfahrzeug bis zum Nachweis der Lufttüchtigkeit nach den Vorschriften der Prüfordnung für Luftfahrtgerät für luftuntüchtig erklären.*
(2) Ein Luftfahrzeug, das luftuntüchtig ist oder von der zuständigen Stelle (für Gleitsegel: DHV) für luftuntüchtig erklärt worden ist, darf nicht in Betrieb genommen werden. Die Inbetriebnahme für Zwecke der Nachprüfung ist zulässig. …
LuftBO § 26 ***[Ausfall von Ausrüstungsteilen]*** *(1) Sind bei Antritt eines Flugs vorgeschriebene Anlagen, Geräte oder Bauteile der Ausrüstung des Luftfahrzeugs nicht betriebsbereit, darf der Flug nicht durchgeführt werden. …*
LuftBO § 28 ***[Anzeigepflicht]*** *Der Luftfahrzeugführer hat dem Halter des Luftfahrzeugs die bei dem Betrieb des Luftfahrzeugs festgestellten Mängel des Luftfahrzeugs unverzüglich anzuzeigen.*

Eintragung und Kennzeichnung

Ist nur vorgeschrieben, wenn der Pilot Flugfunk betreibt.
LuftVZO § 18 a [Luftsportgeräteverzeichnis] (2) Ultraleichtflugzeuge werden für die Verkehrszulassung in das Luftsportgeräteverzeichnis vom Beauftragten eingetragen, Hängegleiter und Gleitsegel auf Antrag.
Anmerkung: Vorgeschrieben sind Eintragungen und Kennzeichnung für Gleitsegel und Hängegleiter nur, wenn das Gerät für Überlandflüge benutzt wird.
LuftVZO § 19 [Kennzeichen] (1) Bei der … Eintragung wird dem Luftfahrzeug ein Kennzeichen zugeteilt.

Straf- und Bußgeldvorschriften

GerPO § 46 ***[Ordnungswidrigkeiten]***
(1) Ordnungswidrig im Sinne des § 58 Abs. 1 Nr. 10 des Luftverkehrsgesetzes handelt, wer vorsätzlich oder fahrlässig …
4. entgegen § 10a Abs. 1 Satz 1 die Musterprüfung nicht richtig, nicht vollständig oder nicht rechtzeitig durchführen oder nicht oder nicht rechtzeitig bescheinigen lässt.
4a. entgegen § 10a Abs. 2 Satz 1 die Stückprüfung nicht richtig, nicht vollständig oder nicht rechtzeitig durchführt.
4b. entgegen § 10a Abs. 2 Satz 2 eine Betriebsanweisung oder eine zur Mängelbehebung erforderliche Anweisung nicht, nicht richtig, nicht vollständig oder nicht rechtzeitig zur Verfügung stellt. …
5a. entgegen § 14 Abs. 5 Satz 1 die Lufttüchtigkeit des Luftfahrtgerätes nicht, nicht richtig, nicht vollständig oder nicht rechtzeitig nachprüft oder nicht, nicht richtig, nicht vollständig oder nicht rechtzeitig nachprüfen lässt oder
LuftBO § 57 Ordnungswidrig im Sinne des § 58 Abs. 1 Nr. 10 des Luftverkehrsgesetzes handelt, wer vorsätzlich oder fahrlässig
1. als Halter von Luftfahrtgerät oder Betriebsleiter entgegen
a) § 3 Luftfahrtgerät nicht in einem solchen Zustand erhält oder nicht so betreibt, dass kein anderer gefährdet, geschädigt oder mehr als nach den Umständen vermeidbar behindert oder belästigt wird;
Abs. 3 ein Luftfahrtgerät betreibt, oder entgegen § 3 bei dem die Lufttüchtigkeit nicht oder nicht vollständig nachgewiesen ist; …
d) § 14 Abs. 2 Luftfahrtgerät betreibt, ohne die in der Lufttüchtigkeitsanweisung angeordneten Maßnahmen ordnungsgemäß durchgeführt zu haben; …
2. als Halter von Luftfahrtgerät, Betriebsleiter oder Luftfahrzeugführer entgegen
a) § 3 Abs. 3 Satz 1 ein Luftsportgerät ohne zugelassenes Rettungsgerät betreibt oder entgegen § 3 Abs. 2 Satz 2 keinen geeigneten Kopfschutz trägt.
b) § 24 Abs. 1 Satz 1 ein Luftfahrzeug nicht in Übereinstimmung mit dem im zugehörigen Flughandbuch oder in anderen Betriebsanweisungen angegebenen Leistungsdaten oder festgelegten Betriebsgrenzen betreibt;
d) § 25 Abs. 2 ein luftuntüchtiges oder für luftuntüchtig erklärtes Luftfahrtgerät in Betrieb nimmt; …
3. als Luftfahrzeugführer entgegen
c) § 25 Abs. 1 trotz des Ausfalls von Ausrüstungsteilen einen Flug durchführt; …
e) § 28 dem Halter Mängel des Luftfahrzeugs nicht unverzüglich anzeigt; …
8. entgegen § 9 Abs. 6 anzeigepflichtige Mängel der zuständigen Stelle nicht unverzüglich anzeigt;…

11.1.9 Pilot

In Deutschland ist die Pilotenvoraussetzung die »Erlaubnis für Luftfahrer«. Die fachliche Kompetenz für diese Erlaubnis wird im »Luftfahrerschein für Luftsportgeräteführer« erbracht. Der Luftfahrerschein gliedert sich in **beschränkten Luftfahrerschein** und **unbeschränkten Luftfahrerschein**. Er ist auch Voraussetzung für die Lehr- und Passagierberechtigung, die Befugnis zum Flugfunk und die Startarten Hang- und Windenschleppstart. Ähnlich dem Führerschein ist der Luftfahrerschein beim Flugbetrieb mitzuführen.

Erlaubnispflicht

LuftVG § 4 ***[Grundsätze der Erlaubnis für Luftfahrer]***
(1) Wer ein Luftfahrzeug führt oder bedient (Luftfahrer), bedarf der Erlaubnis. Die Erlaubnis wird nur erteilt, wenn
1. der Bewerber das vorgeschriebene Mindestalter besitzt,
2. der Bewerber seine Tauglichkeit nachgewiesen hat,
3. keine Tatsachen vorliegen, die den Bewerber als unzuverlässig erscheinen lassen, ein Luftfahrzeug zu führen oder zu bedienen,
4. der Bewerber eine Prüfung nach der Verordnung über Luftfahrtpersonal bestanden hat.
(2) Die Vorschriften des Abs. 1 sind auf sonstiges Luftfahrtpersonal sinngemäß anzuwenden, soweit seine Tätigkeit auf Grund einer Rechtsverordnung nach § 32 Abs. 1 Nr. 4 erlaubnispflichtig ist.
(3) Die Erlaubnis ist zu widerrufen, wenn die Voraussetzungen nach Abs. 1 nicht mehr vorliegen.
(4) … Bei Übungs- und Prüfungsflügen ohne Begleitung von Fluglehrern oder Prüfungsratsmitgliedern bedürfen Luftfahrer keiner Erlaubnis, wenn es sich um Flüge handelt, die von Fluglehrern oder Prüfungsratsmitgliedern angeordnet und beaufsichtigt werden.
LuftVZO § 20 ***[Erlaubnispflichtige Personen]***
(1) Luftfahrer, die einer Erlaubnis bedürfen, sind …
9. Luftsportgeräteführer …

Ausbildung

Die Ausbildung darf nur in registrierten Ausbildungseinrichtungen (Flugschulen) erfolgen. Der ärztliche Flugtauglichkeitstest wird den Gleitschirmpiloten erspart, aber sie müssen gesund und flugtauglich sein.
LuftVZO § 23 ***[Mindestalter]***
(1) Das Mindestalter zum Erlangen einer Erlaubnis beträgt
1. für … Führer nichtmotorgetriebener Luftsportgeräte … 14 Jahre …
(2) Das Mindestalter für den Beginn der Ausbildung beträgt
2. für … Führer nichtmotorgetriebener Luftsportgeräte, Windenführer 14 Jahre mit schriftlicher Einverständniserklärung der Erziehungsberechtigten.
Die zuständige Stelle kann im Einzelfall einen früheren Ausbildungsbeginn zulassen.
LuftVZO § 24 ***[Voraussetzungen für die Ausbildung]***
(1) Die Ausbildung von Luftfahrtpersonal ist nur zulässig, wenn
1. der Bewerber das Mindestalter nach § 23 besitzt,
2. der Bewerber tauglich ist,
3. keine Tatsachen vorliegen, die den Bewerber als unzuverlässig erscheinen lassen, die beabsichtigte Tätigkeit als Luftfahrtpersonal auszuüben,
4. bei einem minderjährigen Bewerber der gesetzliche Vertreter zustimmt.
(2) Tatsachen, die den Bewerber als unzuverlässig erscheinen lassen, sind insbesondere Trunksucht, Entmündigung, eine erhebliche gerichtliche Bestrafung oder mehrfache rechtskräftig festgestellte erhebliche Verstöße gegen Verkehrsvorschriften.
(3) Dem Ausbildungsleiter müssen vor Beginn der Ausbildung folgende Unterlagen vorliegen:
1. der Personalausweis oder der Reisepass des Bewerbers und eine Kopie;
2. das Tauglichkeitszeugnis nach § 24a;
3. eine Erklärung über schwebende Strafverfahren und darüber, dass ein Führungszeugnis nach § 28 des Bundeszentralregistergesetzes zur Vorlage bei der zuständigen Stelle beantragt worden ist;
4. bei einem minderjährigen Bewerber eine amtlich beglaubigte Zustimmungserklärung des gesetzlichen Vertreters.
Die Vorlagepflicht nach Nr. 2 und 3 gilt nicht für Bewerber um eine Erlaubnis als Luftsportgeräteführer, ausgenommen Führer von motorgetriebenen Luftsportgeräten. Der Beauftragte nach § 31c des Luftverkehrsgesetzes kann für besondere Berechtigungen nach der Verordnung für Luftfahrtpersonal die Vorlage der Unterlagen nach Nr. 2 und 3 verlangen …
LuftPersV § 42 ***[Fachliche Voraussetzungen]*** *(1) Fachliche Voraussetzungen für den Erwerb der Erlaubnis für Luftsportgeräteführer sind*
1. die theoretische Ausbildung,
2. die Flug- oder Sprungausbildung …
(2) Inhalt und Durchführung der theoretischen Ausbildung und der Flug- und Sprungausbildung legt der Beauftragte nach § 31c des LVG vorbehaltlich der

Absätze 3 und 4 für die jeweilige Luftsportgeräteart fest.
(3) Die theoretische Ausbildung umfasst folgende Sachgebiete:
1. Luftrecht, Luftverkehrs- und Flugsicherungsvorschriften einschließlich Rechtsvorschriften des beweglichen Flugfunkdienstes und die Durchführung des Sprechfunkverkehrs bei Flügen nach Sichtflugregeln
2. Navigation oder bei der Sprungausbildung: Freifall
3. Meteorologie
4. Aerodynamik
5. Allgemeine Luftfahrzeugkenntnisse, Technik und pyrotechnische Einweisung
6. Verhalten in besonderen Fällen
7. Menschliches Leistungsvermögen.
(4) Die Flug- oder Sprungausbildung umfasst:
2. bei Luftsportgeräten nach § 1 Abs. 4 LuftVZO:
2.1 für Führer von Hängegleitern, Gleitsegeln und anderen vergleichbaren Luftsportarten:
Vorbereitungs-, Start-, Steuer- Lande- und Flugübungen mit unterschiedlichen Höhen sowie Überlandflugübungen unter Anleitung und Aufsicht eines Fluglehrers oder mit dessen Flugauftrag bis zur sicheren Beherrschung des Luftsportgerätes und der Startart, für HG und Gleitsegel unter besonderer Berücksichtigung der Anforderungen an Flüge im Hochgebirge …

Die Einzelheiten sind vom Deutschen Hängegleiterverband (DHV) in der **Ausbildungs- und Prüfungsordnung für Hängegleiter- und Gleitsegelführer (APO)** und den zugehörigen Anlagen festgelegt.

APO Abschnitt II: Erlaubnis
1. In der theoretischen Ausbildung sind alle Ausbildungsinhalte … zu vermitteln, und zwar für
a) die Grundausbildung …
b) die beschränkte Erlaubnis (beschränkter Luftfahrerschein, A-Schein) …
c) die unbeschränkte Erlaubnis (unbeschränkter Luftfahrerschein, B-Schein) …
2. Die praktische Ausbildung umfasst
a) ***Grundausbildung*** *unter Anleitung und Aufsicht eines Fluglehrers Vorbereitungs-, Start-, Steuer- und Landeübungen sowie Flugübungen im Übungsgelände, davon mindestens 20 als Alleinflüge mit 40 m bis 200 m Höhenunterschied (…),*
b) ***Höhenflugausbildung*** *mit mindestens 40 Höhenflügen als Alleinflüge im Übungsgelände mit Flugfiguren und Landeverfahren, davon mindestens 10 mit mehr als 500 m, bei Winden- und UL-Schlepp mit mehr als 300 m Höhenunterschied sowie mindestens 25 unter Anleitung und Aufsicht eines Fluglehrers und die übrigen unter den Voraussetzungen der Nr. 6 (…, beschränkte Erlaubnis),*
c) ***Überlandflugausbildung*** *mit mindestens 20 von einer Flugschule bestätigten Alleinflügen mit beliebiger Startart, davon mindestens 10 mit den Höhenunterschieden nach b und mindestens 10 mit mehr als 30 Minuten Flugdauer auf mindestens 2 verschiedenen Geländen sowie Flugübungen unter Anleitung und Aufsicht eines Fluglehrers und einen Überlandflug mit schriftlichem Flugauftrag nach Vorgabe des Beauftragten über eine Strecke von mindestens 20 km mit Hängegleitern oder 10 km mit Gleitsegeln (…, unbeschränkte Erlaubnis).*
2. ***Anrechnung von Doppelsitzerflügen*** *– In jeder Phase der Grund- und Höhenflugausbildung nach Nr. 2.a und b können zusammen mit einem Fluglehrer im Doppelsitzer Höhenflüge durchgeführt werden, die je 2 Alleinflüge – höchstens 10 Alleinflüge – nach Nr. 2.b ersetzen.*
3. ***Ausbildung im Doppelsitzer*** *– Wahlweise an Stelle der Grund- und Höhenflugausbildung nach Nr. 2.a und b umfasst die Ausbildung zum Hängegleiterführer Vorbereitungs-, Start-, Steuer- und Landeübungen nach Ermessen des Fluglehrers, mindestens 10 Höhenflüge zusammen mit einem Fluglehrer im Doppelsitzer und 20 Höhenflüge als Alleinflüge, von diesen 20 Alleinflügen mindestens 10 unter Anleitung und Aufsicht eines Fluglehrers und mindestens 10 mit den Höhenunterschieden nach Nr. 2.b (…).*
4. ***Lernausweis*** *– Nach erfolgreicher Durchführung der Grundausbildung kann der Ausbildungsleiter dem Bewerber für die Dauer von 36 Monaten mit schriftlichem Flugauftrag gestatten (Lernausweis,…), im gleichen Übungsgelände ohne Fluglehrer Flugübungen der Grundausbildung zu wiederholen.*
5. ***Schulungsbestätigung*** *– Nach erfolgreicher Durchführung von Grundausbildung und mindestens 10 Höhenflügen als Alleinflüge und der theoretischen Ausbildung nach Nr. 1.a und teilweise b (…) kann der Ausbildungsleiter dem Bewerber die Alleinübungsreife bestätigen (Schulungsbestätigung,…). Mit dieser Bestätigung kann der Bewerber für die Dauer von 36 Monaten in Übungsgeländen mit schriftlichem Flugauftrag des dort zuständigen Ausbildungsleiters Übungsflüge ohne Fluglehrer durchführen. Der Flugauftrag darf nur erteilt werden, wenn der Bewerber im jeweiligen Übungsgelände mindestens 5 Alleinflüge unter Aufsicht und Anleitung eines Fluglehrers durchgeführt hat.*
6. ***Schriftliche Flugaufträge*** *– Nach diesem Abschnitt können dem Bewerber allgemein für ein bestimmtes Übungsgelände oder eine bestimmte Überlandstrecke erteilt werden.*

Die in der Ausbildungs- und Prüfungsordnung verwendeten Begriffe sind ebenfalls in der APO erklärt.

APO Abschnitt I: Begriffe
1. ***Flugschulen*** *sind die vom DHV registrierten Ausbildungseinrichtungen.*
2. ***Ausbildungsleiter*** *ist der Verantwortliche für die Organisation der Ausbildung und die Ausbildungssicherheit in der Flugschule.*
3. ***Fluglehrer*** *im Sinne dieser Ausbildungs- und Prüfungsordnung sind Inhaber der deutschen oder österreichischen Lehrberechtigung und Fluglehrerassistenten gemäß der Ausbildungs- und Prüfungsordnung für Hängegleiter- und Gleitsegellehrer.*
4. ***Aufsicht*** *bei einem Flug heißt unmittelbare Fluglehrerbetreuung des Bewerbers beim Start und bei der Landung. Bei Flügen mit mehr als 100 m Höhenunterschied muss die Aufsicht durch je einen Fluglehrer am Startplatz und am Landeplatz erfolgen. Bei Flügen zwischen 100 m und 300 m Höhenunterschied kann auf einen der beiden Fluglehrer verzichtet werden, wenn Sichtverbindung zwischen Start- und Landeplatz besteht und der Fluglehrer durch Funk Anweisungen geben kann.*
5. ***Übungsgelände*** *ist für die Ausbildung zugelassenes Fluggelände.*
6. ***Höhenunterschied*** *bezieht sich auf die Startplatz oder Ausklinkhöhe und die Landeplatzhöhe.*
7. ***Höhenflüge*** *sind, wenn nichts anderes bestimmt ist, Flüge mit über 300 m Höhenunterschied. Flüge von Bergen mit geringerem Höhenunterschied können vom DHV anerkannt werden, wenn von der Flugschule durch Gutachten eines vom DHV anerkannten Sachverständigen nachgewiesen ist, dass alle Aufgaben eines Prüfungsfluges sicher durchgeführt werden können.*
8. ***Flugbuch*** *ist die Auflistung aller Übungen und Flüge im Rahmen dieser Ausbildungs- und Prüfungsordnung. Einzutragen sind stets das Datum, das Gelände, das Fluggerät und die Art der Übung.*
9. ***Ausbildungsnachweis*** *ist der Nachweis über die erfolgreich abgeschlossene Ausbildung für den jeweiligen theoretischen und praktischen Ausbildungsabschnitt. Der Ausbildungsnachweis (…) ist Voraussetzung für die Zulassung zu den Prüfungen und Leistungstests, für die Erteilung der Erlaubnis und Berechtigung und die Eintragung zusätzlicher Startarten. Er muss vom Ausbildungsleiter eigenhändig unterschrieben werden.*

Für Bewerber mit theoretischer oder praktischer Vorbildung sieht die Ausbildungs- und Prüfungsordnung Erleichterungen vor, die hier vollständig, auch für weitere Ausbildungen, wiedergegeben sind.

APO Abschnitt V: Erleichterungen
1. ***Hängegleiten für Gleitsegeln*** *– Für Inhaber einer Erlaubnis für Hängegleiterführer verringert sich die praktische Ausbildung zum Gleitsegelführer in einer für Hängegleiter eingetragenen Startart auf die Grundausbildung nach Abschnitt II.Nr. 2.a sowie mindestens 15 Höhenflüge nach Abschnitt II.Nr. 2.b unter Anleitung eines Fluglehrers. Die theoretische Ausbildung verringert sich auf die Sachgebiete Allgemeine Luftfahrzeugkenntnisse, Technik, Verhalten in besonderen Fällen, Aerodynamik.*
2. ***Startarten*** *– Für die Eintragung zusätzlicher bereits für Hängegleiter eingetragener Startarten in die Gleitsegelerlaubnis verringern sich die Mindeststartzahlen nach Abschnitt III auf die Hälfte.*
3. ***B-Schein*** *– Die Inhaber einer unbeschränkten Erlaubnis für Hängegleiterführer sind von der theoretischen und praktischen Ausbildung und Prüfung zur unbeschränkten Erlaubnis für Gleitsegelführer nach Abschnitt II.Nr. 1.c, Abschnitt II.Nr. 2.c und Abschnitt VI.Nr.2.b befreit.*
4. ***Passagierberechtigung*** *– Für Inhaber der Passagierberechtigung für Hängegleiter verringern sich bei der Ausbildung zur Passagierberechtigung für Gleitsegel die Mindestflugzahlen nach Abschnitt IV.Nr.1.a und d auf die Hälfte. Die Ausbildung nach Abschnitt IV.Nr.1.c entfällt.*
5. ***Gleitsegeln für Hängegleiten*** *– Die Nr. 1 bis 4 gelten entsprechend für Inhaber einer Erlaubnis für Gleitsegelführer bei der Ausbildung zum Hängegleiterführer.*
6. ***Fallschirmspringen*** *– Für die Inhaber einer Erlaubnis als Sprungfallschirmführer gilt Nr. 1 entsprechend, mit der Ergänzung, dass bereits für die erste Startart die Ausbildung nach Abschnitt III hinzukommt.*
7. ***UL- und Segelfliegen*** *– Die Inhaber einer Erlaubnis für Ultraleichtflugzeugführer oder Segelflugzeugführer sind von der theoretischen Ausbildung und Prüfung zur unbeschränkten Erlaubnis für Hängegleiter- oder Gleitsegelführer nach Abschnitt II. Nr. 1.c und Abschnitt VI. Nr.2.b befreit.*
8. ***Sonderpilotenschein*** *– Die Ausbildung für den österreichischen Sonderpilotenschein für Hängegleiten und Paragleiten und zugehörige Berechtigungen wird ohne Einschränkung auf die entsprechende deutsche Ausbildung angerechnet.*
9. ***Ausbildung im Ausland*** *– Die Geschäftsstelle des DHV kann auf Antrag gleichwertige Ausbildung, die in anderen Staaten durchgeführt worden ist, auf die entsprechende deutsche Ausbildung anrechnen.*

Prüfung
LuftPersV § 43 ***[Grundsätze für die Prüfung]*** *(1) Der Bewerber hat in einer theoretischen und praktischen Prüfung nachzuweisen, dass er nach seinem fachlichen Wissen und praktischen Können die an einen Luftsportgeräteführer zu stellenden Anforderungen erfüllt.*
(2) Die Prüfung erstreckt sich insbesondere auf
1. die in § 42 Abs. 2 Satz 2 aufgeführten Sachgebiete,
2. die notwendigen Kenntnisse und Fähigkeiten zum Führen und Bedienen von Luftsportgeräten des Musters, auf dem der Bewerber die Prüfung ablegt, und
3. das Verhalten bei besonderen Flugzuständen, in

Notfällen und bei Unfällen, soweit dies Bestandteil der Flugausbildung nach § 42 Abs. 3 ist.
LuftPersV § 128 ***[Durchführung der Prüfungen]*** *... (9) Für Prüfungen für den Erwerb von Erlaubnissen und Berechtigungen für Luftsportgeräteführer werden die Einzelheiten, insbesondere die Fragen für die schriftliche Theorieprüfung, die Durchführungsgrundsätze für die Theorieprüfung, die Flug-/Sprungaufgaben, die Bewertungsmaßstäbe und die Anrechnung von vorangegangenen Prüfungen vom Beauftragten festgelegt.*

APO Abschnitt VI: Prüfungen
1. ***Prüfung vor dem DAV*** *– Für die beschränkte Erlaubnis nach Abschnitt II und die Passagierberechtigung nach Abschnitt IV ist eine theoretische und praktische Prüfung, für die unbeschränkte Erlaubnis eine theoretische Prüfung vor dem DHV abzulegen. Grundsätzlich wird zuerst die theoretische Prüfung abgelegt, danach die Flugprüfung. In begründeten Ausnahmefällen kann der Prüfungsleiter die Flugprüfung vorziehen.*
2. ***Die theoretische Prüfung*** *erfolgt schriftlich nach dem Multiple-Choice-Verfahren an Hand der Fragenkataloge für die*
a) beschränkte Erlaubnis,...
b) unbeschränkte Erlaubnis,...
c) Passagierberechtigung,...
In Grenzfällen kann zusätzlich eine mündliche Prüfung durchgeführt werden. Der Prüfungsablauf und die Bewertungskriterien sind ... festgelegt.
3. ***Zur Flugprüfung*** *sind Ablauf, Aufgaben und Bewertungskriterien festgelegt für die*
a) beschränkte Erlaubnis ...
b) Passagierberechtigung ...
In Grenzfällen kann der Prüfungsleiter die Möglichkeit eines Nachfluges einräumen. Eine nichtbestandene Prüfung kann frühestens am Folgetag wiederholt werden. Bei Nichtbestehen kann der Prüfer dem Bewerber Übungsauflagen erteilen.
4. ***Leistungstest in der Flugschule*** *– Anstelle einer Prüfung nach Nr. 1 ist für die Ausstellung des Lernausweises (Abschnitt II.Nr.5) und der Schulungsbestätigung (Abschnitt II.Nr. 6), die Eintragung einer zusätzlichen Startart einsitzig (Abschnitt III.b) und mit Passagier (Abschnitt IV.Nr. 2) und den erleichterten Erwerb der Erlaubnis (Abschnitt V.Nr.1 und 5) in der Flugschule ein theoretischer und praktischer Leistungstest ... durchzuführen. Die Flugschule hat den Leistungstest schriftlich zu dokumentieren und die Dokumentation 5 Jahre aufzubewahren und dem DHV auf Verlangen vorzulegen.*

Erlaubnis und Luftführerschein
LuftVZO § 22 ***[Zuständige Stellen für die Erlaubnis]*** *(1) Die Erlaubnis wird erteilt ...*
3. von dem Beauftragten nach § 31c des LuftVG für Luftsportgeräteführer;
(2) Erweiterungen der Erlaubnis und die Erteilung besonderer Berechtigungen werden von den in Absatz 1 genannten Stellen erteilt; ...
LuftVZO § 25 ***[Antrag auf Erteilung der Erlaubnis]*** *...(2) Dem Antrag sind beizufügen*
1. die in § 24 Abs. 3 Nr. 1 bis 4 bezeichneten Unterlagen; ...
2. eine Erklärung über die Staatsangehörigkeit, die auf Verlangen nachzuweisen ist;
3. ein vom Ausbildungsbetrieb oder registrierter Ausbildungseinrichtung angefertigter Ausbildungsnachweis über die theoretische und praktische Ausbildung;
4. ein Passbild.
LuftVZO § 26 ***[Erteilung der Erlaubnis]*** *(1) Die zuständige Stelle erteilt die Erlaubnis, wenn die Voraussetzungen des § 24 Abs. 1 und die Vorschriften gemäß § 20 Abs. 2 oder 3 erfüllt sind. Hat der nach den Vorschriften gemäß § 20 Abs. 2 oder 3 bestimmte Prüfer Zweifel an der Eignung des Bewerbers, teilt er der zuständigen Stelle die Gründe hierfür mit.*
(2) Die Erlaubnis wird durch Aushändigung eines Ausweises nach den Vorschriften gemäß § 20 Abs. 2 oder 3 erteilt. Die Dauer der Gültigkeit der Erlaubnis ist in dem Ausweis einzutragen. Das gleiche gilt für besondere Berechtigungen sowie Erweiterungen der Erlaubnis, wenn der Bewerber die in den Vorschriften gemäß § 20 Abs. 2 oder 3 vorgeschriebenen Voraussetzungen nachgewiesen hat. Der Ausweis ist zusammen mit dem Personalausweis oder Reisepass ... bei Ausübung der erlaubnispflichtigen Tätigkeit mitzuführen.
LuftPersV § 44 ***[Umfang der Erlaubnis]*** *(1) Die Erlaubnis wird durch Aushändigung des Luftfahrerscheins für Luftsportgeräteführer nach Muster 5 erteilt.*
(2) Die Erlaubnis berechtigt zum Führen von Luftsportgerät der im Luftfahrerschein eingetragenen Art und zu den eingetragenen Startarten am Tage...
(3) In die Erlaubnis nach § 42 Abs. 4 Nr. 2.1 werden diejenigen Startarten eingetragen, in denen der Bewerber ausgebildet ist.
(4) Die Erlaubnis nach § 42 Abs. 4 Nr. 2.1 wird auf Flüge in der Umgebung der Startstelle beschränkt, wenn die Ausbildung keine Überlandflugübungen enthalten hat. ...
LuftVO § 3 ***[Überlandflüge]*** *... (3) Ein Flug führt über die Umgebung eines Flugplatzes hinaus (Überlandflug), wenn der Luftfahrzeugführer den Verkehr in der Platzrunde nicht mehr beobachten kann.*
LuftVZO § 29 ***[Widerruf, Ruhen und Beschränkung]*** *(1) Die Erlaubnis ist von der zuständigen Stelle zu widerrufen und der Ausweis einzuziehen, wenn sich Tatsachen dafür ergeben, dass der Inhaber für die erlaubte Tätigkeit ungeeignet ist. An Stelle des Widerrufes kann eine Erlaubnis eingeschränkt und mit Auflagen versehen oder das Ruhen der Erlaubnis angeordnet werden, wenn dies bei eingeschränkter Eignung ausreicht, die öffentliche Sicherheit und Ordnung aufrechtzuerhalten.*
(2) Die Erlaubnis ist ferner zu widerrufen und der Ausweis einzuziehen, wenn der zuständigen Stelle Tatsachen bekannt werden, die Zweifel an dem ausreichenden praktischen Können oder fachlichen Wissen des Inhabers der Erlaubnis rechtfertigen, und wenn eine von ihr angeordnete Überprüfung entweder verweigert wird oder ergibt, dass der Inhaber der Erlaubnis ein ausreichendes praktisches Können oder fachliches Wissen nicht mehr besitzt.
(3) An Stelle des Widerrufs kann das Ruhen der Erlaubnis auf Zeit oder eine Nachschulung mit anschließender Überprüfung angeordnet oder die Erlaubnis auf eine bestimmte Betätigung in der Luftfahrt beschränkt werden, wenn dies ausreicht, um die Sicherheit und Ordnung des Luftverkehrs aufrechtzuerhalten. Das Ruhen der Erlaubnis kann auch in Fällen erheblicher Gefahr für die Sicherheit und Ordnung des Luftverkehrs bis zur Feststellung des weiteren ausreichenden praktischen Könnens oder fachlichen Wissens nach Abs. 2 angeordnet werden, wenn der zuständigen Stelle Tatsachen bekannt werden, die erkennen lassen, dass der Inhaber der Erlaubnis das ausreichende praktische Können oder fachliche Wissen nicht mehr besitzt. Der über die Erlaubnis ausgestellte Ausweis ist für die Zeit des Ruhens der Erlaubnis einzuziehen und im Falle der Beschränkung zu berichtigen oder durch einen neuen Ausweis zu ersetzen. ...

Gültigkeitsdauer und Überprüfungsflug
LuftPersV § 45 ***[Gültigkeitsdauer]*** *(1) Die Erlaubnis wird unbefristet erteilt. ...*
(2) Vor Antritt eines Fluges mit der im Luftfahrerschein eingetragenen Luftsportgeräteart muss der Inhaber ...
2. einer Erlaubnis für ... Hängegleiter und Gleitsegel und andere vergleichbare Luftsportgeräte ... in ausreichender fliegerischer Übung sein; die Einzelheiten werden vom Beauftragen entsprechend § 42 Abs. 2 festgelegt.
APO Abschnitt VII: Überprüfungsflug
Hängegleiter- und Gleitsegelführer haben alle drei Jahre innerhalb der letzten 12 Monate einen Überprüfungsflug – für Inhaber der Passagierberechtigung zusammen mit einem Passagier – als verantwortlicher Luftfahrzeugführer durchzuführen. (...) Der Nachweis erfolgt durch Eintragung in das Flugbuch mit Bestätigung einer Flugschule oder eines Fluglehrers, Prüfers oder Beauftragten für Luftaufsicht. Diese haben innerhalb von 2 Wochen dem DHV die erteilte Bestätigung mit Nennung von Namen und Anschrift des Piloten sowie Datum und Ort des Fluges schriftlich mitzuteilen. Wer den Überprüfungsflug nicht rechtzeitig durchführt, muss in einer Flugschule an einer Nachschulung teilnehmen (...).

Startarten
Es stehen die Startarten Hangstart und Windenstart zur Verfügung. Es besteht ein Wahlrecht, mit welcher Startart die Ausbildung und Prüfung durchgeführt wird. Die Startart wird in den Luftfahrerschein eingetragen.
APO Abschnitt III: Startarten (...)
Für die Eintragung zusätzlicher Startarten in die Erlaubnis umfasst die Ausbildung für
a) Hangstartart mit HG oder Gleitsegel mindestens 20 Starts, davon mindestens 10 bei Flügen mit mehr als 500 m Höhenunterschied (...)
b) Windenschleppstart mit HG oder Gleitsegel mindestens 20 Starts und 10 Startleitungen (...)
c) UL-Schleppstart mit Hängegleiter mindestens 20 Starts (...) unter Aufsicht und Anleitung eines Fluglehrers und einer theoretischen Ausbildung.

Besondere Berechtigungen
Zusätzlich zur Erlaubnis für Luftfahrer gibt es besondere Berechtigungen.
LuftPersV § 84 a ***[Passagierberechtigung]*** *(1) Luftsportgeräteführer bedürfen für Flüge ... mit Passagieren der Passagierberechtigung. ...*
(3) Für die fachlichen Voraussetzungen für den Erwerb der Berechtigung, Flüge nach Abs. 1 mit ... Gleitsegeln ...durchzuführen, gilt § 42 Abs. 2 entsprechend.
(4) Der Bewerber für eine Berechtigung nach Abs. 1 hat in einer Prüfung nachzuweisen, dass er nach seinem Wissen und praktischen Können die Anforderungen für Flüge ... mit Passagieren erfüllt.
(5) Die Passagierberechtigung wird für die jeweilige Luftsportgeräteart, in der Bewerber ausgebildet wurde, in den Luftfahrerschein eingetragen. Die Gültigkeit richtet sich nach der Gültigkeit der Erlaubnis, soweit nicht der Beauftragte nach § 31c des LuftVG entsprechend § 42 Abs. 2 die Gültigkeitsdauer einschränkt und Voraussetzungen für die Verlängerung festlegt.

APO Abschnitt IV: Passagierberechtigung
1. Fachliche Voraussetzungen für den Erwerb der Berechtigung, Passagierflüge mit doppelsitzigen Hängegleitern oder Gleitsegeln durchzuführen, sind seit Erwerb der Erlaubnis
a) eine praktische Tätigkeit von mindestens 12 Monaten und 100 Höhenflügen als verantwortlicher Hängegleiter- oder Gleitsegelführer,
b) 5 doppelsitzige Höhenflüge mit einem Fluglehrer,
c) eine theoretische und praktische Ausbildung mit mindestens 10 Höhenflügen unter Anleitung und Aufsicht eines Fluglehrers, der die Passagier-Lehrberechtigung besitzt (...) und

d) mindestens 30 Flüge als verantwortlicher Pilot mit schriftlichem Flugauftrag und Bestätigung eines Fluglehrers mit Passagier-Lehrberechtigung im Übungsgelände mit Passagieren, die eine Erlaubnis für Hängegleiter- oder Gleitsegelführer besitzen. Der schriftliche Flugauftrag kann dem Bewerber allgemein für ein bestimmtes Übungsgelände erteilt werden.
2. Für die Eintragung zusätzlicher Startarten zur Passagierberechtigung muss der Bewerber zunächst im Alleinflug die Anforderungen nach Abschnitt III erfüllt haben und 10 Starts unter Anleitung und Aufsicht eines Fluglehrers, der die Passagier-Lehrberechtigung für die Startart besitzt, durchführen.
LuftVZO § 30 ***[Lehrberechtigung]*** *… (3) Die praktische Ausbildung darf nur von Personen vorgenommen werden, die hierfür eine Lehrberechtigung besitzen.*
LuftPersV § 95a ***[Fachliche Voraussetzungen für die Lehrberechtigung]*** *(1) Fachliche Voraussetzungen für den Erwerb der Berechtigung, Luftsportgeräteführer praktisch auszubilden, sind*
1. die unbeschränkte Erlaubnis für Luftsportgeräteführer der Art, für die Berechtigung erworben werden soll,
2. die praktische Tätigkeit als Luftsportgeräteführer,
3. eine Auswahlprüfung vor einem vom Beauftragten nach § 31c des LuftVG ermächtigten Prüfer,
4. die erfolgreiche Teilnahme an einem vom Beauftragten nach § 31c des LuftVG durchgeführten oder anerkannten Ausbildungslehrgang,
5. die an den Ausbildungslehrgang anschließende erfolgreiche Ausbildungstätigkeit.
Der Beauftragte nach § 31c des LuftVG legt Inhalt und Umfang des Ausbildungslehrganges nach Nr. 3 für die jeweilige Luftsportgeräteart und der Ausbildungstätigkeit nach Nr. 5 fest. Er kann Bewerber, die eine Lehrberechtigung für Flugzeugführer, Segelzeugführer oder einer anderen Art von Luftsportgerät besitzen, teilweise oder ganz von den Anforderungen nach Nr. 4 und 5 befreien.
(2) Die praktische Tätigkeit nach Absatz 1 Satz 1 Nr. 2 muss umfassen für den Erwerb der Berechtigung, …
3. Führer von HG, Gleitsegeln, oder anderen vergleichbaren Luftsportgeräten … praktisch auszubilden: eine ausreichende Flug-/ Sprungerfahrung, um eine Lehrtätigkeit ausüben zu können, § 42 Abs. 2 gilt entsprechend.
(3) Der Bewerber für eine Berechtigung nach Abs. 1 hat in einer Prüfung nachzuweisen, dass er nach seinem fachlichen Wissen und praktischen Können die an einen Fluglehrer zu stellenden Anforderungen erfüllt.

Internationale Anerkennung
Inhaber des österreichischen Sonderpilotenscheins und des deutschen Luftfahrerscheins (A- und B-Schein) können im jeweils anderen Staat wie zu Hause Flüge durchführen, ausgenommen Schleppstarts; für Passagierflüge in Österreich ist ein fliegerärztliches Tauglichkeitszeugnis vorgeschrieben. Schweizer Brevet und deutscher unbeschränkter Luftfahrerschein (B-Schein) sind gegenseitig anerkannt, aber ohne besondere Berechtigungen. Die meisten Länder anerkennen die von der internationalen Hängegleiter- und Gleitsegelorganisation FAI/CIVL ins Leben gerufene mehrstufige IPPI-Card (International Pilot Proficiecy Identification Card), beispielsweise Italien, auch die Schweiz für Piloten mit A-Schein.

Flugschulen
Ausbildungsbetriebe für Luftfahrer sind in Deutschland erlaubnispflichtig. Die im Ausbildungsbetrieb tätigen Fluglehrer benötigen eine Lehrberechtigung.
LuftVG § 5 ***[Ausbildungserlaubnis; Fluglehrer]***
(1) Wer es unternimmt, Luftfahrer auszubilden, bedarf unbeschadet der Vorschrift des Abs. 3 der Erlaubnis. Die Erlaubnis kann mit Auflagen verbunden und befristet werden.
(2) Die Erlaubnis ist zu versagen, wenn Tatsachen die Annahme rechtfertigen, dass die öffentliche Sicherheit oder Ordnung gefährdet werden kann oder der Bewerber oder seine Ausbildung persönlich ungeeignet sind; ergeben sich später solche Tatsachen, so ist die Erlaubnis zu widerrufen. Die Erlaubnis kann außerdem widerrufen werden, wenn sie länger als ein Jahr nicht ausgenutzt worden ist.
(3) Die praktische Ausbildung darf nur von Personen vorgenommen werden, die eine Lehrberechtigung nach der Verordnung über Luftfahrtpersonal besitzen (Fluglehrer).
LuftVZO § 30 ***[Erlaubnispflicht für die Ausbildung]***
(1) Die Ausbildung von Luftfahrern darf nur in Ausbildungsbetrieben (Luftfahrerschulen) durchgeführt werden, die dafür eine Erlaubnis besitzen. …
LuftVZO § 31 ***[Zuständige Stellen]*** *(1) Die Erlaubnis wird erteilt …*
2. für registrierte Ausbildungseinrichtungen von dem Beauftragten nach § 31c des Luftverkehrsgesetzes ….
LuftVZO § 36 ***[Aufsicht]*** *(1) Die zuständige Stelle führt die Aufsicht über den Ausbildungsbetrieb oder die registrierte Ausbildungsreinrichtung. …*

Straf- und Bußgeldvorschriften
LuftVG § 60 ***[Straftatbestände]*** *(1) Wer…*
2. ein Luftfahrzeug ohne die Erlaubnis nach Abs. 1 führt oder bedient oder als Halter eines Luftfahrzeugs die Führung oder das Bedienen Dritten, denen diese Erlaubnis nicht erteilt ist, gestattet,
3. praktische Flugausbildung ohne eine Lehrberechtigung nach § 5 Abs. 3 erteilt, … wird mit Freiheitsstrafe bis zu zwei Jahren oder mit Geldstrafe bestraft.
(2) Wer die Tat fahrlässig begeht, wird mit Freiheitsstrafe bis zu sechs Monaten oder mit Geldstrafe bis zu einhundertachtzig Tagessätzen bestraft.
LuftVG § 58 ***[Ordnungswidrigkeiten]*** *(1) Ordnungswidrig handelt, wer vorsätzlich oder fahrlässig …*
2. es unternimmt, ohne die Erlaubnis nach § 5 Abs. 1 Luftfahrer auszubilden,
LuftVZO § 108 Ordnungswidrig im Sinne des § 58 Abs. 1 Nr. 10 des Luftverkehrsgesetzes handelt, wer vorsätzlich oder fahrlässig
6. als Angehöriger des Luftfahrtpersonals
1) entgegen § 26 Abs. 2 Satz 4 den erforderlichen Ausweis (Luftfahrerschein) … nicht mitführt; …
LuftPersV § 134 Ordnungswidrig im Sinne des § 58 Abs. Nr. 10 des Luftverkehrsgesetzes handelt, wer vorsätzlich oder fahrlässig
1. ohne Berechtigung nach … § 84 a Abs. 1 eine dort bezeichnete Tätigkeit ausübt,
6. entgegen § 120 Abs. 1 Satz 3 unrichtige Angaben eines Bewerbers in einem Flugbuch als richtig bescheinigt …

Übergangs- und Schlussbestimmungen
Die Einführung der neuen Ausbildungs- und Prüfungsvorschriften macht Übergangsregelungen erforderlich, um z.B. Benachteiligungen, erhöhten Aufwand oder Kosten zu vermeiden.

APO Abschnitt VIII:
1. Die bisher erteilten Luftfahrerscheine bleiben gültig. Sie werden beim Erwerb einer zusätzlichen Befugnis oder einer sonstigen Änderung der eingetragenen Daten durch Luftfahrerscheine neuen Musters (Lizenz für Luftsportgeräteführer) ersetzt und sind ab diesem Zeitpunkt ungültig.
2. Bei den bisher erteilten Luftfahrerscheinen gilt die Startart Hangstart als eingetragen. Bei den bisher erteilten Luftfahrerscheinen mit Winde- und/oder UL-Schleppstartberechtigung gelten die Startarten Winden- oder UL-Schleppstart als eingetragen.
3. Die bisher erteilten Winden-Schleppberechtigungen für Windenführer gelten bis zum Ablauf ihrer Gültigkeit als Windenführerschein des DHV nach der Flugbetriebsordnung für Hängegleiter und Gleitsegel fort.
4. Diese Ausbildungs- und Prüfungsordnung tritt zusammen mit der »Verordnung luftrechtliche Vorschriften über Anforderungen an Flugbesatzungen« des Bundesministeriums für Verkehr, Bau- und Wohnungswesen in Kraft.

LuftVZO § 110 [Flugschulen] …
2. Luftfahrtschulen und Luftsportverbände, die eine Erlaubnis zur Ausbildung von … Luftsportgeräteführern besitzen, werden als Ausbildungseinrichtung von Amts wegen gemäß § 34 registriert.

11.1.10 Fluggelände

Alle bemannten Luftfahrzeuge sind nach § 6 LuftVG auf einem genehmigten Flugplatz zu starten oder zu landen. Außerhalb von Flugplätzen ist eine vereinfachte Erlaubnis nach § 25 LuftVG erforderlich. Diese Ausnahme ist für Gleitschirmgelände fast Standard geworden, nur wenige besitzen die Genehmigung nach § 6.
Die Außenstart- und -landeerlaubnis, also die Erlaubnis nach § 25 LuftVG, wird vom Deutschen Hängegleiterverband erteilt, wenn das Gelände ausschließlich für Gleitsegeln und Hängegleiten genutzt wird. Die Luftfahrtbehörde des Landes übernimmt die Erteilung der Flugplatzgenehmigung nach § 6 LuftVG und vergibt auch Zusatzgenehmigungen nach § 25 für Gleitsegeln und Hängegleiten auf einem Motor-, Segel- oder Ultraleichtfluggelände.
LuftVG § 6 ***[Genehmigung von Flugplätzen]*** *(1) Flugplätze (Flughäfen, Landeplätze und Segelfluggelände) dürfen nur mit Genehmigung angelegt oder betrieben werden. Die Genehmigung kann mit Auflagen verbunden und befristet werden.*
LuftVZO § 54 ***[Segelfluggelände]*** *(1) Segelfluggelände sind Flugplätze, die für die Benutzung durch Segelflugzeuge und nichtselbststartende Motorsegler bestimmt sind.*
(2) Die Genehmigung zur Anlage und zum Betrieb eines Segelfluggeländes kann auf die Benutzung durch Luftsportgeräte und Luftfahrzeuge, soweit diese bestimmungsgemäß zum Schleppen von Hängegleitern … Verwendung finden, erstreckt werden. Die Erstreckung erfolgt auf Antrag des Antragstellers der Genehmigung oder bei bereits erteilter Genehmigung auf Antrag des Halters des Segelfluggeländes. Im übrigen bleibt § 15 Luftverkehrs-Ordnung unberührt.
LuftVG § 25 ***[Außenstart- und -landeerlaubnis]***
(1) Luftfahrzeuge dürfen außerhalb der für sie genehmigten Flugplätze nur starten und landen, wenn der Grundstückseigentümer oder sonst Berechtigte zugestimmt und die Luftfahrtbehörde eine Erlaubnis erteilt hat. Für Landungen von nicht motorbetriebenen Luftfahrtgeräten tritt an die Stelle der Erlaubnis der Luftfahrtbehörde die Erlaubnis des Beauftragten nach § 31c; dieser hat die Zustimmung der Luftfahrtbehörde einzuholen, wenn das Außengelände weniger als 5 Kilometer von einem Flugplatz entfernt ist. …Die Erlaubnis kann allgemein oder im Einzelfall erteilt, mit Auflagen verbunden und befristet werden.
(2) Abs. 1 gilt nicht, wenn
1. der Ort der Landung infolge der Eigenschaften des Luftfahrzeugs nicht vorausbestimmbar ist oder
2. die Landung aus Gründen der Sicherheit oder zur Hilfeleistung bei einer Gefahr für Leib oder Leben einer Person erforderlich ist. Das Gleiche gilt für den Wiederstart nach einer solchen Landung mit Ausnahme des Wiederstarts nach einer Notlandung.
In diesem Falle ist die Besatzung des Luftfahrzeugs verpflichtet, dem Berechtigten über Namen und Wohnsitz des Halters, des Luftfahrzeugführers sowie

des Versicherers Auskunft zu geben, bei einem unbemannten Luftfahrzeug ist sein Halter zu entsprechender Auskunft verpflichtet. Nach Erteilung der Auskunft darf der Berechtigte den Abflug oder die Abbeförderung des Luftfahrzeugs nicht verhindern.
(3) Der Berechtigte kann Ersatz des ihm durch den Start oder die Landung entstandenen Schadens nach den sinngemäß anzuwendenden §§ 33 bis 43 beanspruchen.
LuftVO § 16 ***[Zuständige Stellen für die Erlaubnis]*** *...(1) Außenlandungen von HG und Gleitseglern außerhalb der für sie genehmigten Flugplätze bedürfen keiner Erlaubnis. Starts und Landungen von Hängegleitern und Gleitseglern außerhalb der für sie genehmigten Flugplätze bedürfen der Erlaubnis des Beauftragten nach § 31c des LuftVG. Die Erlaubnis schließt Schleppstarts von Hängegleitern und Gleitseglern ein und kann mit Auflagen verbunden werden. Der Beauftragte kann von dem Antragssteller den Nachweis der Zustimmung des Grundstückseigentümers oder der sonstigen Berechtigten verlangen. Der Beauftragte hat die Naturschutzbehörden zu beteiligen.*

Straf- und Bußgeldvorschriften

LuftVG § 58 ***[Ordnungswidrigkeiten]*** *(1) Ordnungswidrig handelt, wer vorsätzlich oder fahrlässig ...*
9. sich der Pflicht zur Auskunftserteilung nach § 25 Abs. 2 entzieht, ...
11. den schriftlichen vollziehbaren Auflagen einer Erlaubnis nach ... § 25 Abs. 1 ... zuwiderhandelt, ...
LuftVO § 43 Ordnungswidrig im Sinne des § 58 Abs. 1 Nr. 10 des Luftverkehrsgesetzes handelt, wer vorsätzlich oder fahrlässig ...
19 a. ohne Erlaubnis ... nach § 16 Abs. 3a Satz 2 startet oder landet, ...

11.1.11 Luftraum

Luftfahrtgeräte dürfen in kontrollierte Lufträume, in Flugbeschränkungs- und Luftsperrgebiete nur unter besonders geregelten Voraussetzungen einfliegen.

Kontrollierte Lufträume

- Kontrollbezirk (CTA)
- Kontrollzone (CTR)
- Lufträume mit Transponderpflicht (TMZ)

Flugbeschränkungsgebiete

- Flugbeschränkungsgebiet (ED-R)
- Gefahrengebiet (ED-D)

Luftsperrgebiete (ED-P) gibt es derzeit in der Bundesrepublik Deutschland nicht.

Militärisches Tiefflugsystem

- 1000-ft-Tiefflugband zwischen 1000 ft (ca. 300 m) und 1500 ft (ca. 500 m) über GND fast im gesamten Bundesgebiet
- 250-ft-Tieffluggebiete bis 250 ft (ca. 80 m) und 500 ft (ca. 150 m)

In der ICAO-Luftfahrtkarte, die jährlich herausgegeben wird von der Deutschen Flugsicherung GmbH, sind die aktuellen Lufträume und Gebiete dargestellt.

LuftVG § 62 **[Luftgebietsverletzung]**
(1) Wer als Führer eines Luftfahrzeuges den Anordnungen über Luftsperrgebiete und -gebiete mit Flugbeschränkungen zuwiderhandelt, wird mit Freiheitsstrafe bis zu zwei Jahren oder mit Geldstrafe bestraft, wenn die Tat nicht in anderen Vorschriften mit schwererer Strafe bedroht ist.
Wer die Tat fahrlässig begeht, wird mit Freiheitsstrafe bis zu sechs Monaten oder mit Geldstrafe bis zu einhundertachtzig Tagessätzen bestraft.
LuftVO § 43 ***[Ordnungswidrigkeiten]***
Ordnungswidrig im Sinne des § 58 Abs. 1 Nr. 10 des Luftverkehrsgesetzes handelt, wer vorsätzlich oder fahrlässig ...
17. entgegen § 10 Abs. 3 (kontrollierter Luftraum) einen untersagten Flug ... ausführt; ...

ICAO-Luftraumklassifizierung

Der gesamte Luftraum ist außerdem nach der international einheitlichen ICAO-Luftraumklassifizierung unterteilt. Die ICAO-Lufträume A bis E sind kontrolliert, F und G unkontrolliert.

Luftraum A (Alpha) und **Luftraum B** (Bravo) sind in Deutschland nicht vorgesehen.

Luftraum C (Charly) ist primär für Instrumentenflüge (IFR) vorgesehen und kommt für Hängegleiter und Gleitsegel nicht in Frage. Der Luftraum C erstreckt sich über fast das gesamte Gebiert der Bundesrepublik. Er beginnt in Flugfläche 100 (FL 100, entspricht etwa 3000 m NN, Normal Null, Meereshöhe, MSL) und reicht unbegrenzt nach oben. Ausnahme: Im Alpenbereich liegt die Untergrenze auf Flugfläche 130 (entspricht etwa 3800 m NN).

Luftraum D (Delta) umfasst auch alle Kontrollzonen (CTR). Gleitsegel und Hängegleiter dürfen in der Regel nicht einfliegen.

Luftraum E (Echo) sind die Kontrollbezirke (CTA). Der E-Luftraum beginnt unterhalb des C-Luftraumes, also unterhalb FL 100, und reicht hinunter bis 2500 ft (ca. 800 m) GND und bis 1000 ft (ca. 300 m) bzw. 1700 ft (ca. 500 m). Für Gleitsegel und Hängegleiter besteht begrenzte Einflugmöglichkeit.

Luftraum F (Foxtrott) ist HX-Luftraum und zeitweilig aktiv. Während der Aktivierung gelten höhere Sicht-Mindestwerte. Gleitsegel und Hängegleiter dürfen fliegen.

Luftraum G (Golf) ist unkontrollierter Luftraum und Sichtflügen (VFR) vorbehalten. Dies ist der Haupt-Luftraum für Gleitsegel und Hängegleiter. Der Luftraum G beginnt bei GND und reicht bis zum Luftraum E in 2500 ft GND bzw. 1700 oder 1000 ft GND.

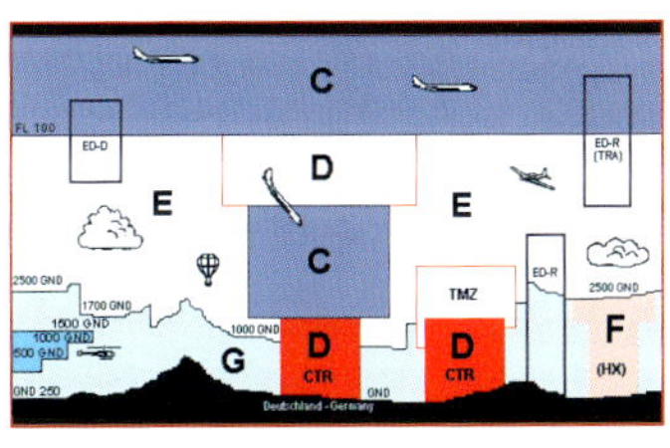

11.1.12 Flugbetrieb

Die Luftverkehrsordnung gibt die maßgeblichen Vorschriften für den Flugbetrieb, die für alle Luftfahrzeuge gleichermaßen gelten. Ergänzend sind für Gleitsegel und Hängegleiter Regeln in der Flugbetriebsordnung für Hängegleiter und Gleitsegel (FBO) festgelegt.

Allgemeine Regeln

LuftVO § 1 ***[Grundregeln für das Verhalten im Luftverkehr]*** *(1) Jeder Teilnehmer am Luftverkehr hat sich so zu verhalten, dass Sicherheit und Ordnung im Luftverkehr gewährleistet sind und kein anderer gefährdet, geschädigt oder mehr als nach den Umständen unvermeidbar behindert oder belästigt wird.‰*
(3) Wer infolge des Genusses alkoholischer Getränke oder anderer berauschender Mittel oder infolge geistiger oder körperlicher Mängel in der Wahrnehmung der Aufgaben als Führer eines Luftfahrzeuges behindert ist, darf kein Luftfahrzeug führen.
Anmerkung: Die Promille-Grenzen liegen im Luftverkehr erheblich niedriger als im Straßenverkehr. Bereits ab 0,5 – 0,7 ‰ BAK begeht der Pilot eine Straftat, ab 0,2 — 0,4 ‰ BAK eine bußgeldpflichtige.
LuftVO § 3 ***[Verantwortung des Luftfahrzeugführers]*** *(1) Der Luftfahrzeugführer hat das Entscheidungsrecht über die Führung des Luftfahrzeugs. Er hat die während des Flugs, bei Start und Landung aus Gründen der Sicherheit notwendigen Maßnahmen zu treffen.*
(2) Der Luftfahrzeugführer hat dafür zu sorgen, dass die Vorschriften dieser Verordnung und sonstiger Verordnungen über den Betrieb von Luftfahrzeugen sowie die in Ausübung der Luftaufsicht zur Durchführung des Flugs ergangenen Verfügungen eingehalten werden.
FBO Abschnitt I [Geltungsbereich]
1. Diese Flugbetriebsordnung gilt für den Flugbetrieb der Hängegleiter und Gleitsegel in Deutschland. Sie ergänzt die allgemeinen luftrechtlichen Vorschriften und berührt nicht deren Gültigkeit. Weitergehende Auflagen der Zulassungsstelle und Bestimmungen des Geländehalters sowie luftaufsichtliche Verfügungen sind vorrangig zu beachten. ...

Sicherheitsausrüstung

LuftBO § 3 ***[Kopfschutz, Rettungsgerät]*** *... (2) Luftsportgeräte dürfen nur mit einem zugelassenen Rettungsgerät betrieben werden. Luftsportgeräteführer und Fluggast müssen einen geeigneten Kopfschutz zur Abwehr von Verletzungen bei Unfällen oder sonstigen Störungen tragen. Der Beauftragte kann Ausnahmen zulassen. (...)*
FBO Abschnitt I [Ausnahme für Rettungsgerät]
10. ... Bei Flügen mit einem ständigen Abstand von weniger als 50 m über Grund muss ein Rettungsgerät nicht mitgeführt werden ...
FBO Abschnitt I [Rettungsschnur] ...
10. Der Pilot hat eine Rettungsschnur mit einer Mindestlänge von 30 m und einer Mindestzerreißfestigkeit von 50 kg mitzuführen ...

Flugvorbereitung

LuftBO § 3 a ***[Umfang der Flugvorbereitung]*** *(1) Bei der Vorbereitung des Flugs hat der Luftfahrzeugführer sich mit allen Unterlagen und Informationen, die für die sichere Durchführung des Flugs von Bedeutung sind, vertraut zu machen und sich davon zu überzeugen, dass das Luftfahrzeug und die Ladung sich in verkehrssicherem Zustand befinden, die zulässige Flugmasse nicht überschritten wird, die vorgeschriebenen Ausweise vorhanden sind. ...*
FBO Abschnitt I [Flugausrüstung] *...*
2. Flug-, Rettungs-, Schleppgerät und Gurtzeug müssen für die jeweilige Startart und Insassenzahl vorschriftsmäßig geprüft und instandgehalten sowie aufeinander und auf die Insassen abgestimmt sein. Sie dürfen nur innerhalb der festgelegten Gewichts- und sonstigen Betriebsgrenzen betrieben werden. ...
11. Bei Gleitsegelflügen muss ein Rückenschutz verwendet werden, es sei denn, dass mit einer Landung im Wasser zu rechnen ist oder der Gleitschirm nur mit Gurtzeug betrieben werden darf, an dem kein Rückenschutz angebracht werden kann. Bei Gurtzeug, das vor dem 1.1.2000 zugelassen wurde, muss der Rückenschutz nicht zugelassen sein.
FBO Abschnitt I [Wetterinformation und Wind] *...*
3. Vor dem Start hat der Pilot die für seinen Flug erforderlichen Wetterinformationen einzuholen. Die Wetterverhältnisse müssen erwarten lassen, dass der Pilot den vorgesehenen Landeplatz sicher erreicht. Ein Start darf nicht erfolgen, wenn die höchste Windgeschwindigkeit am Startplatz 2/3 der höchsterfliegbaren Geschwindigkeit des Fluggeräts übersteigt. Bei stark turbulenten Windverhältnissen darf nicht geflogen werden. Start und Landung erfolgen in der Regel gegen den Wind. ...

*LuftVO § 24 **[Prüfung der Flugvorbereitung und Ausweise]** Auf Verlangen des für die Wahrnehmung der Luftaufsicht zuständigen Personen oder Stellen hat 1. der Luftfahrzeugführer nachzuweisen, dass er den Flug ordnungsgemäß vorbereitet hat, 2. das Luftfahrtpersonal die vorgeschriebenen Ausweise, insbesondere die Scheine und Zeugnisse für die Besatzung und das Luftfahrzeug, zur Prüfung auszuhändigen.*

Sichtflugregeln

Die Mindestbedingungen für die Sicht müssen beim Start und während des gesamten Fluges eingehalten sein, das heißt, dass bei unbeständigen Wolkenlöchern nicht geflogen werden darf.

***[Flüge nach Sichtflugregeln VFR]** (1) Flüge nach Sichtflugregeln in den Lufträumen der Klassen B bis G sind so durchzuführen, dass die in Anlage 5 enthaltenen jeweiligen Mindestwerte für Flugsicht und Abstand von Wolken nicht unterschritten werden. Flugsicht ist die Sicht in Flugrichtung aus dem Führerraum eines im Flug befindlichen Luftfahrzeuges.*
Anlage 5 (Auszug)
***Luftraumklasse E:** Flugsicht 8 km, Abstand von Wolken in waagrechter Richtung 1,5 km, in senkrechter Richtung 300 m (1000 Fuß)*
***Luftraumklasse F:** Wenn aktiviert: Flugsicht 5 km, Abstand von Wolken in waagrechter Richtung 1,5 km, in senkrechter Richtung 300 m (1000 Fuß) Wenn nicht aktiv: Wie Luftraum G*
***Luftraumklasse G:** Dauernde Erdsicht, Flugsicht 1,5 km. Wolken dürfen nicht berührt werden.*

Verhalten im Flug

*LuftVO § 6 **[Sicherheitsmindesthöhe]** (1) Die Sicherheitsmindesthöhe darf nur unterschritten werden, soweit es bei Start und Landung notwendig ist. Sicherheitsmindesthöhe ist die Höhe, bei der weder eine unnötige Lärmbelästigung im Sinne des § 1 Abs. 2 noch im Falle einer Notlandung eine unnötige Gefährdung von Personen und Sachen zu befürchten ist, mindestens jedoch über Städten, anderen dichtbesiedelten Gebieten und Menschenansammlungen eine Höhe von 300 m … über dem höchsten Hindernis in einem Umkreis von 600 m, in allen übrigen Fällen eine Höhe von 150 m … über Grund oder Wasser. Segelflugzeuge, Hängegleiter, Gleitsegel und Ballone können die Höhe von 150 m auch unterschreiten, wenn die Art ihres Betriebes dies notwendig macht und eine Gefahr für Personen und Sachen nicht zu befürchten ist.*
(2) Brücken und ähnliche Bauten sowie Freileitungen und Antennen dürfen nicht unterflogen werden. …
*LuftVO § 12 **[Vermeidung von Zusammenstößen]***
(1) Der Luftfahrzeugführer hat zur Vermeidung von Zusammenstößen zu Luftfahrzeugen sowie anderen Fahrzeugen und sonstigen Hindernissen einen ausreichenden Abstand einzuhalten. …
***FBO Abschnitt I [Sicherheitsabstand]** …*
4. Der Pilot hat einen höhen- und entfernungsmäßigen Sicherheitsabstand einzuhalten, von 100 m zu Autobahnen und von 50 m zu anderen Straßen mit Fahrverkehr, zu Eisenbahnlinien und zu in Betrieb befindlichen Skipisten, Liften und Bergbahnen, soweit nicht ein größerer Abstand vorgeschrieben oder ein geringerer Abstand durch die Geländezulassung erlaubt ist. …
*LuftVO § 13 **[Ausweichregeln]** (1) Luftfahrzeuge, die sich im Gegenflug einander nähern, haben, wenn die Gefahr eines Zusammenstoßes besteht, nach rechts auszuweichen.*
(2) Kreuzen sich die Flugrichtungen zweier Luftfahrzeuge in nahezu gleicher Höhe, so hat das Luftfahrzeug, das von links kommt, auszuweichen. Jedoch haben stets auszuweichen:
1. motorgetriebene Luftfahrzeuge, die schwerer als Luft sind, den Luftschiffen, Segelflugzeugen, Hängegleitern, Gleitsegeln und Ballonen;
2. Luftschiffe den Segelflugzeugen, Hängegleitern, Gleitsegeln und Ballonen;
3. Segelflugzeuge, Hängegleiter, Gleitsegel den Ballonen;
4. motorgetriebene Luftfahrzeuge den Luftfahrzeugen, die andere Luftfahrzeuge oder Gegenstände erkennbar schleppen.
Motorsegler, deren Motor nicht in Betrieb ist, gelten bei Anwendung der Ausweichregeln als Segelflugzeuge.
(3) Überholt ein Luftfahrzeug ein anderes, so hat das überholende Luftfahrzeug, auch wenn es steigt oder sinkt, den Flugweg des anderen zu meiden und seinen Kurs nach rechts zu ändern. Ein Luftfahrzeug überholt ein anderes, wenn es sich dem anderen von rückwärts in einer Flugrichtung nähert, die einen Winkel von weniger als 70 Grad zu der Flugrichtung des anderen bildet.
(4) Luftfahrzeugen im Endteil des Landeanflugs und landenden Luftfahrzeugen ist auszuweichen.
(5) Von mehreren einen Flugplatz gleichzeitig zur Landung anfliegenden Luftfahrzeugen, die schwerer als Luft sind, hat das höher fliegende dem tiefer fliegenden Luftfahrzeug auszuweichen. Jedoch haben motorgetriebene Luftfahrzeuge, die schwerer als Luft sind, anderen Luftfahrzeugen in jedem Fall auszuweichen. Ein tiefer fliegendes Luftfahrzeug darf ein anderes Luftfahrzeug, das sich im Endteil des Landeanflugs befindet, nicht unterschneiden oder überholen.
(6) Ein Luftfahrzeug darf erst starten, wenn keine Gefahr eines Zusammenstoßes besteht.
(7) Ein Luftfahrzeug hat einem anderen Luftfahrzeug, das erkennbar in seiner Manövrierfähigkeit behindert ist, auszuweichen.
(8) Ein Luftfahrzeug, das nach den Absätzen 1 bis 5 und 7 nicht auszuweichen oder seinen Kurs zu ändern hat, muss seinen Kurs und seine Geschwindigkeit beibehalten, bis eine Zusammenstoßgefahr ausgeschlossen ist.
(9) Die Vorschriften über die Ausweichregeln entbinden die beteiligten Luftfahrzeugführer nicht von ihrer Verpflichtung, so zu handeln, dass ein Zusammenstoß vermieden wird. Ein Luftfahrzeug, das nach den Absätzen 2 bis 5 und 7 einem anderen Luftfahrzeug ausweichen oder dessen Flugweg meiden und seinen Kurs ändern muss, darf das andere Luftfahrzeug nur in einem Abstand überfliegen, unterfliegen oder vor diesem vorbeifliegen, der eine Gefährdung oder Behinderung dieses Luftfahrzeugs ausschließt.
***FBO Abschnitt I [Spezielle Regeln für Hängegleiter und Gleitsegel]** …*
5. Die Drehrichtung mehrerer übereinander kreisender Fluggeräte wird von dem zuerst kreisenden bestimmt. Das langsamer steigende Fluggerät hat dem schneller steigenden auszuweichen. Bei einer Begegnung an einem Hindernis muss das Fluggerät, auf dessen linker Seite sich das Hindernis befindet, dem anderen Fluggerät ausweichen. Unmittelbar vor dem Einleiten einer Kurve muss sich der Pilot davon überzeugen, dass der Luftraum im geplanten Flugweg frei ist und keine Kollisionsgefahr besteht. …
***FBO Abschnitt I [Landeeinteilung]** …*
7. Sofern nicht eine andere Regelung getroffen ist oder Sicherheitsgründe entgegenstehen, besteht der Landeanflug aus Gegen-, Quer- und Endanflug, jeweils durch Linkskurven verbunden und zur Landemarkierung führend. Nach der Landung ist die Landefläche so schnell wie möglich freizumachen.

Betriebliche Besonderheiten

*LuftVO § 7 **[Abwerfen von Gegenständen]** (1) Das Abwerfen oder Ablassen von Gegenständen oder sonstigen Stoffen aus oder von Luftfahrzeugen ist verboten. Dies gilt nicht für Ballast in Form von Wasser oder feinem Sand, für Treibstoffe, Schleppseile, Schleppbanner und ähnliche Gegenstände, wenn sie an Stellen abgeworfen oder abgelassen werden, an denen eine Gefahr für Personen oder Sachen nicht besteht.*
…
*LuftVO § 8 **[Kunstflug]** Kunstflüge mit Luftsportgeräten sind nicht erlaubt.*
FBO Abschnitt I [Kunstflug]
6. Flugzustände mit einer Neigung von mehr als 90 Grad um die Quer- oder Längsachse oder mit gegenläufiger Flügelanströmung (z.B. Trudeln) sind Kunstflug.
Anmerkung: Die besondere Gefährlichkeit des Kunstfluges ist hauptsächlich technischer Art: Die technischen Prüfungen der Geräte beschränken sich auf die normalen Fluglagen. Kunstflug kann zum Versagen eines jeden Gerätes führen und ist deshalb auch eine unzulässige Überschreitung der Gerätebetriebsgrenzen.
*LuftVO § 9 **[Reklameflüge]** … (4) Reklameflüge, bei denen die Reklame nur in der Beschriftung des Luftfahrzeugs besteht, bedürfen keiner Erlaubnis.*
(5) Flüge zur Reklame mit akustischen Mitteln sind verboten.
*LuftVO § 14 **[Wolkenflug]** … Wolkenflüge mit Luftsportgeräten sind nicht erlaubt.*
*LuftVO § 33 **[Flüge bei Nacht]** … Als Nacht gilt der Zeitraum zwischen einer halben Stunde nach Sonnenuntergang und einer halben Stunde vor Sonnenaufgang. Flüge nach Sichtflugregeln bei Nacht mit Luftsportgeräten sind nicht erlaubt.*
***FBO Abschnitt I [Flugplatzbetrieb]** …*
9. Erfolgt der Flugbetrieb auf einem auch für verkehrszulassungspflichtige Luftfahrzeuge zugelassenen Flugplatz, so müssen der Pilot und der Startleiter die theoretische Prüfung zum Unbeschränkten Luftfahrerschein für Gleitsegel oder Hängegleiter oder eine anzurechnende Prüfung abgelegt haben. Diese wird bei in Ausbildung befindlichen Piloten durch die Lehrberechtigung des Fluglehrers ersetzt …
*LuftVZO § 74 **[Luftfahrtveranstaltungen]** (4) Luftfahrtveranstaltungen, an denen nur Flugmodelle, Hängegleiter oder Gleitsegel teilnehmen, die nicht der Verkehrszulassungspflicht unterliegen, bedürfen nicht der Genehmigung.*
***Passagierflüge:** Der Pilot muss eine besondere Berechtigung besitzen, und das Gerät muss für den doppelsitzigen Betrieb zugelassen sein.*
***Schleppflüge:** Eine besondere Berechtigung für den Pilot und den Windenführer ist erforderlich sowie die entsprechende Musterzulassung. Schlepp hinter einem Ultraleichtflugzeug ist mit Hängegleitern gestattet, mit Gleitsegeln nicht.*
***Motorgetriebene Gleitsegel:** Sie zählen als Ultraleichtflugzeuge und unterliegen den Vorschriften für Ultraleichtflugzeuge.*

Betriebsstörungen und Unfälle

In der Luftfahrt besteht ein engmaschiges System für die Gefahren- und Unfallmeldung, für die Signalgebung und für Rettungsflüge.

FBO Abschnitt I [Hubschraubereinsätze]…

7. Bei Notfällen mit möglichem Hubschraubereinsatz ist der Luftraum und das Unfallgebiet weiträumig freizuhalten…
*LuftVO § 34 **[Such- und Rettungsflüge]** Bei Flügen mit Such- und Rettungseinsatz oder zur Hilfeleistung bei einer Gefahr für Leib und Leben einer Person kann von den §§ 28 bis 33 abgewichen werden.*
*LuftVO § 21 **[Signale]** …(2) Die Signale … der Anlage 2 sind nur für die darin beschriebenen Zwecke anzuwenden; andere Signale, die hiermit verwechselt werden können, dürfen nicht verwendet werden.*

Anlage 2 zu § 21 LuftVO § 1 Der Führer eines Luftfahrzeugs darf in einer Notlage jedes verfügbare Mittel benutzen, um sich bemerkbar zu machen, seinen Standort bekanntzugeben und Hilfe herbeizurufen.
Anlage 2 zu § 21 LuftVO § 2 ***[Notsignale]*** *Die folgenden, entweder zusammen oder einzeln gegebenen Signale bedeuten, dass schwere und unmittelbare Gefahr droht und dass sofortige Hilfe angefordert wird:*
1. Ein durch Tastfunk oder auf andere Art gegebenes Signal, das aus der Gruppe SOS (. . . ––– . . .) des Morsealphabets besteht;
2. ein durch Sprechfunk gegebenes Signal, das aus dem gesprochenen Wort »MAYDAY« besteht;
3. einzeln und in kurzen Zeitabständen abgefeuerte rotleuchtende Raketen oder Leuchtkugeln;
4. ein Leuchtfallschirm mit rotem Licht.
LuftVO § 20 ***[Gefahrenmeldung]*** *Der Luftfahrzeugführer hat Beobachtungen über Gefahren für den Luftverkehr unverzüglich der für ihn zuständigen Flugverkehrskontrolle zu melden. Die Meldungen sollen alle Einzelheiten enthalten, die für die Gewährleistung der Sicherheit des Luftverkehrs wesentlich sind.*
LuftVO § 5 ***[Anzeige von Flugunfällen und sonstigen Störungen]*** *…*
(4) Die Anzeigen nach den Absätzen 1 bis 3 sollen enthalten:
a) Namen und derzeitigen Aufenthalt des Anzeigenden,
b) Ort und Zeit der Störung,
c) Art, Muster und Kenn- und Rufzeichen des Luftfahrzeugs,
d) Namen des Halters des Luftfahrzeugs,
e) Zweck des Flugs, Start- und Zielflugplatz,
f) Name des verantwortlichen Luftfahrzeugführers,
g) Anzahl der Besatzungsmitglieder und Fluggäste,
h) Umfang des Personen- und Sachschadens,
i) Darstellung des Ablaufs des Unfalls oder der schweren Störung.
Zur Vervollständigung der Meldung ist der Halter des Luftfahrzeugs auf Verlangen der Bundestelle für Flugunfalluntersuchung verpflichtet, einen ausführlichen Bericht auf zugesandtem Formblatt binnen 14 Tagen vorzulegen.
(5) Unfälle und Störungen bei dem Betrieb von Luftsportgeräten hat der Halter unverzüglich dem vom Bundesminister für Verkehr Beauftragten schriftlich anzuzeigen. Absatz 4 gilt entsprechend.
Anmerkung: Als schwere Verletzungen beim Gleitsegeln gelten Knochenbrüche (außer Finger, Zehe und Nasenbein) und alle anderen Verletzungen, die zu einem stationären Krankenhausaufenthalt von mehr als 48 Stunden führen. Als schwerer Schaden am Gleitschirm ist Totalschaden anzusehen.

Aufsicht
Hängegleiter- und Gleitsegelflugplätze unterliegen der Aufsicht des Deutschen Hängegleiterverbandes und des Geländehalters. »Beauftragte für Luftaufsicht« vor Ort werden vom DHV ernannt.
LuftVG § 29 ***[Luftaufsicht]***
(1) Die Abwehr von Gefahren für die Sicherheit des Luftverkehrs sowie für die öffentliche Sicherheit oder Ordnung durch die Luftfahrt (Luftaufsicht) ist Aufgabe der Luftfahrtbehörden und der für die Flugsicherung zuständigen Stellen. Sie können in Ausübung der Luftaufsicht Verfügungen erlassen. …
FBO Abschnitt I [Vorzeigepflicht] *…*
13. Die mitzuführenden Ausweise, Prüfplaketten und sonstigen Nachweise sind den Beauftragten für Luftaufsicht sowie den Startleitern auf Verlangen vorzuzeigen.

Startleitung
Meist ist in Fluggeländen keine Startleiterregelung notwendig. Beim Schlepp, in stark frequentierten, oder auch anspruchsvollen Fluggebieten kann jedoch ein Startleiter hilfreich und notwendig sein.

FBO Abschnitt II [Startleitung]
1. Startleitung kann durch Auflage in der Geländezulassung allgemein vorgeschrieben oder für den Einzelfall vom Beauftragten für Luftaufsicht angeordnet werden. Der Startleiter wird vom Geländehalter oder vom Beauftragten für Luftaufsicht bestellt. Er kann sich durch andere Personen vorübergehend oder teilweise vertreten lassen. Er und seine Vertreter müssen einen Luftfahrerschein für HG oder Gleitsegel besitzen, bei Windenschlepp mit Eintragung der Startart Windenschlepp.
2. Der Startleiter sorgt auf dem gesamten Fluggelände einschließlich verschiedener Start- und Landestellen für einen sicheren und ordnungsgemäßen Betriebsablauf. Wenn vor oder beim Start mit anderen Personen Sprech- oder Zeichenverbindung zu bestehen hat, so hält der Startleiter diese Verbindung für den Piloten aufrecht.
3. Wenn Startleitung vorgeschrieben oder angeordnet ist, darf nur gestartet werden, solange dieser das Starten freigibt. Der Pilot muss sich vor dem Start bei ihm melden. Die Startfreigabe entbindet den Piloten nicht von seiner persönlichen Sorgfaltspflicht, er startet auf eigene Gefahr und in eigener Verantwortung. Erlässt der Startleiter ein generelles Startverbot, so darf auch in seiner Abwesenheit niemand starten, solange der Grund für das Startverbot fortbesteht.
4. Ist keine Startleitung vorgeschrieben oder angeordnet, so haben die Starts in gegenseitiger Absprache unter Ausschluss einer Gefährdung Dritter zu erfolgen.

Straf- und Bußgeldvorschriften
LuftVG § 59 ***[Luftverkehrsgefährdung]*** *(1) Wer als Führer eines Luftfahrzeugs oder als sonst für die Sicherheit Verantwortlicher durch grob pflichtwidriges Verhalten gegen eine im Rahmen der Luftaufsicht erlassene Verfügung (§ 29) verstößt und dadurch Leib oder Leben eines anderen oder fremde Sachen von bedeutendem Wert gefährdet, wird mit Freiheitsstrafe bis zu fünf Jahren oder mit Geldstrafe bestraft.*
(2) Wer die Tat fahrlässig begeht, wird mit Freiheitsstrafen bis zu zwei Jahren oder mit Geldstrafe bestraft.
LuftVG § 58 ***[Ordnungswidrigkeiten]*** *(1) Ordnungswidrig handelt, wer vorsätzlich oder fahrlässig*
1. den im Rahmen der Luftaufsicht (§ 29) erlassenen Verfügungen zuwiderhandelt. …
LuftVO § 43 Ordnungswidrig im Sinne des § 58 Abs. 1 Nr. 10 des Luftverkehrsgesetzes handelt, wer vorsätzlich oder fahrlässig
1. als Teilnehmer am Luftverkehr entgegen § 1 Abs. 1 sich so verhält, dass ein anderer gefährdet, geschädigt oder mehr als nach den Umständen unvermeidbar behindert oder belästigt wird; …
3. entgegen § 1 Abs. 3 ein Luftfahrzeug führt oder als anderes Besatzungsmitglied tätig wird, obwohl er infolge des Genusses alkoholischer Getränke oder anderer berauschender Mittel oder infolge geistiger oder körperlicher Mängel in der Wahrnehmung seiner Aufgabe behindert ist, wenn die Tat nicht in den §§ 315 a und 316 des Strafgesetzbuchs mit Strafe bedroht ist; …
5. einer Vorschrift des § 3 über die Pflichten des Luftfahrzeugführers zuwiderhandelt;
6. entgegen § 3 a Abs. 1 oder 2 die Flugvorbereitung nicht oder nicht ordnungsgemäß durchführt;
10. als Halter, Führer oder anderes Besatzungsmitglied entgegen § 5 Abs. 1, 2, 3 oder 5 Störungen bei dem Betrieb eines Luftfahrzeugs nicht, nicht rechtzeitig oder nicht ordnungsgemäß anzeigt;
11. entgegen § 6 Abs. 1 die Sicherheitsmindesthöhe unterschreitet oder entgegen § 6 Abs. 2 Brücken oder ähnliche Bauten, Freileitungen oder Antennen unterfliegt; …
12. entgegen § 7 Abs. 1 Gegenstände oder sonstige Stoffe abwirft oder ablässt;
13. entgegen § 8 Kunstflüge ausführt;
14. entgegen § 9 Abs. 1, 2 oder 5 Schlepp- oder Reklameflüge ausführt;
18. einer Vorschrift des § 12 oder § 19 Abs. 1 zur Vermeidung von Zusammenstößen zuwiderhandelt;
19. eine Ausweichregel des § 13 nicht befolgt;
19a. ohne Erlaubnis nach … § 16 Abs. 3a Satz 2 startet oder landet; …
24. entgegen § 20 Satz 1 eine Beobachtung über eine Gefahr für den Luftverkehr nicht, nicht unverzüglich oder nicht ordnungsgemäß meldet;
25. einer Vorschrift des § 21 über Signale und Zeichen zuwiderhandelt; …
LuftBO § 57 Ordnungswidrig im Sinne des § 58 Abs. 1 Nr. 10 des Luftverkehrsgesetzes handelt, wer vorsätzlich oder fahrlässig
1. als Halter von Luftfahrtgerät oder Betriebsleiter entgegen
a) § 3 Abs. 1 Luftfahrtgerät nicht in einem solchen Zustand erhält oder nicht so betreibt, dass kein anderer gefährdet, geschädigt oder mehr als nach den Umständen vermeidbar behindert oder belästigt wird oder entgegen § 3 Abs. 3 ein Luftfahrtgerät betreibt, bei dem die Lufttüchtigkeit nicht oder nicht vollständig nachgewiesen ist; …
d) §14 Abs. 2 Luftfahrtgerät betreibt, ohne die in der Lufttüchtigkeitsanweisung angeordneten Maßnahmen ordnungsgemäß durchgeführt zu haben; …
2. als Halter von Luftfahrtgerät, Betriebsleiter oder Luftfahrzeugführer
a) entgegen § 3 Abs. 2 Satz 1 ein Luftsportgerät ohne zugelassenes Rettungsgerät betreibt oder entgegen § 3 Abs. 2 Satz 2 keinen geeigneten Kopfschutz trägt; …
d) § 24 Abs. 1 Satz 1 ein Luftfahrzeug nicht in Übereinstimmung mit dem im zugehörigen Flughandbuch oder in anderen Betriebsanweisungen angegebenen Leistungsdaten oder festgelegten Betriebsgrenzen betreibt;
e) § 25 Abs. 2 ein luftuntüchtiges oder für luftuntüchtig erklärtes Luftfahrtgerät in Betrieb nimmt; …

11.1.13 Haftung und Versicherung

Das Haftungs- und Versicherungsrecht im Luftverkehr ist ähnlich dem im Straßenverkehr. Auch Gleitsegel und Hängegleiter fallen als motorlose Luftfahrzeuge unter verschärfte Haftungs- und Versicherungsbestimmungen.

Verschuldens- und Gefährdungshaftung
Nach dem Bürgerlichen Gesetzbuch (BGB) ist jeder, der schuldhaft, entweder fahrlässig oder vorsätzlich, einen Schaden verursacht, dem Geschädigten gegenüber ersatzpflichtig. Normalerweise gilt im Luftverkehr Verschuldenshaftung, d.h. ersatzpflichtig ist der Schuldige, im Normalfall hier der Pilot. Sollte der Pilot nicht haftbar zu machen sein, z.B. wegen einer Ohnmacht, bleibt dem Geschädigten ein zweiter Ersatzanspruch gegen den Halter des Luftfahrzeuges. Dieser nennt sich Gefährdungshaftung oder Haftung aus der Betriebsgefahr. Selbst wenn ein Verschulden nicht vorliegt, bleibt dem Geschädigten die Möglichkeit, seinen Ersatzanspruch im Rahmen der Gefährdungshaftung geltend zu machen. Bestehen die Verschuldens- und Gefährdungshaftung nebeneinander für denselben Sachverhalt, hat der Geschädigte einen Ersatzanspruch nur einmal, nämlich auf den höheren der beiden Anspruchsbeträge.
LuftVG § 33 ***[Ersatzpflicht des Halters und des Benutzers]*** *(1) Wird beim Betrieb eines Luftfahrzeugs durch Unfall jemand getötet, sein Körper oder seine Gesundheit verletzt oder eine Sache beschädigt, so ist der Halter des Luftfahrzeugs verpflichtet, den Schaden zu ersetzen. Wer Personen zu Luftfahrern ausbildet,*

haftet diesen Personen gegenüber nur nach den allgemeinen gesetzlichen Vorschriften.
(2) Benutzt jemand das Luftfahrzeug ohne Wissen und Willen des Halters, so ist er an Stelle des Halters zum Ersatz des Schadens verpflichtet. Daneben bleibt der Halter zum Ersatz des Schadens verpflichtet, wenn die Benutzung des Luftfahrzeugs durch sein Verschulden ermöglicht worden ist. Ist jedoch der Benutzer vom Halter für den Betrieb des Luftfahrzeugs angestellt oder ist ihm das Luftfahrzeug vom Halter überlassen worden, so ist der Halter zum Ersatz des Schadens verpflichtet; die Haftung des Benutzers nach den allgemeinen gesetzlichen Vorschriften bleibt unberührt.

Haftungsgrenzen
Bei Verschuldenshaftung gibt es keine Haftungshöchstgrenzen. Dagegen ist die Gefährdungshaftung der Höhe nach begrenzt.
LuftVG § 37 ***[Haftungshöchstbeträge]***
(1) Der Ersatzpflichtige haftet für die Schäden aus einem Unfall
- *bei anderen Luftfahrzeugen, soweit sie nicht durch Verbrennungsmotor angetrieben werden können, bis 750 Kilogramm Gewicht, bis zu 1,5 Mio –,*

(2) im Falle der Tötung oder Verletzung einer Person haftet der Ersatzpflichtige für jede Person bis zu einem Kapitalbetrag von 600 000 – oder bis zu einem Rentenbetrag von jährlich 36 000 –.

Versicherungspflicht
Der Haftpflichtige ist stets persönlich ersatzpflichtig, sei es als Pilot auf Grund Verschuldenshaftung oder als Halter auf Grund Gefährdungshaftung oder er haftet auf Grund von Gefährdungs- und Verschuldenshaftung, wenn wie im Gleitsegelsport üblich der Pilot mit dem Halter identisch ist. Der Geschädigte kann sich also unmittelbar an den Piloten bzw. Halter wenden. Er riskiert freilich, dass dort nicht genügend Geld zu holen ist. Deshalb hat der Gesetzgeber die Gefährdungshaftung zusätzlich dadurch abgesichert, dass er Versicherungspflicht für die Schadensfälle aus der Gefährdungshaftung vorgeschrieben hat. Jeder Halter ein es Kraftfahrzeugs oder Luftfahrzeugs ist verpflichtet, dafür eine Haftpflichtversicherung abzuschließen. Obwohl die Versicherungspflicht sich auf die Gefährdungshaftung des Halters beschränkt, ist in den Versicherungsverträgen zwischen Halter und Haftpflichtversicherer üblicherweise auch die Verschuldenshaftung des berechtigten Piloten mitversichert.
LuftVG § 43 [Haftpflichtversicherung] (1) Zur Sicherung der in diesem Unterabschnitt genannten Schadensersatzforderungen ist der Halter des Luftfahrzeugs verpflichtet, … eine Haftpflichtversicherung abzuschließen.
LuftVZO § 103 [Versicherungsnachweis] (5) Die zuständige Stelle kann jederzeit die Vorlage des Versicherungsscheins und den Nachweis über die Zahlung des letzten Beitrags verlangen. Bei dem Betrieb von Luftfahrzeugen, die nicht der Verkehrszulassung nach § 6 bedürfen, ist als Versicherungsnachweis eine Bescheinigung des Versicherers mitzuführen, aus der Umfang und Dauer des Versicherungsschutzes ersichtlich sind. Liegt Gruppenversicherung vor, kann die Bescheinigung mit Ermächtigung des Versicherers vom Versicherungsnehmer ausgestellt werden, wobei der Name und die Anschrift des Versicherers anzugeben sind. Die Bescheinigung ist den zuständigen Stellen auf Verlangen vorzuzeigen.

Wenn keine Versicherung abgeschlossen ist, tritt keine Versicherung für den Halter und den Piloten ein und beide sind persönlich ersatzpflichtig. Wer ein Fluggerät »ohne Wissen und Willen des Halters« benutzt, hat keinen Versicherungsschutz, auch nicht von seiner eigenen Versicherung. Bei einem Leihgerät muss sich der Pilot vorher vergewissern, ob das Leihgerät versichert ist. Wenn den Geschädigten ein Mitverschulden trifft, beispielsweise bei einer Kollision, so mindert sich der Ersatzanspruch entsprechend dem Grad des Mitverschuldens.

LuftZVO § 108 ***[Ordnungswidrigkeiten]*** *Ordnungswidrig im Sinne des § 58 Abs. 1 Nr. 10 des Luftverkehrsgesetzes handelt, wer vorsätzlich oder fahrlässig*
5. als Führer eines Luftfahrzeuges entgegen
d) § 103 Abs. 5 Satz 2 die Bescheinigung über die Haftpflichtversicherung beim Betrieb des Luftfahrzeugs nicht mitführt.

11.2 Luftrecht Österreich

Quelle: Webseite des Verbandes www.flugschulen.com

In Österreich ist das Bundesministerium für Verkehr als Oberste Zivilluftfahrtbehörde für die Gleitschirmflieger maßgebend.
Erlaß des Bundesministeriums für Verkehr/Oberste Zivilluftfahrtbehörde
vom 24. September 1974, ZL. 38.570/23-I/6–74, in der Fassung vom 25. Mai 1976, ZL. 38.570/72-I/3–76, vom 10. Mai 1984, ZL. 38.534/238-I/3–84, vom 20. November 1986, Zl. 38.534/263-I/5–86, vom 1. Juli 1991, ZL. 38.534/20–6/91, vom 28. Jänner 1992, Pr. Zl. 58.534/1–6/92 und vom 21. Dezember 1995, Pr. Zl. 58.534/14–7/95 und vom 27. Oktober 1997,GZ.58.534/4-Z7/97
über »Hängegleiter« und »Paragleiter«

1. AUSGANGSBASIS UND ENTWICKLUNG

1.1 »Hängegleiter« oder »Gleitflügel« (die Bezeichnung »Drachen« oder »Flugdrachen« für freifliegende Geräte ist unzutreffend) und »Paragleiter« oder »Gleitschirme« sind **Luftfahrzeuge** im Sinne des § 11 des Luftfahrtgesetzes (LFG), BGBl. Nr. 253/1957. Daraus folgt, daß Benützer solcher Geräte als Piloten im Sinne des LFG (Sonderpiloten im Sinne der Zivilluftfahrt-Personalverordnung [ZLPV], BGBl. Nr. 219/1958) anzusehen, daß die Geräte als Luftfahrzeuge zulassungspflichtig wären, und daß Abflüge – außer auf Flugplätzen – nur mit Außenabflugbewilligung des Landeshauptmannes erfolgen dürften (Außenlandungen wären entsprechend den anzuwendenden Bestimmungen für Segelflugzeuge nicht bewilligungspflichtig). Eine strenge Gesetzesanwendung würde somit diese Sportarten unnötig behindern. Internationale Regelungen bestehen keine.

1.2 Das Bundesministerium für Verkehr als Oberste Zivilluftfahrtbehörde (BMV/OZB) hatte mit Erlaß vom 7. Mai 1973, Zl. 38.533/8-I/8–1973, das Bundesamt für Zivilluftfahrt (BAZ) zunächst angewiesen, »bis auf weiteres die Bewegung von Selbstgleiterdrachen und dergleichen Geräten bis zu einer Höhe von 30 m über Grund – ausgenommen in Flugplatznähe, in verbauten Gebieten, über Menschenansammlungen im Freien und in sonstigen Gebieten, in denen die Sicherheit der Luftfahrt oder die Sicherheit von Personen und Sachen auf der Erde gefährdet sein könnte – ohne die gesetzlich vorgesehenen luftfahrtbehördlichen Bewilligungen zu dulden.« Maßgebend waren hierfür zunächst ausschließlich Gesichtspunkte der herkömmlichen Luftfahrt (30 m ist die maximale Höhe bewilligungsfreier Luftfahrthindernisse, und zwar auf Bodenerhebungen). Die weitere Entwicklung hat einerseits im Hinblick auf häufigere Unfälle und andererseits auf die Bedürfnisse des Hängegleitersports eine Neuordnung erfordert.

1.3 Bei der Neuordnung waren folgende Gesichtspunkte zu berücksichtigen:
1.3.1 Ermöglichung der Ausübung des (1974) immer mehr aufkommenden Hängegleitersportes, und ähnlich (1986) des Paragleitersportes;
1.3.2 Schutz des herkömmlichen Flugbetriebes (besonders im herkömmlichen Flugraum);
1.3.3 Schutz der Sicherheit unbeteiligter Dritter und schließlich
1.3.4 Gewährleistung einer gewissen Sicherheit der Benützer von Hängegleitern und Paragleitern selbst (unter Berücksichtigung des Rechtsgrundgedankens, daß die bloße Gefährdung der eigenen Person rechtlich grundsätzlich nicht zu mißbilligen ist).

2. RICHTLINIEN
Im Hinblick auf diese Gesichtspunkte wurde bzw. wird der unter 1.2 zitierte Erlaß durch die folgenden Richtlinien ersetzt.

2.0 Hängegleiter ist ein nicht-kraftangetriebenes, ein- oder zweisitziges Luftfahrzeug schwerer als Luft, dessen Tragfläche aus starren und nichtstarren Teilen besteht, das durch die Kraft des Piloten gestartet sowie gelandet werden kann und das im wesentlichen durch Schwerpunktverlagerung gesteuert wird.
Paragleiter ist ein ein- oder zweisitziges nicht-kraftangetriebenes Luftfahrzeug schwerer als Luft, mit nichtstarrer Tragfläche, das durch die Kraft des Piloten gestartet sowie gelandet werden kann und das im wesentlichen wie ein Fallschirm gesteuert wird.

2.1 Luftfahrtveranstaltungen mit Hänge- und Paragleitern (Wettbewerbe und Schauvorstellungen) erscheinen wenig problematisch. Zivile Luftfahrtveranstaltungen bedürfen gemäß § 126 LFG einer Bewilligung des Landeshauptmannes. Nach der gesetzlichen Regelung sind alle Sicherheitsgesichtspunkte zu berücksichtigen bzw. ist durch entsprechende Nebenbestimmungen für die Sicherheit vorzusorgen. Unter anderem ist danach der beanspruchte Luftraum abzugrenzen. Nicht erforderlich erscheint es nach dem derzeitigen Stand, Veranstaltungsbewilligungen an Zivilluftfahrt-Personalberechtigungen und luftfahrtbehördliche Zulassungen der Geräte zu binden, praktisch wäre dies im Hinblick auf die allfällige Beteiligung von Ausländern mit ausländischen Geräten kaum möglich, wenn die Bewilligung nicht einem Verbot gleichkommen soll (die Veranstaltungsbewilligung wird eine generelle Außenabflugbewilligung mitumfassen). Vor Erteilung jeder Veranstaltungsbewilligung ist die AUSTRO CONTROL GmbH (ACG) zu befassen, die in grundsätzlichen Fragen mit dem BMöWV/OZB Fühlung zu nehmen hat.

2.2 Selbständige Flüge von Piloten, die nicht im Besitz eines Sonderpilotenscheines für Hänge- bzw. Paragleiter sind, dürfen unter Einhaltung der Luftverkehrsregeln (LVR) 1967, BGBl. Nr. 56, in der geltenden Fassung, nur in Schul- und Übungsbereichen von Hängegleiter- bzw. Paragleiterschulen durchgeführt werden.
2.2.1 Bei derartigen Flügen bedürfen **die Führer von Hängegleitern und Paragleitern** keiner Pilotenberechtigung; diese wird durch den Nachweis (Schulbestätigung) einer entsprechenden Einweisung (2.2.1.1) in einer Hängegleiter- bzw. Paragleiterschule (2.2.1.3) ersetzt. Für die Ausstellung der Schulbestätigung sind die entsprechenden Formulare des Österreichischen Aero-Clubs zu verwenden.
2.2.1.1 Die Einweisung zur Erlangung der **Schulbestätigung** für Hänge- bzw. Paragleiter hat gemäß den Lehrplänen zu erfolgen. Der Eingewiesene muß innerhalb von 24 Monaten die Beherrschung von Start, Landung, Richtungsänderung und Landeeinteilung erlernt haben, wozu in der Regel 30 Hängegleiter- bzw. 20 Paragleiterflüge unter Aufsicht eines Hängegleiter- bzw. Paragleiter-Fluglehrers erforderlich sind. Ist der Einzuweisende bereits im Besitz von Vorkenntnissen, einer der genannten Schulbestätigungen oder erwirbt er beide Schulbestätigungen gleichzeitig, genügt eine vom Hängegleiter- bzw. Paragleiter-Fluglehrer im Einzelfall festzusetzende geringere Anzahl von Übungsflügen. Zum Abschluß der Einweisung müssen fünf Höhenflüge (mit über 300 m Höhenunterschied) ausgeführt worden sein.

Der Eingewiesene muß weiters im Rahmen der Einweisung die für Führer von Hängegleitern bzw. Paragleitern erforderlichen theoretischen Kenntnisse aus folgenden Gegenständen erworben haben:
- Hängegleiterkunde bzw. Paragleiterkunde (besonders Auf- und Abbau sowie Sicherheitskontrollen),
- Flugpraxis einschließlich Geländekunde und Umweltschutz,
- Aerodynamik,
- Wetterkunde und
- Luftfahrtvorschriften.

Die Schulbestätigung über die Einweisung darf erst ausgestellt werden, wenn der Eingewiesene überdies entsprechende Kenntnisse in Erster Hilfe nachgewiesen (z. B. Bestätigung des Roten Kreuzes) und das 16. Lebensjahr vollendet hat. Die Ausbildung kann auch vorher erfolgen, sofern ein Nachweis der körperlichen und geistigen Tauglichkeit erbracht wird. Nichteigenberechtigte Personen dürfen nur bei Vorliegen einer Zustimmungserklärung ihres gesetzlichen Vertreters geschult werden.
2.2.1.2 Die Berechtigung auf Grund der Einweisung gilt 36 Monate ab Ausstellung der Schulbestätigung.
2.2.1.3 Für Hängegleiter- bzw. Paragleiter-Schulbewilligungen gelten die luftfahrtgesetzlichen Bestimmungen (§§ 42 ff LFG) mit der Maßgabe, daß anstelle des Erfordernisses von Benützungsrechten auf einem Flugplatz (§ 44 Abs. 2 lit. a LFG) das Erfordernis der Benützungsrechte an den zu benützenden Grundstücken, und anstelle des Übungsbereicherfordernisses (§ 44 Abs. 2 lit. b LFG) die Festlegung eines entsprechenden hindernisfreien Bereiches und eines entsprechenden Luftraumes im Schulbewilligungsbescheid tritt.
2.2.2 Die **LVR 1967** in der geltenden Fassung finden – mit den in diesem Erlaß zusammengefaßten Abweichungen – auf Hängegleiter und Paragleiter sinngemäß Anwendung. Hervorzuheben sind zunächst die allgemeinen Bestimmungen etwa über den Betrieb (§ 3 LVR); auch für den Betrieb von Hängegleitern und Paragleitern gilt u. a. das allgemeine Gefährdungsverbot. Besonders dürfen danach Hängegleiter und Paragleiter nicht im Bereich stark begangenen Geländes und stark befahrener Skipisten eingesetzt werden, und weiters ist danach das Überfliegen von Personen, Gebäuden, öffentlichen Transportanlagen (Bahnen, Seilbahnen, Skiliften usw.) und von Freileitungen, jedenfalls in einem geringeren Abstand als etwa 50 m zu dem Hindernis, zu vermeiden. Bei Starts mittels Skiern sind diese derart zu sichern, daß sie während des Fluges nicht herabfallen können. Ferner ist bei Hängegleiter- und Paragleiterflügen ein geeigneter Kopfschutz zu tragen und bei Höhenflügen ein Rettungssystem (Fallschirm) mitzuführen. Bei Paragleiterflügen ist zusätzlich ein Gurtzeug mit geeignetem Rückenschutz (z.B. Protektor, Airbag) zu verwenden. Weiters hervorzuheben sind die allgemeinen Bestimmungen über Verantwortlichkeiten (§ 4 LVR) oder Flugvorbereitung (§ 5 LVR). Neben den allgemeinen Ausweichregeln (§§ 11 ff LVR) gelten für Hängegleiter und Paragleiter die besonderen Ausweichregeln für Segelflugzeuge (§ 53 LVR), wie für Flüge mit Hängegleitern und Paragleitern überhaupt grundsätzlich dieselben Bestimmungen wie für Segelflüge gelten (§ 51 LVR).
Der Betrieb von Hängegleitern und Paragleitern ist nur bei Tag (§ 2 LVR) und nur unter Sichtflugwetterbedingungen (§ 41 LVR) zulässig.
Siehe im übrigen auch die Bestimmungen im § 56a LVR. Bei Hänge- und Paragleiterflügen wird von der Verpflichtung zum Mitführen von Notsendern (Crashsendern) abgesehen.

2.2.3 Hängegleiter und Paragleiter sind nicht in das Luftfahrzeugregister einzutragen, aber jedenfalls als Luftfahrzeug **zulassungspflichtig.**
2.2.3.1 Zulassungen ausländischer Behörden oder von solchen anerkannte Zulassungen für ein- und zweisitzige Hänge- bzw. Paragleiter sind ohne weiteres anzuerkennen. Ansonsten kommen primär Musterprüfungen in Betracht (auf Grund deren dann alle entsprechenden Geräte ohne Einzelprüfung zugelassen werden bzw. als zugelassen gelten können). Hauptzweck der luftfahrtbehördlichen Zulassung ist die Vorschreibung bzw. Ermöglichung einer Haftpflichtversicherung (siehe Punkt 2.2.5.2) und die Statuierung der Halterverantwortlichkeit. Nicht zugelassene Hängegleiter bzw. Paragleiter dürfen nur zu Erprobungszwecken und mit einer entsprechenden Erprobungsbewilligung des ÖAeC verwendet werden. Das zu erprobende Gerät ist gemäß den Vorschriften der ZLLV als Prototyp entsprechend zu kennzeichnen.
Periodische Nachprüfungen sind entsprechend den Betriebshandbüchern durchzuführen. Zweisitzig zugelassene Hänge- und Paragleiter, die gewerbsmäßig betrieben werden, sind jedenfalls alle 150 Flüge bzw. jährlich nachzuprüfen. Für die Wartung, die regelmäßige Überprüfung und die Aufrechterhaltung der Lufttüchtigkeit entsprechend den von der Zulassungsbehörde genehmigten Betriebsanweisungen (siehe Punkt 2.2.3.2) ist der Halter verantwortlich. Ohne Bewilligung des Herstellers dürfen an zugelassenen Hängegleitern und Paragleitern keine Änderungen vorgenommen werden. An zugelassenen Hängegleitern und Paragleitern müssen deutlich lesbar und in dauerhafter Schrift die Bezeichnung der Type, die Angaben der Eigenmasse, der Mindest- und Höchstzuladung, des Baujahres, weiters die Werknummer sowie der Name und die Anschrift des Herstellers sowie eine Musterprüfplakette angebracht sein.
2.2.3.2 Bei der Zulassung ist vom Zulassungswerber eine Betriebsanweisung in deutscher Sprache zur Genehmigung vorzulegen. Die entsprechenden Vorschriften der Zivilluftfahrzeug- und Luftfahrtgerät-Verordnung 1995 (ZLLV), BGBl. Nr. 191/1995 in der geltenden Fassung, sind zu beachten.
Jeder Benützer hat sich mit der Betriebsanweisung vertraut zu machen.
Für die gewerbsmäßige Vermietung von Hänge- und Paragleitern ist eine Bewilligung gemäß §§ 116 f LFG erforderlich.
2.2.4 Die Landeshauptmänner werden ersucht, **Abflüge** mit Hängegleitern und Paragleitern ohne Außenabflugbewilligung zu dulden (ausgenommen in dicht verbauten Gebieten sowie von Bauwerken, z. B. Brücken). Die Halter und Piloten von Hängegleitern und Paragleitern werden darauf hingewiesen, daß die über die benützten Grundstücke Verfügungsberechtigten aus zivilrechtlichen Gründen jedenfalls eine Zustimmungserklärung abgegeben haben müssen. Landungen mit Hängegleitern und Paragleitern sind gemäß § 10 Abs. 1 lit. c LFG bewilligungsfrei.
2.2.5 Für **Störungen** gelten nach der ZSV, BGBl. Nr. 152/1980, in der geltenden Fassung, keine Sonderbestimmungen.
2.2.5.1 Der Flugbetrieb soll nur in Anwesenheit einer weiteren Person durchgeführt werden, die in der Lage ist, bei Unfällen Soforthilfemaßnahmen einzuleiten. Unfälle und sonstige Störungen sind gemäß § 136 LFG der ACG (Tel. Wien 7988380) unverzüglich zu melden. Bei Störungen, die sich als geringfügig erweisen (z. B. Baumlandungen mit Paragleitern) und die Sicherheit des Flugbetriebes nicht unmittelbar berühren, kann eine Störungsmeldung unterbleiben, ebenso bei harten Landungen (Crash-Landungen) mit geringem Schaden (z. B. verbogenes Trapez). Zu melden sind jedoch u.a. Gerätebruch im Flug, wenn sich auch der Pilot mittels Fallschirmes unverletzt retten konnte, Zusammenstöße mit Luftfahrzeugen, Unfälle, bei denen der Pilot schwer oder ein Dritter (wenn auch nur leicht) verletzt wurde, sowie sonstige Störungen, deren Bekanntwerden der Flugunfallsverhütung dienen kann. Die Meldepflicht obliegt (nebeneinander) dem Piloten, dem Luftfahrzeughalter, dem Flugplatzhalter (Ausbildungsunternehmen bei Störungen im Rahmen der Ausbildung) und den Organen des öffentlichen Sicherheitsdienstes.
2.2.5.2 Hinsichtlich der Halterhaftpflicht gelten die §§ 19 ff des alten Luftverkehrsgesetzes 1936, RGBl. 1 S. 653, in der geltenden Fassung, uneingeschränkt (Haftung bis S 3,000.000); Versicherungspflicht siehe §§ 29 ff dieses Gesetzes.

2.3 Flüge mit Hängegleitern und Paragleitern außerhalb von gemäß 2.2.1.3 festgelegten Schul- und Übungsbereichen unterliegen voll den luftfahrtrechtlichen Vorschriften (Punkt 1.1).
2.3.1 Die **Führer solcher Hängegleiter und Paragleiter** bedürfen eines Sonderpilotenscheines für Hängegleiter bzw. für Paragleiter. Der Sonderpilotenschein für Hängegleiter berechtigt auch zum Führen von Paragleitern, wenn der Scheininhaber eine gültige Schulbestätigung für Paragleiter (siehe 2.2.1.1) hat und insgesamt 10 Höhenflüge unter der Aufsicht eines Fluglehrers nachweist. Der Sonderpilotenschein für Paragleiter berechtigt zum Führen von Hängegleitern, wenn der Scheininhaber eine gültige Schulbestätigung für Hängegleiter (siehe 2.2.1.1) hat und insgesamt 10 Höhenflüge unter der Aufsicht eines Fluglehrers nachweist.. Diese Berechtigungen sind auf Antrag in den Sonderpilotenschein einzutragen.
2.3.1.1 Voraussetzungen für die Bewerbung um einen **Sonderpilotenschein für Hängegleiter bzw. für Paragleiter** sind die Vollendung des 16. Lebensjahres, die Verläßlichkeit, die körperliche und geistige Tauglichkeit, eine Schulbestätigung gemäß Punkt 2.2.1.1, sowie insgesamt 40 von einer Hängegleiter- bzw. Paragleiterschule bestätigte Höhenflüge, von denen 25 unter Aufsicht eines Fluglehrers absolviert werden müssen. Von diesen 25 Flügen sind mindestens 10 mit einem Höhenunterschied von mindestens 500 m, die übrigen mit einem Höhenunterschied von mindestens 300 m durchzuführen. Weiters ist eine spezielle im Lehrplan festgelegte Alpeneinweisung zu absolvieren. Als praktische Prüfung hat der Bewerber einen nach entsprechend festgelegtem Flugplan flugtechnisch einwandfreien Prüfungsflug mit einem Höhenunterschied von mindestens 500 m und einer korrekten Landung auf einem zugewiesenen Landeplatz mit einer Größe von etwa 60 m im Quadrat für Paragleiter und etwa 80 m im Quadrat für Hängegleiter auszuführen. Die theoretische Prüfung umfaßt die in Punkt 2.2.1.1 bezeichneten Gegenstände sowie Erste Hilfe und Flugmedizin.
2.3.1.2 Der Inhaber eines Sonderpilotenscheines hat alle drei Jahre – innerhalb der letzten 12 Monate vor Ablauf der 3-Jahres-Frist – in einer Hängegleiter- bzw. Paragleiterschule einen entsprechenden Überprüfungsflug mit einem Höhenunterschied von mindestens 500 m durchzuführen. Dieser Flug ist im Flugbuch zu bestätigen. Die Hänge- bzw Paragleiterflugschulen haben darüber Aufzeichnungen zu führen und diese dem ÖAeC alljährlich mit dem Flugschuljahresbericht zu übermitteln. Bei Überziehung der 3-jährigen Frist ist in einer Hänge- und Paragleiterschule eine entsprechende Nachschulung gemäß den Lehrplänen erforderlich.
Zur Durchführung von Streckenflügen (Überlandflüge) ist eine Überlandberechtigung erforderlich. Für die Erlangung dieser Berechtigung hat der Bewerber 20 Höhenflüge zu absolvieren, von denen 10 einen Höhenunterschied von mindestens 500 m und 10 eine Flugzeit von mindestens je einer halben Stunde Flugdauer aufweisen müssen. Diese Flüge sind auf zwei verschiedenen Fluggeländen durchzuführen und von einer Flugschule zu bestätigen. Weiters ist eine spezielle Unterweisung in den Gegenständen Navigation, Geographie, Wetterkunde und Luftfahrtrecht in einer Hänge- bzw. Paragleiterschule sowie eine theoretische Prüfung in diesen Gegenständen erforderlich.
Für die Erlangung der Überlandberechtigung ist weiters ein Streckenflug nach Flugauftrag einer Flugschule auf einer festgelegten Übungsstrecke einer Flugschule mit mindestens 10 km für Paragleiter und 20 km für Hängegleiter zu absolvieren.
Alle gültigen Sonderpilotenscheine für Hänge- bzw. Paragleiter, die vor dem 1.1.1996 ausgestellt wurden, beinhalten die Überlandberechtigung. Diese ist auf Antrag vom ÖAeC in den Pilotenschein einzutragen.
2.3.1.3 Voraussetzungen für die Erlangung der **Hängegleiter- bzw. Paragleiter-Fluglehrerberechtigung** sind der Besitz des Sonderpilotenscheines für Hängegleiter bzw. Paragleiter seit mindestens 24 Monaten, eine Überlandberechtigung, die Durchführung von 200 Flügen mit einem Höhenunterschied von mindestens 300 m mit Hängegleitern bzw. Paragleitern, eine zweimonatige Tätigkeit (mindestens 60 Tage) in einer Hängegleiter- bzw. Paragleiterschule als Fluglehreranwärter unter Aufsicht eines befugten Fluglehrers, die Absolvierung eines vom ÖAeC in einer Flugschule durchgeführten Hänge- und Paragleiter-Fluglehrerlehrganges, die Ablegung der Prüfung gemäß § 20 der ZLPV und eine Fluglehrertätigkeit in einer Hängegleiter- oder Paragleiterschule an mindestens 90 Tagen unter der Aufsicht eines befugten Fluglehrers.
Für Inhaber einer Hängegleiter-Fluglehrerberechtigung sind für die Erlangung der Paragleiter-Fluglehrerberechtigung der Besitz einer gültigen Schulbestätigung für Paragleiter sowie die Durchführung von 200 Höhenflügen mit Paragleitern (Höhenunterschied mindestens 300 m) erforderlich sowie eine Fluglehrertätigkeit in einer Paragleiterschule während mindestens zwei Monaten.
Für Inhaber einer Paragleiter-Fluglehrerberechtigung sind für die Erlangung der Hängegleiter-Fluglehrerberechtigung der Besitz einer gültigen Schulbestätigung für Hängegleiter sowie die Durchführung von 200 Höhenflügen mit Hängegleitern (Höhenunterschied mindestens 300 m) erforderlich sowie eine Fluglehrertätigkeit in einer Hängegleiterschule während mindestens zwei Monaten.
Inhaber einer Lehrberechtiung für Hängegleiter bzw. Paragleiter haben alle drei Jahre an einem Weiterbildungslehrgang des ÖAeC in einer Flugschule teilzunehmen, soferne sie nicht hauptberuflich als Fluglehrer tätig waren. Bei Überziehung der dreijährigen Frist ist eine Teilnahme an einem Weiterbildungslehrgang und eine zweiwöchige Praxis in einer Flugschule erforderlich.
2.3.1.4 Übergangsbestimmungen hinsichtlich der Erteilung von Lehrberechtigungen.
Gültige Hängegleiter-Fluglehrerberechtigungen, die vor dem 1. Juli 1992 erworben wurden, beinhalten auch die Lehrberechtigung für Paragleiter, wenn der Berechtigte zu diesem Zeitpunkt im Besitz einer gültigen Schulbestätigung für Paragleiter war und eine entsprechende Lehrtätigkeit ausgeübt hat.
Ausbildungsbewilligungen, die vor dem 1. Juli 1992 für Hängegleiter erteilt wurden, gelten auch für die Ausbildung von Paragleitern, wenn zu diesem Zeitpunkt auch Paragleiter ausgebildet wurden.
2.3.2, 2.3.3, 2.3.4 und 2.3.5 siehe 2.2.2, 2.2.3, 2.2.4 und 2.2.5 (Verkehr, Zulassung, Abflug, Haftung).

2.4 Zur Durchführung von **Doppelsitzerflügen** mit Hängegleitern bzw. Paragleitern muß der verantwortliche Pilot (§ 2 LVR) mindestens 12 Monate im Besitz eines gültigen Sonderpilotenscheines für Hängegleiter

bzw. Paragleiter sein, mindestens 100 Höhenflüge (Höhenunterschied mindestens 300 m) absolviert haben sowie 5 Doppelsitzerflüge mit einem Fluglehrer und als Einweisung an einem speziellen Lehrgang in einer Hängegleiter- bzw. Paragleiterschule teilgenommen haben, wobei ausländische Lehrgänge, welche mindestens die gleichen Anforderungen stellen, anzuerkennen sind. Weiters sind zur Erlangung der Doppelsitzerberechtigung 30 Flüge mit Passagieren, die Inhaber eines gültigen Sonderpilotenscheines sind, im Schul- und Übungsbereich, mit Flugauftrag der Flugschule, durchzuführen.
Zur gewerbsmäßigen Beförderung von Personen und Sachen ist eine Bewilligung gemäß §§ 101 ff LFG erforderlich.
Piloten, die Doppelsitzerflüge durchführen, haben alle drei Jahre einen Nachweis über die körperliche und geistige Tauglichkeit zu erbringen und innerhalb der letzten 12 Monate der dreijährigen Frist in einer Hängegleiter- bzw. Paragleiterschule einen Tandemflug als Überprüfungsflug zu absolvieren. Die erforderlichen Bestätigungen sind im Flugbuch zu vermerken. Die Flugschule hat entsprechende Aufzeichnungen zu führen und an den ÖAeC weiterzuleiten.

2.5 Sonstige gewerbsmäßig durchgeführte Lehrgänge, wie z. B. Thermikkurse, Streckenflugkurse, Sicherheitstraining, sind nur im Rahmen der Weiterbildung in einer Hängegleiter- bzw. Paragleiterschule zulässig.

11.3 Luftrecht Schweiz

Mit den relevanten Abschnitten für Drachen- und Gleitschirmflieger.
Die ausführliche Fassung ist auf der Webseite der Bundesbehörden der Schweizerischen Eidgenossenschaft zu finden: http://www.admin.ch (direkter Link: www.admin.ch/ch/d/sr/c748_941.html)

VERORDNUNG 748.941
ÜBER LUFTFAHRZEUGE BESONDERER KATEGORIEN (VLK)
vom 24. November 1994 (Stand am 22. Mai 2001)
Das Eidgenössische Departement für Umwelt, Verkehr, Energie und Kommunikation 1, gestützt auf Artikel 57 des Luftfahrtgesetzes vom 21. Dezember 1948 (LFG) und die Artikel 2a, 21, 24 und 125 Absatz 2 der Luftfahrtverordnung vom 14. November 1973 (LFV), verordnet:

1. Abschnitt: Geltungsbereich
Art. 1
Diese Verordnung gilt für Hängegleiter, Drachen, Drachenfallschirme, Fesselballone, Fallschirme und unbemannte Luftfahrzeuge.

2. Abschnitt: Gemeinsame Bestimmungen
Art. 2 Luftfahrzeugregister und Lufttüchtigkeit
1 Luftfahrzeuge nach Artikel 1 werden nicht in das Luftfahrzeugregister eingetragen.
2 Die Lufttüchtigkeit wird nicht geprüft.
3 Es werden keine Lärmzeugnisse ausgestellt.

Art. 3 Start- und Landeort
1 Für Luftfahrzeuge nach Artikel 1 besteht kein Zwang, auf einem Flugplatz abzufliegen oder zu landen.
2 Die Rechte der an einem Grundstück Berechtigten auf Abwehr von Besitzesstörungen und Ersatz ihres Schadens bleiben in allen Fällen vorbehalten.
AS **1994** 3076
1 Bezeichnung gemäss nicht veröffentlichtem BRB vom 19. Dez. 1977.
2 SR **748.0**
3 SR **748.01**
748.941
Luftfahrt
2
748.941

Art. 4 Öffentliche Flugveranstaltungen
Für öffentliche Flugveranstaltungen, an denen ausschliesslich Luftfahrzeuge nach Artikel 1 eingesetzt werden, ist keine Bewilligung des Bundesamtes für Zivilluftfahrt (Bundesamt) erforderlich.

Art. 5 Gewerbsmässige Flüge
Für gewerbsmässige Flüge mit Luftfahrzeugen nach Artikel 1 ist keine Bewilligung des Bundesamtes erforderlich.

3. Abschnitt: Hängegleiter
Art. 6 Begriff
Hängegleiter sind alle zum Fussstart geeigneten Fluggeräte, namentlich Deltas und Gleitschirme, soweit sie unmittelbar nach dem Start zur Ausführung von Gleit- oder Segelflügen eingesetzt werden.

Art. 7 Mindestalter, Ausweise und Prüfungen
1 Das Mindestalter für Ausbildungsflüge beträgt 15 Jahre; das Mindestalter zum Erwerb des amtlichen Ausweises beträgt 16 Jahre.
2 Hängegleiterflüge darf nur ausführen, wer den entsprechenden amtlichen Ausweis besitzt. Für gelegentliche Flüge von Ausländern mit Wohnsitz im Ausland genügt ein gleichwertiger ausländischer Ausweis.
3 Ausbildungsflüge dürfen nur unter der unmittelbaren Aufsicht einer Person ausgeführt werden, die den entsprechenden amtlichen Lehrausweis besitzt.
4 Hängegleiterflüge mit einer Begleitperson darf nur ausführen, wer den entsprechenden amtlichen Ausweis besitzt.
5 Die Ausweise müssen bei Hängegleiterflügen mitgeführt werden.
6 Prüfungen zum Erwerb der Ausweise werden nach vom Bundesamt genehmigten Weisungen von Sachverständigen abgenommen, die vom Bundesamt anerkannt sind.
7 Das Bundesamt veröffentlicht periodisch eine Liste der ausländischen Ausweise, die von ihm als gleichwertig anerkannt werden.

Art. 8 Verkehrs- und Betriebsregeln
1 Starts und Landungen auf öffentlichen Strassen und Skipisten sind untersagt.
2 Menschenansammlungen im Freien, Gebäude, öffentliche Strassen, Skipisten, öffentliche Transportanlagen wie Bahnen, Luftseilbahnen und Skilifte sowie elektrische Freileitungen und andere Kabel sind in einem genügenden Abstand zu überfliegen oder zu umfliegen.
3 Flüge über die Landes- und Zollgrenze sind gestattet, wenn keine Waren mitgeführt werden; die für den Grenzübertritt erforderlichen Papiere sind mitzuführen. Das ausländische Recht bleibt vorbehalten.
4 Für den Einsatz von Hängegleitern auf öffentlichen Gewässern bleiben die Bundesgesetzgebung über die Binnenschiffahrt und das entsprechende kantonale Recht vorbehalten.
5 Für das Schleppen von Hängegleitern mit Winden, Fahrzeugen oder Schiffen in eine Höhe von mehr als 150 m über Grund ist eine Bewilligung des Bundesamtes erforderlich.
6 Im übrigen sind die für Segelflugzeuge geltenden Bestimmungen der Verordnung vom 4. Mai 1981 über die Verkehrsregeln für Luftfahrzeuge, mit Ausnahme der Vorschriften über die Mindestflughöhen, sinngemäss anwendbar.

Art. 9 Flugbeschränkungen
1 Der Betrieb von Hängegleitern ist untersagt:
a. in einem Abstand von weniger als 5 km von den Pisten eines für Flugzeuge bestimmten zivilen Flugplatzes;
b. während der militärischen Flugdienstzeiten in einem Abstand von weniger als 5 km von den Pisten eines für Flugzeuge bestimmten militärischen Flugplatzes;
c. in einem Abstand von weniger als 2,5 km von Helikopterflugplätzen.
2 Der Flugplatzleiter oder die Flugverkehrsleitstelle kann Ausnahmen von diesen Einschränkungen bewilligen.

Art. 10 Haftpflichtversicherung
1 Die Haftpflichtansprüche von Dritten auf der Erde sind vom Halter oder von der Halterin durch eine Haftpflichtversicherung mit einer Garantiesumme von mindestens 1 Million Franken sicherzustellen.
2 Hat der Halter oder die Halterin im Ausland Wohnsitz, so genügt für Flüge in der Schweiz eine im Ausland auf seinen oder ihren Namen abgeschlossene Haftpflichtversicherung mit gleicher Garantiesumme, sofern diese Versicherung auch in der Schweiz Ansprüche von Dritten deckt.
3 Der Haftpflichtversicherungsnachweis ist beim Betrieb des Hängegleiters mitzuführen.
5 SR **748.121.11**
Luftfahrt
4

8. Abschnitt: Schlussbestimmungen

Art. 21 Aufhebung bisherigen Rechts
Es werden aufgehoben:
a. die Hängegleiterverordnung vom 14. März 1988;
b. die Verordnung vom 14. März 1988 über Einschränkungen für bestimmte Fluggeräte und Flugkörper.

Art. 22 Änderung bisherigen Rechts
1. Die Verordnung vom 4. Mai 1981 über die Verkehrsregeln für Luftfahrzeuge wird wie folgt geändert:
Art. 1
Begriff »Luftfahrzeug« aufgehoben
Art. 3 Abs. 3 und 4
...
2. Die Verordnung vom 8. Juli 1985 über die Zulassung und den Unterhalt von
Luftfahrzeugen wird wie folgt geändert:
Art. 1
Begriff »Luftfahrzeug« aufgehoben
3. Die Verordnung vom 6. September 1984 über die

Kennzeichen der Luftfahrzeuge wird wie folgt geändert:
(Verordnung über die Kennzeichen der Luftfahrzeuge [VKZ] [748.216.1]) vom 6. September 1984 (Stand am 24. Oktober 2000)

2. Abschnitt: 16
Kennzeichen von nicht registrierten Luftfahrzeugen
Art. 11a Hängegleiter
1 Hängegleiter sind auf der Unterseite der tragenden Fläche mit einem gut erkennbaren Kennzeichen zu versehen, das aus höchstens fünf 40 cm hohen Zahlen besteht.
2 Das Kennzeichen muss mit einem entsprechenden Eintrag im Haftpflichtversicherungsnachweis des Halters des gekennzeichneten Hängegleiters übereinstimmen.
3 Zuteilung und Verwaltung der Kennzeichen erfolgen durch eine vom Bundesamt anerkannte Stelle.
4 Hängegleiter sind zusätzlich mit einem gut sichtbaren Schild zu versehen, das folgende Angaben enthält:
a. Hersteller;
b. Baumuster;
c. Baujahr;
d. vom Hersteller festgesetzte minimale und maximale Zuladung.
Art. 24 Inkrafttreten
Diese Verordnung **748.941** tritt am 1. Januar 1995 in Kraft.

Weisungen des Schweizerischen Hängegleiter-Verbandes (SHV) über die Fähigkeitsprüfung für Hängegleiter-Piloten, Kategorie Gleitschirm
Quelle: SHV – Schweiz : www.shv-fsvl.ch
Stand 01.07.2001 (Direkter Link: www.shv-fsvl.ch/d/ausbildung/index.htm)

1. Allgemeines
1.1. Die Fähigkeitsprüfung zum Erwerb des amtlichen Ausweises für Hängegleiter-Piloten, Kat. Gleitschirm, setzt sich aus zwei Teilprüfungen zusammen, die in folgender Reihenfolge zu absolvieren sind:
a. theoretische Teilprüfung;
b. praktische Teilprüfung.
1.2. Der SHV bestimmt den oder die Sachverständigen, welche die jeweilige Teilprüfung abzunehmen haben.
1.3. Fähigkeitsprüfungen werden nur durchgeführt, wenn mind. 10 Kandidaten ordnungsgemäss angemeldet sind.
1.4. Eine nichtbestandene Teilprüfung kann frühestens nach einer erneuten Vorbereitungszeit von 12 Tagen wiederholt werden.
1.5. Die gesamte Fähigkeitsprüfung muss innerhalb von 36 Monaten nach Bestehen der ersten Teilprüfung abgeschlossen sein. Liegen zwischen dem Bestehen der ersten Teilprüfung und dem Termin der zweiten Teilprüfung mehr als 36 Monate, muss die erste Teilprüfung vorgängig wiederholt und bestanden werden.
1.6. Der amtliche Ausweis für Hängegleiter-Piloten, Kat. Gleitschirm, wird dem Kandidaten spätestens 30 Tage nach bestandener Fähigkeitsprüfung zugestellt.
1.7. Wer die Fähigkeitsprüfung bestanden hat, erhält, sofern die übrigen Voraussetzungen für die Erteilung eines Ausweises erfüllt sind, eine auf 30 Tage befristete Erlaubnis, die ihn berechtigt, die betreffende ausweispflichtige Tätigkeit auszuüben.
1.8. Inhaber des amtlichen Ausweises für Hängegleiter-Piloten, Kat. Delta, werden anlässlich der theoretischen Teilprüfung lediglich in den Sachgebieten Materialkunde und Flugpraxis geprüft.
1.9. Bei Trägern eines ausländischen Ausweises für Gleitschirmpiloten entscheidet der SHV im Einzelfall über den gegebenenfalls reduzierten Umfang der Fähigkeitsprüfung.

2. Anmeldung
2.1. Die Kandidaten informieren sich über Prüfungsort, -datum und -zeit anhand des vom SHV jeweils auf Jahresbeginn herausgegebenen Prüfungskalenders.
2.2. Die Anmeldung hat mindestens 9 Tage vor dem Teilprüfungstermin schriftlich im Sekretariat des SHV vorzuliegen.
2.3. Die Zulassungsvoraussetzung gemäss nachstehender Ziffer 5.1. muss im Zeitpunkt der Anmeldung zur praktischen Teilprüfung erfüllt sein.
2.4. Die Kandidaten erhalten das Aufgebot für die jeweilige Teilprüfung spätestens 3 Tage vor Prüfungsbeginn schriftlich zugestellt.
2.5. An der theoretischen Teilprüfung können höchstens 30, an der praktischen Teilprüfung höchstens 25 Kandidaten teilnehmen. Die Kandidaten werden in der Reihenfolge ihrer Anmeldung berücksichtigt.

3. Gebühren
3.1. Der Kandidat entrichtet die Gebühren gemäss der Verordnung über die Gebühren des Bundesamtes für Zivilluftfahrt (VGZ, SR 748.112.11) vor der Teilprüfung auf das vom SHV speziell bezeichnete Bank-Konto.
Der Einzahlungsbeleg ist vor Beginn der Teilprüfung dem zuständigen Sachverständigen abzugeben und wird von diesem nach Prüfungsende entwertet.

4. Theoretische Teilprüfung
4.1. Die Teilprüfung umfasst die folgenden Sachgebiete:
- Fluglehre (Aerodynamik)
- Wetterkunde
- Gesetzgebung und Vorschriften
- Materialkunde
- Flugpraxis

4.2. Die Teilprüfung wird schriftlich mittels der SHV-Frage- und Antwortbogen im »Multiple Choice«-Verfahren abgelegt. Die Fragen beruhen auf dem vom SHV erstellten Lehrplan. Die vorgeschriebene Zeit zur Beantwortung der Fragen darf nicht überschritten werden. Als Hilfsmittel wird lediglich Schreibzeug zugelassen.
Nach Ablauf der vorgeschriebenen Zeit sind die Frage- und Antwortbogen dem zuständigen Sachverständigen abzugeben.
4.3. Die Teilprüfung gilt als bestanden, wenn mindestens 80 % der Fragen in jedem Sachgebiet richtig beantwortet wurden. Das Ergebnis ist dem Kandidaten unmittelbar nach Abschluss der Teilprüfung bekannt zu geben. Innerhalb von 5 Tagen nach der Teilprüfung kann der Kandidat vom SHV die umgehende schriftliche Eröffnung des Prüfungsentscheides mit Begründung und Rechtsmittelbelehrung verlangen. Kandidaten, die einzelne Sachgebiete nicht bestanden haben, können diese anlässlich einer späteren Teilprüfung wiederholen. Kandidaten, die mehr als die Hälfte der Sachgebiete nicht bestanden haben, müssen sämtliche Sachgebiete wiederholen. Bei Wiederholungsprüfungen erhält der Kandidat in der Regel einen anderen Fragebogen als in den vorangegangenen Teilprüfungen.
4.4. Die Antwortbogen der Kandidaten mit eingetragenem Prüfungsergebnis sind durch den zuständigen Sachverständigen innerhalb von 3 Tagen dem Sekretariat des SHV zu senden (auch bei nicht bestandener Prüfung).

5. Praktische Teilprüfung
5.1. Zur Teilprüfung werden nur Kandidaten zugelassen, welche
- die theoretische Teilprüfung bestanden haben,
- mindestens 40, von einem schweizerischen Fluglehrer bestätigte Höhenflüge (der Höhenunterschied zwischen Start- und Landeplatz muss die Durchführung der Flugfigur gemäss Ziffer 5.8. erlauben), verteilt auf mindestens 20 Halbtage (1 Halbtag = 3 Stunden Flugbetrieb), in 5 verschiedenen Fluggebieten nachweisen können.

Kandidaten, die ihre Ausbildung teilweise oder vollständig im Ausland absolviert haben, müssen eine gleichwertige Bestätigung beibringen; über deren Anerkennung entscheidet der zuständige Sachverständige.
- mit ihrer Unterschrift auf dem vom Fluglehrer oder vom zuständigen Sachverständigen unmittelbar vor der Prüfung abgegebenen Prüfungsprotokoll bestätigen, dass sie
  – die vorliegenden Weisungen zur Kenntnis genommen haben und
  – sich als prüfungsreif erachten,
- dem zuständigen Sachverständigen ein mit ihrem Namen und Vornamen beschriftetes Passphoto abgeben,
- dem zuständigen Sachverständigen den Versicherungsnachweis über den Abschluss der obligatorischen Dritthaftpflichtversicherung vorweisen können.

5.2. Die mitzubringende Flugausrüstung des Kandidaten umfasst: Vom SHV als typengeprüft anerkannter Gleitschirm, Notschirm, Schutzhelm und gutes Schuhwerk.
5.3. Während der Teilprüfung ist am Start- und Landeplatz je ein Sachverständiger anwesend.
5.4. Die Teilprüfung wird auf einem Fluggelände durchgeführt, dessen Höhenunterschied zwischen Start- und Landeplatz eine einwandfreie Durchführung der vorgeschriebenen Flugfigur gemäss Ziffer 5.8. mit einem dafür geeigneten Gleitschirm erlaubt. Der Ziellandekreis mit einem Durchmesser von 30 m ist deutlich zu markieren und mit einem gut sichtbaren Windsack zu versehen.
5.5. Der definitive Durchführungsort für die Teilprüfung wird durch die Sachverständigen spätestens am Prüfungstag festgelegt. Je nach Wetterverhältnissen kann der Prüfungsort auch während der laufenden Teilprüfung verschoben werden. Sollte die gesamte Teilprüfung nicht am gleichen Tag absolviert werden können – Abbruch durch die Sachverständigen –, hat der Kandidat die Möglichkeit, die Teilprüfung anlässlich eines nächsten Prüfungstermins fortzusetzen.
5.6. Die Wetter-, Gelände- und Flugbedingungen müssen eine einwandfreie Beurteilung des fliegerischen Könnens des Kandidaten zulassen. Mit seinem Start akzeptiert der Kandidat das Prüfungsgelände, die Prüfungsbedingungen sowie die Sachverständigen.
5.7. Die Teilprüfung umfasst 2 Aufträge mit je mehreren Aufgaben (Flug- und Startvorbereitungen, Start, Flugfigur, Landeanflug, Landung). Während der gesamten Teilprüfung darf nur der mitgebrachte Gleitschirm benutzt werden. Bei technischen Defekten, welche die Flugsicherheit beeinträchtigen, darf die Teilprüfung mit einem baugleichen Gleitschirm weitergeführt werden. Der Sachverständige muss dabei vorgängig orientiert werden.
5.8. Auftrag I:
a. Flug- und Startvorbereitungen: Die Flugvorbereitung umfasst die Überlegungen des Kandidaten über Startzone, Flugweg, Landegebiet, Wetterverhältnisse, Luftraum und Vorschriften. Die Startvorbereitung umfasst das zweckmässige Auslegen des Gleitschirms und den 5-Punkte-Check gemäss Ausbildungsreglement des SHV.
b. Start: Aufrichten des Schirmes, visuelle Kontrolle und entsprechende Korrekturen, Beschleunigen und Abheben entsprechend den Wind- und Geländeverhältnissen.
c. Flugfigur: 2 Kreise rechtsdrehend ohne Unterbruch mit Ein- und Ausleiten auf einer gegebenen Achse in max. 20 Sekunden. Die Flugfigur muss über einem vom Sachverständigen vorgängig festgelegten Beobachtungsgebiet und in einer festgelegten Ausgangshöhe geflogen werden.
d. Landeanflug: Der Landeanflug beginnt luvseitig des Landepunktes auf der Seite des Gegenanfluges, wo der Abbau überschüssiger Höhe in der vom Sachverständigen vorgängig festgelegten Voltendrehrichtung zu erfolgen hat. Nach dem Gegenanflug erfolgt eine Kurve, dann der Queranflug, wieder eine Kurve, schliesslich der Endanflug. Der Queranflug kann bei mangelnder Höhe

entfallen oder bei überschüssiger Höhe durch Kurven von max. 200° wiederholt werden. Im Endanflug können S-Kurven geflogen werden, die maximal 90° von der Endanflugachse abweichen, wobei die letzten 3 Sekunden vor dem Aufsetzen geradlinig erfolgen müssen.
e. Landung: Die Landung muss gegen die Windrichtung und einwandfrei gestanden in einem markierten Kreis von 30 m Durchmesser erfolgen. Der Kandidat darf den Boden vor der Landung ausserhalb dieses Kreises nicht berühren. Der Kandidat darf den Boden bei der Landung mit keinem anderen Körperteil ausser mit den Füssen berühren.

Auftrag II:
a. Flug- und Startvorbereitungen: Die Flugvorbereitung umfasst die Überlegungen des Kandidaten über Startzone, Flugweg, Landegebiet, Wetterverhältnisse, Luftraum und Vorschriften. Die Startvorbereitung umfasst das zweckmässige Auslegen des Gleitschirms und den 5-Punkte-Check gemäss Ausbildungsreglement des SHV.
b. Start: Aufrichten des Schirmes, visuelle Kontrolle und entsprechende Korrekturen, Beschleunigen und Abheben entsprechend den Wind- und Geländeverhältnissen.
c. Flugfigur: Ein Kreis linksdrehend, anschliessend ein Kreis rechtsdrehend ohne Unterbruch mit Ein- und Ausleiten auf einer gegebenen Achse in max. 30 Sekunden. Die Flugfigur muss über einem vom Sachverständigen vorgängig festgelegten Beobachtungsgebiet und in einer festgelegten Ausgangshöhe geflogen werden.
d. Landeanflug: Der Landeanflug beginnt luvseitig des Landepunktes auf der Seite des Gegenanfluges, wo der Abbau überschüssiger Höhe in der vom Sachverständigen vorgängig festgelegten Voltendrehrichtung zu erfolgen hat. Nach dem Gegenanflug erfolgt eine Kurve, dann der Queranflug, wieder eine Kurve, schliesslich der Endanflug. Der Queranflug kann bei mangelnder Höhe entfallen oder bei überschüssiger Höhe durch Kurven von max. 200° wiederholt werden. Im Endanflug können S-Kurven geflogen werden, die maximal 90° von der Endanflugachse abweichen, wobei die letzten 3 Sekunden vor dem Aufsetzen geradlinig erfolgen müssen.
e. Landung: Die Landung muss gegen die Windrichtung und einwandfrei gestanden in einem markierten Kreis von 30 m Durchmesser erfolgen. Der Kandidat darf den Boden vor der Landung ausserhalb dieses Kreises nicht berühren. Der Kandidat darf den Boden bei der Landung mit keinem anderen Körperteil ausser mit den Füssen berühren.

5.9. Sofern eine Landung mehr als 120 m vom Zentrum des Ziellandekreises entfernt erfolgt, gilt die Teilprüfung als nicht bestanden.

5.10. Ein Sachverständiger kann eine Prüfung jederzeit abbrechen, wenn der Kandidat offensichtlich ungenügend vorbereitet ist oder wenn er seine Sicherheit oder diejenige Dritter gefährdet. In diesem Fall gilt die Teilprüfung als nicht bestanden.

5.11. Verstösst der Kandidat während der Teilprüfung gegen Vorschriften der Verordnung über Luftfahrzeuge besonderer Kategorien (VLK, SR 748.941), so gilt die Teilprüfung als nicht bestanden.

5.12. Jede Aufgabe der Teilprüfung wird durch einen Sachverständigen einzeln bewertet und in ein Prüfungsprotokoll eingetragen. Ist ein Auftrag in allen Aufgaben erfüllt, wird er mit 2 Punkten bewertet. Ist ein Auftrag in höchstens einer Aufgabe nicht erfüllt, wird er mit 1 Punkt bewertet. Ist ein Auftrag in 2 oder mehr Aufgaben nicht erfüllt, wird er mit 0 Punkten bewertet. Bei einem Fehlstart wird dieser Auftrag mit 0 Punkten bewertet.
Die Prüfung ist bestanden, wenn aus max. 3 Flügen 4 oder 5 Punkte erreicht wurden und alle Aufgaben mindestens 2 Mal erfüllt wurden. Werden eine oder mehrere Aufgaben eines Auftrages nicht erfüllt, kann ein Auftrag einmal wiederholt werden. Ist in Flug 1 und 2 die Flugfigur erfüllt, wird in einem allfälligen dritten Flug die Flugfigur aus Auftrag 2 geflogen. Hat der Kandidat eine Flugfigur in einem der 2 Aufträge nicht erfüllt, muss er diese anlässlich des 3. Fluges wiederholen.

5.13. Das Ergebnis ist dem Kandidaten unmittelbar nach Abschluss der Teilprüfung bekanntzugeben. Innerhalb von 5 Tagen nach der Teilprüfung kann der Kandidat vom SHV die umgehende schriftliche Eröffnung des Prüfungsentscheides mit Begründung und Rechtsmittelbelehrung verlangen. Kandidaten, welche die Teilprüfung nicht bestanden haben, müssen dieselbe vollständig wiederholen.

5.14. Die Prüfungsprotokolle und die vollständig beschrifteten Passphotos aller Kandidaten, welche die Teilprüfung bestanden haben, sind durch die Sachverständigen innerhalb von 3 Tagen dem Sekretariat des SHV zu senden.

6. Beschwerden

6.1. Beschwerden gegen einen Teilprüfungsentscheid des SHV sind innerhalb von 30 Tagen schriftlich an das Bundesamt für Zivilluftfahrt, 3003 Bern, zu richten.

6.2. Bis zum Entscheid über eine allfällige Beschwerde gilt der Prüfungsentscheid des SHV.

7. Schlussbestimmungen

7.1. Die vorliegende Weisung ersetzt die entsprechende, vom Bundesamt für Zivilluftfahrt am 30. Januar 1992 genehmigte Weisung.

7.2. Für die Auslegung der vorliegenden Weisung ist der deutsche Text massgebend.

7.3. Diese Weisung tritt mit Datum der Genehmigung durch das Bundesamt für Zivilluftfahrt in Kraft.
Genehmigt am: 01.07.2001
Schweizerischer Hängegleiter-Verband
Beat Jordi, Präsident; Hanspeter Denzler, Direktor
Bundesamt für Zivilluftfahrt BAZL
Peter Krüger, Leiter Kompetenzzentrum Recht
4. Fassung gemäss Ziff. I der V des UVEK vom 1. Mai 2001, in Kraft seit 1. Juni 2001

»Kick the Matterhorn«: Fliegen in Zermatt, Schweiz

12 Fluggebiete nach Ländern von A–Z

Fluggebiete: AT=Österreich , CH=Schweiz, D=Deutschland, HR=Kroatien, CS=Tschechien, ES=Spanien, SO=Slowakei, F=Frankreich, PT=Portugal, SL=Slowenien

Land	Ort	Berg	Start	Landung	Koordinaten	Wind	Auffahrt
AT	Abtenau	Einberg	1688	888		SO	2,5 h
AT	Abtenau	Trattberg	1750	1050		S	Auto + 0,5 h
AT	Aflenz/Steiermark	Bürgeralm	1790	765	47.34.13 N 15.13.50 E	S-W	Sessel
AT	Altaussee	Loser	1600	725	47.39.41 N 13.46.18 E	SO-S-SW	Bahn
AT	Andelsbuch	Niedere	1534	634	47.24.14 N 09.56.24 E	NW	Sessel
AT	Annenheim/Ossiacher See	Gerlitzen	1880	510	46.41.44 N 13.54.57 E	O-S-W	Bahn
AT	Bach i. Lechtal	Jöchlspitze	1768	1050	47.16.57 N 10.21.37 E	S-NW-W	Bahn
AT	Bramberg	Wildkogel	2040	919	47.17.13 N 12.18.00 E	S	Sessel
AT	Brand	Gulma	1720			O/SW	Bahn
AT	Bruck a. d. Mur/Stm.	Madereck	1000	480	47.25.13 N 15.13.26 E	S-O	Auto
AT	Bruck/Zillertal	Steinerhof	1100	600	47.22.55 N 11.52.33 E	W	Auto
AT	Donnersbach	Erlsberg	1220	670	47.29.14 N 14.09.14 E	WSW	Auto
AT	Donnersbach	Hochbär	1256	606	47.27.27 N 14.09.14 E	WSW	Auto
AT	Donnersbach	Planneralm	200m HD		47.24.02 N 14.12.37 E	W	Bahn
AT	Donnersbachwald	Premalm	1850	1300	47.23.05 N 14.09.00 E	W	Bahn
AT	Donnersbachwald	Riesneralm	1900	972	47.22.07 N 14.05.30 E	N-NO-W	Bahn
AT	Dorfgastein	Fulseck	2030	870	47.14.12 N 13.08.45 E	NW-SW-O	Bahn
AT	Ehrwald	Daniel	2300	1000		S/SW	2 h
AT	Ehrwald	Zugspitze	2800	960		SW/W	Bahn + 0,5 h
AT	Ellmau	Hintere Goinger Halt	2190	1090		SW	2,5 h
AT	Engalm, Eng	Sonnjoch	2400	1120		NW	3 h
AT	Finkenberg	Penken	2000	650		S/O	Bahn
AT	Fügen/Zillertal	Spieljoch	1800	600	47.19.50 N 11.47.60 E	O	Bahn
AT	Galtür	Adamsberg	2400	1580		O/S/W	Bus Ganahl
AT	Galtür	Predigberg	2250	1585		W	Bus
AT	Gargellen	Schafberg	2200	1420		O/SW	Bahn
AT	Gerlos	Arbiskogel	2020	1260		N	Bahn + 0,5 h
AT	Gnadenwald	Hinterhornalm	1525	880		S	Auto
AT	Greifenburg	Emberger Alm	1850	600	46.46.35 N 13.09.30 E	SO-S-SW	Auto
AT	Gröbming Winkl	Stoderzinken	2050	750	47.27.36 N 13.49.49 E	N-S	Auto-Fuß
AT	Haus i. Ennstal	Hauser/Kaibling	1900	750	47.22.28 N 13.46.48 E	NO-NW-W	Bahn
AT	Hochkönig	Taghaube	2100	1300	47.24.17 N 13.03.27 E	SW	Fuß
AT	Hochsölden	Rotkogel	2450	1365	46.58.01 N 10.57.30 E	O	Bahn
AT	Höfen bei Reute	Hahnenkamm	1920	1150		W	Bahn + 0,5 h
AT	Hollersbach	Hollersbach	1175	807	47.15.49 N 12.25.49 E	N	
AT	Hopfgarten	Hohe Salve	1820	620	47.28.00 N 12.12.16 E	N-S-W	Sessel
AT	Hüttschlag	Hundeck	2070	970		SO/SW/W	2 h
AT	Igls	Patscherkofel	2240	900		N/NW	Bahn
AT	Innsbruck	Hafelekar	2270	700		S	Bahn
AT	Kappl	Diasalpe	2300	1260		S	Bahn + 0,5 h
AT	Kaprun	Kitzsteinhorn	3050	770		W/S	Bahn
AT	Karres bei Imst	Tschirgant	2300	850		S	3 h
AT	Kirchberg	Ehrenbachhöhe	1780	810	47.25.10 N 12.21.34 E	NW	Bahn
AT	Kitzbühel	Hahnenkamm	1655	805	47.25.29 N 12.22.00 E	S-N	Bahn
AT	Kitzbühel	Kitzbüheler Horn	1900	780	47.28.36 N 12.25.46 E	S-W	Bahn
AT	Kössen	Unterberghorn 2	1700	600	47.39.16 N 12.25.21 E	W-N-O	Bahn-Fuß
AT	Kramsach	Rosskogel	1940	550	47.28.04 N 11.49.42 E	S-SO	Bahn
AT	Leutasch	Hohe Munde	1550	630		S	Bahn
AT	Lienz	Hochstein	2057	737	46.49.28 N 12.41.38 E	O-SO-S	Bahn/Auto-Fuß

Land	Ort	Berg	Start	Landung	Koordinaten	Wind	Auffahrt
AT	Lienz	Kollnig	1380	670	46.51.04 N 12.47.35 E	SO-S	Auto-Fuß
AT	Lienz	Zettersfeld	2100	670	46.52.17 N 12.47.48 E	SO-S-SW	Bahn/Auto
AT	Maria Schutz/Semmering	Sonnwendstein	760 HD	-	47.37.50 N 15.51.40 E	N-O-SW	Sessel
AT	Matrei	Rotenkogel	2200	975	46.59.25 N 12.34.52 E	W-SW	Bahn
AT	Maurach	Rotspitze	1820	980	47.26.36 N 11.45.52 E	S-W	Bahn
AT	Mayrhofen	Ahornspitze	2870	630		SW	Bahn + 2 h
AT	Mayrhofen	Filzenkogel	2200	630		N/W	Bahn + 0,75 h
AT	Mayrhofen	Steinerkogel	1240	630		SW	Auto + 0,5 h
AT	Molln	Schoberstein	1250	450	47.54.24 N 14.19.38 E	S	Auto-Fuß
AT	Neukirchen	Wildkogel	2100	860		S	Bahn
AT	Neustift	Elfer	2080	1000		NW	Bahn
AT	Niederau	Markbachjoch	1450	830		N	Bahn
AT	Obergurgel	Festkogel	2950	1910		NW	2 h
AT	Obertilliach	Golzentipp	2030-2200	1430	46.43.10 N 12.37.12 E	S-SO-W-SW	
AT	Obertilliach	Scheibe	2100	1100	46.43.12 N 12.37.35 E	O-SO-S-SW-W	Bahn/Auto-Fuß
AT	Obertraun	Krippenstein	2100	550		N/O/NW	Bahn
AT	Obervellach	Oberwolliggen	1280	690	46.57.06 N 13.09.34 E	S-SO	Auto
AT	Obervellach	Wolligen	1280	680		S/SO	Auto
AT	Ötz	Roßköpfe	2300	810		W	Bahn + 0,5 h
AT	Ötz	Acherkogel	1420	820	47.11.23 N 10.57.25 E	SW	Bahn
AT	Ötz/Ötztal	Wetterkreuzkogel	2591	821	47.12.22 N 10.57.04 E	W	Sessel-Fuß
AT	Patsch	Patscherkofel	2246	1055	47.12.32 N 11.27.40 E	O-S-W-N	Bahn
AT	Pichl/Dachstein	Hochwurzen	1850	750	47.21.36 N 13.38.28 E	NNW-O	Bahn od. Auto
AT	Pichl/Dachstein	Reiteralm/Gasselhöhe	2000	750	47.21.35 N 13.36.04 E	N-NW	Bahn od. Auto
AT	Präbichl/Steiermark	Polster	1850	1200	47.32.01 N 14.57.43 E	O-S-W-N	Sessel
AT	Prägraten	Wunspitze	2300	1320		SW	Auto + 0,75 h
AT	Ramsau/Dachstein	Gr. Koppenkarstein	2695	1695		S	Bahn
AT	Ramsau/Dachstein	Rittissberg	1500	1200	47.25.10 N 13.35.40 E	O	Auto
AT	Rangersdorf	Marterle	1836	936	46.52.48 N 12.56.31 E	SO-S	Auto
AT	Reith i. Alpbachtal	Reither Kogel	1250	522	47.24.06 N 11.51.41 E	NO	Auto
AT	Reutte	Hahnenkamm	1805	900	47.28.46 N 10.38.35 E	S-O	Bahn
AT	Salzburg	Gaisberg	1280	435	47.48.23 N 13.06.43 E	W-NW-N-NO	Auto
AT	Scheffau	Brandstadlalm	1645	753	47.29.32 N 12.14.31 E	N	Sessel
AT	Schladming	Planai	1850	750	47.22.12 N 13.43.41 E	N-NW-O	Bahn od. Auto
AT	Schnifis	Dünserberg	1341	537	47.14.08 N 09.43.07 E	S-SW	Bahn
AT	Schnifis	Schnifnerberg	1350	657	47.12.54 N 09.43.37 E	S	Bahn
AT	Schoppnerau	Diedamskopf	2059	910	47.20.50 N 10.01.33 E	W	Sessel
AT	Schruns	Kapellalpe	1950	700		W/NW	Bahn
AT	Seeboden	Tschiernock	2080	640		SO/S/SW	Bahn/Auto
AT	Seefeld	Gschwandtkopf	1550	1250	47.18.53 N 11.10.48 E	N	Fuß
AT	Seefeld	Härmelekopf	2050	1250	47.19.39 N 11.14.00 E	W	Bahn
AT	Seefeld	Seefelder Joch	2070	1270	47.20.28 N 11.14.27 E	NO-O	Bahn
AT	Semmering	Rax			47.42.01 N 15.42.17 E	O-S	Bahn
AT	Sillian	Alpeggele	2100	1100	46.47.00 N 12.23.00 E	NO-O-SO-S-SW-W	Bahn/Auto-Fuß
AT	Sillian	Gadein	2000	1100	46.46.18 N 12.24.03 E	NO-O-SO	Bahn
AT	Sillian	Petersberg	1300	1100	46.45.40 N 12.25.41 E	O	Auto
AT	Sillian	Sattel	1750	1100	46.43.21 N 12.24.34 E	NW-N-NO	Auto
AT	Sillian	Sillianer Hütte	2100	1100	46.42.26 N 12.24.20 E	N-NO-O-SO-S-SW	Auto-Fuß
AT	Sillian	Stalpen	1600	1100	46.45.31 N 12.25.12 E	O-SO-S	Auto
AT	Sillian	Tessenberger Alm	1900	1100	46.46.09 N 12.27.27 E	NW-W-S	Auto-Fuß
AT	Sillian	Thurntaler	2400	1100	46.46.30 N 12.23.03 E	W-SW-S-O-NO-N	Bahn
AT	Söll	Hohe Salve	1820	620	47.28.00 N 12.12.16 E	N-S-W	Sessel
AT	Spittal	Goldeck	2140	640		alle	Bahn
AT	St. Anton	Kapall	2315	1300	47.08.57 N 10.15.00 E	W-O	Bahn
AT	St. Gilgen/Wolfgangsee	Schafberg	1750	540	47.46.38 N 13.26.07 E	S-SW	Bahn
AT	St. Gilgen/Wolfgangsee	Zwölferhorn	1520	600	47.44.36 N 13.21.11 E	NW-N-NO	Bahn
AT	St. Jakob	Brunnalm	2620	1400	46.54.00 N 12.21.25 E	W	Bahn

Land	Ort	Berg	Start	Landung	Koordinaten	Wind	Auffahrt
AT	St. Leonhard	Untersberg	1800	550		NW	Bahn
AT	St. Radegund	Schöckel	1430	800		N/NO/S	Bahn
AT	Staudach	Bichlalm	1750	900	47.26.27 N 12.27.06 E	W	Sessel
AT	Steinach	Nösslachjoch	2050	1100	47.03.36 N 11.26.35 E	N	Sessel
AT	Stollhof, NÖ	Hohe Wand	890	490	47.49.40 N 16.02.35 E	O-SO-S-SW	Auto
AT	Stubai	Elfer	2080	1000	47.05.46 N 11.19.19 E	W-N	Sessel
AT	Stubai/Fulpmes	Kreuzjoch	2100	820	47.09.18 N 11.18.09 E	S-O	Bahn
AT	Stubenberg a. See	Kulm	970		47.13.36 N 15.46.20 E	O	Auto
AT	Stumm	Hamberg	2095	595	47.19.30 N 11.54.40 E	SO-S-SW-W-NW	Auto-Fuß
AT	Tannheim	Neunerköpfle	1850	1100	47.29.00 N 10.32.36 E	W	Sessel
AT	Ternberg	Herndleck	1026	343		NW-SW	Auto-Fuß
AT	Walchsee	Brennkopf	1343	593	47.40.13 N 12.18.57 E	SW-SO	Fuß
AT	Werfenweng	Bischling	1834	884	47.27.46 N 13.18.00 E	SO-S-SW-W-NW	Sessel
AT	Westendorf	Choralpe	1750	783	47.24.50 N 12.14.52 E	O-W	Bahn
AT	Westendorf	Nachtsöllberg	1800	890	47.25.01 N 12.15.00 E	W-S	Bahn
AT	Windischgarsten	Kleinerberg	1280	600		O/S/W	Auto
AT	Wolfsberg	Koralpe	1400	470		S/SW	Auto
AT	Wörgl	Mösalmkogel	1000	440		NO	1 h
AT	Zams	Venetberg	2200	775		alle	Bahn
AT	Zell a. See	Schmittenhöhe	2000	820	47.19.48 N 12.44.18 E	SO-SW-N	Bahn
AT	Zell a. Ziller	Kreuzjoch	2500		47.15.11 N 11.59.00 E	NW-S-SW	Bahn + 1h
AT	Zillertal	Penken	2095	650	47.10.10 N 11.48.01 E	O-S	Bahn
AT	Zillertal /Hippach	Arbiskopf	2130	590	47.13.18 N 11.49.22 E	O-S	Auto
CH	Alpnachstad	Pilatus	1540	560	665.350/191.310	N-NW-S	Auto-Fuß
CH	Altdorf	Gamperstock	2274	474		NW-N	Bahn-Fuß
CH	Altdorf	Rophaien	2078	478		N	Bahn-Fuß
CH	Amden	Durschlegi	1150	420		S-SW	Auto
CH	Aminona	Bonvin	2410	1450		O/SO	Bahn
CH	Beckenried	Klewenalp	1598	448		NO	Bahn
CH	Beckenried	Klewenstock	1748	448		NW-N-NO	Bahn
CH	Berninapass	Campasc	2599	1000			Auto-Fuß
CH	Berninapass	Cima di Cardan	3032	1000			Auto-Fuß
CH	Blumenstein/Bern	Möntschelen-Alp	640 HD			NO	Auto-Bus
CH	Braunwald	Gumengrat	2050	635	717.900/202.100	S-SO	Bahn
CH	Braunwald	Gumenhang	1910	635	718.000/201.800	S-SO	Bahn
CH	Braunwald	Kiosk	1250	635	718.600/199.600	SO	Bahn
CH	Braunwald	Rubschen	1440	635	719.600/201.200	SO	Bahn
CH	Braunwald	Uhu	1270	635	717.900/199.600	S	Bahn
CH	Brienz/Rothorn	Gummenalp	1550	650		S	Auto
CH	Brienz/Rothorn	Schöngütsch	2320	650		O-S-W	Bahn-Auto
CH	Brülisau-Hoher Kasten	Hoher Kasten	1690	925	754.900/239.600	S-SW-W-NW-N	Bahn
CH	Brunnen	Urmiberg	1100	450		S	Bahn
CH	Bühl	Marbachegg				NW	Bahn
CH	Campolago	Monte Generoso	1250	280		SO-SW	Auto
CH	Col de la Croix	Tete de Meillerets	1939	1157			Auto-Fuß
CH	Dallenwil	Buochserhorn	1806			SW	Bahn-Fuß
CH	Dallenwil	Gummen	1610	510		SO	Bahn
CH	Dallenwil	Musenalp	1747			W	Bahn-Fuß
CH	Dallenwil	Wirzweli	1220			NO	Bahn
CH	Davos	Jakobshorn	2560	1560		SW-W-NW	Bahn
CH	Davos	Jakobshorn Brämabüel	2500	1560		N-NO	Bahn-Fuß
CH	Davos	Jakobshorn Jatzhütte	2500	1560		S-SW	Bahn-Fuß
CH	Disentis	Lai Alv	2500	1198		S-SO	Bahn
CH	Emmetten	Niederbauenkulm	1923	473		S-W-N	Bahn
CH	Emmetten	Oberbauenkulm	2117	448		NW	Bahn
CH	Engelberg	Brunni	1860	1000		SW	Bahn
CH	Engelberg	Fürenalp	1900	1000		SW	Bahn-Fuß

Land	Ort	Berg	Start	Landung	Koordinaten	Wind	Auffahrt
CH	Engelberg	Schonegg	2080	1000		SW	Bahn-Fuß
CH	Engelberg	Titlis	3180	1000		NW	Sessel
CH	Erlenbach	Stockhorn	2130	700		S/SW	Bahn
CH	Erstfeld	Bälmeter Grat	2252	452		N	Bahn-Fuß
CH	Fiesch	Bellwald	2400	1050	655.5 144.0	W-S	Bahn
CH	Fiesch	Fiescheralp	2200	1050	651.4 140.7	SO	Bahn
CH	Fiesch	Galvera	2150	1050	650.6 139.5	S	Bahn
CH	Fiesch	Riederalp	1905	1050	645.6 136.4	S	Bahn
CH	Fiesch	Rosswald	2200	1050	647.9 129.3	NW	Bahn
CH	Flims	Cassons Grat	2700	1000		S-SW	Bahn
CH	Flüelen	Eggenbergen	1526	440	692.400/195.450	N	Bahn-Fuß
CH	Glaubenbergpass	Alpoglerberg	1841	501			Auto-Fuß
CH	Goldau	Rigi/Kulm	1680	450	679900/211900	O	Bahn
CH	Goldau	Rigi/Staffelhöhe	1550	450		NW-S	Bahn
CH	Gotthardpass	Pizzo dell Uomo	2686	1500			Auto-Fuß
CH	Grandvillard/Gruyères	Les Merlas	1300	1000	574950/155000	NW	Auto
CH	Grimselpass	Sidelhorn	2500	1300			Auto-Fuß
CH	Grindelwald	First	2100	1450	647.100/167.800	S	Bahn
CH	Grindelwald	Pfingstegg	1400	950		NW	Bahn
CH	Grindelwald	Waldspitz	2200	1100		S	Bahn-Fuß
CH	Gross	Hummel	1300	900		NW-N-NO	Auto
CH	Gschwänd bei Siebnen	Gschwänd bei Siebnen	1080	410		N-NO-O	Auto
CH	Gstaad	Wasserngrat	2200	1050		W	Bahn
CH	Gstaad	Wispile	1930	1050		N-O	Sessel
CH	Günsberg/ Solothurner Jura	Niderwiler Stierenberg	1200	700		SO	Auto-Fuß
CH	Interlaken	Niederhorn	1900	560		S	Bahn
CH	Jakobsbad - Kronberg	Kronberg	1640	840		S-SW-W-NW-N-NO	Bahn
CH	Jaunpass	Winteregg	1600	823			Auto-Fuß
CH	Julierpass	Piz d´Agnel	3001	1207			Auto-Fuß
CH	Kandersteg	Allmenalp	1800	1190		O	Bahn
CH	Kandersteg	Oeschinensee Fule Hund	1700	1180		SW	Bahn
CH	Kandersteg	Oeschinensee normal	1750	1180		SW	Bahn
CH	Kerns	Arvialp	1800	560	667.910/193.650	NW	Auto-Fuß
CH	Kerns	Linderenalp	2050	435	662.150 203.450	S-SW	Bahn
CH	Kerns	Ruedlen	1300	560	666.990 194.500	W	Auto-Fuß
CH	Küssnacht	Seebodenalp	1020	420		N	Bahn
CH	Laax	Crap Sogn Gion	2228	1100		O-SO-W	Bahn
CH	Laupersdorf/ Solothurner Jura	Schwängimatt	600m HD			NW	Auto
CH	Lauterbrunnen	Jungfrau	4150	750		SW/NW	Bahn + 3 h
CH	Lauterbrunnen	Männlichen	2300	750		W	Bahn
CH	Lenzerheide	Rothorn	2850	1350		NW/SW	Bahn
CH	Leukerbad	Torrenthorn	2340	1125		W-SO	Bahn
CH	Lignieres/Nods	Chasseral	1540	830		S-N	Auto
CH	Locarno	Cimetta	1600	290		SO/SW	Bahn
CH	Lukmanierpass	Pizzo di Gadreigh	2501	890			Auto-Fuß
CH	Matzendorf/Solothurner Jura	Obere Wängi	450m HD			S	Auto
CH	Meiringen	Planplatten	2245	600		O-SO	Bahn
CH	Meiringen/Axalp	Schiberg	1600	570		NW	Auto
CH	Meiringen/Axalp	Windegg	1950	570		W	Auto
CH	Meiringen/Hasliberg	Chüemad	1900	600		S-SW	Bahn
CH	Meiringen/Hasliberg	Planplatten	2245	600		SW-W	Bahn
CH	Meiringen/Hasliberg	Reuti	1150	600		S	Bahn
CH	Melchsee-Frutt	Bonistock	2160	1070	665.070/181.080	N-NO	Bahn
CH	Melchsee-Frutt	Dämpfelsmatt	1900	1070	663.320 181.200	N-NO	Bahn
CH	Miglieglia	Monte Lema	1621	624		O-S-W-N	Bahn
CH	Mollis	Fronalpstock	1365	431		NW	Auto
CH	Montlingen	Montlinger Schwamm	1130	421		NO	Auto

Land	Ort	Berg	Start	Landung	Koordinaten	Wind	Auffahrt
CH	Montreux	Rochers de Naye	1992	372		S-W-NO	Bahn
CH	Mülenen	Niesen	2360	750		alle	Bahn
CH	Nufenenpass	Hammer	2747	1346			Auto-Fuß
CH	Obberieden	Oberrieden	480	440		N	Auto
CH	Oberdorf/Solothurner Jura	Hasenmatt	820m HD			SO	Fuß
CH	Oberdorf/Solothurner Jura	Weissenstein	600m HD			S	Sessel
CH	Sachseln	Ober Büelen	1560	490	666.990 194.500	N-NW	Auto-Fuß
CH	Savognin	Piz Martegnas	2200	1200		N	Sessel
CH	Schänis	Schäner SG	1000	450		W	Bahn
CH	Scheidegg	Alp Scheidegg	1200	740		W-SW	Auto
CH	Schlattdorf	Haldi	1100	500		SW	Bahn
CH	Schwägalp-Säntis	Säntis	2400			SW	Bahn
CH	Schwarzsee	Schwyberg	1800	1300	586450 169550	N-S-W	Bahn
CH	Silvaplana/St. Moritz	Piz Corvatsch	3400	1900		W/SO/NO	Bahn
CH	Splügenpass	Splügen	2100	1457			Auto-Fuß
CH	St. Anton	St. Anton	1103	411		O	Auto
CH	Stans	Stanserhorn	1870	460		S/N/SO	Bahn
CH	Starkenbach	Alp Selun	1490	900		N	Bahn
CH	Umbrailpass	Piz Umbrail	3033	1247			Auto
CH	Unterwasser	Chäserrugg	2262	910		NW	Bahn
CH	Verbier	Les Attelas	2700	1500		W	Bahn
CH	Verbier	Savoleyres	2350	930		SO	Bahn
CH	Wal d'Illiez	Pinete des Mossettes	2280	1050		NW/SW	Bahn
CH	Wasserauen	Ebenalp SG	1630	870		W-NW-N-SO	Bahn
CH	Wiler, Lötschenpass	Lauchernalp	2700	1400		S	Bahn
CH	Wolfenschiessen	Brändlen	1190			NW	Bahn
CH	Wolfenschiessen	Büelen	1110			O	Bahn
CH	Zermatt	Breithorn	4150	1850		N/W/SW	Bahn + 3 h
CH	Zermatt	Riffelberg	2600	1800		W/NW	Bahn
CH	Zermatt	Rothorn	3000	1600		S/SW/NW	Bahn
CH	Zinal	Corne de Sorebois	2438	1670		S-SO	Bahn
CS		Cukrak	370	210	49.56.40 N 14.20.40 E	N	Auto
CS		Stankovka	370	210	49.58.20 N 14.19.40 E	SO	Auto
CS	Bordovice	Velky Javornik	920	460	49.31.63 N 18.09.63 E	NO	Auto
CS	Bystrice	Chlum	410	320	49.22.75 N 17.39.47 E	S-SW	Auto
CS	Celadna	Velka Stolova	1000	520	49.30.78 N 18.18.11 E	N	Auto
CS	Cerny Dul	Cerna hora	1260	740	50.39.05 N 15.45.42 E	S-SW	Auto
CS	Harrachov	Certova hora 1	1010	800	50.45.72 N 15.26.01 E	O	Auto
CS	Harrachov	Certova hora 2	1010	780	50.45.73 N 15.26.00 E	NO	Auto
CS	Harrachov	Certova hora 3	1010	680	50.45.78 N 15.25.88 E	NW-N-NO	Auto
CS	Hodkovice	Hodkovice	440	400	50.39.62 N 15.04.57 E	W	Auto
CS	Horni Brusnice	Zvicina	670	470	50.27.40 N 15.41.66 E	NO	Auto
CS	Horni Jiretin	Horni Jiretin	560	300	50.34.67 N 13.31.19 E	SO	Auto
CS	Hostyn	Hostyn	660	330	49.22.58 N 17.41.73 E	W-NW	Auto
CS	Hranice	Vrchy	420	390	49.35.98 N 17.44.40 E	SW-W	Auto
CS	Jachymov	Klinovec	1150	920	50.24.02 N 12.58.25 E	NO	Auto
CS	Javorovy	Javorovy	900	420	49.37.73 N 18.37.63 E	N	Auto
CS	Jested	Jested NE	880	310	50.43.72 N 14.59.78 E	NO	Auto
CS	Jested	Jested NW	1012	612	50.43.98 N 14.59.15 E	NW	Auto
CS	Klasterec	Cerny vrch	660	380	50.21.70 N 13.10.20 E	NW	Auto
CS	Koprivnice	Cerveny kamen	600	350	49.34.59 N 18.08.98 E	SW	Auto
CS	Koprivnice	Cerveny kamen S	680	330	49.34.65 N 18.09.43 E	N	Auto
CS	Louny	Rana NW	450	310	50.24.31 N 13.46.11 E	NW	Auto
CS	Louny	Rana SO	450	300	50.24.31 N 13.46.11 E	SO	Auto
CS	Malenovice	Kycera	780	460	49.35.76 N 18.26.99 E	N	Auto
CS	Morivica	Maly travny	940	530	49.34.13 N 18.31.66 E	NO	Auto
CS	Odry	Vitovka	360	310	49.40.73 N 17.50.58 E	S-SW	Auto

Land	Ort	Berg	Start	Landung	Koordinaten	Wind	Auffahrt
CS	Ostravica	Lysa hora	1320	440	49.32.77 N 18.26.86 E	NW	Auto
CS	Ostravice	Smrk	1250	420	49.30.54 N 18.22.33 E	N	Auto
CS	Perstein	Spicak	590	400	50.22.72 N 13.05.33 E	SW	Auto
CS	Perstein	Srni	770	290	50.22.39 N 13.02.97 E	O-SO	Auto
CS	Podheri	Juracka	520	340	49.34.67 N 17.37.47 E	SW	Auto
CS	Rasovka	Rasovka	820	410	50.42.48 N 15.01.05 E	S-SW	Auto
CS	Rokydnice	Lysa hora	1080	650	50.45.06 N 15.29.72 E	S	Auto
CS	Roudnice	Rip	450	250	50.23.30 N 14.17.60 E	SO	Auto
CS	Semily	Kozakov	740	420	50.35.59 N 15.15.81 E	S-SW-W	Auto
CS	Skalka	Ondrejnik-Skalka	940	510	49.33.16 N 18.18.07 E	SW	Auto
CS	Sklenov	Sklenov E	420	290	49.37.90 N 18.12.07 E	O	Auto
CS	Sklenov	Sklenov NW	410	330	49.37.94 N 18.12.04 E	NW	Auto
CS	Sklenov	Sklenov S	380	360	49.37.665 N 18.11.99 E	S	Auto
CS	Sklenov	Sklenov SW	390	360	49.37.68 N 18.11.89 E	SW	Auto
CS	Spindleruv Mlyn	Horni Misecky	1190	1020	50.44.43 N 15.34.77 E	O	Auto
CS	Spindleruv Mlyn	Medvedin	1225	840	50.44.50 N 15.35.06 E	SO	Auto
CS	Spindleruv Mlyn	Predni Planina	1160	800	50.42.58 N 15.37.14 E	N	Auto
CS	Uhrinov	Uhrinov	520	380	49.34.75 N 17.39.73 E	S	Auto
CS	Vinicne Sumice	Vinicne Sumice	390	300	49.12.95 N 16.49.83 E	SO-S	Auto
CS	Vrchlabi	Predni Zaly	995	635	50.39.46 N 15.34.81 E	O	Auto
D	Altenbeuthen	Altenbeuthen	530	304	50.35.50 N 11.35.52 E	N	
D	Aschau	Kampenwand	1664	800	47.45.21 N 12.21.08 E	N	Bahn
D	Bad Reichenhall	Predigtstuhl	1543	485	47.41.45 N 12.53.01 E	O-NO	Bahn
D	Bad Tölz	Blomberg	1250	700	47.44.05 N 11.30.31 E	NO-O	Bahn
D	Bayrischzell	Vogelsang Oberes Sudelfeld	1563	800	47.39.43 N 12.02.02 E	N-W	Auto-Fuß
D	Berchtesgaden	Jenner	1850	600	47.34.33 N 13.01.26 E	S-W	Bahn
D	Bergen	Hochfelln	1640	600	47.45.42 N 12.33.30 E	SO-SW-N	Bahn
D	Bolsterlang	Weiherkopf				O	Bahn
D	Brannenburg	Sulzberg	1130	530	47.44.39 N 12.03.46 E	NO	Fuß
D	Buching	Buchenberg	1140	700	47.36.21 N 10.48.41 E	NO	Sessellift
D	Fischen	Hörner	1500	900		O	Bahn
D	Freiburg	Schauinsland	690 HD		47.54.45 N 07.53.59 E	NW-W-SW	
D	Freiburg	Tuniberg	80 HD			W-SW	
D	Füssen	Tegelberg	1700	800	47.33.33 N 10.46.44 E	N-O	Bahn
D	Garmisch	Hausberg	1250	700	47.27.52 N 11.05.44 E	N	Bahn
D	Garmisch	Osterfelder	2035	700	47.26.42 N 11.03.09 E	N	Bahn
D	Garmisch	Wank	1720	800	47.30.35 N 11.08.45 E	SW	Bahn
D	Garmisch	Zugspitze	2699	994	47.25.37 N 10.59.14 E	W-SW	Bahn
D	Geisenhausen	Birken	Schlepp	1200	48.28.55 N 12.13.40 E	O-W	
D	Gersfeld	Wasserkuppe				N/O/W	
D	Goslar	Rammelsberg				SW	
D	Grainbach	Hochries	1565	665		NW/W	Bahn
D	Grassau	Hochplatte	1100	600	47.45.15 N 12.24.07 E	O	Sessellift
D	Immenstadt	Mittag	1390	728	47.32.14 N 10.12.57 E	W,NO-S	Sessellift
D	Kallmünz-Regensburg	Burgberg	434	343	49.10.00 N 11.58.00 E	O-SO	Auto-Fuß
D	Landshut	Altdorf	Schlepp	1000	48.33.55 N 12.7.42 E	W	
D	Landshut	Ergoldsbach	Schlepp	1000	12.11.12 N 48.40.55 E	O	
D	Lenggries	Brauneck	1540	700	47.39.50 N 11.31.37 E	S-O-N	Bahn
D	Marquartstein	Hochplatte	1085	535		O/SO/NO	Bahn
D	Minden	Porta Westfalica				SW	Auto
D	Nesselwang	Alpspitze	1550	600	47.35.51 N 10.29.46 E	NO-O	Bahn
D	Neukirchen	Hoher Bogen				N/O	
D	Nußdorf am Inn	Heuberg	1338	540	47.43.34 N 12.11.03 E	SW	Fuß
D	Oberammergau	Laber	1680	900	47.34.58 N 11.05.51 E	NW-S	Bahn
D	Obereichstätt	Lohe					Auto
D	Obermuenchen	Walchzell	Schlepp	1000	48.35.28 N 11.55.20 E	O-W	
D	Oberstaufen/Steibis	Hochgrat	1708	856	47.29.31 N 10.04.19 E	N-W	Bahn

Land	Ort	Berg	Start	Landung	Koordinaten	Wind	Auffahrt
D	Oberstdorf	Nebelhorn	2080	680	47.25.14 N 10.20.25 E	0-SO-S-SW-W	Bahn
D	Offenbach	Sinnhöll				S/N	
D	Pfronten	Breitenberg	1680	865	47.32.54 N 10.33.06 E	NO-SO	Bahn
D	Ruhpolding	Rauschberg	1645	691	47.44.22 N 12.39.58 E	NW-W	Bahn
D	Ruhpolding	Unternberg	1200	750	47.43.44 N 12.38.23 E	NW	Sessellift
D	Samerberg	Hochries	1567	650	47.44.55 N 12.15.03 O	N	Bahn
D	Schleching	Oberauer Brunst	1210	660	47.44.15 N 12.23.51 E	SO	Fuß
D	Schwangau	Tegelberg	1720	800		NW/NO	Bahn
D	Seibelsdorf	Radspitz				W/S/SW	
D	St. Englmar	Pröller					
D	Tegernsee	Wallberg	1720	780	47.40.35 N 11.46.48 E	N	Bahn
D	Unterwössen	Balsberg	860	600	47.43.26 N 12.26.53 E	N	Fuß
D	Unterwössen	Hochgern	1700	600	47.45.01 N 12.31.02 E	N-S	Fuß
D	Waldkirch	Kandel	860 HD		48.03.48 N 08.00.45 E	NW-W-SW-S	
D	Werther	Aschelhoh				WSW	
D	Willingen	Ettelsberg	200 HD			NW/NO	
D	Winzer-Regensburg	Winzerer Höhen	420	350	49.02.00 N 12.03.00 E	S-SW	Auto-Fuß
ES	Abdalajis	Poniente	HD 250		36.56.00 N 04.41.00 W	NW	Auto-Fuß
ES	Abdalajis	Sierra del Valle	750-1200	300	36.56.00 N 04.41.00 W	S-SO	Auto-Fuß
ES	Albir	Sierra Helada	400	0		O-SO-N-NW	Auto
ES	Almeria	Aguadulce	300	0		S-SW	Auto
ES	Almeria	Alicun-Huecija	1080	340	36.58.01 N 03.23.16 W	NO-O	Auto
ES	Almeria	Benizalon	1300	300		SW-W	Auto
ES	Almeria	Castala	1200HD			SW-W	Auto
ES	Almeria	Collado Garcia	500HD			SW-S-SO	Auto
ES	Almeria	Felix	300HD			SO-S-SW	Auto
ES	Almeria	La Bocca	800			SO-S-SW	Auto
ES	Almeria	La Gangosa	350			SO	Fuß
ES	Almeria	Sierra Alhamia	150HD		36.57.28 N 02.24.19 W	SO-S-SW	Auto
ES	Almeria	Tajo de Pozuelo	1100			SO	Auto
ES	Almudaina	Almudaina	300			N	Auto
ES	Almunécar	Otivar	750	360	36.44 N 03.41 W	S	Auto
ES	Baza	Jabalcon	1000HD		37.34.14 N 02.48.58 W	W-S-O-NW	Auto
ES	Benidorm	Aitana	900			N	Auto
ES	Benidorm	Aixortá	700			N-S	Auto
ES	Benidorm	Coll de Rates	700			N-S	Auto
ES	Benidorm	Il Cerro Cortina	350	0		SO	Auto
ES	Benidorm	Lloma LLarga	200			O-NO	Auto
ES	Benidorm	Mont Cabrer	700			O	Auto
ES	Benidorm	Morro de Toix	270	0		S-SW	Auto
ES	Benidorm	Sella	450	0		O-SO	Auto
ES	Castala	Marrón	1985	600		S-W	Auto
ES	Castejon de Sos	Liri	2315	900		S	Auto
ES	Castejon de Sos	Rials	1190	900		SW	Auto
ES	La Palma	Conception 1	390	0	28.40.38 N 17.46.65 W	NO	Auto
ES	La Palma	Conception 2	350	0	28.40.34 N 17.46.50 W	S	Auto
ES	La Palma	El Time 1	635	0	28.40.14 N 17.56.43 W	SO	Auto
ES	La Palma	El Time 2	630	0	28.40.14 N 17.56.43 W	W	Auto
ES	La Palma	Jedey	620	0	28.34.92 N 17.52.95 W	W	Auto
ES	La Palma	Las Indias	700	70	28.30.11 N 17.51.23 W	W	Auto
ES	La Palma	Puerto Naos	250	0	28.35.21 N 17.54.13 W	W	Auto
ES	La Palma	Reventon	1360	0	28.39.58 N 17.49.48 W	O	Auto
ES	La Palma	Roque Muchachos	2400	0	28.45.23 N 17.53.14 W	W-O	Auto
ES	Lanzarote	Famara	340	60	29.04.84 N 13.33.42 W	NW	Auto
ES	Lanzarote	Las Nieves	590	10	29.06.52 N 13.31.60 W	NW	Auto
ES	Lanzarote	Mala	230	110	29.06.57 N 13.28.51 W	NO	Auto
ES	Lanzarote	Mirador de Haria	440	90	29.07.67 N 13.30.76 W	O	Auto

Land	Ort	Berg	Start	Landung	Koordinaten	Wind	Auffahrt
ES	Lanzarote	Mirador de Rio	380	0	29.13.19 N 13.28.41 W	NO	Auto
ES	Lanzarote	Tinasoria	460	130	28.57.21 N 13.42.68 W	SO-O	Auto
ES	Los Cristianos	Los Cristianos	80	0		W-NW	Auto
ES	Meso del Mar	Mesa del Mar	210	0		N-NW	Auto
ES	Motril/Almunécar	Sierra de Lujar	1824	0	36.45 N 03.31 W	S-O-NW	Auto
ES	Piedrahita	Pená Negra	850 HD		40.47 N 05.20 W	S-O	Auto
ES	Puerto de la Cruz	La Carona	700	0		N-NO	Auto
ES	San Andrés	Garachico	780	0		NO	Auto
ES	San Andrés	Mirador	150	0		O-SO-S	Auto
ES	Teneriffa	Barranco Hondo	660	0	28.23.91 N 16.22.11 W	O	Auto
ES	Teneriffa	Guimar	250	90	28.18.96 N 16.22.54 W	N-O	Auto
ES	Teneriffa	Ifonche	1020	220	28.07.79 N 16.41.62 W	W	Auto
ES	Teneriffa	Izana 1	2170	0	28.19.34 N 16.29.49 W	SO	Auto
ES	Teneriffa	Izana 2	2200	0	28.18.47 N 16.31.08 W	N	Auto
ES	Teneriffa	Izana 3	2180	0	28.19.46 N 16.29.59 W	N	Auto
ES	Teneriffa	Izana 4	2140	0	28.19.73 N 16.29.47 W	NW	Auto
ES	Teneriffa	Las Teresitas	110	0	28.30.65 N 16.11.24 W	SO	Auto
ES	Teneriffa	San Lorenzo	950	490	28.06.92 N 16.39.45 W	S	Auto
ES	Teneriffa	Taucho	780	220	28.08.73 N 16.44.18 W	SW	Auto
ES	Teneriffa	Teno Alto	720	0	28.21.13 N 16.52.65 W	NO	Auto
ES	Valle de Guerra/Teneriffa	Guerra	400	0		NO	Auto
ES	Zújar	Cerro Jabalcon (Baza)	1492	958		W-O	Auto
F	Annecy	La Forclaz	1150	450		W-NW	Auto
F	Annecy	Le Semnoz	1660	560		W	Auto
F	Annecy	Planfait	750	450		W	Auto
F	Arcachon/Bordeaux	Dune de Pylat	50	0	44.34.02 N 01.13.56 E	W	Auto
F	Argentiére	Grands Montets	3300	1037		N,NW	Bahn
F	Aspres-sur-Buech	M. de la Longeagne	1560	800		S-SW	Auto
F	Bédarieux/Languedoc	Pic de Vissou	370	170		S	Auto
F	Bouchier	Tete d´Amont	1900	1100		W	Auto
F	Cazilhac/Languedoc	La Séranne	900	170		S-NW	Auto
F	Chamonix	Le Brévent	2010	1037		O-SO	Bahn
F	Clermont-Ferrand	Puy de Dôme	1465	1015		N-O-S-W	Auto
F	Embrun	Mont Guillaume	1600	800		SW-W-NW	Auto+Fuß
F	Fellering	Le Treh	780 HD			S-SW-W	Auto+Fuß
F	Fellering	Siebach	400 HD			S-SW-W	Fuß
F	Greolieres	Gourdon/L`Embarnier	1150	800		S-O	Auto-Fuß
F	Greolieres	Greolieres	1778	800		S-O	Auto-Fuß
F	Job	Mont Chouv	1462	602		W	Auto
F	La Bâtie- Neuve	Piolit	1550	750		O	Auto
F	Laragne	Les Espranons N	1350	635	44.17.85 N 05.45.76 E	NW-N-NO	
F	Laragne	Les Espranons S	1350	630	44.17.85 N 05.45.76 E	NO-O-SO-S-SW	
F	Le Pujol/Languedoc	Le Caroux	1000	220		S	Auto
F	Les Vigneaux	Tete d´Amont	1540	1040		S	Auto
F	Leucate Plage/Languedoc	Leucate	55	55		O	Auto
F	Malaucène	Mont Ventoux	1900	500		N	Auto
F	Millau	Brunas	720	500	44.06 N 03.05 E	NW-N	Auto
F	Millau	Pic d´Andan	840	650	44.06 N 03.05 E	SO	Auto
F	Millau	Puncho d´Agast	830	360	44.06 N 03.05 E	S-SO-W-NW	Auto
F	Roquebrun	Mont Agel	680	0		O-S-W	Auto
F	Saint Hilaire	Les Petites Roches	1001	231		SO-N	Bahn
F	Salasc/Languedoc	La Lieude	300	220		O	Auto
F	Theus	M. Colombis	1730	730		O,SO,W	Auto
F	Ugine	Mt. Charvin	1581	511		NW-SW-SO-S	Auto
F	Urbes	Drumont	700 HD			NO-O	Auto
F	Urbes	Gustiberg	560 HD			So-S-SW	Auto+Fuß
F	Villard de la Garde Notre Dame	Crete du Croix	1691	743		O	Auto

Land	Ort	Berg	Start	Landung	Koordinaten	Wind	Auffahrt
HR	Baska/Krk	Hlam		0		S-SW-NO-O	Auto-Fuß
HR	Buzet/Istrien	Buzet	600	200		SW	Auto
HR	Buzet/Istrien	Zbevnika	1014	200		SW-NO-O	Auto
HR	Hrvace, Split	Hrvace	820	450		S-SW	Auto
HR	Kastelir/Istrien	Kastelir	250	194		SW-W	Auto
HR	Makarska	Biokovo	1750 HD			S-SW-NO-O	Auto
HR	Vela Ucka/Istrien	Ucka	1394	194		S-SW-W-NW	Auto
IT	Alghero-Sardinien	La Siesta		400 HD		W-NW	
IT	Arco	Monte Stivo	2059	150		W,SW	Auto
IT	Bassano	Carraro 2	850	180	45.49.41 N 11.46.16 E	SO-S-SW	Auto
IT	Bassano	Colle Campeggia	1100	180	45.50.21 N 11.44.89 E	S-SW	Auto
IT	Bassano	Costalunga	720	180	45.48.73 N 11.44.69 E	O-SO	Auto
IT	Bassano	Monte Colombera	1410	180	45.51.27 N 11.48.01 E	SO-S-SW	Auto
IT	Bassano	Monte Meda	1610	180	45.51.68 N 11.48.24 E	O-SO-S-SW	Auto
IT	Brixen	Malsitter	1500	600		SO	Auto
IT	Brixen	Plose	2490	600		W/N/O	Auto/Bahn
IT	Bruneck	Kronplatz	2270	850		N-O-S-W	Bahn
IT	Campitello di Fassa	Col Rodella	2300	1400	46.28 N 11.44 E	W-N-SO	Bahn
IT	Canazei	Belvedere	2330	1470		S	Bahn
IT	Canazei	Sellajoch	2300	1750		S/SO	Auto + 0,25 h
IT	Castelluccio	Fontanile	1610	1270	42.48.67 N 13.10.95 E	SO-SW	Auto
IT	Castelluccio	Forca di presta	1540	1150	42.47.34 N 13.15.68 E	W	Auto
IT	Castelluccio	Forciglieta	1590	1270	42.47.08 N 13.15.04 E	O	Auto
IT	Castelluccio	Inghiottitoio	1520	1270	42.46.13 N 13.10.82 E	NO	Auto
IT	Castelluccio	Rifugio Perugia	1470	730	42.45.91 N 13.10.69 E	SW	Auto
IT	Castelluccio	San Pellegrino	1250	730	42.45.89 N 13.09.82 E	W	Auto
IT	Castelluccio	Tabellone	1610	730	42.46.86 N 13.09.61 E	W	Auto
IT	Cortina	Lagazuoi	2752	1200		SW	Bahn
IT	Cortina	Tofana	2340	1200		S	Sessellift
IT	Courmayeur	Rif. Torino/Mont Blanc	3360	1290		S/SO	Bahn
IT	Dorf Tirol	Mutspitze	1350	530		SO	Bahn
IT	Elba	Monte Capanne	1019	0		W	Bahn
IT	Elba	Norsi	20	0		SO-S-SW	Auto
IT	Elba	Volterraio	400	0		W	Auto
IT	Feltre	Monte Avena	1410	350		SO-S-SW	Auto
IT	Gardone Riviera/Gardasee	Gardone Riviera	890	90		SO-O	Auto
IT	Kaltern	Lavinaspitze	1600	250		S	Auto/Bahn
IT	Kaltern	Penegal	1600	250		O	Auto/Bahn
IT	Klobenstein	Rittner Horn	2060	355		S	Sessellift
IT	Laveno	Monte Nudo	1200	220		S,SW	Auto
IT	Laveno	Sasso del Ferro	950	220		S	Auto
IT	Liparische Inseln	Stromboli	920	20		NW/NO/SO	3 h
IT	Livigno	Mottolino	1800	550		SW/NW	Bahn
IT	Lucca/Toscana	Prato Fiorito	1300	500		S-SO	Auto
IT	Macugnaga/Anzascatal	Seewijnenhorn	2900	1378	45.58 N 07.58 E	S	Bahn
IT	Madonna di Campiglio	Dosso del Sabion	2100	770		S/W	Bahn
IT	Maien im Ridnauntal	Wetterspitze	2650	1400		S	2,5 h
IT	Malcesine/Gardasee	Monte Baldo	1750	90	45.46.53 N 10.51.79E	O-W	Bahn
IT	Mals-Vinschgau	Watles - Reschensee	1750				
IT	Meran	Hochmuter	1340	530		SW	Bahn
IT	Meransen	Gitschberg	2500	1800		O-W	Bahn
IT	Molveno	Deft	1040	830		S	Auto-Fuß
IT	Molveno	Tovre	1480	830		S	Bahn/Auto
IT	Naturns	Texelgruppe	1526	550		S,SW	Auto
IT	Norcia	Monte Ventosola	1500	700		SW,W,NW	Auto
IT	Ospedaletti (San Remo)	Monte Nero/M. Carparo	600	20		S/SO/SW	Bus
IT	Pfalzen	Kofl	1500	1000		S-SO	Auto

Land	Ort	Berg	Start	Landung	Koordinaten	Wind	Auffahrt
IT	Pfalzen	Platten	1610	1000		SW-S	Auto
IT	Pieve d´Alpago	Monte Dolada	1560	690		S	Auto
IT	S. Martino di Ocre	Monte Ocre	1100	600		NO	Auto
IT	Sand in Taufers	Ahornach	1410	860		SW	Auto
IT	Santa Maria Maggiore	Piana di Vigezzo	1800	770		S/SW	Bahn
IT	Sellajoch	Langkofelscharte	2680	2180		O/SO	Bahn
IT	Sexten	Helm	2150	1350	46.43.00 N 12.22.30 E	SO-S-SW	Bahn
IT	St. Jakob im Pfitschtal	Nusserkopf	2300	1400		S	Auto + 0,5 h
IT	St. Ulrich	Seceda	2520	1240		N/W/S	Bahn
IT	St. Ulrich	Seiser Alm	2000	1240		NW	Bahn
IT	St.Andrä/Brixen	Plose	2400	1300		W	Bahn
IT	Sterzing	Roßkopf	1950	970		SW	Bahn
IT	Sterzing	Saun	2080	960		SW	Auto + 1 h
IT	Taceno	Monte Crace di Muggio	1750	450		SO/SW	Auto
IT	Tarsch	Tarscher Alm	1960	854		W,NW	Sessellift
IT	Toscolano Maderno/Gardasee	Monte Pizzoccolo	1580	280		SO-O	Auto
IT	Tuili-Sardinien	Sa Jara		200 HD		S	
PT	Lissabon	Costa da Caparica	70	0		SW-W	Auto
PT	Lissabon	Malveira	250	0		O-NW-W	Auto
PT	Lissabon	Praia Grande	100	0		NW	Auto
PT	Lissabon	Serra de Sintra	400	0		S	Auto
PT	Montalegre/Porto	Serra do Larouco	1536	1036		S-NO	Auto
PT	Setúbal	Serra da Arrábida	400	0		S	Auto
SL		Kopitnik	960	90	45.56.74 N 13.46.59 E	SW-W-NW	Auto
SL	Ajdovscina	Kovk	890	50	45.53.19 N 13.57.55 E	SO-S-SW-W	Auto
SL	Ajsevica	Lijak	570	50	45.57.75 N 13.43.41 E	S-SW-W	Auto
SL	Bovec	Kanin	2200	460	46.21.50 N 13.28.81 E	SO-S	Auto
SL	Kobarid	Kuk	1240	300	46.11.75 N 13.37.17 E	N-NO	Auto
SL	Podbela	Stol	1050	300	46.16.09 N 13.27.50 E	SO-S-SW	Auto
SL	Tolmin	Kobala	1050	160	46.10.83 N 13.46.73 E	alle	Auto
SO	Teplicka	Stranik N	750	590	49.14.31 N 18.49.62 E	N	Auto
SO	Teplicka	Stranik SO	760	350	49.14.24 N 18.49.59 E	SO	Auto
SO	Teplicka	Stranik SW	650	350	49.14.16 N 18.49.26 E	SW	Auto
SO	Teplicka	Stranik W	760	350	49.14.19 N 18.49.50 E	W	Auto
SO	Vrutky	Martinske hole	1430	450	49.05.79 N 18.49.46 E	NO-SO	Auto
MO	Monte Carlo	Mont Gros	800	0		S/SW	Auto

Groundhandling an der Düne

Offiziell zugelassene Gleitsegelschulen

Deutschland

Top Gliders Gleitschirmschule
Freiberger Straße 33; 01067 Dresden; 0351/4940351; gleitschirmfliegen@topgliders.de; http://www.topgliders.de

Ostthüringer Gleitschirmschule GbR
Rosenthaler Straße 25; 07338 Leutenberg; 036734/30357; ostthueringergleitschirmschule@t-online.de; http://www.ostthueringergleitschirmschule.de

Jenair
Zwätzengasse 13; 07743 Jena; 03641/825900; jenair@jenair.de; http://www.jenair.de

Drachen- und Gleitsegelschule Fritz Kurz
Alice-Berend-Straße 3; 10557 Berlin; 030/20679650 o. 0171/5331470

Flugschule Lukas Bader Fly Ranch Berlin Brandenburg
Flugplatz Saarmund; 14552 Saarmund; 033200/82424; LukasBader@aol.com; http://www.FlyRanch.de

Flugschule Bielefeld Drachen & Gleitschirmfliegen
Heeper Straße 148; 33607 Bielefeld; 0521/69011; flugschule.bielefeld@t-online.de; http://www.flugschule-bielefeld.de

Drachen- und Gleitsegelflugschule und Shop Werther
Schwarzer Weg 2-4; 33824 Werther; 05202/158282; udo@flugschule-westfalen.de; http://www.flugschule-westfalen.de

Flugschule Willingen
Zur Hoppecke 12; 34508 Willingen; 05632/968100; flugschule.willingen@t-online.de; http://flugschule-willingen.de

Reinhold's Flugschule
Waldeckerstraße 13; 34508 Willingen; 05632/6534

AFS-Flugschule GmbH
Fritzlarerstraße 12; 34537 Bad Wildungen; 05621/3409; afs-flugschule@t-online.de; http://www.afs-flugschule.de

Hot Sport Sportschulen GmbH
Breslauer Straße 12; 35096 Weimar/Marburg; 06421/12345; info@hotsport.de; http://www.hotsport.de

Rhöner Drachen- und Gleitschirmflugschulen Wasserkuppe GmbH
St.-Laurentius-Straße 7; 36163 Poppenhausen/Sieblos; 06658/1432; FSPapillon@gleitschirm-flugschule.de; http://www.wasserkuppe.com

Fly Magic M Martin Ackermann
Clara-Zetkin-Straße 27; 36433 Bad Salzungen; fly.magic.m@t-online.de; http://www.fly-magic.de

Flugschule Goslar
Beekstraße 26; 38640 Goslar; 05321/18899; flugschule@goslar.de; http://www.flugschule.goslar.de

Harzer Gleitschirmschule
Amsbergstraße 10; 38667 Bad Harzburg; 05322/1415; info@harzergss.de; http://www.harzergss.de

Flatland Paragliding
Karlstraße 6; 40764 Langenfeld; 02173/977703; flatland-paragliding@gmx.de;

CDE – Club für Drachen & Gleitschirmfliegen Essen e. V.
Gedulderweg 162 / Franz Schaden; 45549 Sprockhövel; 02324/702610; CDEssen@gmx.de; http://home.nexgo.de/hikeba/CDE/CDE.html

LSC Bayer Leverkusen e.V.
Flugplatz; 51373 Leverkusen; 0214/833222

Drachenflug- und Gleitsegelschule Oberberg
Cosimastraße 2; 51674 Wiehl; 02262/92430; arno@groebi-airsport.de; http://www.groebi-airsport.de

Drachenflugschule Saar-Mosel
Altheck 18; 54472 Longkamp; 06531/94677; paul_loch@freenet.de

AIR-TOUCH
Michelsberg 8; 57080 Siegen; 0271/2319674; info@air-touch.de; http://www.air-touch.de

Flugschule Siegen
Eisenhutstraße 48; 57080 Siegen; 0271/382332; claus@flugsport.de; http://www.flugsport.de

Klaus Schwarzer's Flugschule FLYART
Hesselbacherstraße 6; 57334 Bad Laasphe; 02752/478676; gsflyart@aol.com; http://www.flyart.de

Aero Club Altena-Hegenscheid
Leckerhorstweg 31/Kürten; 58642 Iserlohn; 02374/12470

WDS/Air-Flugsport GmbH
In der Liemecke 3; 59939 Olsberg; 02983/21795; info@wdsair.com oder schulte@t-online.de; http://www.wdsair.com

Hot Sport Sportschulen GmbH
Burg Ronneburg; 63549 Ronneburg; 06421/12345; info@hotsport.de; http://www.hotsport.de

AIRsport 2000
Am Wartturm 1 b; 65191 Wiesbaden; 0611/2385272; flugschule@airsport.at; http://www.airsport.at

Flugschule Sunrise
Untergasse 27; 69469 Weinheim; 06201/373367; info@fs-sunrise.de; http://www.fs-sunrise.de

Flugschule Rhein-Main-Neckar
Balzenbacherstraße 8; 69488 Birkenau; 06201/32519; bgr-weise@t-online.de; http://www.gleitsegelfliegen.de

Luftikus, Eugens Flugschule Luftsportgeräte GmbH
Hartwaldstraße 65 b; 70378 Stuttgart; 0711/537928; info@Luftikus-Flugschule.de; http://www.luftikus-flugschule.de

Flugschule Remstal
Waiblinger Straße 4; 71394 Kernen; 07151/42418; flugschule-remstal@t-online.de;

Flugschule Frank
Fasanenweg 8; 71522 Backnang; 07191/65475

Sky-Sports Paragliding Flugschule Baiersbronn
Sankenbachstraße 76; 72270 Baiersbronn; 07442/122412; info@sky-sports.de; http://www.sky-sports.de

Gleitsegelschule Schwäbische Alb
Reinhardtstraße 43; 72649 Wolfschlugen; 07022/52654

GlideZeit Flugschule Tübingen
Bahnhofstraße 1/1; 72764 Reutlingen; 07121/370400; info@glidezeit.de; http://www.glidezeit.de

Flugschule Albatros
Grießstraße 9; 72820 Sonnenbühl; 07128/463; juergen@fs-albatros.de;

Flugschule Göppingen
Zeppelinstraße 3; 73105 Dürnau; 07164/12021; office@flugschule-goeppingen.de; http://www.flugschule-goeppingen.de

HB-Drachensport
Christian-Schubart-Straße 17; 74544 Michelbach; 0791/41151; HB-Drachensport@t-online.de; http://www.HB-Drachensport.de

Sky Team – die Gleitschirmschule
Karlsruher Straße 66 a; 76287 Rheinstetten; 0721/515363; info@sky-team.de; http://www.sky-team.de

R. Löffler Flugschule für Luftsportgeräte
Waldenserstraße 37; 76307 Karlsbad; 07202/942940; Loeffler-Mail@t-online.de

Gleitschirmschule Löffler GmbH Klaus Döscher
Am Bach 20; 76344 Eggenstein-Leopoldshafen; 0721/784042; gleitschirmklaus@aol.com; http://www.gleitschirmschule-karlsruhe.de

Papillon Harald Huber
Mettackerweg 21; 79111 Freiburg; 0761/4760453 o. 0033/389827187; hari@papillon-web.de; http://www.papillon-web.de

Drachen- und Gleitsegelzentrum Skytec
Langackerweg 7; 79115 Freiburg; 0761/4766391; skytec@web.de; http://www.skytec.de

Flugschule Dreyeckland
St.-Peter-Str. 17; 79199 Kirchzarten; 07661/627140; dreyeckland.flug@t-online.de; http://www.gleitschirmschule-dreyeckland.de

FreeFly
Hinterzinken 11; 79215 Elzach; 07682/7710

SKYMASTER Walter Wagner's Flugsport-Team
Friedrichstraße 7; 79677 Schönau; 07673/8511; skymaster@pcom.de; http://www.skymaster.pcom.de

Airpower Gleitschirmschule
Beim Steinernen Kreuz 10; 79798 Jestetten; 07745/308; Gleitschirmschule-airpower@t-online.de; http://www.air-power.de

Deutsche Gleitsegelschule Martin Cornel
Erzgießereistraße 48; 80335 München; 089/522729

Gleitschirmschule Fly for Fun Michael Engelhardt
Corneliusstraße 6; 80469 München; 089/2603200; info@flyforfun.com; http://www.flyforfun.com

AEROMAX Gleitsegelschule GmbH
Engelhardstraße 33; 81369 München; 089/766116; info@aeromax.de; http://www.aeromax.de

Parafly Lenggries
Engelhardstraße 33; 81369 München; 089/7470153; parafly@gleitsegel-shop.de

Gleitschirmschule München GSM GmbH
Engelhardstraße 33; 81369 München; 089/7470144; info@gleitsegel-shop.de; http://www.gleitsegel-shop.de

Flugschule Spieler
Karl-Mangold-Straße 7; 82380 Peissenberg; 08803/489550; flugschule.spieler@t-online.de; http://www.flugschule-Spieler.de

1. Deutsche Tandem Gleitschirmschule
Alte Straße 55; 82431 Kochel am See; 08851/882; info@tandemschule.de; http://www.tandemschule.de

Aerogen Gleitschirmschule Klaus Brandl
Am Oberried 19; 82431 Kochel; 08851/614614; info@aerogen.de; http://www.aerogen.de

Gleitschirmschule Garmisch-Partenkirchen Michael Brunner
Am Hausberg 8; 82467 Garmisch-Partenkirchen; 08821/74260; brunnair@t-online.de; http://www.gleitschirmschule-gap.de

Flugschule Sport Total
Marienplatz 18; 82467 Garmisch-Partenkirchen; 08821/1425

Drachen- und Gleitschirmschule Speidel
Sudelfeldstraße 81; 83098 Brannenburg; 08034/8990; flugschule.speidel@t-online.de

Münchner Gleitschirmflugschule GmbH
Nudlbichl 1; 83122 Samerberg; 08032/8326

Flugschule Reisebüro Hochries GbR
Hochriesstraße 80; 83122 Samerberg; 08032/8971; flugschule_hochries@t-online.de; http://www.flugschule-hochries.de

Flugschule Chiemsee GmbH Thomas Beyhl
Dreilindenweg 7; 83229 Aschau; 08052/9494; flugschule.chiemsee@t-online.de; http://www.flugschule-chiemsee.de

Süddeutsche Gleitschirmschule Ogger & Maute GmbH
Hauptstraße 53; 83246 Unterwössen; 08641/7575; einfachfliegen@t-online.de; http://www.einfachfliegen.de

Chiemgauer Flugsportschulen
Seehauser Straße 74; 83324 Ruhpolding; 08663/2101

Flugzentrum Ruhpolding Holzner GmbH
Gstatter Au 5; 83324 Ruhpolding; 08663/668; office@flugzentrum-ruhpolding; http://www.Flugzentrum-Ruhpolding.de

Flugschule Berchtesgaden
Artenreitweg 18; 83471 Schönau am Königsee; 08652/62246; Franz.Wenig@t-online.de

Flugschule Watzmann
Schönfeldspitzweg 8; 83471 Stanggaß; 08652/2349; office@flugschule-watzmann.de; http://www.flugschule-watzmann.de

Klaus Schwarzer's Flugschule FLYART
Andreas Mitterfellner-Straße 17; 83607 Holzkirchen; 08024/48119; gsflyart@aol.com; http://www.flyart.de

Adventure Sports Gleitschirm-Schule
Talstation; 83661 Lenggries; 08042/9486; info@adventure-sports.de; http://www.adventure-sports.de

Paragliding Tegernsee
Tegernseer Straße 88; 83700 Reitrain; 08022/2556; info@paragliding-tegernsee.de; http://www.paragliding-tegernsee.de

Bayerische Drachen- und Gleitschirmschule
Grasbrunner Straße 24; 85640 Putzbrunn; 089/482141; flugschulewolf@compuserve.com; http://www.bay-flugschule.de

HABIS Flugsport
Marienplatz 20; 87509 Immenstadt; 08323/8590; Habis.Flugsport@t-online.de; http://www.habis.de

1. Oberallgäuer Drachen- und Gleitsegelschule
Salzweg 37; 87527 Sonthofen; 08321/9328; rohrmeier@essnet.de; http://www.essnet.de/gleitschirmschule

Flugschule Martin Mergenthaler
Waltenerstraße 20; 87527 Sonthofen; 08321/9970; flugmergen@aol.com; http://www.flugschule-mergenthaler.de

OASE Flugschule Peter Geg GmbH
Auwald 1; 87538 Obermaiselstein; 08326/38036; oasepeter.geg@t-online.de; http://www.oase-paragliding.com

Flugschule Oberallgäu
Reute 2; 87544 Blaichach; 08321/86290; flugschule.oberallgaeu@t-online.de; http://www.flugschule-oberallgaeu.de

OFS Paragliding GmbH Ostallgäuer Fliegerschule
Xaver-Martin-Straße 1; 87616 Marktoberdorf; 08342/899405; OFS.Hoschka@t-online.de

Flugschule Aktiv
Tegelbergstraße 33; 87645 Schwangau; 08362/921457; Flugschule.Aktiv@t-online.de; http://www.Flugschule-Aktiv.de

1. DAeC Gleitschirm-Schule Heinz Fischer
Brunnenstraße 35; 87669 Rieden am Forggensee; 08362/37038; info@erste-daec-gleitschirm-schule.de; http://www.erste-daec-gleitschirm-schule.de

Flugschule Tegelberg
Haldenweg 4; 87672 Roßhaupten; 08367/598; flugschule.tegelberg@t-online.de; http://www.abschweb.net/schule

Westallgäuer Flugschule
Allmannsried 181; 88175 Scheidegg; 08381/6265; westallgaeuer.flugschule@t-online.de; http://www.westallgaeuer-flugschule.de

Flugschule Ulm
Eichenweg 13; 89180 Berghülen; 07344/4137; info@flugschule-ulm.de; http://www.flugschule-ulm.de

Flugschule Ostalb-Heidenheim
Fuchssteige 67; 89518 Heidenheim; 07321/45425; flugschule@heidenheim.com; http://www.paragleiter.de

Nürnberger Flugschule Michael Boos
Humboldstraße 150; 90459 Nürnberg; 0911/4720361; info@nuernberger-flugschule.de; http://www.nuernberger-flugschule.de

Flugzentrum Franken
Schwaigerstraße 17; 90478 Nürnberg; 0800/2293792; schorsch.hoecherl@t-online.de; http://www.flugzentrum-franken.de

Flugschule Jura Reinhard Pöppl
Auf der Hohen Straße 14; 92345 Dietfurt; 08464/8211; reinhard.poeppl@t-online.de; http://www.flugschulejura.de

Flugzentrum Bayerwald Georg Höcherl
Schwarzer Helm 71; 93086 Wörth a.d. Donau; 09482/959525; schorsch.hoecherl@t-online.de; http://www.Flugzentrum-bayerwald.de

Drachenflugschule Nordbayern
Weizbühl 32; 95497 Goldkronach; 09273/8588

Flugzentrum Rennsteig
Marienroth 48; 96332 Pressig; 09265/807606; jan.philip.rebhan@t-online.de;

Flugschule Siegen
In der Schultelle 14/FS Eisenach; 99817 Eisenach; 0700/Flugsport = 0700/358477678; claus@flugsport.de; http://www.flugsport.de

Österreich

KÄRNTEN

Flugschule Fly Carinthia
Gerhard Fischer; Treffling 45; 9871 Seeboden; Tel. 04762/8 19 99, 0664/1 81 79 53; E-Mail fly.carinzia@aon.at

Kärntner Flugschule
Margit Isak-Grabner; Annenheim 129; 9521 Treffen; Tel. 04248/34 00, 0676/34 00 34 00; E-Mail fly@kaerntner-flugschulen.at

Flugschule Fliegercamp Emberger Alm
Margit Isak-Grabner; Fliegercamp Greifenburg; 9761 Greifenburg; Tel. 04712/88 00

1. Kärntner Drachenfliegerclub
Robert Tiefenbacher; Siegersdorffweg 4; 9400 Wolfsberg; Tel. 0316/50 15 55, 04352/5 10 26; E-Mail tiefenro@aon.at

Flugschule Skyvalley
Klaus Nößler; Kleewiese 4; 9400 Wolfsberg; Tel./Fax 04352/5 22 48, 0664/1 31 93 09; E-Mail klausnoessler@gmx.at

NIEDERÖSTERREICH

Flugschule Ötscherland
Fred Danneberg; Brettl 28; 3264 Gresten; Tel. 07485/9 73 17, 0664/7 86 30 05; E-Mail office@paraflug.at; www.paraflug.at

Flugschule Kilb »free wind«
Hans Ecker; Kettenreith 3; 3233 Kilb; Tel. 02748/58 02 50, 0676/5 11 46 40; E-Mail free.wind@utanet.at

Flugschule Fly Hohe Wand/ ProFashional Ges.m.b.H
Manfred Neugebauer, Wolfgang Pollak; Gasthof Postl, Hohe Wand 77; 2724 Stollhof; Tel. 0650/3 00 05 84, 0650/3 00 05 86; E-Mail flugschule@fly-hohewand.at; www.fly-hohewand.at

OBERÖSTERREICH

Para- und Drachenflugschule Hinterstoder
Daniela Altmann; Dambach 144; 4580 Windischgarsten; Tel. + Fax 07562/56 00, 0664/3 00 14 10; E-Mail info@fliegmit.at; www.fliegmit.at

WINGS – Flugschule
Norbert Brodnig; 4582 Spital/Pyhrn 471; Tel. 07562/77 67 (Flugschule), 0664/1 02 14 24; Tel. 07562/81 02; E-Mail office@wings.at

Flugschule Salzkammergut GmbH
Hartmut Gföllner; Büro: Flachbergweg 46; 4810 Gmunden; Flugschuladresse: Alexenau 8; 4852 Weyregg am Attersee; Tel. + Fax 07612/7 30 33, 0664/1 11 60 99; E-Mail flugschule@paragleiten.net

Flugschule Ternberg
Hans Poscher; Eisenstraße 20; 4452 Ternberg; Tel + Fax 07256/70 01; 0664/4 10 84 08; E-Mail flugsport@magnet.at; E-Mail office@flugsport.com

SALZBURG

Flugschule Hochkönig
Josef und Stefan Rebernig; Pornebengut 22; 5505 Mühlbach am Hochkönig; Tel. 06467/70 33; E-Mail office@flugschule-hochkoenig.at oder info@austriafly.at; www.flugschule-hochkoenig.at

Flugschule Alpinsports
Wolfgang Schützinger & Höll OEG; Markt 191; 5441 Abtenau; Tel. 06243/30 88, 0676/6 05 68 13; E-Mail alpinsports@aon.at; www.alpinsports.at

Flugschule Salzburg
Helmut Sobek; Postanschrift: Fisching 9; 5163 Mattsee; Flugschule: Gräbl 2, 5163 Mattsee; Tel. 06217/63 00, 0664/1 91 91 00; E-Mail helmut@flugschule-salzburg.at; www.flugschule-salzburg.at

Pinzgauer Flugschule
Franz Voithofer; 5733 Bramberg 211; Tel. 06566/82 07, 0664/5 13 57 60; E-Mail info@flugschule-pinzgau.at

1. Salzburger Drachenflieger und Paragleiter Club
Rudolf Zwilling; General-Keyes-Str. 15; 5020 Salzburg; Tel. + Fax 06243/30 69, E-Mail Hans_Wolfsgruber@at.ibm.com; E-Mail info@zwilling-resort.at

STEIERMARK

Flugschule Steiermark
Willi Friedrich; Karl-Morre-Str. 59; 8020 Graz; Tel. 0316/57 38 44, 0664/2 60 09 95; E-Mail fly@flugschule-steiermark.at

Flugschule Fun 2 Fly
Hans-Joachim Imre; Freienberg 40; 8223 Stubenberg/See; Tel. + Fax 03176/80 30, 0664/2 40 42 66; E-Mail flugschulefun2fly@aon.at

Flugschule Aufwind
Franz Rehrl; Dachstein 52; 8972 Ramsau; Tel. 03687/8 18 80, 03687/8 25 68, 0664/5 02 49 96, 0664/2 24 99 51; E-Mail office@aufwind.at

Sky Club Austria
Walter Schrempf; Moosheim 113; 8962 Gröbming; Tel. 03685/2 23 33; E-Mail office@skyclub-austria.com

TIROL

Parafly Stubaital GmbH
Hans-Peter Eller; Moos 18; 6167 Neustift/Stubaital; Tel. 05226/33 44(Flugschule), 05225/6 39 16; E-Mail flugschule@parafly.at

AIRsport 2000 GmbH
Radomir Gabric; Bach 30a; 6653 Bach im Lechtal; Tel. 05634/64 98, 0664/3 38 21 29; E-Mail airsport@eunet.at; www.airsport.at

Flugschule Silvretta
Elmar Ganahl; 6563 Galtür 61; Tel. 05443/82 56; E-Mail silbertaler@galtuer.at

Flugschule Bruno Girstmair
Bruno Girstmair; Beda-Weber-Gasse 4; 9900 Lienz; Tel. 04852/6 55 39, 0676/4 77 57 83; E-Mail bruno@girstmair.com;www.girstmair.com

Flugschule Kössen GmbH
Sepp Himberger; Pöllweg 7; 6345 Kössen; Tel.+ Fax 05375/21 60 (Flugschule), 05375/53 14, 0664/3 55 01 18; E-Mail fly.koessen@tirol.com; j.himberger@tirol.com

Zillertaler Flugschule GmbH
Manfred Dornauer; Hochschwendberg 159; 6283 Hippach; Tel. 05285/6 49 06 (Flugschule); 0664/3 58 84 35; Tel. (Shop); 05285/6 49 06; E-Mail zfs@tirol.com; www.zillertaler-flugschule.com

Hermann's Flugschule
Hermann Krimbacher; Bichlnweg 24/17; 6370 Kitzbühel; Tel. + Fax: 05356/6 71 38, 0664/4 64 46 61; E-Mail hermann.krimbacher@paraglide.at; www.paraglide.at

Flight Connection Arlberg
Natter-Penz GmbH; 6580 St. Anton am Arlberg 96; Tel. 05524/8439, 0664/4 01 19 91, 0664/1 41 51 66; Fax 05524/84 39 15; E-Mail send@fca.at E-Mail flightconnection@tirol.com

Flugschule Tannheimertal
Spielmann & Skalden OEG; Kienzen 37; 6675 Tannheim; Tel. 0664/3 38 21 41; E-Mail flugschule@aon.at

Flugschule Westendorf
Jochen Steinbach; Bergliftstr. 18; 6363 Westendorf; Tel. 05334/68 68; E-Mail flugschule@para.at; www.para.at

Flugschule Sturm Seppl OEG
Seppl Sturm; Kristille 11; 6500 Landeck; Tel. + Fax 05442/6 43 11 oder 0664/4 42 54 11; E-Mail sturm.seppl@tsn.at

Flugschule Alpin
Markus Villinger; Industriebiet Zone A 2; 6166 Fulpmes; Tel. 05225/6 44 55, 0664/2 09 63 10; E-Mail fly@villinger.com

Flugschule Wildschönau
Helmut Walder; 6314 Niederau 217; Tel. 05339/80 24, 0664/2 62 26 46; E-Mail flugschule@wildschoenau.net-wing.at; www.paragliding.at

Flugschule Achensee
Christa Vogel; c/o Hotel Buchau, Haus Nr. 20; 6212 Maurach; Tel. 05243/2 01 34, 0664/5 32 14 67; E-Mail office@skyconnection.at; office@flugschule-achensee.at; www.skyconnection.at

Blue Sky Hochpustertal GmbH
Stefan Zorn; 9920 Sillian 82; Tel. 04842/51 76, 0664/3 42 84 84; E-Mail blue-sky@magnet.at

VORARLBERG

Flugschule flying high
Kaspar Greber; Bühel 853; 6863 Egg; Tel. + Fax 05512/33 22, 0699/11 96 65 21; E-Mail flugschule.flying.high@aon.at

Gleitschirmschule Löffler GmbH
Jodok Moosbrugger; Wilbinger 483; 6870 Bezau Tel. 05514/31 77, 0664/3 08 42 76; E-Mail info@gleitschirmschule.at; www.gleitschirmschule.at

Schweiz

BERN

Zorro/GIN Gliders Inc.
2518 Nods BE; Tel. 032/7 51 47 42; E-Mail info@zorro.ch

Paraboujean
2605 Sonceboz-Sombeval BE; Tel. 032/4 89 30 51

Gliss'air One
2710 Tavannes BE; Tel. 032/4 81 22 52; E-Mail glissairone@bluewin.ch

Wings Gleitschirmschule Bern
3074 Muri b. Bern BE; Tel. 031/9 52 61 11; E-Mail WINGS@bischoff-hotz.ch

Martin Weibel
3113 Rubigen BE, Tel. 031/922 03 20; E-Mail tiwei@rubigen.ch

Gleitschirmschule Thunersee
3654 Gunten BE; Tel. 079/6 56 00 88

insid'air
3663 Gurzelen BE; Tel. 033/3 45 59 02; E-Mail insidair@bluewin.ch

AlpineAir
3706 Leissigen BE; Tel. 033/8 47 01 00; E-Mail alpinair@gmx.ch

Flugschule Frutigland Cloud-7
3714 Frutigen BE; Tel. 079/6 30 98 93; E-Mail schmatz@cloud-7.ch

Gleitschirm-Schule Allmenalp
3718 Kandersteg BE; Tel. 033/6 75 19 17; E-Mail flugschule.allmenalp@bluewin.ch

Flugcenter Sigel
3718 Kandersteg BE; Tel. 033/6 75 10 20; E-Mail flugcenter-sigel@swissonline.ch

Flugschule Diemtigtal
3753 Oey BE; Tel. 033/6 81 19 76; E-Mail orionfs@bluewin.ch

Chill Out
3800 Matten b. Interlaken BE; Tel. 033/2 23 67 03; E-Mail chillout@karieisenhut.com

Flugschule Ikarus
3800 Interlaken BE; Tel. 033/8 22 04 28; E-Mail info@fly-ikarus.ch

Paragliding Interlaken
3800 Interlaken BE; Tel. 033/8 23 82 33; E-Mail sz@paragliding-interlaken.ch

Delta Flugschule Sky Trek
3800 Interlaken BE; Tel. 079/4 14 76 60; E-Mail skygreg@bluemail.ch

Flugschule Grindelwald
3818 Grindelwald BE; Tel. 079/211 81 39; E-Mail flugschule@paragliding-grindelwald.ch

Gleitschirm-Schule Birdwing
3860 Meiringen BE; Tel. 033/9 71 48 03; E-Mail info@birdwing.ch

OSTSCHWEIZ/GLARUS/ZÜRICH

Flugschule Michi Müller
8750 Glarus GL; Tel. 055/6 40 12 42; E-Mail mich@flugschule-michi.ch

Delta-und GS-Schule Glarnerland
8753 Mollis GL; Tel. 055/6 12 36 26; E-Mail w.elmer@smile.ch

Flugschule Betschart
8320 Fehraltorf ZH; Tel. 01/9 54 19 01; E-Mail rbetschart@access.ch

Fly Center Züri Oberland
8498 Gibswil-Ried ZH; Tel. 055/2 65 12 65; E-Mail info@flycenter.ch

Flugschule Robair
8610 Uster ZH; Tel. 01/2 51 09 43; E-Mail mail@robair.ch

Flugschule Zimmermann Züri
8706 Feldmeilen ZH; Tel. 01/9 23 00 71; E-Mail info@flugschule-zueri.ch

Delta Flugschule Condor
8825 Hütten ZH; Tel. 01/7 88 16 77; E-Mail condor.delta@uudial.ch

Sky Center Flugschule Zürich
8910 Affoltern am Albis ZH; Tel. 01/7 76 32 32; E-Mail info@skycenter.ch

GS-Flugschule Nord-West
4058 Basel BS; Tel. 061/6 81 01 42;
E-Mail rolf.hiltbrand@balcab.ch

Flugschule Appenzell
9057 Weissbad AI; Tel. 071/7 99 17 67;
E-Mail fsa@gleitschirm.ch

Flugschule Alpstein
9056 Gais AR; Tel. 071/7 93 12 13;
E-Mail info@flugschule-alpstein.ch

Skywing School
79576 Weil am Rhein; Tel. 082/4 54 00;
E-Mail skywing@web.de

Frische Brise Gleitschirmschule
4800 Zofingen AG; Tel. 062/7 51 38 8

Bruno Moser
5436 Würenlos AG; Tel. 056/4 24 34 32;
E-Mail icaro@swissonline.ch

GS FS Flumserberg-Heidiland
7320 Sargans SG; Tel. 081/7 23 08 64;
E-Mail markus.kuhn@bluewin.ch

Flugschule Sarganserland
7320 Sargans SG; Tel. 077/67 53 28;
E-Mail kuehne@gmx.ch

Flugschule Pizol
7323 Wangs SG; Tel. 081/7 23 67 43

Wald Züri Oberland
8638 Goldingen SG; Tel. 055/2 84 55 70;
E-Mail info@gleitschirmschule.ch

Flugschule Säntis
9403 Goldach SG; Tel. 071/8 41 47 47;
E-Mail info@fs-saentis.ch

Flugschule Ostschweiz
9533 Kirchberg SG; Tel. 079/6 97 51 20;
E-Mail p_fritschi@bluewin.ch

Delta-Flugschule Pauli
4634 Wisen SO; Tel. 062/2 93 48 63

Flugschule Balsthal
4710 Balsthal SO; Tel. 062/3 91 12 14;
E-Mail info@flugschule-balsthal.ch

GRAUBÜNDEN

Flugschule Montalin
7005 Chur GR; Tel. 081/3 56 60 48;
E-Mail flugschule.montalin@spin.ch

Flugschule Swissraft
7017 Flims Dorf GR; Tel. 081/9 11 52 52;
E-Mail info@fs-swissraft.ch

X-Dream Fly
7017 Flims Dorf GR; Tel. 081/9 21 28 47

Flugschule Lenzerheide
7078 Lenzerheide/Lai GR; Tel. 081/3 84 37 34;
E-Mail air-lenzerheide@bluemail.ch

Flugschule Henny Kaspar
7134 Obersaxen Meierhof GR; Tel. 081/9 33 32 30

Scola da sgol liber Surselva
7173 Surrein GR; Tel. 081/9 43 24 22

Flugcenter Grischa
7250 Klosters GR; Tel. 081/4 22 20 70;
E-Mail fs-grischa@dplanet.ch

Flugschule Davos
7270 Davos Platz GR; Tel. 081/4 13 60 43;
E-Mail meier@ium.ch

Delta-Taxi
7277 Davos Glaris GR; Tel. 081/4 01 14 14

Flugschule Viamala
7432 Zillis GR; E-Mail paul@viamala.ch

Flugschule Engiadina
7515 Sils/Segl Baselgia GR; Tel. 081/8 26 54 00;
E-Mail ac.kuhn@bluewin.ch

JURA/NEUCHÂTEL

Altitude changing
2800 Delémont JU; Tel. 032/4 22 26 71;
E-Mail philholl@hotmail.com

Ecole du Delta-Club Jura
2856 Boécourt JU; Tel. 032/4 26 51 59

Jura Evasion
2856 Boécourt JU; Tel. 032/4 26 11 20;
E-Mail fred.lovis@juraevasion.ch

Les Ailes du Jura
2903 Villars-sur-Font JU; Tel. 032/4 71 10 50;
E-Mail aile.jura@freesurf.ch

INNERSCHWEIZ

Take-Off
6005 Luzern LU; Tel. 041/3 61 03 33;
E-Mail ammann7@centralnet.ch

Gleitschirmflugschule Cumulus
6020 Emmenbrücke LU; Tel. 041/2 60 22 36;
E-Mail cumulus@gmx.ch

Flugschule Marbach
6196 Marbach LU; Tel. 034/4 93 40 75;
E-Mail info@fs-marbach.ch

Equilibre
2013 Colombier NE; Tel. 079/4 14 93 11;
E-Mail equilibre@bluewin.ch

Higgin's Airlines
2016 Cortaillod NE; Tel. 032/4 41 45 07;
E-Mail higgins-airlines@bluewin.ch

Flugschule Zentralschweiz
6370 Stans NW; Tel. 041/6 10 70 70;
E-Mail toni.Amstutz@bluewin.ch

Luftarena GmbH
6372 Ennetmoos NW; Tel. 079/3 53 21 59;
E-Mail h-glide@luftarena.ch

Flugschulen Emmetten & Titlis AG
6376 Emmetten NW; Tel. 041/6 20 12 12;
E-Mail info@fs-titlis.ch

Sky S'Cool
6064 Kerns OW; Tel. 041/6 62 10 54;
E-Mail xthings@bluewin.ch

Impuls Sport und FS Engelberg
6390 Engelberg OW; Tel. 041 637 07 07;
E-Mail info@euroflugschule.ch

Flugschule Klewenalp
6391 Engelberg OW; Tel. 079/6 41 80 81

Flugschule touch and go
6440 Brunnen SZ; Tel. 041/820 54 31;
E-Mail peter@paragliding.ch

VALAIS/VAUD/GENÈVE

Ecole de parapente Gruyère
1663 Moléson-Village FR; Tel. 026/9 21 07 04

Centre Genève Vol Libre
1256 Troinex GE; Tel. 022/7 84 38 08

Ecole de delta/para de Genève
1256 Troinex GE; Tel. 022/7 84 45 45

Para Riviera Montreux
1007 Lausanne VD; Tel. 079/2 12 55 17;
E-Mail parariviera@swissonline.ch

Ecole Vol Libre
1350 Orbe VD; Tel. 024/4 41 18 12;
E-Mail phbriod@bluewin.ch

Lecoultre
1453 Mauborget VD; Tel. 024/4 36 19 44;
E-Mail python.lecoultre@bluewin.ch

Paragliding School Gstaad
1659 Rougemont VD; Tel. 079/2 24 42 70;
E-Mail info@paragstaad.ch

Sports Haute Pression
1660 Château-d'Oex VD; Tel. 026/ 9 24 56 53

Air Turquoise
1844 Villeneuve VD; Tel. 021/9 65 65 65;
E-Mail info@airturquoise.ch

Les Ailes du Léman
1844 Villeneuve VD; Tel. 079/6 88 66 66;
E-Mail lesailesduleman@bluewin.ch

Pan-Pam Airlines
1854 Leysin VD; Tel. 024/4 94 26 02

Fly Away
1860 Aigle VD; Tel. 024/4 66 66 90

Eldorado 3000
1865 Les Diablerets VD; Tel. 024/4 92 32 18

Ecole Parapente Paradventure
1865 Les Diablerets VD; Tel. 024/4 92 23 82;
E-Mail paradventure@bluewin.ch

Dimension 3
1884 Huémoz VD; Tel. 079/4 35 21 23;
E-Mail info@dimension-3.ch

Smith Paragliding
1884 Villars-sur-Ollon VD; Tel. 024/4 95 41 41;
E-Mail info@smith.li

Paradelta Air Chablais
1870 Monthey VS; Tel. 024/4 71 34 95

Rithner
1870 Monthey VS; Tel. 024/4 71 28 01

Parabesque
1871 Choëx VS; Tel. 024/4 71 51 60;
E-Mail pascalbalet@bluewin.ch

Ecole de Parapente Champoussin
1873 Val d'Illiez VS; Tel. 024/4 77 20 83;
E-Mail parafly@planet.ch

Ecole de Parapente Le Cormoran
1897 Bouveret VS; Tel. 024/4 81 33 63;
E-Mail gigipara@bluewin.ch

Fly Time
1934 Le Châble VS; Tel. 079/6 06 12 64;
E-Mail info@fly-time.ch

Centre Delta-Parapente Verbier
1936 Verbier VS; Tel. 027/7 71 68 18;
E-Mail Claude@flyverbier.ch

Aérocentre Delta Plane
1964 Conthey VS; Tel. 027/3 23 32 55;
E-Mail pierre@aerocentre.ch

Ecole de Parapente Nendaz
1964 Conthey VS; Tel. 079/6 37 36 86

Twist'Air
1964 Conthey VS; Tel. 078/6 06 52 46;
E-Mail twistair@aerocentre.ch

Ecole de Parapente Valais Central
1972 Anzère VS; Tel. 027/3 98 52 24;
E-Mail parapente_anzere@bluewin.ch

Ecole de Parapente Evolène-Région
1983 Evolène VS; Tel. 027/2 83 33 32;
E-Mail parapente@bluewin.ch

André Henzen
3918 Wiler (Lötschen) VS; Tel. 027/9 39 19 83;
E-Mail andre@henzen.com

Air Born
3920 Zermatt VS; Tel. 027/9 67 67 44

Paraschule Leukerbad
3954 Leukerbad VS; Tel. 027/4 70 16 27;
E-Mail torrent@rhone.ch

Para Look
3962 Montana VS; Tel. 079/6 06 46 28;
E-Mail paralook@netplus.ch

Gleitschirmschule Fiesch-Eggishorn
3984 Fiesch VS; Tel. 078/6 28 78 40;
E-Mail domi@good-flight.ch

Flying Center Oberwallis
3984 Fiesch VS; Tel. 027/9 71 25 51;
E-Mail flyingcenter@rhone.ch

TICINO

Paramania
6528 Camorino TI; Tel. 091/8 57 22 25;
E-Mail paramania@ticino.com

Pink Baron SA
6825 Capolago TI; Tel. 091/6 48 30 88;
pink-baron@ticino.com

Verbände

Deutscher Hängegleiterverband e.V. (DHV)
Miesbacherstr. 2; D-83703 Gmund;
Tel. +49/(0)8022/9 67 50; Fax +49/(0)8022/96 75 99;
www.dhv.de

Österreichischer Aero-Club (ÖAeC)
Prinz-Eugen-Straße 12; A-1040 Wien;
Tel. +43/(0)222/5 05 10 28; Fax +43/(0)222/5 05 79 23;
www.oe.aeroclub.at

Flugschulen in Österreich:
www.flugschulen.at

Schweizerischer Hängegleiter Verband (SHV/FSVL)
Seefeldstr. 224; CH-8008 Zürich;
Tel. +41/(0)1/3 87 46 80; Fax +41/(0)1/3 87 46 89;
http://www.shv-fsvl.ch/

Fédération Française de Vol Libre (FFVL)
4, rue de Suisse; F-06000 Nice;
Tel. +33/(0)4/97 03 82 82; Fax +33/(0)4/97 03 82 83;
www.ffvl.fr

Federazione Italiana Volo Libero
Via Salbertrand, 50; I-10146 Torino;
Tel. +39/011/74 49 91; Fax +39/011/75 28 46;
www.fivl.it

Spanish Flying Association FENDA
C/ Ferraz, 16; E-28008 Madrid;
Tel. +34/91/5 59 38 94; Fax +34/91/5 59 97 01;
fenda.bcsnetwork.es/indice.htm

Real Federación Aeronaútica Española/ Parapente
www.sportec.es/www/fae/parapente/main.htm

Zveza za Prosto Letenje Slovenije
Slovenian Free Flying Association (SFFA)
Prisojna pot 8; SLO-1240 Kamnik;
Tel. +386/(0)1/8 39 42 48; Fax +386/(0)1/8 39 42 49;
www.sffa.org (slow., engl.)

LINKS ZU WEITEREN VERBÄNDEN

http://start.fai.org/hg-federations.asp

Internationaler Verband
Commission Internationale de Vol Libre (FAI CIVL)
(www.fai.org/hang_gliding/)

Paragliding World Cup Association
www.pwca.org

LUFTRECHT /LEHRPLÄNE, AKTUELLE

Jeweils bei den Verbänden der Länder,
in Deutschland auch unter: www.luftrecht-online.de

Adressen und Betriebszeiten von Seilbahnen

Verband Deutscher Seilbahnen und Schlepplifte
Westendstr. 199; D-80686 München;
Tel. +49/(0)89/57 91 13 15; www.seilbahnen.de;

Private Liste der Revisionszeiten von Jörg Buchert;
www.buchert-net.de

Wirtschaftskammer Österreich
Fachverband Seilbahnen; Wiedner Hauptstr. 63;
A-1045 Wien; Tel. +43/(0)1/5 01 05 31 65;
www.seilbahnen.at

Private Liste der Revisionszeiten vom Airbus-Team;
http://users.south-tyrolean.net/AirBus/fluggebiete/bahnen.htm

Schweizer Seilbahnverband
Dählhölzliweg 12; CH-3000 Bern;
Tel. +41/(0)31/3 59 23 33; www.seilbahnen.org;

Kursbücher der SBB: www.sbb.ch/fahrplan

Autonome Provinz Bozen Südtirol
Amt für Seilbahnen; Landhaus 3b, Crispistr. 10;
I-39100 Bozen; Tel. +39/0471/41 46 00;
www.provinz.bz.it/transportwesen/3803/seilbahnen/

Syndicat National des Téléphériques de France
21, chemin des sources; F-38246 Meylan Cedex
(Grenoble); Tel. +33/04 76 90 51 27; www.sntf.org

Wetterinfos

Das Internet ermöglicht in der Regel umfassende Information. Lokales Wetter ist oft am besten telefonisch über die jeweiligen Bergbahnen, Flugschulen und natürlich bei den Wetternetzen wie z.B. dem DHV-Wetternetz www.dhv.de zu erfragen. Die GAFOR-Ansagen sind sehr großräumig gehalten, ebenso die Auskünfte der Luftfahrtberatungszentralen. Einen groben Alpenwetterüberblick gibt z.B. das Band des Deutschen Alpenvereins, Tel. +49/(0)89/29 50 70

Wettervorhersagen Deutschland: (0049)
BTX-Flugwetterinformation Menüseite: 411100
Videotext BR Seite 609 Wetterwerte, 607 Bergwetter, 622 Segelflugwetter

- Deutscher Wetterdienst DWD (www.dwd.de) (Wetter, Flugwetter und Satellitenbilder)
Tel. 0190/11 69 50 Segelflugwetter
Tel. 0190/11 69 60 Flugwetter nach GAFOR-Gebieten
- Luftfahrtberatungszentralen Deutschland (persönliche Beratung!)
Nord 040/51 32 97 11
Ost 030/69 53 17 31
West 0201/4 37 41 63
Mitte 069/80 62 20 15
Süd 089/15 93 82 31
Südost 0341/8 60 47 11
Südwest 0711/9 55 22 01
- Segelflugwetter DWD/Pro7 (www.wetter.com)
- Meteomedia (Kachelmann's) Messnetz (www.meteomedia.ch/messnetz/
- oder wetter.msn.de)
- Wetter Online (www.wetteronline.de)
- Wetterspiegel (www.wetterspiegel.de)
- Deutscher Alpenverein DAV (www.alpenverein.de/wetter/wetter.php)
- Lawinenwarndienst Bayern, Messdaten (www.bayern.de/lfw/lwd/messnetz/)
- Armin Harich's Gleitschirmwetter (www.arminharich.com/wetter.htm)
- Private Wetterseite Deutschland www.gleitsegelwetter.de/
- Wetterkarten und Bilder www.wetterzentrale
- Flugwetter, zusammengestellt von Dr. Christian Müller www.fsv-radolfzell.de/wetter/wetter.html

Wettervorhersagen Schweiz: (0041)
- SMA-MeteoSchweiz (www.meteoschweiz.ch/de/)
Tel. und SMS in der Schweiz 162, aus dem Ausland: Tel. +41 848 800 162,
Segelflugprognose (April-Oktober) 0900 552 122
- Meteomedia (Kachelmann's) Messnetz (www.meteomedia.ch/messnetz/ oder www.wetter.msn.de)
- Wetterstationen mit Tel.-Nr. www.windline.ch
- Wetter Online (www.wetteronline.de)
- Soaringwetter Schweiz, Stefan Egli (www.soaringwetter.ch)
- www.swisstxt.ch/home/d/

Wettervorhersagen Österreich: (0043)
- ORF – Teletext
Seite 613/1–4: Wetterlage, VMC, IMC, Höhenwind, Thermik, Vorschau, Flugwetterwarnungen
- Austro Control (www.austrocontrol.co.at)
Tel. (0043)/(0)51703/9 99 90 Info Service
- ORF Wetter (wetter.orf.at)
- Meteomedia (Kachelmann's) Messnetz (wetter.msn.de)
- Wetter Online (www.wetteronline.de)
- Österreichischer Alpenverein OEAV (www.alpenverein.at/wetter/)
- TW1 (www.tw1.at)

Wettervorhersagen Italien: (0039)
- Centro Epson Meteo (www.meteo.it)
- Italia Teletourismus (www.wetter-italien.de)
- Dolomitenwetter Hydrographisches Amt Bozen (http://www.provinz.bz.it/wetter/)
Ansage Tel. 0471/27 11 77 oder 0471/2 70 55 55
- Centro Meteo-Idrologico della Regione Liguria (www.cmirl.ge.infn.it/frprev.html)
- Servizio Meteorologico Regionale di ARPA Bologna (www.smr.arpa.emr.it/Frames/lamboframe.html)

Wettervorhersagen Frankreich: (0033)
- Météo France (www.meteo.fr/temps/)
- La Chaine Météo (www.lachainemeteo.com)
- Para 2000 (Gérard Florit) (www.para2000.org/meteo/)
- DNA Elsaßwetter (www.dna.fr/dna/jourpc/meteo/)

Wettervorhersagen Spanien: (0034)
- Instituto Nacional de Meteorología (www.inm.es/wwc/indinf.html)

Wettervorhersagen Slowenien: (00386)
- Hidrometeoroloski Zavod Republike Slovenije (www.rzs-hm.si)
- Österreichischer Alpenverein OEAV (www.alpenverein.at/wetter/)

Allgemeine Gleitschirminformationen, Internet-Portale und -Links

www.abschweb.net
Gut und kompetent von Manfred Laudahn
www.schwerelos.de
Kay Büchmann's Schwerelos
www.go-to-fly.de
Flying Sites, Fluggebiete von Volker Innig
www.lahmeente.de
Mit Thermikführer, von Armin Appel
www.gleitschirm-faq.de
Antworten auf Fliegerfragen
www.verheddert.de
Gutes ABC der Gleitschirmfachsprache
www.links-to-fly.de
Webverzeichnis rund um das Fliegen
www.flyforever.com/
Online-Portal für Gleitschirm- und Drachenflieger
http://buchert-net.de/
Aktuelle Revisionszeiten von Seilbahnen und jede Menge GPS-Daten
www.strasser-lorenz.de
Rund um das Gleitschirmfliegen, gute Fluggebietedatenbank und Links
www.flieg.com/
Infos zum Windenschlepp und Motorfliegen
Kostenloser Download einer Schleppanleitung
www.flyandfun.ch/fluggeb.html
Fliegen in der Schweiz
www.gleitschirmreisen.de
Infos über Fluggebiete
www.para2000.org/sites/
Von Gérard Florit, Fluggebiete der Welt und internationale Links
www.bigairparagliding.com
Big Air Paragliding, Kinsley Wong
www.flugberge.info
Infos über Fluggebiete und einiges mehr...
www.dhv.de/deutsch/gelaende/
Geländedatenbank Deutschland
http://www.mabi.de/~stopa4/Thermik/
Rund um die Thermik
www.gleitschirm.de
Vereinswebseite mit tollen Tipps rund um das Streckenfliegen
www.fva.rwth-aachen.de/segelflug/thermika.html
Thermikkarte Deutschland
http://mitglied.lycos.de/flugberge/info/luftraum.htm
Luftrauminfos mit Karte und guter Erklärung für VFR-Flüge
www.sport-concept.de/Achim/index.html
Wendepunkt Datenbank für die Flugplanung
http://www.florient.ch
Interaktive Datenbank Schweizer Fluggebiete
*www.fai.org*Offizielle FAI-Webseite
www.dhv.de
Rubrik Sport beim DHV und Online Contest OLC
www.weltderwolken.de
Wolken in allen Arten und Formen
www.web-partners.com/paragliding
Big Air ist bereits seit 1994 im Netz, umfassende Informationen in Englisch
http://expandingknowledge.com/Jerome/PG/Link/All.htm
Englisch- und französischsprachige Webseite mit vielen interessanten Artikeln
www.sky-adventures.com/hang/HGMPSHomePage.html
Umfassende Liste mit »Links« an der Stanford-Unversität
http://paragliding.pagina.nl/
Niederländische Seite
www.sports-funline.de.
Das »Drachen & Gleitschirm Forum« ist recht gut
www.dkrz.de/sat/sat.html
Wetterlinks

Lesenswertes im Internet

- »Der kleine Ligapilot«, das Handbuch zum Strecken- und Wettkampffliegen, Armin Appel (www.lahmeente.de/dkl/dkl.htm)
- »Tips for Paragliding Pilots« von Jerome Daoust (www.expandingknowledge.com/Jerome/PG/Tip/English.htm) Ins Deutsche übersetzt von Paul Wieland (home.wanadoo.nl/wissel/PG/Tip/German.htm)
- »Soaring Crash Kurs«, von Günter Rampe (www.wetterklima.de/flug/soaring/Overview.htm)
- »Wie erkennt man gute Segelflug-Wetterlagen, bevor sie Geschichte sind?«, Referat von Frieder Wolfart (www.afg.ethz.ch/Meteo/meteotext.html)
- »Wo bitte geht's zur Thermik?«, Referat von Alfred Ultsch (www.mabi.de/~stopa4/Thermik/)
- »Alpenwetterfibel« für Hänge- und Paragleiter, Sascha Kerschhofer (www.alpen-wetter.de)
- »Der Föhnwind« (www.foehnwind.dusnet.de)
- »Handbuch der Flugwettervorhersagen für den Luftsport«, Thomas Hafner (OSTIV) (www.pa.op.dlr.de/ostiv/Projects/handbuch.htm)
- »Wetterberichte im TV«, beschrieben von Volker Schwaniz (www.fliegair.onlinehome.de/TV-Wetter.htm)

Fachmagazine

Fly and Glide
Jenssenstr. 1, 22767 Hamburg
Tel. 040/38 90 65 41
Drachen- und Gleitschirmmagazin mit tollen Infos und Tipps rund um die Flugszene. Gute Marktübersicht und regelmäßige Streckenflugtipps. Probeheft kann angefordert werden! www.fly-and-glide.de

Gleitschirmmagazin
Rund um das Gleitschirmfliegen
Linzer Straße 35, A-4614 Marchtrenk
Tel. +43/(0)7243/54 39 20
www.gleitschirm-magazin.com

CrossCountry
Englisches GS- und Drachenmagazin
www.xcmag.com

Vol Libre
Französisches GS- und Drachenmagazin
Tel. +33/(0)4 76 50 29 07
www.vollibre.fr

Internationale Fliegermagazine
Webseite verschiedener Magazine, u.a. auch Ultraleicht-, Motor- und Segelfliegen; www.flying-pages.com

Verbandszeitschriften
wie Swiss Glider, DHV-Info usw. sind über die Verbände zu beziehen.

Fliegen mit Freunden in Öludeniz, Türkei

Register

Die geraden Ziffern verweisen auf die Textseiten, die kursiven auf Seiten, wo Grafiken und Fotos stehen.

Abdrift 143; *145*
Abrollwinde 123
Absinkinversion 73
Abwind . . . . . 53 f., 57 f., 72, 97
Acrobatikfliegen (Acro) . . . . . 153 f.; *13*
Adaption 134
Adiabatik 49
Aerodynamik 35–45
– Grundlagen 35
Akklimatisation . . . . . 134 f.
Aktionsradius im Wind *107*
Albedo (werte) 65
Altocumulus 76
Altostratus . . . . . 60 f., 76; *60*
Anemometer 28
Anfängerausrüstung 81
Anstellwinkel 19, 41; *36, 44*
Atmosphäre . . . . . 46, 49 f.
– Gleichgewichtszustand 49
Aufreißphase (beim Start) *83*
Auftrieb (FA) 38, 41
Auftriebserhöhung *89*
Auftriebserzeugung 36
Auftriebsgegenkraft (FA*) 41
Auftriebsverteilung 37; *36, 38*
Aufwindband 55, 112; *55*
Ausklinkpunkt (bei Schleppvorgang) . 129; *129*
Außenlandung 98–101
Ausweichen . . . . . 102 f.; *102*
– am Hang 103
– in Thermik 103
Ausweichregeln . . . . . 102 f.; *102*
Barograph 28
Barometrische Höhenstufe 47
Baumlandung 99
Beaufortskala 57
Beinstrecker 21
Beinstreckertrimmsystem 21
Bergfliegen 11
Bergwind 58; *58*
Bernoulligleichung 36
Beschleunigung, dynamische 104
Bestes Gleiten 43
– Punkt des besten Gleitens 43, 45; *43*
– Geschwindigkeit des besten Gleitens . . 89
Bewölkung . . . . . 68 f.
Bewölkungsdichte . . . . . 68 f.
Biplaceflug, -fliegen 116; *116*
Bisenlage 79
B-Leinen-Stall 109; *109*
Blauthermik 70
Bodeneffekt 38
Bodengrenzschicht *97*
Boden-Performance-Training . . . . . 119 f.
Bodenturbulenz 53
Bodenwetterkarten 78
Böenwalze 73
Bojenflug 152
Bremsen . . . . . 44 f.
Bremsleinen s. Steuerleinen
Briefing 152
Cirrus, Cirren 60, 76; *76*
Cirrocumulus 76
Cirrostratus 76
Cockpit 27
Corialiskraft 51
Crash *98*
Cross-Fliegen, -Flug 147
Crossports s. Druckausgleichsöffnungen
Cumulonimbus 77; *76*
Cumulus . . . . . 67 f., 77
Cumuluswellen 68
Cut-away-Systeme 30
Diagonalverspannung 22
Dichte 48
Drehrichtung 103
Dreiecksflug 148
Druckausgleichsöffnungen 18; *19*
Druckpunkt 41; *36*
Druckverteilung *36*
Düsenwirkung 54
Eiswolken 75
Endanflug 92; *92*
Erdanziehung 35
Erste-Hilfe-Set 26, 156
Expeditionen 134-139
Fachmagazine 189
Fahrtmesser 28
FAI-Dreieck 149; *149*
FAI-Richtlinien . . . . . 146 f., 149
FAI-Streckendefinitionen . . . . . 147 f.
Fallschirm 11
Fangleinen 19, 24; *25*
– Einstellung s. Trimmung
– Entwirren 81, 101
– Riss 94
– verknotete 94
– Vernähung 25
Flachbänder 24
Flachdrucklage 79
Flächenbelastung 41
Flächenreduktion 110
Flächenschirm 11
Flächenverwindung 21
Flaches Dreieck 148; *149*
Fliegen
– bei stärkerem Wind 105
– für Könner 103–118
– im Gebirge (selbstständig) 133
– im Hangaufwind mit Thermik 116
– in den Tropen 138
– in der Thermik 115
– in Wüsten 137
– mit Ski und Snowboard 117
– von Vulkanen 139
Flugeinteilung 93
Flügel 38; *38*
Flügelschränkung 45
Flugfunk 29
Fluggebiete nach Ländern 174–183
Fluggeschwindigkeit 42
Flughöhe 102
Fluginstrumente . . . . . 27 f.
Fluglehre s. Aerodynamik
Fluglehrer 34
Flugmanöver (für Piloten mit Flugpraxis) 108–111
Flugmechanik 41
Flugpraxis 81–118
– für Anfänger 81–88
– für Fortgeschrittene 88–103
– für Könner 103–118
Flug- und Vorfahrtsregeln . . . . . 102 f.
Flugsicherungsaufdruck 141
Flugverhalten . . . . . 44 f.
Flugwetter . . . . . 188 f.
Flugzustand, überzogener *44*
Föhn 74; *77*
– Nordföhn 75, 79, *78*
– Südföhn 78; *74*
Föhnfische 75
Föhnlücken 75
Föhnmauer 74; *74*
Föhnrotoren 75
Formwiderstand 39
Fotodokumentation . . 146, 151; *146, 147*
Fotosektoren *147*
Freier Flug (nach Schleppvorgang) . . . 130
Freie Strecke 147; *149*
Frontstall 97
Fullstall 97, 111; *111*
Fünf-Punkte-Check 82
Gebirgswindzirkulation 57–59
Gefahrensituationen 94–98
– beim Fliegen 94–98
– beim Schleppvorgang . . . . . 131 f.
Gegenanflug 92
Geradeausflug, stationärer 41
– Kräfteparallelogramm *41*
Gerätekunde 18–34
Geringstes Sinken 43, 89, 115
– Punkt des geringsten Sinkens 43; *43*
– Geschwindigkeit des geringsten Sinkens 43, 89
Geschichte und Entwicklung des Gleitschirms . . . . . 10 f.; *10*
Geschwindigkeitspolare . . . . . 42 f.; *43*
Geschwindigkeitssteuerung 89
Gewichtskraft (FG) 41
Gewitter 71–73
– Kaltfrontgewitter 73
– orographische 73
– Wärmegewitter 73
– Wolken 72; *72*
Gleitflug, ungebremster 89
Gleitschirm 18–23, 38–41; *18, 19*
– Aufbau . . . . . 18 f.
– Aufziehen 83
– Aufstellen und Starten 83
– Auslegen 82
– Check bei neuen Segeln 33
– Drehachsen *45*
– motorisierter 118
– Packen 88
– Pflege und Wartung 32–34
– Pflegemaßnahmen 32
– Starten 82
Gleitschirmfliegen, alpines . . . . . 133 f.
Gleitschirmkarabiner 25; *25*
Gleitschirmprofil . . . . . 36 f., 40; *36*
– angeströmtes *36*
– asymmetrisches 36
Gleitschirmrucksack 26
Gleitschirmunfälle, Verhalten bei . . . 154 f.
Gleitschirmwettbewerbe . . . . . 152 f.
Gleitsegelschulen 184–188
– Deutschland . . . . . 184 f.
– Österreich . . . . . 185 f.
– Schweiz 186–188
Gleitwinkel . . . . . 39 f.
Gleitwinkelveränderung *93*
Gleitzahl (GZ) . . . . . 39 f.
– Berechnung 40
– Maximierung unter Windeinfluss . . . *43*
Gletscherwind 59
Global Position System (GPS) 28
Gratwind 59
Gravitation s. Erdanziehung
Groundhandling . . . . . 119 f.; *119, 122*
Gurtzeug . . . . . 22 f.
Halo 60
Hangflugregeln 103
Hanglandung 99
Hangsoaring 112; *112*
Haupttragegurte 20; *20*
Helm 25
Hoch 59
– polares 52
Hochdruckgebiete 50
Hochdrucklage 78; *78*
Hochleistungsschirm 13
Hoch-Tief-Lage *52*
Höhenabschätzung 92; *93*
Höhenflug 88
Höhenlinien 142
Höhenmesser 27
Höhenunterschied . . . . . 134 f.
Höhenwetterkarten 78
Hubschrauberbergung 155
Hubschraubereinweisung 155; *155*
ICAO-Luftfahrtkarten 141; *159*
Infos 188
Innertropische Konvergenzzone (ITC) . 52; *52*
Interferenzwiderstand 39
Integralgurte 23
Internet-Portale 189
Internet-Links 189
Inversion 48; *48*
Isobarenabstand 78
Isothermie 48; *48*
Kalmengürtel 138
Kaltfront 61; *59*
Kaltfrontokklusion 62; *77*
Kaltluftadvektion 73
Kaltluftsee 58; *58*
Kammern 18
Kappenkollaps 115
Karabiner 25
Karten, topographische 142
Kartenkunde . . . . . 141 f.
Kleidung 26
Klimazonen 52
Klippenstart 105
Kombigerät 27
Kondensstreifen 76
Kondensationswärme 69
Kontinentalklima 137
Kontrollblick 83; *83*
Körpersteuerung 90
Kunststoffe 23
Kurven 90
– am Hang 103; *102*
Kurvenflug 42, 90
– stationärer (Kräfteparallelogramm) . *42*
Kurvenformen
– bei Starkwind 106
– über Grund *106*
Kurvengewichtskraft (FKG) 42
Kurvensteuerung 86, 90
Landeanflugeinteilung 91
Landefall . . . . . 86 f.
– Technik 87
– Training 87
Landevolte 91–93, 130; 93
Landung 86; *86, 87*
– in Leitungen und Kabeln 100
– mit Ski oder Snowboard 118
Landwind 56; *56*
Lee 53; *53*
Leethermik 68
Leeturbulenz 53; *97*
Leichtgurtzeug 23
Leinenebenen 19
Leinenverhänger 96
Lenticulariswolken *74*
Lockout 132

Luftdichte 48
Luftdruck 47
Luftfeuchtigkeit 48
Luftrecht 159–173
– Deutschland 159–168
– Österreich 169–171
– Schweiz 171–173
Lufttemperatur 47
Luftwiderstand 35
Luftzirkulation, lokale 53
Luv 53; *53*
Luvthermik 68
Materialien 23–25
Maximalgeschwindigkeit 90
Maximalzeit 153
Meteorologie 46–79
Minimalgeschwindigkeit 89, 110
Minimalzeit 153
Mischwolken 75
Multifunktionsuhr 28
Nähte 25
– Kontrastnaht 25
Naturerlebnis 14
Naturschutzgebiete 15
Navigation 142–145
– horizontale 142
– terrestrische 145
– vertikale 145
Nimbostratus 76
Nord-Süd-Tal 58; *58*
Notfallausrüstung 26
Notlandung 98–101
– auf Bäumen 99
– auf Gletschern 101
– auf Wasser 100
– im Steilgelände 99
– in Gewässern 100
Notsignal, alpines 154
Ohren anlegen 110; *110*
Okklusionsfront 60; *59*
Online Contest (OLC) 150 f.
Open Window 152
Orientierungsverlust 98
Orographie 66
Packsack 26
Parameter, physikalische 47–50
Parasailing 11
Pendelstabilität 45
Performance-Training 121
Polarfront 52, 59; *59*
Position 92; *92*
Punktlandung 153
QFE s. Navigation, vertikale
QNH s. Navigation, vertikale
Queranflug 92; *92*
Ramair (Staudruckluft) 37
Randwiderstand 39; *39*
Reflexion s. Albedo
Regenzeiten 138
Reibung 51 f.
Reibungswiderstand 39
Reichweiteberechnungen 144
Rekordflüge 12 f.
Restwiderstand 39
Rettungsleine 22, 26
Rettungsschirm 29
– Aufbau und Befestigung 29
– Cut-away-Systeme 30
– integrierter 30
– Öffnung des Rettungssystems 31
– Verpackungssack 30
– Werfen des Rettungsschirms 31
– Wurfsack 30
Rippen s. Zellzwischenwände
Rucksackapotheke 156
Rückenprotektor 23
Rückseitenwetter 62
Rückwärtsfall 87
Rückwärtsstart 103 f.; *104*
Rundkappenreserve, Aufbau 29 f.; *30*
Rundkappenrettungsschirm 29
Sackflug 95
– stabiler 95
Schätzflug 152
Schichtung der Atmosphäre
– indifferente 50
– labile 49, 51
– stabile 49, 51
Schlepp 123–132
– bei Seitenwind 131; *131*
– bei stärkerem Wind 130
– bei Thermik 131
– für Fortgeschrittene 130 f.
– Startvorbereitung 126
Schleppbetrieb 126–130
Schleppflug 128
– Kräfteparallelogramm *128*
Schleppflugplatz *124*
Schleppklinke 124
Schleppmannschaft 125
Schlepposition *129*
Schleppseil 124
Schleppstart 127; *126*
Schleppvorgang 127; *127*
Schnellabstieg 108; *108*
Schuhe 25
Schulung 184 ff.
Schwerpunkt 41
Seewind 56; *56*
Segel s. Gleitschirm
Segeleinklappen 96, 115; *96*
Segelkollaps s. Stall
Segelkomplettcheck 33
Seilriss (bei Schleppvorgang) 131
Seilrückholer 125
Seilschlepp 123–132
– Aufbau des Seilschleppendes *124*
Seitenwalze 54; *54*
Sicherheitsabstand s. Luftrecht
Sichtflugregeln s. Luftrecht
Signalgeber 26
Signalpfeife 26
Sinkgeschwindigkeit 42
Skistart 117
Snowboardstart
Soaren, Soaring s. Hangsoaring
Sogwirkung 69
Speedbar 22
Speedsensor 28
Speedsystem 21; *21*, 80
Sprechfunk s. Flugfunk
Stabilisatoren 18
Stagnationspunkt s. Toter Punkt
Stall 44 f., 89, 97, 111; *111*
Standardatmosphäre 50
Starkwindflug 103–107
Starkwindlandung 106
Starkwindlandevolte *107*
Starkwindstart 103; *107*
Start, dynamischer 104; 8
Startabbruch 85; *85*
Startcheck 82
Starten s. Gleitschirm
Startfehler 84 f.
Starthelfer *107*
Startleiter 125
Startplatzüberhöhung 113; *113*
Startvorbereitungen 81, 126
Stationäre Winde 123
Staubewölkung *74*
Staudruck *37*
Staudruckpolster 37
Staulage 79; *78*
Steiggeschwindigkeit 103
Steilspirale 97, 108; *56, 108*
– stabile 97
Steuerleinen 94
– blockierte 94
– verkürzte 33
– verlängerte 33
Steuerleineneinstellung 33
Steuerleinenknoten *33*
Stoppuhr 27 f.
Strahlströme (Jets) 47
Stratosphäre 47
Stratocumulus 77
Stratus 77
Streckenflüge, -fliegen 140–149; *142, 143*
Streckenflugplanung 141; *141*
Streckung 38, 40 f.
Strömung
– laminare 36; *53*
– turbulente s. Turbulenzen
Strömungsabriss s. Stall
Strömungslehre 42–47
Supiner Sitzgurt 22
Talquerung 143; *131*
– Berechnung 143
Talwind 58; *58*
Tandemfliegen 116; *116*
Taupunkt 49
Taupunktdifferenz 49
Temperatur 47; *48*
Temperaturgradient 47
– adiabatischer 49
Thermik 62–71
– zentrieren 114; *114*
– zerrissene 67
Thermikbart 64, 114
– Zentrieren eines Thermikbarts 114; *114*
Thermikblase 63
Thermikfliegen 114 f.
Thermikflugregeln 103
Thermikkern 63
Thermikschlauch *114, 115*
Thermik-Special 65–71
Thermiksuchen 114
Thermische Totzeit 71
Tief 59 f.
– Entstehung eines Tiefs 60
Tiefdruckgebiete 50
Tiefdruckrinne, äquatoriale 52
Tiefflug 15
Toplanding 106
Totale Luftkraft (F_{TL}) 41; *41*
Toter Punkt (am Profil) 44
Touch and Go 153
Trimmsysteme 20 f.; *20*
Trimmung 20 f.; *20*
Trinksystem 22, 26
Trockenzeiten 138
Tropen 138
Tropopause 47
Troposphäre 47 f.
Trudeln 97
Tuch 24, 94
– Riss 94
– Vernähung 25
Turbulenzen 69, 115; *53, 130*
Überfliegen (von Graten und Hindernissen) 103
Überholen 103; *102*
Überzogener Flugzustand 45; *44*
Umkehrthermik 57; *58*
Umschlagpunkt (am Profil) 44; *44*
Umweltprobleme 14 f.
Unterfliegen 102
Variometer 27
Verbände 188
Verhaltensregeln in Bezug auf Umwelt 15
Vorfahrtsregeln 102; *102*
Vorflugregeln s. Flug- und Vorfahrtsregeln
Vorhaltewinkel 145
Vortrieb (F_V) 41
Vulkane 139
Wärmeleitfähigkeit 65 f.
Warmfront 60; *59*
Warmfrontfläche 60
Warmfrontokklusion 62
Warmluftkeil *59*
Wasserlandung 67, 100
Wasserwolken 75
Westwindlage 79
Wetterinfos 188 f.
Wetterkarte 77–79
Wetterlagen 78
Wettkampfflüge, -fliegen 140–153
Widerstand (F_W) 41
Widerstand, induzierter (Randwiderstand) 39; *39*
Widerstandsarten beim Gleitsegel 39; *39*
Widerstandsbeiwert (CW-Wert) 36
Wildtiere (Einfluss durch Piloten) 15
Wind 50–59
– dynamischer 50, 55
– geometrisches Einbeziehen von Wind 144
– thermischer 56
Windablenkung, orographische *112*
Windenführer 125, 127 f.; *125, 128*
Windenschlepp 123–132
Winderkennung aus dem Flug 54 f.
Windgeschwindigkeit 54
Windgradient 67 f.
Windmesser 28
Windprofil 51
Windrichtung 50
Windrose 51
Windscherungen 54
Wirbelzöpfe 39; *39*
Wolkenaufbau 69 f.
Wolkenbasis 69
Wolkenberührung 98
Wolkenbruch 72
Wolkenformen 75–77
Wolkenstraßen 68
Zellwände 18
Zellzwischenwände 18
Zentrifugalkraft (FZ) 42
Zielflug 148; *149*
Ziellandung s. Punktlandung
Ziel-Rückkehrflug 148; *149*
Zirkulationsmuster, globales *52*
Zwei-Jahres-Check 32
Zyklon s. Tief

Impressum

Toni Schlager, geb. 1961, ist begeisterter Gleitschirmflieger der ersten Stunde. 1986 brachte er die ersten Gleitschirme aus Frankreich mit nach Deutschland. Als Test- und Wettkampfpilot lernte er alle Spielarten kennen. Heute immer noch fasziniert von der Vielfalt des lautlosen Fliegens, genießt er bei alpinen Streckenflügen die Welt von oben.

Carsten Peter, geb. 1958 in München, ist Gleitschirmlehrer, Wettkampf- und Testpilot von Prototypen mit zahlreichen Erstbefliegungen und zählt in Deutschland zu den Gleitschirmfliegern der ersten Stunde. Der studierte Biologe ist als freiberuflicher Fotojournalist tätig und veröffentlicht seine Reportagen in renommierten Zeitschriften. Motorgleitschirme nutzt er inzwischen neben der Luftbildfotografie auch für den Film.

Ein kostenloses Gesamtverzeichnis erhalten Sie beim
Bruckmann Verlag
D-81664 München

www.bruckmann.de
www.bergsteiger.de

Lektorat: Jutta Hemminger
Layout: BUCHFLINK Rüdiger Wagner, Nördlingen
Repro: Lana Repro
Herstellung: Thomas Fischer

Alle Angaben dieses Werkes wurden von den Autoren sorgfältig recherchiert und auf den aktuellen Stand gebracht sowie vom Verlag geprüft. Für die Richtigkeit der Angaben sowie die sachgemäße Anwendung des Buches kann jedoch keine Haftung übernommen werden. Gleitschirmfliegen ist eine Sportart, die unbedingt der autorisierten Ausbildung bedarf. Dieses Buch soll Sie dabei begleiten, ersetzt jedoch keine Ausbildung. Für Hinweise und Anregungen sind wir jederzeit dankbar. Bitte richten Sie diese an:
Bruckmann Verlag, Produktmanagement Berge
Innsbrucker Ring 15, D-81673 München
E-Mail: lektorat@bruckmann.de und gleitschirmbuch@gmx.de

Bildnachweis: Titelbild: Starten bei Idealen Bedingungen (Bilder: Hannes Schmalzl, Bild wurde montiert)
Umschlagrückseite: Open Window beim Wettkampffliegen in Fiesch, Schweiz (Bild: M. Scheel)
Seite 2/3: Spaß beim Soaren an der Düne von Lakken, Dänemark (Bild: Hannes Schmalzl)
Advance: S. 6, 56; Aerosport international: S. 77 u.re., 87, 138, 189; Archiv Mike Küng: 121, 122; Archiv Ernst Strobl: S. 46; Monika Bauer: S. 10; Andy Bussinger: S. 168 (Genussflug in den Abend); Fly and Glide: S. 110; Urs Haari: 14, 17; Independence: S. 43, 111; Christoph Kirsch: S. 156; Michi Kobler/XIX: S. 64, 148; Burkhard Martens: S. 140; Nova Archiv: S. 31; Hannes Papesh: S. 18 u., 19 u.; Paratech: S. 21 o.li. u. o.re., 83 u., 88; Christine Pfeiffer: S. 91, 105, 123; Prodesign: S. 4, 113; M. Scheel/azoom.ch: S. 5, 40, 73, 85, 86 (3), 104 (1-3 v.o.), 135, 150, 173, 183; Hannes Schmalzl: S. 2/3, 9, 19, 20, 21 u., 27, 30, 76 (2), 77 o. (2), 77 u.li., 83 o., 84 (3), 90, 96, 98, 101, 104 (4. v.o.), 109 u., 112, 119 (2), 120 (2), 158; Thomas Schlager: S. 70; Toni Schlager: S. 22, 24, 25 o., 25 mi., 29; Sea to Sky Productions, Stefanie Brendl und Jimmy Hall: S. 93, 104 (1-2 v.u.), 109 o., 114, 116, 139; UP: 33.
Sämtliche Grafiken erstellte Toni Schlager, reingezeichnet von Georg Sojer, Ruhpolding, mit folgenden Ausnahmen: S. 18 u., 19 u., 20 u.: Hannes Papesh; S 21: UP; S. 61: Entstehung eines Tiefs. Mit Genehmigung von GEO-Magazin, Hamburg. Illustration: © Carl W. Röhrig, Hamburg; S. 78, 79: Wetterlagen. Mit freundlicher Genehmigung entnommen aus: Urs Lötscher/Thomas Zeller, Gleitschirmfliegen. © Lötscher/Zeller, Volair AG, CH-Neuenkirch; S. 165: Luftraumstruktur der BRD.

Danksagung:
Herzlicher Dank an alle, die mitgeholfen haben, dass dieses Buch entstehen konnte, insbesondere an: Petra Günther, Hannes Schmalzl, Stefanie Brendl, Carolin Rochelt, Martin Scheel, Christian Rütti und Hannes Papesh.

Die Deutsche Bibliothek – CIP Einheitsaufnahme
Ein Titeldatensatz für diese Publikation ist bei der Deutschen Bibliothek erhältlich.

Printed in Italy by Printer Trento S. r. l.
ISBN 3-7654-3834-0